新安文化丛书

XIN'AN WENHUA CONGSHU

新安饮食文化

汪大白 著

文物出版社

中共淳安县委宣传部
中共淳安县委党史研究室
淳安县人民政府地方志办公室
淳安县政协文史和教文卫体委员会 编

图书在版编目(CIP)数据

新安饮食文化 / 汪大白著. -- 北京 ：文物出版社，2024.7

(新安文化丛书. 一)

ISBN 978-7-5010-8399-2

Ⅰ. ①新… Ⅱ. ①汪… Ⅲ. ①饮食-文化-淳安县 Ⅳ. ①TS971.202.554

中国国家版本馆CIP数据核字(2024)第067605号

新安饮食文化

新安文化丛书一

编　　者：中共淳安县委宣传部
中共淳安县委党史研究室
淳安县人民政府地方志办公室
淳安县政协文史和教文卫体委员会

著　　者：汪大白

责任编辑：孙　霞

封面设计：方　卓

责任印制：张道奇

出版发行：文物出版社

地　　址：北京市东城区东直门内北小街2号楼

邮　　编：100007

网　　址：http: //www.wenwu.com

邮　　箱：wenwu1957@126.com

经　　销：新华书店

印　　刷：杭州富春印务有限公司

开　　本：787mm × 1092mm　1/16

印　　张：417.25

版　　次：2024年7月第一版

印　　次：2024年7月第一次印刷

书　　号：ISBN 978-7-5010-8399-2

定　　价：2880.00元(全18册)

总　序

新安文化是指新安江流域文化。

新安江是钱塘江的正源，源头分为两大支流。南支称率水，为新安江主源，发源于安徽省休宁县五龙山脉的六股尖；北支叫横江，源于黟县五溪山主峰白顶山。两支源流在屯溪汇合，流至歙县浦口一段称渐江，歙县浦口以下至浙江省建德县与兰溪相汇处称新安江。新安江与兰溪汇合后称富春江，到萧山闻家堰称钱塘江，流至杭州湾入海。

新安江流域地处闽浙山地的北缘，黄山、天目山、白际山、五龙山、千里岗、龙门山六大山脉盘桓其间，山地及丘陵占十分之八九。新安江水呈树叶网络状，由西向东辐射，地势也是由高及低逐步下降。流域平均海拔 800 ~ 1000 米，处在山岭川谷之中。俯视江南，附近的江西、浙江、江苏、安徽，均在其下。地处新安江源头的徽州，有“吴头楚尾”之说。杜牧诗云：“溪山侵越角，风壤尽吴根。”非常准确地描写出新安江流域的地理位置。

新安江流域以黄山山脉为界，南坡有流向东南钱塘江的新安江水系，直达杭州，是前往江南的捷径；流向西南鄱阳湖的阊江水系、乐安江水系，直达饶州、九江；北坡有直接流入长江的青弋江、秋浦河水系，直达池州、安庆、芜湖长江沿线。新安江下游严州府与兰江相接，向南直达金华、衢州，是前往江西、福建的捷径。陆路虽地势高耸，山路崎岖，但由于地处皖、浙、赣三省交界，成为全国的交通网络中重要的一环。

魏晋时期，由杭州经新安江前往江西、福建的通道，是全国交通枢纽上的重点线路。宋永初三年（422）秋，谢灵运离开建康（今南京）赴任永嘉郡太守。他沿钱塘江、富春江溯流而上，经桐庐、建德、兰溪，转由婺江到永嘉，途经桐庐写下《初往新安至桐庐口》诗。唐代以前，北方通往南方的三大干线，其中两条干线经过新安江流域。一条由洛阳东行至汴州，循运河东南而下，经杭州，沿钱塘江溯流而上，经睦州、婺州、衢州、信州至江西、福建和岭南道。另一条由洛阳走陆路，经汝州、许州至陈州，过寿州、庐州，渡江至采石，经宣州、歙州到睦州，经婺州、衢州，再选择西行或南行通往福建、江西和岭南各地。宋以后，新安江流域交通线路更是呈放射状，四面通达。虽然山道崎岖，水路湍急，路途稍显艰难，但无论水路、陆路，前往江西、湖北、福建、南京、杭州都是必经的捷径。

人类逐水而居，河流是人类文明的摇篮。先秦时期，新安江流域先属吴，吴亡属越，越灭属楚。秦末，在新安江中游和上游设黟、歙二县，下游则归富春县管辖。东汉建安十三年（208），分歙地置始新、新定、黎阳、休阳四个县，加上原来的黟、歙二县，就有了六个县，以这六个县新设新都郡，郡治设在始新县治新定里（今淳安县威坪镇）。黄武四年（225），析吴郡富春县地置建德、新昌、桐庐、新城四县，建德县、新昌县（后改寿昌）地处新安江下游。其后新安江流域郡、州、府级机构，先后更名或改设为新宁郡、新安郡、东阳郡、遂安郡、婺州、睦州、歙州，最后定名为徽州和严州；县级机构先后更名或改设为新安江上游的歙县、黟县、休宁县、祁门县、绩溪县、婺源县，新安江中游的淳安县、遂安县，下游的建德县、寿昌县。

新安文化的地域范围，以新安江上游古徽州一府六县，即歙县、黟县、休宁县、祁门县、绩溪县、婺源县，以及新安江中下游古严州的淳安县、遂安县、寿昌县、建德县为核心区域。新安文化的时空概念起自史前文明，迄于 1949 年，根据研究需要适当后延。其内容涉及哲学、经济、社会、教育、学术、文学、艺术、工艺、建筑、医学等诸多学科，凡与新安江流域社会历史发展有关的内容，均是新安文化的范畴。

新安江流域是我国原始文化的一个独立发展单元，一步步走来，没有停留，没有断代。历经早期文明、晋唐兴起、五代至元崛起、明清鼎盛和近代转型五个发展阶段，形成新安文化的完整体系。

1974 年 11 月，在建德县上新桥村乌龟洞发现一枚人的犬齿化石，被命名为“建德人”，属于晚期智人类型，距今约五万年。同时，新安江流域分布着大量的旧、新石器时代遗址，承继“建德人”的文化发展。1959 ~ 1975 年，新安江上游的屯溪西郊奕棋村先后发现 8 座西周至战国早期的墓葬。出土的青铜器、原始青瓷和几何印纹硬陶，在形制、纹饰和构图风格上，具有浓厚的越文化特色。史称当地人为越族，人民性格强悍，尚武好斗，文化礼仪相对薄弱。通过地方行政治理过程中的教化，当地越人在了解和接受中原人的生产、生活方式后，道德观、价值观、文化崇尚等方面均发生变化。

晋唐时期，新安文化兴起。晋代的“永嘉之乱”和唐代的黄巢起义是中国历史上的两件大事。它不仅造成西晋和唐朝的灭亡，导致中国社会的分裂，而且对我国南方的发展产生深远的影响。“永嘉之乱”和黄巢起义期间，中原士族比较集中地迁入新安江流域，现存的徽、严二州不少姓氏族谱中，对始迁祖的追溯都上溯到这一阶段。中原士族大量迁入以后，以其自身的文化素养和生活习惯渗透民间，改变了新安江流域越族的风俗习惯，越族尚武习俗与中原儒雅之风融合，儒家思想的仁义忠孝和修身齐家理念，开始在新安江流域流行。休宁吴少微的“吴富体”在文坛崭露头角，新安江下游的“睦州诗派”更是享誉诗坛。

五代至元，新安文化崛起。这一阶段新安江流域的教育与科举得到长足发展，仅南宋时期徽州、严州二府进士就有806名。南宋理学大儒朱熹祖籍徽州，曾两次回徽州省墓、探亲、授课，并在严州丽泽书院、遂安瀛山书院讲学论道。新安人读朱子之书，秉朱子之教，以邹鲁之风自恃，形成新安理学学派，使得朱熹理学在新安江流域广为流传，对整个流域的文化形成和演变起到关键作用。文风郁起，留下很多脍炙人口的作品，如胡仔的《苕溪渔隐丛话》和方岳、方逢辰的诗歌，在全国诗坛都占有一席之地。徽州刻书和严州刻书，在中国刻书史上贡献卓著。制瓷技术、医学、植物学、光学、生物学等科学技术都取得一定成就，其中歙县张杲淳熙十六年（1189）写成的《医说》一书，是中国医学史上第一部医史传记。

明清时期，新安文化进入鼎盛。私学、官学和书院教育同步发展，推动新安江流域科举繁荣兴盛。淳安人商辂“三元及第”，于明宣德十年（1435）乡试、正统十年(1445)会试及殿试均为第一名。理学、心学与朴学相互融合发展，理学家们提倡“和会朱陆”，阳明心学受到欢迎。清康熙、乾隆时期，新安学者提倡实事求是的治学精神，开创朴实的学风，成为清代学术的主流，朴学领袖戴震更是中国哲学史上的唯物主义启蒙思想家。文学艺术百花齐放，新安画派是明清文人画的正统继承者，徽派版画代表了中国传统版画的最高成就，徽派篆刻成为中国文人篆刻的主流，徽剧乃京剧之母。科学技术成就斐然，新安医学所主张的“固本培元”理论，是中国传统医学中的精华；程大位是中国历史上珠算集大成者；郑复光《镜镜詅痴》集当时中西光学知识大成。

近代，新安文化开始转型。光绪二十六年（1900），歙县基督教堂在城内创办崇一学堂，迈开新安江流域兴办新式学堂的第一步。在西方近代科技和工业革命的影响下，实业救国成为潮流，培养近代农林、商业、工业人才，是教育转型过程中的重要一环。光绪三十四年（1908），戴英在休宁县隆阜珠里创办新安江流域近代第一所职业学校——休宁初等农业学堂。随后，徽州乙种商业学校、淳安县初级实业小学、建德县浙江省立甲种森林学校等相继开办。新安学术也开始向近代学术思潮转型，胡适成为近代文化转型中承上启下的关键人物。文学艺术在转型中得到提振，其中由汪渊集句成词、其夫人程淑笺注的《麝尘莲寸集》，以词集词，前无古人。黄宾虹成为近代中国绘画领域中的一座高峰；黄士陵的篆刻形成自己的艺术风格，被称为“黟山派”。“徽路徽戏”和睦剧得到全面发展。

新安江流域自古为越族领地，随着中原士族的迁入，中华儒家文化的价值观“修身齐家治国平天下”，在这里不断积淀，形成尚武自强、重教崇文、俗尚文雅、治生重商的区域特征。

新安江流域早期越人以尚武著称。明清时期，新安江流域百姓依然习武自强为常。至今民间仍留存不少延请拳师的“拳关”文书。明万历休宁程冲斗所著《耕余剩技》，是中国武术史上的名著。绩溪县张横秋更是以武术名世，在武术史上形成“豫徽武术”流派，其拳术至今仍在新安江流域流传。很多文人在习文的同时练武，明末休宁县抗清义士金声不仅文章出彩，而且武艺高强。休宁画家汪肇，喜好持矛舞剑。新安朴学后期的重要学者汪宗沂，通拳术、剑术、马术，喜谈兵。他的学生许承尧、黄宾虹，一个是著名诗人，一个是著名画家，跟着汪宗沂学习时，练剑、骑马也是必备的功课。

中原士族迁居新安江流域以后，注重文化传承。这种传承使得新安江流域重视教育，崇尚文雅。朱熹提倡读书，研究学问，从事著述，强调“穷理之要，必在于读书”。新安理学的兴起，增强了新安江流域的读书氛围。儒家思想被塾师细化在自己教学实践中，塾师编写的大量蒙学教材中，将儒家的道德观念灌输给学童。在新安理学的影响下，新安江流域读书著述之风盛行，形成“十家之村，无废诵读”的景象。宋元以来，被称为“东南邹鲁”。

随着儒家思想向民间基层渗透，礼教在老百姓中扎根。民间礼仪以朱熹《家礼》作为依据，渗透于各个家庭。休宁《茗洲吴氏家典》根据《家礼》，结合本宗族的情况，规定冠婚丧祭的礼仪，作为子孙后代遵行的法典。民国遂安《高峰朱氏宗谱》卷三《家训》对子弟的礼仪教育写得非常具体，结合家族特点，将礼教具体化，教育族人如何做人、做事，各项规范要求明确，可操作、能监督，俗向文雅，成为“礼下庶人”的典范。

新安江流域有一个异于全国其他地区的现象，就是人们以经商致富为荣，从商成为风气。新安学者提倡职业不分卑贱，引导民众经商，鼓励商人创业，提倡“廉贾”价值观。地方士绅还通过各种方式为商人代言，创造良好的经商环境。学者的倡导、士绅的鼓励，对不轻视商业、不以经商为耻社会风气的形成，起到极大的促进作用，使新安人在观念上获得解放，理直气壮去经商，造就了雄飞于中国商界三百年的新安商人集团。

新安文化不断兼收并蓄，坚持实事求是，遵循儒雅中庸的发展过程，构成以“包容、探索、和谐”为核心的人文精神。

在沉淀中原汉文化和践行儒家思想的过程中，新安江流域不断地塑造自身的人文精神，推进新安文化的发展。新安文化的形成，是中原汉文化与当地土著越文化进行融合的过程。在两种文化的融合过程中，汉文化虽然是强势文化，但具有很强的包容性，促进了越文化的自然融合，从而产生出新质的新安文化。这种包容性，在新安文化发展过程中，贯穿始终，成为新安文化特色。兼收并蓄的包容精神，体现了新安文化的博大气象，是新安文化得以发展的源泉。

在新安文化发展过程中，新安人一直遵循实事求是的原则，博学求知，努力探索规律，追求真理，勇得时代风气之先。朱熹提出“濯去旧见，以来新意”；戴震主张“不以人蔽己，不以己自蔽”；胡适要求“重新估定一切价值”，都是不懈求索、勇得时代风气的典范。实事求是的探索精神，体现了新安人的思辨能力，是新安文化得以不断创新发展的动力。

新安文化是宋以后中国儒家文化在民间社会最完整的体现和典型范例，其儒雅中庸的内质得到很好的体现。“薄利多销”成为新安商人的经营手段，自己少赚些，让消费者不吃亏，成为“中庸”思想在商业领域的一种表现，即双赢。新安宗族在“中庸”思想的指导下，和睦相处，很少发生械斗。就是宗族间有了矛盾，也是协调处理，互相谦让。在艺术上，也非常讲究中庸平和。新安篆刻中的雅逸隽秀、平和光洁；新安版画内蕴的恬静和安乐，也是儒雅中庸的一种表现。儒雅中庸的和谐精神，使得新安江流域社会平稳安定，是新安文化不断发展的基础。

新安江流域靠近越文化核心区，其文化既具有新安文化特点，又带有钱塘江流域良渚文化特色，体现出新安文化与良渚文化融合的趋势。对河系流域上下游文化碰撞、交融的研究，具有重要价值。

新安江流域至今保存下来的地面文物遗存 10000 多处、8000 余种文献、100 余万件文书，跨越千年历史，涵盖政治、经济、文化各个领域。尤其地面文物遗存、非物质文化遗产和文书档案，均为第一手资料，是人们了解中国封建社会后期农村社会实态不可多得的资料，为按历史本来面貌做综合实态研究创造了前所未有的有利条件。中国社会科学院历史研究所周绍泉先生指出："以徽州文书为代表的历史文书档案为主要资料，综合研究历史社会实态，将是我们这个时代的学术潮流。"

新安文化是中国封建社会后期传统文化的典范，独树一帜，在各自领域都处于领先位置。从新安文化中提炼出来，形成新安宗族、新安学术、新安商人、新安教育、新安建筑、新安书画、新安工艺、新安科技、新安文学、新安戏曲、新安饮食、新安民俗等文化现象，是新安文化中的精华，学术界在研究专业史时无法绕开这些课题。对新安文化展开研究，实际也就是对中国封建后期传统文化展开研究，窥一斑而见全豹，具有普遍的学术意义。

新安江流域四面环山，作为一个独立的自然地理单元，风景秀丽，人们的审美观受到山水环境的影响。新安四雕艺术、文房四宝艺术、盆景艺术、新安书画、新安文学等，都是新安江流域自然环境同新安人审美观相结合的产物。而新安饮食、方言的形成，同新安江流域独特的自然地理环境及资源有关；新安宗族社会构成和村落结构，同新安地理环境也是密切相关，具有地理文化单元的人类文化学研究价值。

新安文化是移民文化，中原士族的内迁，决定了其社会与文化的诸多现象和特点，受到中原文化的影响。同时，新安文化的昌盛与发展，还存在着一个由新安江流域再向外移民的过程，并对侨寓地的文化产生影响。如新安学术、徽剧、新安艺术、新安刻书、新安篆刻等对扬州学派、京剧、江南园林、江南版画、浙派篆刻都有渗透和影响。研究新安文化，可以获得中华大文化融合各民族文化、各地方文化的一般与个别规律，为繁荣中华大文化作出贡献。

新安江流域是宗族社会。明清时期，农村基层依靠宗族自治管理，有不少好的做法。现存不少宗族公约中有值得学习和借鉴的条文，如禁止乱砍滥伐和禁止赌博等。从内容上看，它们符合当今所提倡的环境保护和社会文明的主旨。从实施机制上看，它不是依赖于行政系统，而是靠"公约"的形式自我约束，这给建设社会主义新农村带来启示，村民自治要以农民为主体，增强农民的自觉意识，而不是靠行政手段。新安文书中的商业合同，反映了新安人市场观念的成熟；分家契约反映了新安人既遵从中国传统的伦理观，又理性地处理家庭财产等经济问题；诉讼文书，反映了古代新安江流域民间已经有较强的法治观念。新安江流域古村落人与自然和谐，以人为本的思想贯穿村落建设，村落中的防火措施、水系设计都十分讲究，科学性很强，给当代环境规划设计带来启示。

新安文化博大精深，对新安江流域上游的徽州文化研究，已经成为一门专门的学问——徽学。但对整个流域的整体研究还是一个空白，编撰《新安文化》丛书，可以填补全面涵盖新安江全流域文化的研究空白，力求科学、全面、准确、系统地展示新安文化的各个方面，对于新安文化学术研究及开发利用，是一件十分有意义的事情。

《新安文化》丛书编撰委员会

2023 年 4 月

目　录

绪论

一

记不得什么时候读过一位奇人的一段奇文，当时着实感到有种莫名的惊诧，谁料近期酝酿这部书稿之时，脑海里反复浮现的竟是这位奇人的这段奇文。

奇人名叫李渔（1611 ~ 1680），字谪凡，号笠翁，老家金华府兰溪县夏李村，跟我们新安江人都算是近邻。他中年寄居杭州，晚年定居杭州，死后墓葬杭州。杭州方家峪九曜山上有座“湖上笠翁之墓”，那就是他的长眠之地。通常人们都称他是文学家、戏剧家，在这里我们倒愿意称他为“美食家”。

美食家李渔是位奇人，因为他虽有天赋奇才却又非仕非隐，身居传统文人之列却又富有另类色彩。奇人往往多有奇思异想，李渔《闲情偶记·饮馔部》开篇便是一番“奇谈怪论”。“奇文共欣赏，疑义相与析。”下面抄录的就是其中的前半段：

> 吾观人之一身，眼耳鼻舌，手足躯骸，件件都不可少。其尽可不设而必欲赋之，遂为万古生人之累者，独是口腹二物。口腹具，而生计繁矣；生计繁，而诈伪奸险之事出矣。诈伪奸险之事出，而五刑不得不设。君不能施其爱育，亲不能遂其恩私，造物好生，而亦不能不逆行其志者，皆当日赋形不善，多此二物之累也。草木无口腹，未尝不生；山石土壤无饮食，未闻不长养。何事独异其形，而赋以口腹？即生口腹，亦当使如鱼虾之饮水，蜩螗之吸露，尽可滋生气力，而为潜跃飞鸣。若是则可与世无求，而生人之患熄矣。乃既生以口腹，又复多其嗜欲，使如溪壑之不可厌。多其嗜欲，又复洞其底里，使如江海之不可填。以致人之一生，竭五官百骸之力，供一物之所耗而不足哉！吾反复推详，不能不于造物是咎。①

---

① [清]李渔《笠翁文集》第1卷，光明日报出版社，1994年，第183页。

我们看到，作者既怨口腹之累，又叹生计之繁，更为世道人心险恶、五刑不得不设而感慨；至于“君不能施其爱育，亲不能遂其恩私”，或许有他切身体验的悲悯情怀在。难怪有人为他辩解说：“以雅谈之才，巧妙之思，经营惨淡，缔造周详，即经国之大业，何遽不在是？而岂破道之小言也哉！”[①]

在李渔心目中，口腹既已紧密关联着人性、人生乃至人世。那么，他的议论实际涉及一个重大命题，即口腹饮食关乎人类文明。面对这一命题，李渔虽然“反复推详”，但却未能摆脱现实的困惑与纠结，所以采取了批判的态度。这都情有可原，因为他由明入清，未官未隐，游走豪门，逞才谋生，毕竟处在那个特定的历史背景之下，有他特定的人生经历与情感体验。

然而，在予以充分理解的同时，又不能无视李渔认识上存在的严重缺陷。如他说“口腹具”则“生计繁”，没有什么不妥；但接着说“生计繁”则“诈伪奸险之事出”，其中的必然性何在？忽略了必然性的前提，缺少合理性的阐释，他的这种立论也就失之于偏颇。

事实上，李渔的议论已经涉及人类文明史的观念问题。口腹饮食与人类文明存在何种关系，这是人类文明史上的重要话题。

二

人类文明之旅始于口腹饮食，而口腹饮食则先于人类文明。这是毋庸置疑的事实。在人类真正可以称为“人”之前，皇天后土之间，除了冬眠时节，整个动物界中有谁能够不“饮”不“食”？因为有了饮食，世间动物得以生养繁衍；同样因为饮食，人类得以进化成为万物之灵。

据说，我国境内已知的最早人类是云南境内的元谋人，他们生活的年代距今大约170万年！这里有必要重温恩格斯的一篇名著，题目就是《劳动在从猿到人转变过程中的作用》。这篇文章明确告诉我们，人类从动物状态中脱离出来的根本原因是

① [清]李渔：《笠翁文集》第1卷，光明日报出版社，1994年，第3页。

劳动，“以致我们在某种意义上不得不说：劳动创造了人本身。”[①] 恩格斯在这里所说的“劳动”，实际就是类人猿寻觅饮食的日常活动。最早的猿类常年寄生于热带和亚热带的森林之中，到了1800万年前的某个时期，部分古猿为了寻找食物，离开了森林，立脚地面，四处奔波，奔波过程之中，逐渐学会了直立行走。与此同时，他们的前肢逐渐得到解放，学会了使用石块和木棒，用以更多、更快地获取食物，到了后来便又发展到能够动手、动脑，按照自己的意志制造工具。人类初期打造的工具，一类是打猎的工具，一类是捕鱼的工具。无论打猎，还是捕鱼，当然都是劳动，不过目的显然还是觅食，只是为着扩大食物的品类，为着在植物食物之外获取肉类食物。随后在肉类食物的长期享用中，逐渐又出现一个决定性的大进步，那就是火的使用。人类点燃的火光，驱逐了自然世界的黑暗与寒冷，也照亮了自己文明发展的路径与前景。如果说制造工具算是人与动物的分道扬镳，那么火的使用则标志着人与蒙昧的彻底告别。

有幸得到饮食的引领，人类进入了文明时代。进入人类文明时代，饮食是否随之退位？农业的起源和发展给出了答案——离开人类的饮食问题，农业的起源从何谈起？离开人类的饮食问题，农业的发展又有什么意义！

农业究竟起源于何时、何地，其间究竟有何原因、有何条件，中外考古学家、历史学家、农业科学家都已做出艰苦的探索，他们研究的心血都已见诸学术专著和学术专刊。在此我们并不打算从海量的文献上具体征引某国某人某种学说，我们只是特别关注在众说纷纭的研讨中，至今无人能够否认的基本事实：农业起源的“第一要素”仍然在于人类对食物的需求。因为自然条件或者自身条件的变化及其影响，一旦采集食物和渔猎食物不能充分满足人类的需求，一旦机缘凑巧地让人发现某些食用植物可以萌生新株供人重复享用，一旦人类感觉新株栽培要比采集渔猎获取食物更为稳定、更为可靠，那么农业也就应时应运——更是应需而生了。

中国是世界农业起源最早的国度之一，已为星罗棋布的文化遗址所证实。其中，浙江余姚河姆渡、陕西西安半坡村、山东泰安大汶口，分别发现七八千年前、五六千年前、四五千年前相当发达的农耕文化，农业的起源可以追溯到距今一万年左右。从历代文献所记载的古代神话和历史传说中，也早已看到华夏先人创始农业

---

① [德]恩格斯：《劳动在从猿到人转变过程中的作用》，人民出版社，1949年，第1页。

的无上荣耀。

《山海经》的《大荒西经》记载："帝俊生后稷，稷降以百谷。"① 这是说，稷原来是天帝之子，是他从天上取来百谷播植于人间。书中《海内经》又说："后稷是播百谷，稷之孙曰叔均，是始作牛耕。"② 看来后稷祖孙二人都对农业起源与发展做出过特殊贡献。另外见于《诗经》的周代六篇史诗中，《大雅·生民》不仅歌咏后稷诞生的神奇，而且赞颂了后稷务农的业绩。"诞实匍匐，克岐克嶷，以就口食，艺之荏菽。荏菽旆旆，禾役穟穟。麻麦幪幪，瓜瓞唪唪。"③ 由诗可知，周代先祖后稷正是"半人半神"的农业创始者。因为创建农业的重大功绩，后稷接受分封定居于邰，即今陕西汉中武功县，县内西山筑有后稷祠和教穑台等古建胜迹。

无论在古代神话里，还是在历史传说中，炎帝的时代明显要比后稷早得多。晋人王嘉《拾遗记》卷 1 云："炎帝时有丹雀衔九穗禾，其坠地者，帝乃拾之，以植于田，食者老而不死。"④ 因此，炎帝号曰神农氏。清人马骕《驿史》卷 4 引《周书》云："神农之时，天雨粟，神农遂耕而种之，作陶冶斧斤，为耒耜锄耨，以垦草莽，然后五谷兴助，百果藏实。"⑤ 所以班固《白虎通义》说："神农因天之时，分地之利，制耒耜，教民农作。"⑥ 毫无疑问，这位"人身牛首"的神农氏比谁都更加具备农耕业态开创者的资质。《淮南子·时训则》高诱注："赤帝，炎帝，少典之子，号为神农，南方火德之帝也。""炎帝之神治南方也。"⑦ 据此推测，神农氏的发祥之地、创业之初应该就在南方。

在世界四大文明古国之中，唯有中国文明持续发展，尽管历尽沧桑，但却从未中断，这既有外部的因素，也有自身的条件；既是历史的选择，也是文化的自强。从"刀耕火种"到"四夷宾服"，中华民族一直坚持"重农固本、以农立国"，在农耕文明的道路上砥砺前行，一直在追求一个又一个"五谷丰登、国泰民安"的太平盛世。

---

① 袁珂：《山海经校注》，上海古籍出版社，1980年，第392页。
② 袁珂：《山海经校注》，上海古籍出版社，1980年，第469页。
③ 蒋立甫：《诗经选注》，北京出版社，1981年，第274页。
④ 齐治平：《拾遗记校注》卷1，中华书局，1981年。
⑤ [清]马骕：《驿史》卷4，亦见袁珂：《中国神话传说词典》，上海辞书出版社，1985年，第299页。
⑥ [清]陈立：《白虎通疏证》卷1，中华书局，1994年。
⑦ 高诱：《淮南鸿烈解》卷5，《四库全书》本。

何以能够如此？关键因素应该在于中国农耕文化早熟的程度、沉稳的品格与务实的精神。比如，《论语》的《宪问》篇[①]在议论夏、商、周三代历史人物时，孔门师徒就明确认定一个事实：羿虽擅长射箭，可谓技艺过人；奡虽能陆地荡舟，可谓体能超常；但是他们却都不得善终。大禹和后稷都曾躬耕垄亩，致力农业发展，结果他们先后得到了天下。回望春秋战国诸侯纷争的时代风云，历史书写的经验教训更加深刻。管仲的“相地而衰征”，奠定了齐国强盛的基础；魏国李悝的“尽地力之教”，当时为列国所仿效；商鞅变法实施的“耕战”方略，更使秦国强势崛起、力压群雄。这其中究竟有何奥妙？先秦政治家管仲说得最为中肯，也最为明白，其言曰：“民事农则田垦，田垦则粟多，粟多则国富，国富则兵强，兵强者战胜，战胜者地广。”[②]

鉴于自身创造的历史，汲取历史给予的教训，中华民族总把农业的兴旺发达与式微凋敝，作为衡量社会是否稳定、国家是否富强的首要标志，数千年来始终不渝地将农业置于经济生活和社会政治的首位。

三

自古以来，历代君主和朝廷都视农业为国家命脉。他们无不奉“社”为土神，奉“稷”为谷神，春祈秋报，顶礼膜拜。新朝建立，必先设置社稷坛壝；灭亡他国，必定改变其社稷坛壝，因而，社稷通常被用作国家的代称。

国家层面如此，地方官吏也就负有相应的天职。姑且就近立足于新安江畔，回观一些为民父母的官吏所为，便可以从中更加真切而深刻地体悟到，农耕文化在传统社会中具有何等重要的地位和深广的影响。

东晋之初新安太守程元谭。程元谭之所以被称作“循良之臣”，因为他在新安任职期间做了利国利民的四大业绩：“绥辑流民，疏通畎浍，教民孝悌，举俊造于朝。”[③]其中，“绥辑流民”就是千方百计地安置安抚因故因灾而流离失所的民众；“疏通畎浍”

① 杨伯峻：《论语译注》，中华书局，1980年，第146页。

②《管子》卷15《治国》，浙江大学出版社，2017年。

③ 程孟：《仕东晋谱图》，《新安程氏诸谱会通》卷1，清初钞明景泰二年本，上海市图书馆藏。

就是组织民众整治农田沟渠，疏浚山间河道，从而保障和发展农耕生产。显然这样两项业绩都是关系国计民生最为紧要的基础工程，也正是有了这样两项“惠政”和“治绩”，新安百姓对他感恩戴德，以至于在他任满临去之时，“百姓遮道请留，卒不得发”。最终他成为程氏新安始祖，新安江水也为他传诵着一段千古佳话。

两宋时期。元丰七年（1084）苏辙调任绩溪县令，“初到绩溪，视事三日”，他便携同衙吏出城，谒拜神祠，祈祷丰年。他有《汪王庙》诗曰：

石门南出众山巅，沃壤清溪自一川。
老令旧谙田舍乐，春耕正及雨晴天。
可怜鞭挞终无补，早向丛祠乞有年。
归报仇梅省文字，麦苗含穟欲蚕眠。[①]

此外，他还有《谒汪王庙文》《祭灵惠公文》等篇见诸传世文献。[②]

在中国传统的农耕时代，唯有风调雨顺、五谷丰登，才有可能政通人和、国泰民安。但是旱涝之患、病虫之灾往往不期而至，给农业生产造成极大的破坏。在自然灾害的严重威胁面前，当时的人们只得乞求天地神灵予以护佑。春祈秋报的神灵奉祀，无论官方祭典，还是民间习俗，目的无非是祓除天灾、祈祷丰收。“可怜鞭挞终无补，早向丛祠乞有年”。地方官吏谨谨于祭神祛灾、谒庙乞年，在当时社会背景下通常都看作是他们履职尽责、忧国忧民的具体表现。苏辙如此，范成大及其笔下的太守也是如此。

绍兴二十六年（1156）春至三十年（1160）冬，范成大官任徽州司户参军。在此期间，绩溪县令曹训主持重修汪王庙。竣工之后，范成大为撰《登源重修庙记》。文中写道：“邑于新安者，皆在万山之间，重岗穹阜之上，其田硗确萦带……然数百年以来，地利人工，足以自给，未闻有饥馑游离之危，意必有神司之默相阴骘以济年登兹者。问其乡人，则以显灵英济王告……余为吏于郡，数以农事从太守祷于王之祠坟在乌聊、云岚两山者，值岁丰稔，得饱食以缓带，益信乡人之说王之惠于此

① 苏辙：《栾城集》卷13。亦见汪承兴等：《大唐越国公汪华颂歌》，新华出版社，2009年，第24页。
② 汪承兴等：《大唐越国公汪华文献》，新华出版社，2014年，第36页。

邦不诬。故乐为之书。”[1]这段文字，说的都是汪王神灵与农事收成的关系，从中反映地方官吏对农耕生产的重视程度，透露他们对“饥馑游离”的忧患与防范意识。

据记载，周代设有籍田，并祀先农，历代沿袭，均设先农坛以祭神农。光绪《建德县志》卷8《秩祀志·坛壝》首条即载“先农坛”，云：“先农坛，在东郊外碧溪坞，距城五里。雍正六年知县薛景鲸珏奉文建立坛宇，并置籍田四亩九分……每岁仲春亥日致祭……祭毕，府县率老农行耕籍礼。”光绪《淳安县志》卷3同样载有“先农坛”，云：“在县东郊二里，雍正四年邑令姚公永先奉文建坛宇，并置籍田四亩九分。”

期望丰收，防范饥馑，地方官吏真正重视农耕，不能只是敬畏天地，祈祷神灵。农业生产的主体是乡村民众，只有充分动员广大民众，不误农时，辛勤劳作，才能丰年有望，歉岁有备。明万历《严州府志》载有陆游的一篇《丁未严州劝农文》，就是重农思想的例证。该文短小精悍，全篇照录如下：

> 盖闻农为四民之本，食居八政之先。丰歉无常，当有储蓄。吾民生逢盛世，百谷顺成，仰事俯育，各遂其性。太守幸得以礼逊相与从事于此，故延见高年，劳问劝课，致诚意以感众心，非特应法令为文具而已。今兹土膏方动，东作维时，汝其语子若孙无事永作无好终讼，深畎广耜，力耕疾耘，安丰年而忧歉岁。太守亦当宽期会，简追胥，戒兴作，节遨游，与吾民共享无事之乐，而为后日之备，岂不美哉！[2]

所谓“四民”，古代指士民、农民、工民、商民。以社会地位而言，士为四民之首，商为四民之末；以经济基础而言，农为四民之本，商为四民之末。所以在传统社会里，“士农”往往并称，耕读传家成为名门豪族的重要背景；工商之业历来为人轻贱，重农抑商成为历代不变的重大国策。

所谓“八政”，即指国家施政的八个方面。据《书·洪范》可知：“八政：一曰食，二曰货，三曰祀，四曰司空，五曰司徒，六曰司寇，七曰宾，八曰师。”[3]《汉书·王

---

① 汪承兴等：《大唐越国公汪华文献》，新华出版社，2014年，第46页。

② 陆游：《丁未严州劝农文》，明万历《严州府志》卷22，书目文献出版社，1990年，第501页。

③《尚书》卷11《周书·洪范》，东方出版社，2018年。

莽传（中)》有言："民以食为命，以货为资，是以八政以食为首。"[①] 另见《礼记·王制》所载："八政：饮食，衣服，事为，异别，度，量，数，制。"郑玄注曰："饮食为上，衣服次之。"[②] 虽然"八政"之说历来有所不同，但是"食居八政之先"则是历朝历代的社会共识。

淳熙十三年（1186），亦即丙午年。陆游除朝请大夫知严州，七月到任后有谢表上呈朝廷。第二年也就是丁未年，春季来临，"土膏方动，东作维时"，他便"延见高年，劳问劝课"，颁布文告，动员农耕，希望民众"深畎广耜，力耕疾耘"，争取全年农业丰收。为了激励民众的农耕热情。他还身先垂范，做出四项承诺，即"宽期会，简追胥，戒兴作，节遨游"，展示出与民同心、与民共乐的胸襟与风采。

陆游如此真诚、如此殷切地劝农促耕，体现了古代循官良吏敬业履职、忧国恤民的使命意识；他所提到的"农为四民之本，食居八政之先"，可以看作是对中华民族农耕文化的高度概括，也可以说是体现了中华民族农耕文化的高度自觉。

四

经过四五千年的历史沧桑，随着现代文明的空前发展，"四民""八政"的社会政治基本框架早已成为明日黄花，但是"农为本"的社会经济地位、"食居先"的人生基本诉求，却依旧丝毫未曾改变。

进入改革开放的新时期以来，自 1982 ～ 1986 年，中央连续五年发布一号文件，对农村改革和农业发展作出重要部署。2004 ～ 2020 年又连续十七年发布以"三农"为主题的中央一号文件，"中央一号文件"业已成为国家重视"三农"工作的专有名词。"三农"问题是关系国计民生的根本性问题，在中国现代化的建设事业中，始终处于"重中之重"的地位。虽然"三农"工作并不单指粮食生产，但是粮食生产却是其的第一要义。2018 年国务院发布关于实施乡村振兴战略的意见，再次强调"深入

① 《汉书·王莽传(中)》，中华书局，1962年。

② 《礼记大全》卷5，《四库全书》本。亦见《汉语大词典》第2卷第9页"八政"条，汉语大词典出版社，1988年。

实施藏粮于地、藏粮于技战略，严守耕地红线，确保国家粮食安全，把中国人的饭碗牢牢端在自己手中”。2019 年《关于坚持农业农村优先发展做好“三农”工作的若干意见》指示，“要夯实农业基础，保障重要农产品有效供给”。具体任务是：稳定粮食产量，完成高标准农田建设任务，调整优化农业结构，加快突破农业关键核心技术，实施重要农产品保障战略。2020 年《关于抓好“三农”领域重点工作确保如期实现全面小康的意见》明确要求，集中力量完成打赢脱贫攻坚战和补上全面小康“三农”领域突出短板两大重点任务，持续抓好农业稳产保供和农民增收，推进农业高质量发展；强调指出：“确保粮食安全始终是治国理政的头等大事。粮食生产要稳字当头，稳政策、稳面积、稳产量。”“加大对大豆高产品种和玉米、大豆间作新农艺推广的支持力度。深入实施优质粮食工程。”“加快恢复生猪生产。生猪稳产保供是当前经济工作的一件大事，要采取综合性措施，确保 2020 年年底前生猪产能基本恢复到接近正常年份水平。”“支持奶业、禽类、牛羊等生产，引导优化肉类消费结构。推进水产绿色健康养殖，加强渔港建设和管理改革。”

农业乃是治国安邦的重要基石，饮食确为千秋万代的永恒主题——历史何曾瞬间忘却？当代焉能丝毫疏忽！

五

新时期，中国特色社会主义的建设事业已经进入一个新的时代，社会主要矛盾已经转化为人民日益增长的美好生活需要和不平衡不充分发展之间的矛盾。时至今日，“衣不蔽体，食不果腹”早已成为苦涩的历史记忆，“含脯而游，鼓腹而歌”也不再能够满足人们的人生诉求。在日常生活中，如何吃得好，也就是如何吃得健康，吃得愉悦，吃得安全，吃得放心，成为人民群众对美好生活的基本诉求。

1982 年，颁布实施《中华人民共和国食品卫生法》，2009 年颁布实施《中华人民共和国食品安全法》，2015 年、2018 年还相继作了重要修订。但是，在有关方面调查的“中国全面小康进程中最受关注的十大焦点问题”中，直至 2017 年食品安全问题连续 6 年一直位居榜首。有关方面发布的《中国食品安全发展报告》表明，

2017 年食品安全事件主要集中于食品生产与加工环节，事件发生量占总量 45.16%，其次是消费环节、流通环节和种植养殖环节，事件发生量分别占 32.06%、14.05%、8.42%。2018 年，食品安全的总体形势有了明显好转，食品安全的整体水平有了显著提升。

2018 年，中央一号文件强调："实施食品安全战略，完善农产品质量和食品安全标准体系，加强农业投入品和农产品质量安全追溯体系建设，健全农产品质量和食品安全监管体制，重点提高基层监管能力。"

2018 年，国家食品安全示范城市创建、农产品质量安全县创建工作（"双安双创"）进一步在全国推进。

2018 年，国务院食品安全办等 19 个部门共同举办的全国食品安全宣传周活动在京启动，主题为"尚德守法，食品安全让生活更美好"。

2018 年，国家开展维护食品安全专项整治行动，持续加大案件查办力度，截至当年 9 月，各地查处违法违规案件 4.5 万余件，抓获犯罪嫌疑人 8900 余人。

2018 年，首届长城食品安全科学技术奖颁奖大会在京举行，"食品品质检测和掺假识别技术装备研究与应用""食用农产品质量安全追溯技术研究与应用"等 20 项科技成果受到表彰。

2018 年，"放心肉菜示范超市"创建活动持续开展，绿色食品、有机食品、"决不食品"越来越多地进入普通家庭，成为人们美好生活的基础因素。

2018 年，国家对《中华人民共和国食品安全法》作了进一步修正，紧接着于 2019 年 12 月 1 日开始施行修订的《食品安全法实施条例》。新的实施条例实现了"五化"：一是细化了食品安全法的原则规定；二是强化了对违法违规行为的惩罚；三是实化了针对具体问题的监管举措；四是优化了风险管理制度机制；五是固化了实践中行之有效的做法。所有这些充分表明，国家正以更加坚定的信念、更加完善的法制，为人民群众"舌尖上的安全"保驾护航。

近几年来，新安江人也在积极捍卫"舌尖上的安全"。《黄山市深化改革加强食品安全工作的若干措施》《黄山市食品安全委员会工作规则》《黄山市食品安全委员会成员单位食品安全工作职责》相继出台。为深入贯彻落实中央两办《地方党政领导干部食品安全责任制规定》，黄山市结合 2020 年食品安全重点工作安排，制定《市政府领导班子成员食品安全工作责任清单》，将市政府领导班子成员食品安全工作责任年度化。根据《浙江省食品安全市县创建评价与管理办法》，淳安和建德都以“体制健全、能力提升、监管有力、群众满意”为目标，强化责任落实，突出问题导向，创新监管机制，实现“源头严防、过程严管、闭环严控”，切实保证民众餐桌上的食品安全，并于2019年双双荣获“浙江省食品安全县市”称号。

第一章 新安饮食的历史源流

新安饮食文化具有悠久的历史，至迟可以追溯到距今 5300 ～ 4000 年良渚文化时期的“饭稻羹鱼”。屯溪土墩墓群的考古发掘报告，展示出春秋战国时期新安饮食的生活图景。汉唐时期，伴随着中国饮食文化的变革，新安饮食实现了长足的发展，遂以“歙味”为代表在“北馔南食”中独树一帜。宋元时期，置身于南北饮食文化历史性融合的潮流之中，新安饮食同时受到新安理学和新安医学的双轨推进，树立起“中和”的品格，强化了“养生”的理念，工艺日趋成熟，结构日臻完善。随后则在明清时期，追随徽商经济的蓬勃发展，适时推出“徽菜”作为品牌，成功跻身于中国“八大菜系”，为新安饮食文化赢取了历史的荣光。

第一节 先秦时期新安江人及新安饮食的溯源

在风光秀丽的新安江畔，早有“建德智人”出没于遥远的历史风烟之中。而后从良渚文化时期走来的古越土著，长期深居山林，渔猎采集，火耕水溽，自食其力，史称“山越”。他们饭稻羹鱼，果隋蠃蛤，因地势饶食而无饥馑之患。

（一）

新安江发源于安徽省休宁县海拔 1600 多米的五龙山脉主峰六股尖的东面坡，蜿蜒于崇山峻岭之间，由西向东而行，汇合兰江水，融入钱塘江，全长 373 公里，流域面积 1.1 万平方公里。新安江沿途城市紧贴着 30° 北纬线，由西向东看：休宁 29.78°，屯溪 29.72°，歙县 29.87°，淳安 29.60°，建德 29.48°。这些美丽的城市，就像一颗颗晶莹闪亮的宝石，极其精致地镶嵌在蓝色的新安江上，恰到好处地装点着人居星球北纬 30° 的胸前。

根据地质勘测和考古发掘可知，新安江流域形成于前震旦纪，属于“江南古陆”

的一部分。尽管面积不算太大，但是作为华夏文明的一方热土，新安江流域的人文起点却与赤县神州一样久远。1974冬，中国科学院古脊椎动物与古人类研究所和浙江省博物馆的专家们，在建德县李家乡新桥乌龟洞内，发现了一枚古人类的上犬齿化石，当年专家们鉴定为更新世晚期后一阶段的智人，并将其定名为“建德人”，[①]“建德人”的生活年代大约在距今50000年前。如果立足地域文化的历史而言，“建德智人”便是现今发现最早的“新安江人”。

先看新安江的下游。由建德顺流而下，桐庐县于2000年夏天发现了8片古人类“智人”的头盖骨化石，据鉴定，这些“智人”的年代大约距今20000～10000年。这次古人类化石的出土，在建德人至河姆渡人（距今7000年）之间，填补了东南地区人类历史的一大空白。

2002年8月，地处新安江上游的祁门县凫峰乡土坑村村民在秀丽的率水河边发现一处古代遗址，经有关专家现场查勘，认定这是一处新石器时代遗址，距离现在已有5000年的历史。研究表明，生活在这里的先民已经创造了相当进步的生产和生活用具，结束了原始人群的漂泊生涯，从此有了定居之所。

不只是上游、下游如此，整个新安江流域都已频频发现多处新石器文化遗址。如，徽州区岩寺镇桐子山发现的斧、锛、凿、刮削器、网坠和陶鼎足、陶纺轮，歙县富堨镇冯塘村出土的120件石器、9000余片陶片，淳安境内左口、上梧等地发现的大量石器和陶器，以及建德县发现的安仁乡后山村遗址，航头乡杨树岗遗址、六山岩遗址，都极大地丰富了新安江流域的人文内涵，展示了新石器时代新安江人的灿烂文化。新石器时代的新安江人，就在采集、捕捞和狩猎活动中，逐渐发展了渔猎、畜牧和农业生产，并且由顺应自然的游徙不定趋于群聚择地的定居生活。1959年3月屯溪奕棋发掘的土墩墓群，1984年9月歙县城关新州遗址出土的大量文物，则让我们进一步看到西周时期出现的新安江人定居生活的聚落文化。

在《尚书·禹贡》所说的远古“九州”之中，得天独厚的新安山水位于“扬州之南境”。到了春秋战国时期，新安山水属于吴国，吴国灭亡属于越国，越国灭亡属于楚国，楚国灭亡属于秦国。秦王政二十五年（前222年），吴越之地置会稽郡，

---

①“建德人”标本现存中国科学院。乌龟洞列为县级文物保护单位。1979年出版的《中华人民共和国地图集》中，《中国主要考古遗迹图》标绘有“建德人”的考古遗址。《建德县志》第2章《历史沿革》，浙江人民出版社，1986年。

在新安江的上下则置有黟县、歙县和富春县。这是新安江流域真正有了行政设置的开始，此前所谓属这属那，说的只是版图归属而已。此后不久，由会稽郡析置鄣郡，黟、歙二县属鄣郡。西汉元狩二年（前 121 年）改鄣郡为丹阳郡。东汉永建四年（129）又析会稽郡置吴郡，富春县属吴郡。东汉建安十三年（208）东吴击“山越”，平黟、歙，建置新都郡；分歙东置始新县，分歙南置新定县，这是历史上淳安、遂安建县之始，二县均属新都郡。三国吴黄武四年（225）分富春置建德、新昌，二县属吴郡。晋太康元年（280）改新都郡为新安郡。梁普通年间（520 ~ 527），寿昌属新安郡，建德属金华郡。隋、唐置歙州、睦州。武德四年（621）析桐庐为严州，辖建德，历三年严州废，建德属睦州。乾元元年（758）睦州治建德，辖建德、寿昌、桐庐、分水、青溪、遂安六县。大历五年（770），歙州治歙县，辖歙县、黟县、休宁、绩溪、婺源、祁门六县。北宋宣和三年（1121），镇压方腊起义后，诏改睦州为严州，改歙州为徽州。

新安江人在尧、舜、禹时期为三苗族，在尧、舜、禹以后为古越族。古越族分布于长江中下游以南，地区广大，部落众多，史称“百越”。唐人颜师古注《前汉书·地理志》引晋人臣瓒《汉书集解音义》曰：“自交趾至会稽七八千里，百越杂处，各有种姓。”[①] 百越人从事渔猎活动和农耕生产，尤以金属冶炼和水上航行而著称。他们原有断发文身的原始习俗，但是秦汉以来，百越族中的大部分人都在长期的文明发展中逐渐地与汉人融合。

到了汉代末年以至隋唐时期，涉及长江以南古越族的记载，又有“山越”之称屡屡见于文献。“山越”这一称谓，最早见于范晔《后汉书·灵帝纪》：“建宁二年（169）九月，丹阳山越贼围太守陈夤，夤击破之。”[②] 文中提到的山越，何以被称作山越？山越与古越、百越又是什么关系？历代学者曾经有过一些解释。

清代王鸣盛所著《十七史商榷》的解释是：“案山越者，自周秦以来，南蛮总称百越，伏处深山，故名山越。”[③] 他的解释立足于中原，包含有两个要点：一是山越属于南蛮百越的一个部分；二是因为隐居于深山，所以称作山越。这样的解释基本属于“顾名思义”。所谓山越，就是山中越人的意思。

宋人胡三省注《资治通鉴·汉纪》曰：“山越本亦越人，依阻山险，不纳王租，

---

①《前汉书》卷28下，《四库全书》本。
②《后汉书》第1册《本纪·孝灵帝纪》，中华书局，2000年。
③［清］王鸣盛：《十七史商榷》卷42，上海古籍出版社，2016年。

故曰山越。”[①] 这个解释也有两个要点：一个是承认山越的历史归属——山越，原本也都是越人；一个是强调山越的现实特征——他们“依阻山险，不纳王租”。

胡三省的语气和语义，与王鸣盛大不相同。依照胡三省的说法，山越之所以称作山越，并不在于他们居处山区的客观存在，而是在于他们“依阻山险，不纳王租”的主观故意。冠之以“山”，特称之为“山越”，以示与其他越人有别，与通常所说的百越有别。

由胡三省所说，联系《后汉书》首次称谓山越时所载“丹阳山越围太守”，不难推测，山越之称应该产生于汉末以来山中越人与官僚集团的矛盾冲突之中。

山越人生活于崇山峻岭之中，终老于茂林修竹之下，他们一向钟情自然、酷爱自由。犹如东吴众臣所云：“丹杨地势险阻，与吴郡、会稽、新都、鄱阳四郡邻接，周旋数千里，山谷万重，其幽邃民人，未尝入城邑、对长吏，皆仗兵野逸，白首于林莽。”[②] 山越人祖祖辈辈立足于自然经济，日出而作，日入而息，汲泉而饮，炊饭而食。他们渔猎采集，火耕水耨，勤于劳作，自食其力。

正所谓“一方水土养一方人”，山越人得山之峭厉、水之清疾，他们性多果敢，力多强劲，“升山赴险，抵突丛棘，若鱼之走渊、猿狖之腾木”。同时又加上“山出铜铁，自铸甲兵”，其习俗便是“好武习战，高尚气力”。每遇官兵前来征剿，则会群起而反抗。这些反抗者也的确令征剿的官兵深感棘手，因为他们“战则蜂至，败则鸟窜，自前世以来，不能羁也”。[③]

在伴随江水流淌不息的悠悠岁月之中，继承这一血性传统而以武力保障乡土者，代有其人，著称于世。清代歙县江登云撰《澄阳散志》说：“武劲之风，盛于梁、陈、隋间，如程忠壮、汪越国，皆以捍卫乡里显。”[④] 所说程忠壮，即梁、陈之际抗御侯景之乱、守护新安故土的忠壮公程灵洗，所说汪越国，即隋末乱世占据六州、保境安民的越国公汪华，他们正是“以才力保捍乡土”的杰出人物。

疾风知劲草，板荡见英雄。历史的风霜雨雪检测并见证了新安江上山野草根的坚贞不屈，质朴善良、勤劳勇敢的新安江人虽然是深居山林、安居乐业，却也不乏

---

① 胡三省注：《资治通鉴·汉纪》，中华书局，1956年。
② [晋]陈寿：《三国志》，《吴书·诸葛恪传》，中华书局，1982年，第1431页。
③ [晋]陈寿：《三国志》，《吴书·诸葛恪传》，中华书局，1982年，第1431页。
④ 许承尧：《歙事闲谭》卷18《歙风俗礼教考》，黄山书社，2001年，第602页。

侠肝义胆，同样有着中华民族的血性和脊梁。

（二）

《礼记·礼运》记载："昔者……未有火化，食草木之食，鸟兽之肉，饮其血，茹其毛。"① 《韩非子·五蠹》论道："上古之世……民食果蓏蚌蛤，腥臊恶臭而伤害腹胃，民从疾病。有圣人作，钻燧取火，以化腥臊。而民悦之，使王天下，号之曰燧人氏。"② 而后伏羲氏则开辟了两条肉食的通途，其一是织网捕鱼，创立渔业，所谓"结网罟以教佃渔"；其二是驯养牲畜，创立畜业，所谓"养牺牲以充庖厨"。再后来，如《易·系辞下》所说："伏羲氏没，神农氏作，斫木为耜，揉木为耒，耒耨之利，以教天下。"③ 神农氏开创的农业为子孙万代奠定了立世之基、饮食之源。

战国时期问世的《吕氏春秋》有《孝行览·本味篇》，被誉为中国古代烹饪理论史上的开山之作，这并非偶然。文中记述了3500年前伊尹与商汤的一次对话，"积古相传最早之烹饪史料"（王利器语），介绍了先秦时期的美味佳肴，总结了饮食烹调的历史经验，对食品烹制的火候及调味都做有专门的论述。第一次揭示出中国烹饪的哲学渊源，从而将食品烹饪的实践经验上升到理论层面。比如，文章如是说："凡味之本，水最为始。五味三材，九沸九变，火为之纪。时疾时徐，灭腥去臊除膻，必以其胜，无失其理。调和之事，必以甘、酸、苦、辛、咸。先后多少，其齐甚微，皆有自起。"④ 后来的烹饪理论不论如何标新立异，终究都未能够突破《本味篇》的文化框架。

《黄帝内经》被认为是中国最早的医学理论经典著作，该书明确主张"五谷为养，五果为助，五畜为益，五菜为充，气味合而服之，以补精益气"，⑤ 这是对中国饮食结构的科学总结，也是对"合理膳食与平衡营养"理论做出的高度概括，奠定了中华民族主食谷物、辅以肉食、兼食蔬果的饮食基本结构。书中关于饮食的诸多见解，比如：饮食有节而讲究五味调和，饮食有常而讲究物我相适，饮食以时而讲究四季互补，饮食洁净而讲究进食宜忌，这些都对后人的饮食养生有着重要的指导意义。

① 《礼记·礼运》，《礼记注疏》卷21，《四库全书》本。

② 《韩非子》校注组：《韩非子校注》，江苏人民出版社，1982年，第661页。

③ 《易·系辞下》，《汉语大词典》第7卷第882页，汉语大词典出版社，1991年。

④ 张双棣等：《吕氏春秋译注》，吉林文史出版社，1987年，第387页。郭小林：《问题与出路——对中国烹饪之道的一点思考》，《中国烹饪走向新世纪》，经济日报出版社，1995年，第81页。

⑤ 《黄帝内经·素问》22《脏器法时论篇》，人民卫生出版社，2012年。

孕育于中华民族传统文化的新安饮食，当其呱呱坠地之时有着怎样的萌姿与稚气？经历了无数的自然风雨和社会变迁，由于原始资料及历史文献的严重缺失，今天我们要想具体了解数千年前新安江流域居民饮食的源头滥觞状况，显然存在着难以逾越的困难。然而，因为有了20世纪屯溪先秦土墩墓群的发现与发掘，可以依据考古专家们研究的初步成果，联系古代文献中极为珍稀的相关文字，对我们新安江先人包括饮食在内的生活状况做出较为客观的窥探和合乎逻辑的推想。

屯溪位于新安江的上游，坐落于横江、率水的交汇之处。据说“屯溪”作为地名，始见于三国孙吴时代。但是屯溪先秦土墩墓群的发现和发掘，则展现了相对屯溪得名而要遥远得多的那个历史时代的文化场景。

1959年3月，人们在屯溪西北郊区修建机场的施工过程中，发现了奕棋村南的两座古墓。后来经过多次考古调查和实地钻探，专家团队确认，这里存在一座规模巨大的古代墓群。于是，1959年首次发掘了一、二号墓，1965年清理发掘了三、四号墓，1972年接着又发掘了五、六、七号墓，最后1975年还清理发掘了八号墓。

屯溪土墩墓群先后进行的四次发掘，给学术界留下很多极其宝贵的文物资料，其中有关一、二号墓的《安徽屯溪西周墓葬发掘报告》发表于《考古学报》1959年第4期，有关三、四号墓的《安徽屯溪周墓第二次发掘》发表于《考古》杂志1990年第3期，有关八号墓的《屯溪奕棋八号墓发掘简报》发表于《文物研究》1991年第7期。时至2006年，安徽人民出版社出版了李国梁主编的《屯溪土墩墓发掘报告》，有赖于此，我们得以了解曾经发掘的屯溪八座土墩墓的全貌，包括以前未曾公开发表的五、六、七号墓的文物资料。

通观屯溪土墩墓群，它的基本特征是一墩一墓、平地起坟、封而不夯，整个墓群的营造方法与中原地区的同期墓葬完全不同，充分体现出当时江南地区相对独特的殡葬习俗。

关于屯溪先秦土墩墓群的具体年代，自从1959年首次发掘以来，专家们争论了半个多世纪，概括起来有下面三种意见：一是西周早中期说，二是西周中晚期说，三是春秋晚期至战国早期说。李国梁主编的《屯溪土墩墓发掘报告》即持第三种观点，报告说：“屯溪八墓的时代，我们认为是春秋晚期到战国早期的墓。”①

① 李国梁：《屯溪土墩墓发掘报告》，安徽人民出版社，2006年，第107页。

包括屯溪在内的新安江流域，在海内统一之前的春秋战国时期，原属吴国，吴亡之后属于越国，越亡之后属于楚国。那么，屯溪土墩墓群蕴藏的文化究竟属于吴国文化、越国文化，还是楚国文化？《屯溪土墩墓发掘报告》从历史、地域和出土器物三个方面综合考量的结果，认为“屯溪八墓是属于越国或越族文化的范围”“屯溪八墓所出的青铜器群和原始青瓷器群反映了该地区土墩墓的古文化面貌，给人们研究吴越文化，特别是越族文化历史提供了较为丰富的物质文化资料”。①

既然屯溪土墩墓群积淀的是春秋战国时期的越国文化或者越族文化，那么理所当然地应该包含着这一时期越国或者越族的饮食文化，事实也的确如此。

根据发掘报告统计，屯溪8座土墩墓发掘出土的青铜器有107件，原始瓷器有311件，陶器有52件，其中几何印纹陶器23件，陶器29件。107件青铜器分为四类，即兵器26件，车饰8件，工具13件，还有礼器60件，占半数以上。而在这些礼器中，除了数量极少、形制独特、用途不明的单柱器、五柱器以外，主要就是鼎、簋、尊、卣、盘、盂、盒、盉，分别属于食器、饮器、酒器和水器。

虽然这些青铜所制器物属于随葬的礼器，并非墓主们生前日常的应用物品。但是我们认为，随葬物品实际就是生者为死者的冥间生活提供的日常用品，反过来这些随葬物品也就在很大程度上反映出生者以及死者生前的生活方式。由此我们相信，这些死者的随葬礼器，无非是生者以及死者生前生活用品的模拟形式，必然与当时生者以及死者生前的应用物品存在着同类对应关系。不妨设想一下，如果当时的祭者以及墓主生前不曾享用过这类生活物品，那么土墩墓中怎么可能拥有这么多与之同类的随葬礼器！

屯溪8座土墩墓出土更多的是原始瓷器及陶器，它们的器物名称也更加多样。除了与上面提到的青铜器同类名称之外，还有碗、钵、杯、碟、豆、瓶、罐、瓮等。相对于青铜所制礼器而言，原始瓷器、陶制器物的应用性能更为明显。当然，现场出土的大多数瓷器与陶器，同样不是墓主生前实际应用的物体，它们的形制普遍小于实际应用的器物。以碗为例，见于登记的17个原始青瓷碗，口大底小，型式如同今日所用，但是形制都比实际食用瓷碗要小，它们通高只有3.3～4.6厘米，口径不过8.1～11.9厘米，显然属于专为殡葬所制而与现实用品对应的冥间用物。

---

① 李国梁：《屯溪土墩墓发掘报告》，安徽人民出版社，2006年，第107页。

统观屯溪土墩墓群出土文物，有关饮食的礼器明器占有很大比重，这也无疑是与当时现实生活相互对应的文化现象。现在我们有必要稍加具体地考察一下，看看这些墓葬器物与当时人们的饮食生活有着怎样的关系。

既是讨论有关饮食的生活器物，最需关注的当然是“盛饭食器具”。屯溪土墩墓出土的“盛饭食器具”，首先是原始瓷碗，其形体虽然较矮，但是却已类似后世碗壁略加抬高的饭碗。功用与碗最为相近的是钵，原始瓷钵略小于盆，可以盛饭、盛菜、盛汤水。其次是原始瓷盂，它也是用以盛汤浆饭食的圆口器皿。《说文解字 · 皿部》云：“盂，饭器也。”① 还有就是原始瓷盘，古籍常常“盂盘”连言，表明盘跟盂一样，都是盛食盛物的器皿，只是瓷盘更显敞口扁浅，可能多用于盛放较小的肉品或果品。至于原始瓷碟，是比瓷盘更小更浅的一种食器，古代文献中“碟酌”一词即指酒菜。

酿酒技术、饮酒习俗都以粮食生产的农耕水平为前提，大量酒器的出土，反映出当时农耕生产的发达程度。酒器之中的“尊”，后世也写作“樽”。《说文解字 · 酋部》：“尊，酒器也。”② 段玉裁注曰：“凡酒必实于尊，以待酌者。”③ 尊作为礼器多见铜制，屯溪土墩墓出土既有青铜制尊，也有原始瓷尊。其次是卣，卣是中型酒樽。还有盉，盉的形状近似于壶，也是古代酒器，有人说“盉乃和水于酒之器，所以节酒之厚薄也”，也有人认为盉是一种调和“五味”的器具。④

除了饭器、酒器之外，还有一些器具也与饮食有关。像原始瓷瓿，圆口、深腹、圈足，显然属于盛放食物的容器。像原始瓷罐和陶罐都是一种圆形容器，可以用来盛放物品，也可用来烹煮食物；簋可以用来盛放黍稷稻粱之类粮食。比较特别的是铜鉴，可以盛水，还能盛冰，先民往往用来冷藏食物。

至于鼎和豆，后代视为神圣的祭器，其实原本都是食用肉类时所用的器物。《汉语大词典》解释说：鼎，“古代炊器，又为盛熟牲之器，多用青铜或陶土制成”。⑤ 屯溪土墩墓群出土的鼎类，不仅有铜鼎、陶鼎，还有原始青瓷鼎，陶鼎和瓷鼎相对于铜鼎则更加贴近现实人生的饮食习俗。豆，《说文解字 · 豆部》解释说：“古食肉

---

① [汉]许慎：《说文解字》，中华书局，1963年，第104页。
② [汉]许慎：《说文解字》，中华书局，1963年，第313页。
③ [清]段玉裁：《说文解字注》，商务印书馆，1996年，第673页。
④ 罗竹风：《汉语大词典》第7卷，汉语大词典出版社，1991年，第1421页。
⑤ 罗竹风：《汉语大词典》第12卷，汉语大词典出版社，1993年，第1314页。

器也。从口象形。”[①]在屯溪土墩墓出土的原始青瓷器中，形似高足瓷盘的原始瓷豆，型式竟有6种之多，这又意味着什么？这是否使我们在看到当时古越人对“豆”这种祭器的重视程度的同时，也隐约看到“豆”在当时生活中应用的广泛程度呢？

《屯溪土墩墓发掘报告》告知我们，屯溪出土的历史文物虽与中原文化不无联系，但却更多地体现出江南地区的文化特色。特色鲜明、形式多样、功用齐全的饮食器物，为我们再现了一个基本的历史事实：远古所谓的“南蛮鴃舌”之人，到了春秋战国时期，早已告别了“茹毛饮血”的蛮荒时代，他们的饮食文化已经达到了相当可观的历史高度。

如此品类繁多的饮食器具，必然联系着数量丰富的饮食资源，体现出形式多样的烹饪技能。只是遗憾得很，屯溪土墩墓群出土的大量器物，虽然都与烹饪饮食密切相关，但是当时人们利用这些器物所烹、所盛、所饮、所食的种种物品却并无应有的具体的发现。当时人们利用如此品种繁多的烹调器具和饮食器具，究竟“烹”过什么、“调”过什么、“饮”过什么、“食”过什么？古老岁月留给我们的却只是一串悬念。

带着这些悬念，我们渴望在历代的文献之海中打捞出一些历史的信息，渴望在相关的文化遗址上寻找到某些历史的启迪。颇有意思的是，重读司马迁的《史记》，其中有一段文字确实给人一种温故而知新的愉悦。《史记》卷一二九《货殖列传》记载曰：

> 楚越之地，地广人稀，饭稻羹鱼，或火耕而水耨，果隋嬴蛤，不待贾而足，地势饶食，无饥馑之患。[②]

这一段文字的撰述意旨是什么，或者说司马迁为什么要写这段文字？他显然是在“货殖”这一专题下探讨楚越之地商贾不兴的根本原因。在他看来，楚越之地之所以不兴商贾，原因就在于这个地区具备某些生产生活的优越条件，无须仰赖商贾，便能自给自足。

司马迁的这样一番解释，是否透露出这样一个事实，即他所说的那个时代，“商

---

①[汉]许慎：《说文解字》，中华书局，1963年，第102页。

②[汉]司马迁：《史记》下册，天津古籍出版社，1995年，第3333页。

贾”也好，“货殖”也好，恐怕都与饮食方面的供求两方密切相关，也就是离不开当地的物产与饮食问题。正因如此，这一段文字的撰述意旨虽然不在饮食，但却包含着相当丰富的饮食文化。再者，我们完全有理由认为，司马迁所说的“楚越之地”，毫无疑问包括新安江流域在内，尤其是他在阐述中特别提到的“或火耕而水耨，果隋蠃蛤，不待贾而足”，则更加贴近江南地区山越人的生产生活，也就更加契合新安江两岸人们的劳作方式与饮食状况。基于以上两点认识，下面试就司马迁的这段文字做些具体解读，以求对春秋战国时期新安江人的饮食文化有个更加深入的了解。

司马迁的阐述文字表明，他在饮食问题上首先关注的是，楚越之地赖以生存的地理环境和生态条件。他说这里不仅“地广人稀”，而且“地势饶食”，这就意味着当地的物产——尤其是食物非常丰富，完全可以满足本地生民的生活需求，通常情况下，只要没有战争、没有灾荒，也就不会有“饥馑之患”。稻谷不熟叫作“饥”，菜蔬不熟叫作“馑”。众所周知，新安江流域的地理形势，有山有水，山好水也好，这就足以保障谷物菜蔬的生产，兼之先秦时期整个流域人烟稀少，司马迁所谓“地广人稀”“地势饶食”而“无饥馑之患”之说，尽管没有明确排除战争和灾荒，也还完全客观而可信。

其次，司马迁已经关注到楚越饮食的基本方式和基本水准。在他笔下，“饭稻羹鱼”“果隋蠃蛤”这八个字，要而不繁地揭示出南方饮食的显著特征。所谓“饭稻羹鱼”，即以稻谷做成饭食，用鱼虾做成羹汤，这是南方饮食的主体。所谓“果隋蠃蛤”，概言各种瓜果与水产食材，这是在饮食主体之外做了较大幅度的扩展。“果”指木本植物的果实，包括坚果、水果。“隋”通“蓏”，泛指瓜蔓类植物的果实。“蠃”通“螺”，螺蚌之类。“蛤”是蛤蜊，指有介壳的瓣鳃类软体动物。

再次，司马迁特别提到的“火耕而水耨”，值得我们特别地予以关注。他所说的“火耕而水耨”，不能简单理解为我们通常所说的“刀耕火种”。我们通常所说“刀耕火种”，都指比较原始、比较落后的农耕方式。他所说的“或火耕而水耨”，意思是说南方山区有的农耕方式相对北方平原较为便利、较为轻易。在司马迁看来，有的山地用火焚烧也就便于农事耕种，有的水田用水淹灌也就可以除草耕耘，这与北方中原的牛耕人锄相比，岂不省事又省力！当然这种相对粗放的耕作方式并非广泛施行于楚越之地，而是存在于部分山区。所以在司马迁笔下，“火耕而水耨”之前冠有一个“或”字，我们在解读之时也就特用“有的”一词表示限制。更重要的是，司马迁对此耕作方式所以不予否定，前提便是他所指出的“地广人稀”“地势饶食”——某些地方，比如新安江两岸，即使如此“火耕水耨”，也无“饥馑之患”。

“水耨”的字面义只是指灌水除草，由此而引申为水田生产，甚至是水稻生产，是否牵强？这也未必。假如当时当地确实并无水田劳作、并无水稻生产，那么司马迁何以要提“水耨”？在他笔下的“饭稻”又从何谈起！

这里自然涉及中国古代稻作农业的起源问题。“从考古发现上证实，中国拥有最古老的稻作遗迹和丰富的稻作文化。关于稻作文化的起源及其传播途径，也就成为学术界关注的焦点之一。”[①] 而“中国稻作农业的起源最有影响的是‘华南说’和‘长江中下游说’，此二说现今有了考古学支持。在广西桂林甑皮岩、湖南道县玉蟾岩、江西万年仙人洞和吊桶岩、浙江浦江上山等新石器时代早期遗址中，均发现有距今10000年以前的近栽培稻或古栽培稻遗存，说明稻作农业已不是偶发现象。”[②] 还有，1936年发现、1959年命名、2019年列入联合国教科文组织世界遗产名录的良渚文化遗址也已经证明，距今5300～4000年的良渚时期的农业，已经率先进入犁耕稻作时代。

考古发掘以及现代研究已经证明，我国原始农业的起源、作物品种的选择，都与地理环境、气候条件密切相关。幅员辽阔的中华大地，由于地理纬度跨幅较大，南北光照、气温、降水存在明显差异，长期以来形成了南北饮食大不相同的传统格局。正如学者们所论述的那样，“夏商周时期，我国形成了南北不同的饮食文化区域：秦岭—淮河一线以北，以黄河中下游为中心的北方饮食文化区，是以旱地粮食作物黍、稷、粟等为主食，陆地动物鹿、牛、马、羊等为辅食，以烧、烤、炸为主要烹饪方法的北方饮食风味；秦岭—淮河一线以南，以长江中下游为中心的南方饮食文化区，是以水田粮食作物稻米为主，陆地动物和水产动植物为辅食，以蒸、炖、煎为主要烹饪方法的南方饮食风味”。[③] 从中不难看出，“饭稻羹鱼”“果隋蠃蛤”正是着眼于南方饮食的主辅食材及其烹饪方法所做出的概括。这种概括评判只是凸显着南北差异，强调南方饮食的地域特色，并不意味着饮食水准的优劣评判。这就如同后人总以“南稻北粟”来指代饮食文化的地域特征一样，并无高低褒贬之意。

---

① 安志敏：《中国稻作文化的起源和东传》，《文物》1999年第2期。

② 徐昭峰：《我国稻作农业的北传》，《光明日报》2009年12月1日。

③ 王雪萍：《先秦饮食文化的区域特征》，《青海社会科学》2006年第4期。

当然，任何差异都是相对而论。如果我们采用“饭稻羹鱼”和“食粟餐肉”来标示南北饮食的文化特色，也并不意味着北方不食鱼、南方不食肉。

在屯溪8座土墩墓的发掘中，有肉类烹食器具——鼎和豆的大量出土，尤其是原始青瓷所制豆，多达6种型式152件，在出土青瓷器中几乎占到半数。据此完全可以推想，肉食对于当时屯溪一带的越人来说，或许不算什么特别的奢侈物品，因为他们的生产方式正是农耕兼事渔猎。他们当中的渔猎者应该就是鱼羹肉食的享用者，而不像《诗经·伐柝》所指斥的那些“不狩不猎”的“彼君子”，亦不像《左传》中论战曹刿所鄙视的那种“未能远谋”的“肉食者”。

司马迁所说“饭稻羹鱼”“果隋蠃蛤”，主要是突出南方饮食特色，其中自然也涉及饮食水准。

水准较差的饮食，亦即粗粝的饭食，或者粗劣的菜肴，在传世的历代文献中也常常可以见到。例如，《战国策·韩策一》载：“韩地险恶，山居，五谷所生非麦而豆。民之所食，大抵豆饭藿羹。一岁不收，民不餍糟糠。”[①] 再如，《昭明文选》中王褒《圣主得贤臣颂》云：“羹藜唅糗者，不足与论太牢之滋味。”[②] 明代刘基《郁离子》曰：“郑子叔逃寇于野，野人羹藿以食之。”[③] 上面引文之中，“藿”是一种豆叶；“藜”是一种野草；“糟糠”指酒滓、谷皮之类；“糗”指“寒粥”，亦即冷稀饭。藜藿为羹，糟糠为食，显然都是不得已而用以疗饥之举。《荀子》曰：“今使人生而未尝睹刍豢稻粱也，惟菽藿糟糠之为睹，则以至足为在此也，俄而粲然有秉刍豢稻粱而至者，则瞲然视之。”[④] 由此可见，“刍豢稻粱”与“菽藿糟糠”优劣分明。同样可知，司马迁所说的“饭稻羹鱼”“果隋蠃蛤”，既不同于“豆饭藿羹”，更远胜于“羹藜唅糗”“菽藿糟糠”，应当是指比较好的饮食。

要说“饭稻羹鱼”“果隋蠃蛤”是较好的饮食，还可以回顾一下《冯谖客孟尝君》的故事。据《太平御览》载，战国时期，孟尝君门下食客三千，他们的厨食分为三等：“上客食肉，中客食鱼，下客食菜。”[⑤]《战国策·齐策四》写道，奇士冯谖初为下客，门人“食

① [清]程夔初：《战国策集注》，上海古籍出版社，2013年，第281页。
② [汉]王褒：《圣主得贤臣颂》，萧统：《文选》，中华书局，1977年，第658页。
③ 傅正谷：《郁离子评注》，天津古籍出版社，1987年，第402页。
④《荀子》卷2《荣辱》，方勇、李波译：《荀子》，中华书局，2015年。
⑤ [宋]李昉：《太平御览》第2册，中华书局，1960年，第1875页。

以草具”，只供粗饭淡菜，他便心生牢骚，弹铗而歌，歌曰 ：“长铗归来乎，食无鱼。”[①]于是，孟尝君待他为鱼客。

通过以上出土文物的具体考察和历史文献的解读分析，我们可以看到春秋战国时期，在以屯溪为代表的新安江流域，古越人饮食文化的显著特色及其发达程度 ：稻谷作为主粮，米饭充当主食，山珍河鲜并陈，鱼肉果蔬自足，还有酿酒技术和饮酒习俗为世俗人生增添了多少活力——这就是当时新安江越人的饮食生活，这样的饮食生活得益于“新安大好山水”，得益于得天独厚的生态优势和资源优势，也为两千多年来新安江居民饮食的健康发展、为明清时期风靡大江南北的徽州菜系的形成和兴盛，奠定了比较理想的物质基础和文化基因。

第二节 汉唐时期文化融合与新安饮食的演绎

我们这里所说的汉唐时期，概指自秦统一到五代结束这样将近1200的历史岁月。在此千余年间，既有魏晋南北朝的社会大动荡、文化大变革，又有“大汉”和“大唐”的社会大统一、文化大发展。“汉人”和“唐人”至今被当作“中国人”的代称，足见汉、唐两代在中国历史和世界历史上的影响之大。而中国饮食文化在此期间的变化和发展也值得特别关注。

（一）

汉唐时期是中国传统社会政治、经济、文化深入变革、全面发展的重要时期，也是中国古代饮食文化变革和发展的重要时期。

汉唐两代高度开放，对外交往极度频繁，其间开辟的“丝绸之路”即是中国古代经过中亚通往南亚、西亚，以及欧洲、北非的陆上贸易通道。域外的许多物种与各种食材也曾络绎不绝地由此传入中国，极大地丰富了中华民族的饮食文化，产生了极其深远的历史影响。

以张骞为代表的汉朝使者在丝绸之路的开拓中做出了卓著的贡献，我们今天餐

---

① [清]程夔初 :《战国策集注》，上海古籍出版社，2013年，第103页。

桌上享用的许多果蔬，是他们那时由西域引进的，而后才广泛传播开来。举例如下：

胡麻，即芝麻，“相传汉张骞得其种子于西域，故名（胡麻）。”①

胡瓜，即黄瓜，北魏贾思勰《齐民要术·种瓜》载：“种越瓜胡瓜法：四月中种之。胡瓜宜树柴木，令引蔓缘之。”②明李时珍《本草纲目·菜三·胡瓜》：“张骞使西域得种，故名胡瓜。按杜宝《拾遗录》云：‘隋大业四年（608）’，避讳，改胡瓜为黄瓜。’”③

胡豆，亦即蚕豆。李时珍《本草纲目·谷三·蚕豆》：“此豆种亦自西胡来，虽与豌豆同名，同时种，而形性迥别。《太平御览》云：‘张骞使外国，得胡豆种归。’指此也。”④

胡桃，亦即核桃。晋张华《博物志》卷六：“张骞使西域还，乃得胡桃种。”⑤南宋孙奕《履斋示儿编·杂记·因物得名》：“胡人常食核桃，而名胡桃。”⑥

葡萄，亦作“蒲陶”“蒲萄”“蒲桃”。《前汉书·西域传·大宛国》：“汉使采蒲陶、目宿种归。”⑦李时珍《本草纲目·果五·葡萄》：“葡萄……可以造酒。《汉书》言张骞使西域还，始得此种，而《神农本草》已有葡萄，则汉前陇西旧有，但未入关耳。”⑧

胡蒜、胡荽。明李时珍《本草纲目·菜一·蒜》：“胡国有蒜，十子一株，名曰胡蒜，俗谓之大蒜是矣。”⑨我们知道，大蒜是个好东西，蒜头、蒜苗、蒜薹均可做菜。北魏贾思勰《齐民要术·种蒜》：“王逸曰：张骞周流绝域，始得大蒜、葡萄、苜蓿。”⑩王逸，东汉人，所言应当可信。至于胡荽，即芫荽，又作“胡菱”，《韵略》：“胡菱，香菜也。”《齐民要术·种蒜》引晋张华《博物志》：“张骞使西域，得大蒜、胡荽。”⑪

毫无疑问，高度的对外开放，决不限于以“博望侯”名义出使的张骞等人，其他人士如外贸商贾、云游僧众甚至戍边将军，往往也会带动一些饮食文化的内外交流。

比如菠菜，又名菠薐、菠棱。唐韦绚《刘宾客嘉话录》记载：“菜之菠棱，本西

① 罗竹风：《汉语大词典》第6卷，汉语大词典出版社，1991年，第1215页。
② [北魏]贾思勰：《齐民要术》卷2《种瓜》，《四库全书》本。
③ [明]李时珍：《本草纲目》卷28《菜三》。
④ [明]李时珍：《本草纲目》卷24《谷三》。
⑤ [晋]张华：《博物志》卷6《物名考》，重庆出版社，2007年。
⑥ [宋]孙奕：《履斋示儿编》之《杂记·因物得名》，中华书局，2014年。
⑦ 《前汉书》卷96上《西域传·大宛国》，《四库全书》本。
⑧ [明]李时珍：《本草纲目》卷33《果五》。
⑨ [明]李时珍：《本草纲目》卷26《菜一》。
⑩ 罗竹风：《汉语大词典》第2卷，汉语大词典出版社，1988年，第1381页。
⑪ [北魏]贾思勰：《齐民要术》卷3《种蒜》，《四库全书》本。

国中有僧将其子来，如苜蓿、葡萄，因张骞而至也。绚曰：‘岂非颇稜国将来，而语讹为菠稜耶？’”①

比如西瓜，原产非洲，我国除少数寒冷地区外皆有种植。明李时珍《本草纲目·果五·西瓜》：“按胡峤《陷虏记》言，峤征西纥得此种归，名曰西瓜。则西瓜自五代时始入中国。”②

魏晋南北朝，尤其是史家所称“五胡十六国”时期，胡食与汉食在民族冲突与民族融合中剧烈碰撞、相互渗透，中华民族的饮食文化因此而发生空前的变革。晋陆翙《邺中记》：“石勒，讳胡，胡物皆改名，名胡饼曰麻饼，胡荽曰香荽。”③石勒就是羯族部落首领之子，十六国中后赵政权的建立者，曾经一度称霸北方。这则笔记透露出十六国时期北方游牧民族在中国饮食文化方面的显著影响。

到了唐代，开放程度不亚于汉代。汉代人称西域传入的食品为“胡食”。胡食在汉魏通过丝绸之路传入中国以后，到了唐代变得更为盛行。《新唐书·舆服志》说：“贵人御馔，尽供胡食。”④

唐代的胡食品种很多，面食有胡饼、䭔饦、毕罗等。胡饼即芝麻烧饼，中间夹以肉馅。诗人白居易曾为胡麻饼点赞，他在《寄胡饼与杨万洲》诗中说：“胡麻饼样学京都，面脆油香新出炉。寄与饥馋杨大使，尝得看似辅兴无。”“辅兴”即位于长安城西南角的胡饼坊名。䭔饦是用油煎的面饼，唐慧琳《一切经音义》卷三七说：“案此油饼，本是胡食，中国效之，微有改变，所以近代亦有此名。……胡食者，即毕罗、烧饼、胡饼、搭纳等是也。”⑤“毕罗”一语源自波斯语，是指一种以面粉作皮、包有馅心，或蒸或烤，而制成的食品。唐代长安有许多经营毕罗的食店，有蟹黄毕罗、猪肝毕罗、羊肾毕罗等，广为食客所欢迎。

就整个汉唐时期而言，不仅是果蔬品种大幅度增加，相对先秦整整翻了一番；而且胡饼、胡饭等各种胡食的传入，酪、酥等各种奶制品的流行，无形之中带动了烹饪方法的变化。另外，还有胡椒、茴香、蔗糖、葡萄酒的引进，调味品酱油、豉

① [唐]韦绚：《刘宾客嘉话录》（不分卷），《四库全书》本。罗竹风：《汉语大词典》第9卷，汉语大词典出版社，1992年，第452页。

② [明]李时珍：《本草纲目》卷33《果五》。

③ 罗竹风：《汉语大词典》第6卷，汉语大词典出版社，1991年，第1212页。

④《旧唐书》卷45《舆服志》，《四库全书》本。

⑤ 罗竹风：《汉语大词典》第6卷，汉语大词典出版社，1991年，第1212页。

和醋的产生，使烹调工艺做到有“烹”有“调”而名副其实。除此之外，汉唐时期的饮食文化还有三个方面值得我们特别关注，试述如下。

第一，西汉时期豆腐制作工艺的发明。李时珍《本草纲目》说：“豆腐之法，始于汉淮南王刘安。”[①] 刘安生前素好炼丹，偶然之间他以石膏拌入豆汁，发现逐渐凝固的豆汁口感甚佳，由此便发明了这一千古美食，人称“豆腐”。1960 年河南密县发现了打虎亭汉墓，墓中有大型画像石刻，上面就有豆腐作坊的图像，这就证明汉代的确有了豆腐的制作。豆腐的制作能使豆类的营养充分为人所利用，并且可以从中衍化出许多菜肴品种，极大地丰富了人们的餐桌饮食。千载之下，我们仍然可以体会到这一发明难以估量的经济价值。

第二，东汉时期植物油的发现。在此以前，人们一向都是食用动物脂肪，旧时叫作“脂膏”。利用带角动物所制的油叫“脂”，利用无角动物所制的油叫“膏”。脂相对较硬，膏相对较软。东汉人发现植物体也有油脂，所制植物油有芝麻油、杏仁油和奈实油等，不过当时所制所用的数量都还不是很多。到了南北朝以后，植物油的品种才显著增加。

第三，汉唐时期茶饮文化的长足发展。茶叶的高度开发、广泛利用，以及茶文化的趋于成熟和兴盛，是汉唐时期的一件大事。当时茶饮的普遍推广，是由西南而至东南，再由南方而至北方，到了唐开元年间（713 ~ 741），已是“人自怀挟，到处煮饮，从此转相仿效，遂成习俗”。[②] 陆羽所撰《茶经》是世界上的第一部茶事专著，成为汉唐时期茶文化高度发展的一个重要标志。

由于食用物质得到极大的丰富，烹饪功能得到高度的重视，汉唐时期，具有整体性和合理性的烹饪工艺已经初步形成，从而孕育了源远流长的中国风味的饮食体系。以炙、脍、羹、脯、菹为主要加工方式，以蒸、烤、煎、炸、炒为基本烹制手法，以形、色、香、味、养为烹饪追求效应，讲究刀工火候与五味调和，这一系列的综合性烹饪工艺要素都为千年以来的中国饮食文化奠定了良好的基础。

汉唐时期，饮食文化的历史性造诣，不但体现在初步形成的整套烹饪工艺上面，更为重要、更具有深远意义的是，确立了中国传统餐饮的基本模式。[③]

---

① [明]李时珍：《本草纲目》卷25《谷四》。
② [唐]封演：《封氏闻见记》，中华书局，2005年。
③ 黎虎：《略论中国古代饮食文化研究》，《扬州大学烹饪学报》2008年第3期。

中国传统餐饮的基本模式，就是以“五谷”为主食，以“百蔬”为副食，适量兼用“六畜”。换作普通百姓的日常说法，主食就是“吃饭”，副食就是“吃菜”，既有菜，又有饭，便好“就菜下饭”。这种有主有副、主副分明的餐饮模式，乃是东方农业文明所决定的典型模式。时至今日，现代科学业已证明，以粮食为主，以菜蔬为辅，兼用适量的肉类，将植物蛋白与动物蛋白结合起来，这种饮食模式是比较合理的饮食模式，它既不同于肉食为主的模式，也避免了完全素食的偏向。只要对照一下当今营养学界所倡导的金字塔形饮食结构，我们便不难看出，主副分明的中国传统的餐饮模式，自从汉唐时期确立之初便已具备了基本的合理性和一定的优越性。

不言而喻，汉唐时期确立的这种基本统一的餐饮模式，并不排斥传统饮食的地域性差异，更不可能限制不同时代饮食习俗的发展与变化。

比如说，北方黄河流域的主食，首要是粟，其次是麦，很少用稻；副食多见牛、羊、鸡、犬、豕。南方长江流域的主食，则首要是稻，其次用麦，很少用粟；副食则多见鱼肉、鸡肉、猪肉，较少见到羊肉。而牛总用于耕作，一般情况下，尚能耕作则不宰不食。至于狗肉烹食，在北方，汉代就非常盛行，而在南方却大不一样。像我们所说的新安江流域，至今流传一句民间谚语，叫“狗肉不上台盘”——狗肉向来不会作为正式菜肴端上餐桌。

这是很有意思的事情。汉唐时期的统一模式所包容的地域差异，随着时代的更替逐渐积淀和发展为“和而不同”的“北馔”与“南食”，进而还会在相应的地域条件下衍生出丰富多彩的地方风味，这当中就包含着新安江流域所产生的“歙味”——我们在后面还将具体谈到这一点。

在汉唐时期饮食文化的变革和发展中，还有“两大演变”延续千年而影响至今，一是两餐制变为三餐制，一是分餐制变为合餐制。

先秦时期的饮食，是由原始人的“饥则求食，饱则弃余”，逐步演进为当代人所说的“定时就餐”。不过，直到秦始皇统一天下之时，定时就餐也就一日两餐，即所谓“一日再食”“朝曰饔，夕曰飧”，“朝食”为主餐。到了汉代，一日两餐逐渐演变为一日三餐，当时称作“三食”。到了唐代，一日三餐基本成为定制，并且以中餐为主餐。可以肯定，三餐制取代两餐制，是饮食显著改善、人类文明进步的一大表现，更是粮食增产、经济发展的必然结果。但是因为全国各地的粮食生产和经济发展并不平衡，所以在三餐制通行于唐之后，还有不少地方仍然保留着两餐制。比如我们新安江流域，在一千多年的历史岁月里，三餐制和两餐制实际是一直并存着的。一般情况是，富家三餐，穷人两餐；城镇三餐，乡村两餐；丰年三餐，歉岁两餐；农忙三餐，冬闲两餐。这里山区流传着一句民谚说："冬天生活不用愁，一天就是两顿粥。"① 另外，比较特殊的情况是，明清时期从新安江上走出的徽商，因为创造了财富传奇而名扬天下，但是留守新安江本土民众反倒由此承担了更加繁重的赋税杂捐，他们"生活俭朴，一日二餐，食仅粥耳。妇女日夜纺织，数月不食鱼肉"。② 正如汪京兆循曰："徽之贾，售虚名而受实祸。"③ 其中包含着丰富的历史信息和文化信息。

至于分餐制变为合餐制，这是由特定的历史条件所促成的餐饮方式的重大改变。在中国漫长的历史上，我们的先人一直都习惯于席地而坐，习惯于分食就餐，至迟在秦汉时代依然如此。大约是在魏晋之后十六国时期，伴随着北方一些民族进入中原的脚步，"胡床""胡座"之类几案与坐具相继传入，并且得以在广大地区迅速流行，引起人们起居饮食方面种种习俗的显著改变。因为以"胡床""胡座"为代表的案桌和椅凳都有相当高度的腿脚，使用之际也就自然改变了汉人膝立而跪、席地而坐的传统习俗。尤其是在节庆宴席之上、宾客宴请之时，围桌用餐显然更便于群体共享较为丰盛的菜肴，因而也就更容易满足家庭团圆、主宾亲和的心理诉求。处于这样的历史文化背景之下，同桌合餐制就在唐代得到了发展和巩固，并且从此世代相传而延续至今。

（二）

汉唐时期的大开放、大交流、大融合，促进了中国饮食文化的大开拓、大演变、大发展，其中也理所当然地包含着新安江流域饮食文化的发展变化。不过，我们一旦移足于新安江流域做定向考察，便会发现，新安饮食在汉唐时期的变化发展，还另外具有一些自身比较特殊的地理条件、时代背景和文化因素。

新安江流域原本就是一个相对独立的地理文化单元。这里层峦叠翠，溪谷交流，构成典型的山水网络世界。建德境内，山山水水，交错相依，如《严州府志》所云："严之山水，环错如绣，民居山中，俗尚淳厚。""此古睦郡所繇称也。""郡楼堞雉，永镇乌龙。二江成字，南北高峰。山溪险固，邑壤攸同。支流派衍，灵秀

① 沈伟富：《风俗漫谈》，天津古籍出版社，2008年，第102页。

② [明]嘉靖《徽州府志·风土》。

③ 康熙《徽州府志》卷2、道光《徽州府志》卷2，以及道光《祁门县志》卷2，都有这类反映。

实钟。”[①]淳安之境，溪水如织，山势峥嵘。据《淳安县志》载：山地丘陵占比80%，水面占比13.5%。[②]县境西部白际山，北部有昱岭，南有千里岗山系，主峰磨心尖为境内最高峰，海拔1523米。至于上游徽州，更是四面险阻，“东有大鄣山之固，南有天目山之险，西有浙岭之塞，北有黄山之厄”，其境形如城垒、势如高台，巍然耸起于江南大地。整个流域的对外交通，自古就依赖着蜿蜒穿行于万山之中的“黄金水道”新安江。清人黄仲则《新安滩》诗感叹道：“一滩复一滩，一滩高十丈。三百六十滩，新安在天上。”[③]清代淳安人程玉麟常年生活在新安江畔，目睹纤夫和篙师撑船的艰辛，他在《上滩行》一诗中写道：“我闻进酒高歌李青莲，西望长咨蜀道难。不知瞿塘巫峡更何似，此行亦似上青天。”[④]在诗人眼里，新安江的上滩之行，十足可比蜀道之难、三峡之险。

由北而观之，这里正是中原人士所谓的“蛮荒之地”；由南而观之，这里只是文人笔下的“吴头楚尾”“越角吴根”。[⑤]然而在新安江人眼里，正如朱熹所云：“山川之胜，宏伟非常。”正是倚仗着“高台城垒”一般的山川形势，这里“世乱不罹兵燹，世治可安耕凿”，自古以来就是新安江人安居乐业的“天上人间”，更是中原氏族避乱图存的“世外桃源”。

最早在两汉时期，就有方姓、吴姓、汪姓等中原氏族先后迁居新安江畔，随后每逢中原地区遭遇战火、剧烈动荡之日，便是南下氏族纷纷迁入新安避乱之时。[⑥]比如永嘉之乱、安史之乱、靖康之乱，先后都给新安江流域带来规模非常可观的“移民潮”。其间尤以“永嘉之乱”导致的第一次浩大移民潮，影响最甚。

西晋永嘉年间（307～313），北方草原民族牧马中原，中原衣冠氏族仓皇南渡，魏晋南北朝时期的社会大动荡、人口大迁徙由此拉开历史的大幕。

北方南渡的诸多氏族迁入新安江流域，给这一流域带来较为先进的礼乐文化、

---

① 万历《严州府志》卷2《山川》。

② 淳安县志编纂委员会：《淳安县志·概述》，汉语大词典出版社，1990年，第6页。

③［清］黄仲则：《两当轩集》卷9，上海图书馆藏清咸丰八年黄氏家塾刻本。

④ 杨守仁主修、吕昌期续修：《严州府志》，明万历四十年原刊、清顺治六年重刻《严州府志》卷5《祀墓》。

⑤ 杜牧：《昔事文皇帝三十二韵》诗有句云：“溪山侵越角，风壤尽吴根。”

⑥ 2018年9月16日《钱塘晚报》“新安文化特别报道”，余雯雯《一族之姓》云，章百成的《淳安宗谱》收集有873本宗谱、族谱资料，可供参考。据《钱塘晚报》“新安文化特别报道”，淳安千人以上姓氏共有49姓81支，其郡望为河南荥阳，山西太原，甘肃敦煌、天水等地的占有92%。再从明刻本《新安名族志》收录情况来看，至明代嘉靖年间，已有近80个“名族”移民来新安江畔。淳安如此，新安如此，包括建德在内的整个新安江流域也就可想而知。

农耕文化，以及饮食文化，包括因为两汉开放而已经融入中原文化的西域饮食，以及“胡食”文化。不难想象，移民带来的中原文化，与土著原有的山越文化，必然有个相互排斥、反复冲突、屡经磨合的过程。在这个由磨合而至融合的过程中，新安历任牧守，诸如贺齐、任昉、徐摛、程元谭等人，都曾致力于当地的文化诱导和社会教化，其中当数隋末唐初汪华的功绩最为卓著。

汪华（586～649），歙州登源里（今属绩溪县）人。隋朝末年，天下大乱，他毅然起兵，统领歙、宣、杭、睦、婺、饶等江南六州，建吴称王；随后主动归顺大唐，促成天下统一，被李渊任命为歙州刺史，总管六州，封越国公。

汪华生为靖民之帅，死为靖民之神，深为六州民众所感戴。今以新安江沿岸而论，上游的休宁、屯溪、绩溪、歙县，中游的淳安，下游的建德，甚而延伸至杭州，其他历史上普遍流传有汪华崇拜的乡风习俗，曾经盛行过奉祀汪华及其子嗣的香火。以至从盛唐时代以来，汪华信仰就被视为新安江流域移民与土著社会一体化进程的象征。

在淳安，据万历《严州府志》记载，有“英济侯庙”三处：一在歙岭，一在佛岭，一在栢岭。“神姓汪，歙之土神”。[①]英济侯庙，即汪华庙，宋徽宗政和七年（1117）加封汪华为英济王。此外，在淳安威坪蓬里村，有供奉汪华父子的灵岩庵坐落山头，至今香火不绝。[②]在淳安樟村乡札源村有九相公庙，奉祀汪华的第九个儿子，并于每年十月半举行香会，热闹非凡。[③]元人李昱《宿新安驿》诗云：“一宿新安驿，迢迢夜未央。……清晨闻钟鼓，民俗祀汪王。”[④]

在建德，据明万历《严州府志》载：“有汪大王祠，在县西三十里。”[⑤]据光绪《建德县志》卷八《秩祀志》载：“（康熙旧志）汪大王庙在城西三十里汪尖山下，神名

①《严州府志》卷5《祀墓》，明万历四十年原刊、清顺治六年重刻本。

②《钱江晚报》2018年8月5日载孙燕文《沧桑银杏王》：淳安威坪最西北面的村落叫蓬里，在十里八乡最高的一座山顶上，有棵著名的银杏王见证着千年沧桑。唐永徽二年（651）“吴王”汪华的第八个儿子汪俊在山顶种下此树。1367年前的古迹，大多已湮没无闻，但山顶供奉汪华父子的灵岩庵却一直香火不绝。

③ 方才在《一方水土》一书中写道：“十月半，系樟村乡札源村农户祀奉九相公的香会。九相公相传是唐越国公汪华第九子，弃官避居于此，后人遂立庙祀之。其像用檀香木雕成，高不过尺许，金身重彩。平时，由村中有男丁的农家轮流供奉，唯独十月半这一天，捧至庙中，受人瞻拜。安徽休宁、邻县开化及本县邻里前往朝香礼拜者络绎不绝。各地肩挑商贩相聚于此，热闹非凡。”中国文史出版社，2017年，第118页。

④ 李昱：《草阁诗文集·诗集》卷3。清人吴骞《愚谷文存》卷14：“元李草阁《寒食新安道中》诗云：‘黄昏闻击鼓，民俗赛汪王。’则此风其来尚矣。”

⑤ 万历《严州府志》卷5，书目文献出版社出版，1990年。

华，歙人。”[①]“汪王庙在大堰头村。庙毁于兵，同治十二年民人郑日华、汪凤有创捐重建。”[②]据明万历四十年原刊、清顺治六年重刻《严州府志》载：“忠助庙，在县西，一名忠济侯祠，神姓汪名广，即歙英济王（汪华）子也。……宋绍兴壬子暴水，众祷于神，水即退。赐庙额曰忠助。”[③]汪广为汪华第四子，仕唐飞骑尉，殁封忠济侯。

杭州吴山大观台旁就有始建于唐朝的汪王庙，与徽州本土汪墓祠的历史同样悠久。《吴山汪王庙志略·公牍》记载：“自唐时歙、杭立庙，春秋致祭，载在祀典。”[④]清末翰林许承尧《题吴山汪王庙》云：“浩气塞天地，邹孟语绝精。越国出新安，吾感同峥嵘。井水处处祠，箫管年年声。遗民讴且思，深厚千载情。”[⑤]

“处心积虑之间，得君国子民之道。既策勋于义旅，遂血食于新安。”[⑥]汪华治理“六州”前后十余年，始终以“保境”为旗帜，以“安民”为宗旨，他的壮举、义举和种种善举，得到山越土著和中原移民的共同拥护。他不但依靠六州境内全体民众，共同抵御外来的侵犯，保障了六州的安全，还彻底化解了山越土著与中原移民的矛盾冲突，圆满完成双方关系的历史性调适，成功地实现了山越文化与中原文化的实质性融合，从而为新安江流域文化的持续发展和全面振兴奠定了基础。

先有贺、任、徐、程的社会教化，以及汪华时代的文化融合，后经李唐王朝的“贞观之治”与“开元盛世”，到了中唐时期，新安江流域的社会经济日渐繁荣，当时这里的歙州就已被人视为“上州”“大州”和“富州”。贞元年间，陆公佐出任歙州刺史，大文豪韩愈序送之曰：“歙，大州也。……当今赋出于天下，江南居十九，宣使之所察，歙为富州。”[⑦]也正是在此社会经济的日渐繁荣之中，新安江流域的饮食文化有了显著发展，独具特色的“歙味”也就悄然兴起，在唐代的“北馔南食”中独树一帜，的确值得人们关注。直到北宋末年歙州改为徽州之后，南宋君臣还在饶

① 光绪《建德县志》卷8《秩祀志》：“大业末，起兵新安，保州里，遂兼宣、歙、杭、睦、婺、饶诸州地。唐武德四年，籍土地兵民奉表归唐，封持节总管宣、歙等六州军事，晋越国公。汪藻曰：‘保有宣歙之众，唐兴纳土，是不忍斗其民者，故至今祀之。’许山屋赞云：‘天下鼎沸，六州太平；日月既出，版图效灵。生为名臣，死为正神。’”

② 光绪《建德县志》卷8《秩祀志》。

③ 《严州府志》卷5《祀墓》，明万历四十年原刊、清顺治六年重刻本。

④ 光绪三十一年汪文炳编《吴山汪王庙志略·公牍》。另有，民国二十五年戴振声、汪濂编《吴山汪王庙志略续编》，与《志略》同藏于杭州图书馆古籍部。

⑤ 许承尧：《题吴山汪王庙》，《疑庵诗》，黄山书社，1990年，第272页。

⑥ 汪华诰，汪承兴等：《大唐越国公汪华文献》，新华出版社，2014年，第11页。

⑦ 罗愿：《新安志》卷9《牧守》，萧建新等：《新安志整理与研究》，黄山书社，2008年，第301页。宋人罗似臣《徽州新城记》：“徽于江东为支郡，而在唐已为大州”“其地接于杭、睦、宣、饶，四出无不通。”

有兴致地谈论“歙味”。由此可见，其影响之深远。

南宋朝廷偏安江南，直把杭州当作汴州。高宗皇帝垂涎新安美食已久，某日特意询问起“歙味”。当时祖籍徽州的翰林学士汪藻便娓娓而谈，详细介绍了特色“歙味”。他的介绍激起高宗极大的兴趣，尤其是他提到两句诗，即“沙地马蹄鳖，雪天牛尾狸”，给高宗留下了深刻印象。于是从这个时候起，“歙味”便进入了南宋宫廷盛宴，一批新安食材也就成为钦定贡品，人们津津乐道的“沙地马蹄鳖，雪天牛尾狸”，自然都名列其中。

沙地马蹄鳖

其实，“沙地马蹄鳖，雪天牛尾狸”，原本是北宋宣州人梅尧臣的两句诗，他在《宣州杂诗》中写道：“北客多怀北，庖羊举玉卮。吾乡虽处远，佳味颇相宜。沙地马蹄鳖，雪天牛尾狸。寄言京国下，能有几人知。”[①] 诗中涉及一个重要话题，即南北饮食存在很大差异。当时在诗人看来，北宋京城很少有人能够了解南方饮食的优长。

汪藻当时将梅尧臣的两句诗信手拈来，临时应对高宗的垂询，借以突出“歙味”的特色。事实上，宣州本与歙州毗邻，“沙地马蹄鳖，雪天牛尾狸”，既产于宣州，更多地产于徽州；何况隋唐之际，宣州也属于歙州刺史汪华的统管之地，所以汪藻当时面对北方南迁的君臣，列举它们作为“歙味”的典型食材，当然也还算是比较靠谱的事。

这里真正值得注意的是，南宋君臣谈论的“歙味”，实际是“歙州味”的简称。“歙味”之“歙”指的就是隋唐时期的歙州，南宋时期歙州已改徽州，但是朝中君臣谈论之际，不称“徽味”而按照习惯习称“歙味”，这就表明“歙味”的确兴起于隋唐。“歙味”兴起于隋唐，影响后世，不妨再看以下两个具体事例。

唐代大中十一年（857），歙州刺史于德晦在邻近州城的华屏山上建造一座问政山房，聘请贤良先生居住其中，作为智囊人物辅佐州政。当年的辅政先生发现当地宜竹，便于闲暇之时在山房周围培植大片竹林，养护了大量竹笋，随后竟然创制出

① 朱东润：《梅尧臣诗编年校注》卷23（上册），上海古籍出版社，2006年，第653页。

好多鲜美诱人的佐食佳肴。宋人所传“歙味”名品“问政山笋”，制作简单却能大快朵颐，正是源起于唐代大中年间。

另据地方文献记载，婺源县李坑村的“李坑炙肉”，同样创制于唐代，与不少“歙味”一样是在家族的祭祀中应运而生的。朱熹的《朱子语类》曾经追述“李坑炙肉”用于家族祭祀的习俗：“婺源俗，岁暮二十六日，烹豕一只祭家先……亦以炙肉及鱼佐之。”① 制作“李坑炙肉”，只用竹条串起五花肉块，浸过佐料之后悬在燃过的糠灰上面慢慢炙烤，只要烤得肉油渗出滴入火灰，便告制作完成。这种制作方式明显保留着浓郁的古拙之风，鲜明地体现出所谓“歙味”的原生形态。

“歙味”虽然发源于隋唐时期的歙州，而且以歙州而得名。但实际上，却体现出歙州及其周边相邻地区共同具备的饮食风味，由于歙州与睦州山水相连，鸡犬相闻，物产相类，食俗相仿，所以当时的“歙味”在很大程度上实际就代表着整个新安江流域的饮食文化。

“歙味”的形成大致有三个来源：一是民间日常饮食，二是筵席菜肴烹饪，三是祭祀所供祭品。这些都与当地的生活习惯、民风民俗密切相关。

隋唐时期，新安人家的日常饮食，一方面保留着土著山民生活的俭朴，长年是“三餐”兼行“两餐”制，即使“一日三餐”，也是“两湿一干”。主食多用稻米，兼用杂粮；副食多用园地菜蔬，兼用山野物产。另一方面，聚族而居的北方移民则又带来宗族制度、宗族规范的文化形态，家家户户都在厅堂摆放一张“八仙桌”，全家大小分坐四方、围桌而食。

这一张“四方八仙”桌，本是由汉魏时期的“胡案”演变而来，此时却四季分明地展示着新安饮食，丰富多彩地演示出新安习俗。从大年“初一朝”的枣栗茶、茶香蛋、长寿面，到大年“三十夜”的鸡鱼肉圆诸菜齐全，一年之中的元宵节、端午节、中秋节、重阳节、腊八节、过小年，饮食各显特点，文化各具内涵。

凡遇时节或家有大事、喜事，尤其是宴请重要宾客，举办家筵、庆筵、延宾筵，上桌菜肴就会尽量丰盛，烹制水准也会格外讲究。古人所谓的“礼之食”与“食之礼”，都会在“四方八仙”桌上得到充分的演绎。

除了平居筵、延宾筵，新安饮食还有普遍盛行的祭祀筵。相对于平居筵、延宾筵，

---

①《徽州文化大辞典》，中国科学技术大学出版社，2015年，第753页。

当地的祭祀筵对“歙味”的兴起和发展，影响似乎更为重要。

新安江畔，道观比肩，寺庙林立，人们的信仰和崇拜非常繁杂，既有山越土著“崇巫信鬼”习俗的历史遗存，又有中原移民带入新安江流域的祭祀文化。

正月初五接财神，十三接灶神，十五闹元宵，二月初二接土地，四月初八浴佛节，七月半中元节，十月半下元节，直至十二月谢灶神，三十晚祭祖宗，祭礼不断。社公会、汪公会、太子会、花朝会、大王会、保安会、观音会、城隍会、花灯会、火把会、三元会、祀堂会，神会繁多。一首《新安竹枝词》这样描述春季迎神庙会：“油菜花残麦穗长，家家浸种办栽秧。社公会后汪公会，又备龙舟送大王。”①

在繁杂的信仰和祭祀中，新安江人真正由衷崇拜、虔诚祭祀的是祖宗神和地方神。凡是卓有建树、福佑一族的显祖，死后都会得到本族后裔长期的祭祀；凡是保护一方、德高望重的精英，死后都会受到本地民众普遍的崇拜。方氏的显祖、汉代的方储被尊为“方仙翁”，有皇家题额的“真应庙”供奉神像。新安程氏显祖、南朝的程灵洗，生前屡建奇功，死后谥封“忠壮”，也被作为神灵供奉。

汪华更因保境安民、功德卓著而深受人们爱戴和崇拜。唐贞观二十三年（649）汪华病逝长安，歙州人即在州衙西邻修建汪公祠以寄哀思。大历十年（775）祠迁乌聊山；元和三年（808）迁于南皋，号越国公汪王神。后经历任官府及民间相继增葺，新安江上处处有祠，汪华的庙会活动也显得最隆重、最热烈、最广泛、最持久。例行的春祈秋报之外，各地还有正月十三的“抬汪公”，正月十八的汪公生朝祭，二月十五的“花朝会”，三月初三的汪公忌日祭，六月十二的“游太阳”。在休宁有占川乡的二月八，东临溪的九月九，商山的九月十三。在歙西有岩寺的正月上九，山泉的三月三，堨田的四月八，潜口的六月二。在绩溪有“安苗节”“保熟节”“太子会”，诸如此类。所有这些活动关系到人们的生产、生活，关系到人们的婚姻、家庭，关系到人们的健康、娱乐，关系到广大乡村的方方面面。

古人云：“夫礼之初，始诸饮食。”② 礼仪的发端是祭祀，祭祀则又始于饮食。越是热烈隆重的祭祀，“摆祭”的食物就越是丰盛。吴梅颠有《竹枝词》云：“村村赛社为春祈，四五百斤猪透肥。摆祭般般相赌赛，乡人好胜世间稀。”③ 这样的春社活

① 方西畴：《新安竹枝词》，《歙县志》下册，黄山书社，2010年，第1517页。
②《礼记·礼运》，《礼记注疏》卷21，《四库全书》本。
③《新安》2015年第1辑，第21页。

动已够热闹，而汪华祭祀则为更甚。

一般的庙祭供品只是讲究猪、牛、羊等所谓“三牲”，汪华祭祀则在“三牲”之外增加大量的菜蔬食品。因为汪华不只是汪氏祖宗神，而是歙州乃至六州的全民保护神，其祭祀通常是全村全员参与，甚至是相邻数村联合举办。在如此盛大的场合下，除集体备就的供品之外，村民还以自家名义献上瓜果、菜蔬、糕点以表敬意。由于家家户户提供私人供品，无形之中就有比较优劣、竞赛高下的意味，久而久之，约定俗成，一种“赛琼碗”的民间活动便在当地流行开来。

赛琼碗

“赛琼碗”，又叫“比献供”“比献菜”。简单地说，就是在供品准备的过程中，开展菜蔬食品烹饪技艺的大竞赛。绩溪西坑村的“赛琼碗”远近闻名，姑且以之为例，考察一下“赛琼碗”的实际场景。西坑是个1300年的古村，每年正月十八组织“赛琼碗”活动，为汪公生日举行祭祀庙会。远近四村八社，民众蜂拥而至，摩肩接踵，云集如潮。前后四天的大赛琼碗期间，“神像前的大案桌上顺次摆着清茶、美酒、糕点、三牲，再是一行行琼碗如数陈列，每行12只，排成24行，总共288碗。”[①] 所列琼碗全是选用大号描金画彩的景德镇细瓷碗，碗沿贴上金箔或彩纸，所献供品系用各

① 程尚远：《绩溪乡情民俗》，团结出版社，2018年，第110页。

种土特产、山珍和海鲜为原料，烹制而成各色菜肴面点，有用鸡、鱼、鸭制成的丹凤朝阳、鱼跃龙门、芙蓉香鸭等佳肴；有用猪杂、火腿、香肠、肉松、皮蛋等配以青红丝制成的花色冷盘；有的用金针菜制成菊花，香菇做成睡莲，瓜子仁、冬笋片、豆腐皮等配以绿色芫荽、菠菜制成梅花、牡丹、月季等花卉；有用海参、乌贼、对虾、海蟹、海蚌、海菜等组成的水晶八宝；有用面粉制成的蟠桃献瑞、福寿满堂、和合利市、年年如意等寓意吉祥的花色细点。这些细点，荤素兼备，色香俱全，造型悦目，体现出菜肴烹制的地方特色，显示出烹调技艺的时代水准，犹如一朵朵绚丽精美的民间艺术之花，令人称奇叫绝。①

菜肴食品本是日常生活必需品，菜肴烹饪往往又体现家庭生活水准，这样“家家竞胜，样样争奇”的琼碗大赛，因为贴近民众的世俗生活，所以特别富有魅力，深受民众欢迎。而在年复一年的琼碗大赛的推动下，当地民间菜肴的制作材料和烹饪工艺，逐渐酝酿出一种约定俗成的评价体系。而初具形态的烹饪体系作为无形的推手，自然助推着“歙味”在新安江流域的形成。

第三节　宋元时期理学医学对新安饮食的优化

宋元时期是南北饮食文化大融合的时期，这种历史性融合促进了新安饮食在内的南方饮食文化的发展。与此同时，新兴的新安理学和新安医学，则润物无声、潜移默化地作用于新安饮食，推动其内在品质的日益优化，为新安菜系的成熟与名世奠定了基础。

（一）

在中国历史上，随着时代的变迁，汉唐时期形成的北馔与南食不断互动、交相影响，终于在宋元时期实现了空前的融合。但是在这个时期的历史进程之中，南方饮食传播并影响于北方，实际上远远迟于北方饮食之南下。之所以如此，实与宋代社会的巨大变动紧密相关。北方人了解南食、接受南食，的确经过了比较漫长的历史岁月。

---

① 程尚远：《绩溪乡情民俗》，团结出版社，2018年，第111页。

《晋书·张翰传》载："（张）翰因见秋风起，乃思吴中菰菜、莼羹、鲈鱼脍，曰：'人生贵得适志，何能羁宦数千里以要名爵乎！'遂命驾而归。"① 张翰是吴郡吴县人，他所思念的菰菜、莼羹、鲈鱼脍都是南方菜肴，但是当时的人们并不怎么关注这些，只是把他的"莼鲈之思"看作抒写乡思乡愁的文学典故，甚至北方文人也往往借用这个典故表达自己的去官归隐之意。

真正强化"莼羹"的饮食概念、扩大南方饮食影响的，是西晋文学家陆机，与张翰是同乡，也是吴郡吴县人。《晋书·陆机传》载：西晋陆机"尝诣侍中王济，济指羊酪谓机曰：'卿吴中何以敌此？'答云：'千里莼羹，未下盐豉。'时人称为名对。"②

陆机在王济夸耀北方所食"羊酪"之时，敏捷地推举出南方的"莼羹"与之抗衡，这在当时的确富有特殊的文化意义。从此，人们常常将"莼羹羊酪"对举并称，用来表示不同地域的美食文化，所谓天南地北，各擅其美。

还有一位西晋文学家张华，他已经更为宏观地考察了南北饮食之差异。他在《博物志》中说："东南之人食水产，西北之人食陆畜。食水产者，龟蛤螺蚌以为珍味，不觉其腥臊也；食陆畜者，狸兔鼠雀以为珍味，不觉其膻也。"③ 这里突出的是东南与西北不同的物产，以及饮食习惯，东南食腥，西北食膻，所谓南腥北膻，各不相同。

经历东晋及南朝经营以后，在实际的饮食生活中，许多江南所产食材逐渐地为中原人士所接受。唐代诗人韩翃，河南南阳人，他有《送客之江宁》诗，曰："吴士风流甚可亲，相逢嘉赏日应新。从来此地夸羊酪，自有莼羹味可人。"这一时期，莼羹鲈脍在唐诗作品中时常可见，紫蟹肥螯也已成为唐人宴席上的珍稀美味。

然而，饮食文化又与社会政治、文化心理都有非常深刻的关联，这一点在文人身上体现得更加明显。先说大文豪韩愈，古典诗歌使用"南食"一词，最初就是见于他的诗题《初南食贻元十八协律》。他在诗中陈述了岭南饮食，列举了鲎、蛇、牡蛎、蒲鱼、虾蟆、章鱼等各类食物。"我来御魑魅，自宜味南烹"。这两句的意思很值得玩味。"腥臊始发越，咀吞面汗骍"。④ 可看出他对岭南食俗接受的难度。他的抵触情绪，

---

① [唐]房玄龄等：《晋书》卷92，中华书局，1996年，第2384页。

② [唐]房玄龄等：《晋书》卷54，中华书局，1996年，第1468页。南朝宋刘义庆《世说新语》："陆机诣王武子，武子前置数斛羊酪，指以示陆曰：'卿江东何以敌此？'陆云：'有千里莼羹，但未下盐豉耳！'"见刘义庆：《世说新语》上册，上海古籍出版社，2007年，第35页。

③ [晋]张华：《博物志》卷1《五方人民》，重庆出版社，2007年。

④ 钱仲联：《韩昌黎诗系年集释》卷11，上海古籍出版社，1984年，第1132～1133页。

诚与饮食习惯直接相关，但是更深层的因素应当在于他被贬谪异域的人生体验。再看大诗人白居易，虽然他久宦江南，惯食鱼稻，而且还曾点赞过江南美食。但是当他将江南与中原对举之际，仍旧不免视江南为“蛮夷”，视南食为“异味”。他在《东南行一百韵》中感叹道：“鼎腻愁烹鳖，盘腥厌脍鲈。锺仪徒恋楚，张翰浪思吴。”[①] 他以“腻”形容“鳖”，以“腥”形容“鲈”，以“愁”以“厌”来表达自己对这些饮食的感受，进而觉得很难理解锺仪、张翰他们眷恋南方的思乡情绪。为什么会有这类偏见？思想根源是什么？作者有个“夫子自道”，他在诗中说：“自念咸秦客，尝为邹鲁儒。蕴藏经国术，轻弃度关繻。”[②] 至于他的友人元稹，在与他一唱一和之中，同样表现出对南方饮食的不屑。元稹在《酬乐天东南行一百韵》中，吟咏的口吻满带着嘲讽，所谓“膳减思调鼎，行稀恐蠹枢。杂莼多剖鳝，和黍半蒸菰。绿粽新菱实，金丸小木奴。芋羹真暂淡，飍炙漫涂苏。炰鳖那胜羜，烹鯄只似鲈。”[③] 在元稹看来，这些江南所谓的美食，怎么能够与北方羊羜相比！唐代这些中原文人的个性表现说明一个事实，南北饮食在文化交融的历史过程中，曾经遭遇“正味”与“异味”的理念冲突；在唐代中原人士心目中，南方饮食与中原饮食似乎存在文化上的巨大差异。

简单回顾一下南食北渐的历史之后，我们再来考察宋代人看待南食的态度。

宋代改变了五代以来的分裂割据状态，全国交通条件迅速改善，各地食材流通空前活跃，北宋京城的各种筵席越来越多地汇集了全国各地的特色饮食。宋人孟元老的《东京梦华录》在追忆故都开封时说到这般情景：“集四海之珍奇，皆归市易；会寰宇之异味，悉在庖厨。”[④] 其言既已囊括“四海”“寰宇”，南方饮食当然不在其外。

南方饮食登上北方餐桌，蛮夷烙印也就随之泯灭，南食北馔之优劣评价也随之发生了根本性转变。自古以来，凡领风气之先者总是文人，还是看看宋代文人的诗作吧。

北宋文坛领袖欧阳修有诗《初食车螯》，先是追述五代之时，“东南限淮海，邈不通夷华。于时北州人，饮食陋莫加”。继而说到入宋以来，南产北上，“水载每连舳，陆输动盈车。岂惟贵公侯，闾巷饱鱼虾”。这反映了五代之后、有宋以来南产北运

① 谢思炜：《白居易诗集校注》卷16，中华书局，2010年，第1246页。

② 谢思炜：《白居易诗集校注》卷16，中华书局，2010年，第1246页。

③ [唐]元稹：《酬乐天东南行一百韵》，《元稹集》卷12，中华书局，2010年，第156页。

④ 伊永文：《东京梦华录笺注》，中华书局，2007年，第1页。

的繁荣景象。诗作最后抒写了这样的感叹："此蛤今始至，其来何晚邪。""共食唯恐后，争先屡成哗。"[①] 全诗表现出对南食的热情肯定，反映了京都对南食的热烈追捧。这要放在唐代，简直不可想象。

北宋政治家王安石有首《送李宣叔倅漳州》，也与唐代送人南行的诗作大相径庭。他先是以人格激励对方："予闻君子居，自可救民瘼。苟能御外物，得地无美恶。"继之又以美食宽慰对方："珍足海物味，其厚不为薄。章举马甲柱，固已轻羊酪。蕉黄荔子丹，又胜楂梨酢。"[②] 在诗人的笔下，岭南物产丰美，胜过中原饮食，这也代表着北宋士人的基本态度。

北宋诗人梅尧臣更是反复表达他的观点："莼羹"代表的南食优于"羊酪"代表的北食。他在诗中写道："休言羊酪敌莼羹，我亦长行念东楚。"（《路中月夕登霁景台与唐英话别》）"已见杨花扑扑飞，鮆鱼江上正鲜肥。早知甘美胜羊酪，错把莼羹定是非。"（《邵考功遗鮆鱼及鮆酱》）"海若有丑鱼，乌图有乌贼。……随贡入中国，中国舍肥羊。"（《乌贼鱼》）[③] 从前只是南北有别的羊酪、莼羹，在他的笔下却都有了"南高北下"之评。

北宋灭亡，皇室南迁，这是天崩地裂的重大事件。这一重大历史事件却给南北饮食更大程度的相互交融提供了历史契机，南味与北味之间的天然鸿沟骤然间得以弥合，两者的高下差异变得无关紧要，尤其是北方南迁的君臣士民，普遍都能迅速地接受南方的饮食文化。稍待一些时日之后，他们转而对"南味"表现出莫大的兴趣。

北宋沈括所撰《梦溪笔谈》曾经指出："大底南人嗜咸，北人嗜甘。鱼蟹加糖蜜，盖便于北俗也。如今之北方人喜用麻油煎物，不问何物皆用油煎。"[④] 南宋二百年间，临安的饮食已经不再有严格意义上的南北差别。宋人吴自牧的《梦粱录》说："向者汴京开南食面店、川茶分饭，以备江南往来士夫，谓其不便北食故耳。南渡以来，几二百余年，则水土既惯，饮食混淆，无南北之分矣。"[⑤]

赵宋朝廷南迁以后，尽管朝堂之上"和战之争"持续不断。但是二百多年，南

---

① [宋]欧阳修：《居士集》卷6，洪本健：《欧阳修诗文集校笺》（上册），上海古籍出版社，2008年，第168页。
② [宋]王安石：《送李宣叔倅漳州》，李壁：《王荆文公诗笺注》卷10，上海古籍出版社，2010年，第242页。
③ 朱东润：《梅尧臣诗编年校注》卷2、卷24、卷25，上海古籍出版社，2006年，第31页，第726页，第787页。
④ [宋]沈括：《梦溪笔谈》卷24，上海古籍出版社，2015年。
⑤ [宋]吴自牧：《梦粱录》卷16《面食店》，浙江人民出版社，1984年。

方几乎没有发生过大规模的战乱，相对于游牧民族统治的北方地区，江南经济可谓相当富庶。“山外青山楼外楼，西湖歌舞几时休。暖风熏得游人醉，直把杭州作汴州”。[①]富庶美丽的江南成为南宋君臣纵情享受的天堂。

当时朝中不少大臣生性豪奢，奉养丰厚，侍妾歌僮，衣服饮食，极于美丽。每次宴客，一席菜肴不少于“百品”；每逢出游，厨具食品竟要传送几十担之多。从一些文献记载来看，这还不是个别的人，也还不是偶然的事。大臣的饮食如此奢侈，御用的餐饮可想而知。

南宋周密《武林旧事》记载，高宗一次驾幸清河郡王张俊的府第，接待所用的果品菜肴，极尽铺张奢侈之能事。书中提供的一份清单，叫人看得眼花缭乱。[②]清单列有绣花高饤一行八果垒（八件），乐仙干果子义袋儿一行（12件），雕花蜜饯一行（12件），沏香酸咸一行（12件），脯腊一行（9件），垂手八盘子（8件），切时果一行（8件），时新果子一行（12件），下酒十五盏（30件），插食（7件），劝酒果子库十番（10件），厨劝酒十味（10件），对食十盏二十分（10件），以及晚食五十分各件等。

水果有香圆、真柑、石榴、枨子、鹅梨、乳梨、榠楂、花木瓜，干果有荔枝、圆眼、香莲、榧子、榛子、松子、银杏、梨肉、枣圈、莲子肉、大蒸枣，可谓南北果产无所不备，网罗一空。

脯腊一行线肉条子、皂角铤子、云梦豝儿、虾腊、肉腊、妳房、旋鱼、金山咸豉、酒腊肉，插食一行炒白腰子、炙肚舷、炙鹌子脯、润鸡、润兔、炙炊饼、炙炊饼脔骨，也是飞禽走兽、荤腥百味，应有尽有。

再看“下酒十五盏”：第一盏花炊鹌子、荔枝白腰子，第二盏妳房签、三脆羹，第三盏羊舌签、萌芽肚胘，第四盏肫掌签、鹌子羹，第五盏肚胘脍、鸳鸯煠肚；第六盏沙鱼脍、炒沙鱼衬汤，第七盏鳝鱼炒鲎、鹅肫掌汤齑，第八盏螃蟹酿枨、妳房玉芷羹，第九盏鲜虾蹄子脍、南炒鳝，第十盏洗手蟹……何等享受，何等铺张！

南北饮食的融合，富庶江南的物产，为南宋君臣提供了生活享受的条件；而南宋君臣的生活追求也刺激了江南烹饪技术和食品工艺的发展。

---

① [南宋]林升诗：《题临安邸》，杨鸿儒：《千家诗评译》，华文出版社，2000年，第102页。

② [宋]周密：《武林旧事》卷9《高宗幸张府节次略》，《四库全书》本。

试看张府清单雕花蜜饯一行有雕花梅球儿、红消花、雕花笋、蜜冬瓜鱼儿、雕花红团花、木瓜大段儿、雕花金橘青梅荷叶儿、雕花姜、蜜笋花儿、雕花枨子、木瓜方花儿，雕花蜜饯，居然多达12种。由此不难看出，当时的食品雕花工艺，已经发达到了无所不雕、无所不能的程度。如果不是前人的明文记载，今天的我们断然难以置信。

其实，从魏晋南北朝以后，江南经济持续发展，财富总量超过北方。尤其是宋室南渡以后，北人水土既惯，南北饮食综合，农渔兼济的饮食结构渐渐成为基本特色。曾有饮食史学家赵荣光撰文，专门比较北宋开封和南宋杭州的食品原料、食品名目、酒茶饮料、朝廷食事、酒楼食店、行业名目情况，最终让我们"看到了杭州比开封近乎跨越时代的发展"。[①]"南烹"之盛经历了一个由弱到强、由粗到精的渐进过程，最终"南烹"盖过"北馔"，主导着中华民族的饮食潮流，并且持续八百年而影响至今。

新安江与钱塘江本是一水贯通，新安人家距离杭州近在咫尺，两地物流长年不断，大众往来极其频繁。杭州成为南宋都城之后，带动了江南文化的全面兴盛，也势必会对新安江流域的政治、经济和文化产生极深极广的影响。

新安江饮食在两宋时期的显著发展，首先是与南北饮食的大流通、大融合的宏观形势大有关系，同时南宋朝廷乃至都城杭州对饮食的铺张、享受和追求，则是更为直接地刺激了新安江的饮食文化。新安江特产的黄山莲心茶、清溪水鳗鲤，以及前面提到的雪天果子狸、沙地马蹄鳖、问政猫头笋，还有休宁临溪大阜瀛所产石鸡等，大批优质食材作为应征贡品，通过新安江源源不断地运往杭州、输入朝廷。这种社会现实难道能够绝不牵动新安江饮食文化的中枢神经，致使发展中的新安江饮食产生微妙而又深刻的变化吗？

（二）

两宋时期的社会变动，南北文化的相互交融，致使新安江人的饮食习俗悄然发生变化，这是一个不争的事实。不过，正如我们常说的那样，一切事物的发展变化，有外因也有内因，内因比外因更重要，内因具有决定性作用。因此，考察两宋时期新安饮食的发展变化，更值得我们关注的是新安江流域自身思想文化的发展变化。回应着外部社会政治与文化思潮的宏观影响，新安江流域涌现出两个具有地域特征

---

① 上郡农夫的博客：http://blog.sina.com.cn/u/2205761474《中华饮食与农业文明》（十）2017-09-26。

而又嵌着时代烙印的文化现象，这就是两宋时期兴起的新安理学和新安医学。新安理学和新安医学犹如车之两轮、鸟之双翼，直接而强劲地带动和助推着新安江饮食文化快速前驱、健康发展。

纵观新安饮食此前此后的发展轨迹，我们有理由认为，新安理学和新安医学对于新安饮食文化，着实具有不可磨灭的重塑之力和再造之功。南宋以至元代的新安饮食，经过一番重塑与再造，从内在素质到外在形态均有诸多新变，其中最关键、最深刻的变化在于，“中正平和”的品位准则因新安理学的引导而确立，“以食养身”的科学理念因新安医学的启迪而自觉。从此往后，新安江人的饮食文化更多了一些超越一般饮食文化的独特之处。

众所周知，坐落在新安江上游的徽州，素有“东南邹鲁”“程朱阙里”之美誉，这里既是理学代表人物程颢、程颐的祖居之地，更是理学集大成者朱熹的桑梓之邦。这里的人们“读朱子之书，取朱子之教，秉朱子之礼”，这里的学者普遍都以“程朱理学”为圭臬，以弘扬“程朱理学”为己任，如论者所谓“朱子之学行天下，而讲之熟、说之详、守之固，则惟新安之士为然”。[①] 于是，在山清水秀的新安江上便有了“新安理学”的兴起与风行。日复一日，年复一年，由于“新安理学”的惠风和畅、润物无声，新安人家的日常饮食不知不觉地提升了理性品质，了然无痕地融入和充实了新型儒学的文化内涵。

作为一名理学大家，朱熹明确肯定人生饮食的自然合理性，同时也强调国家重农务本的社会必然性，他说：“饥则知求食，渴则知求饮，是莫不有知也。”“生民之本，足食为先，是以国家务农重谷。”[②] 这些言论的影响还只是一般性的与浅表性的——试问有谁会否认饮食的需求和重农的国策呢？朱熹真正对新安饮食发生过深刻影响的，主要是三个方面：一个是“格物致知”的思想主张，一个是“无过不及”的中庸理论，还有一个就是新安江人广泛践行的“朱子家礼”。

朱熹注重理学传播的社会效应，善于利用浅近的语言讲述宣传自己的思想主张，他的一些讲学内容，不只是那些膺服其学说的文人学者，甚至连“山野草民”都能听得明白。比如，他说：“上而无极、太极，下而至于一草一木、昆虫之微，亦各有理。

① 道光《休宁县志》。张脉贤：《朱熹与徽州》，黄山市新安朱子研究会，2000年印行，第203页。

② [宋]朱熹：《劝农文》，《晦庵集》卷100，《四库全书》本。

一书不读，则阙了一书道理；一事不穷，则阙了一事道理；一物不格，则阙了一物道理。须着逐件与他理会过。”[①] 在他的开导之下，新安江人普遍都懂得，任何事物都有其所当然之理，亦有其所以然之理。遵循朱熹“理一分殊”的理论和“格物致知”的主张，新安江人在饮食生活实践中，致力穷格山水万物，普遍尝试世间百味。这样探索实践的结果怎样呢？结果是新安饮食所取用、所凭借的食材，相对于以往任何时候，来源更加广泛，数量更为丰富。

事情当然不止于此。朱熹《四书章句集注》在《中庸》题下注曰：“中者，不偏不倚、无过不及之名。庸，平常也。”《中庸》章句开篇，他即推崇理学泰斗程颐所说：“不偏之谓中，不易之谓庸。中者天下之正道，庸者天下之定理。”《中庸》第四章云：“人莫不饮食也，鲜能知味也。”朱熹注释说：“道不可离，人自不察，是以有过、不及之弊。”[②] 无论是《中庸》的原文，还是朱熹的注释，真正的意图都不是议论什么“饮食”生活，只是借用“知味”的经验来阐明“知道”的理论。尽管如此，注重饮食的新安江人却也能够从中深受启发，增强饮食而知“味”、饮食而知“道”的人生意识。饮食之“味”是什么，饮食之“道”又是什么？大儒们所说的“不偏不倚”“过犹不及”，在细民们看来，不正是日常饮食的“中和”之味、“中庸”之道！

随着新安理学的全面普及和潜移默化，新安饮食能够比较自觉地顺应自然万物的本性，充分发挥各种食材自身的特点，并在实际烹饪加工过程中，贯彻理学倡导的“中庸”之道，赋予食物烹饪以“中和”之性，坚持实现饮食烹饪所致力的目标：“有味使之出，无味使之入，异味使之去，味极取其中。”[③] 如果说，在此之前，新安人家烹制菜肴，喜欢用油、用盐、用酱以求“厚重”之味。那么，在此之后，新安饮食也还讲究用油、用盐、用酱，但是追求的却是“中和”之味——这是新安人家菜肴烹制工艺在南宋及元代发生的一个重要转变，影响后世直至当代。

南宋诗人方岳回乡探亲，乘船经过“中河”，看见水清彻底，河虾成群，顺便打捞一些，带回祁门家中，用豆腐丁、瘦肉丁与小河虾同煮，取冬笋丁、香菇丁并锅，加火腿丁、香葱丁调味。结果同席聚餐的亲朋好友无不啧啧称赞，视为美味佳肴。于是，方岳便与众人商议道，这一菜品，如果论其事实，应该叫作“中河汤”，但是为了揭

① [宋]朱熹：《朱子语类》卷15，《四库全书》本。
② [宋]朱熹：《四书章句集注》之《中庸章句》，《四库全书》本。
③ 转引自安徽优秀传统文化丛书编写组：《徽州文化十讲》，安徽大学出版社，2015年，第359页。

示其中义理，还是叫作“中和汤”为上。从此“中和汤”广受当地民众推崇，筵席之上必不可少。这个“中和汤”的定名和盛行，典型地折射出朱熹“中和新说”的深刻影响，反映了“四方八仙”桌上的餐饮文化在新安理学导引之下的悄然变化、顺势演进。

中和汤

最后，朱熹所制家礼对新安人家的影响也不可低估。比如，《朱子家礼》所谓“俗节则献以时食”，如清明、寒食、重午、中元、重阳之类节日，食如乡俗所尚者角黍之类，以及“荐以大盘”“问以蔬果”之举，无不直接关涉祭祀习俗和饮食习俗，在新安人家的饮食及其礼仪文化中可谓深入人心、妇孺皆知。此外，有关新安饮食的诸多细微之处，包括确定某些合理的上菜程序，以形成时间上的协调节奏，构成空间上的协调结构，可以说都是新安饮食在新安理学及朱子家礼影响下的文化嬗变与自我完善。

新安医学也同样深刻地影响着新安饮食。新安医学兴起于宋元，鼎盛于明清，在中华中医药发展史上创造了辉煌的成就。儒医多、医官多、医著多，这是新安医学的显著特点。新安医家的人生理想是“不为良相，则为良医”。他们当中以儒通医、由儒入医者多达 70% 以上，很多人成为惠民药吏或吏目，医学训科或正科，太医或太医院使，御医乃至御医首辅等医职医官。两宋前后相承，持续直至明清，新安医学绵延不断，世代相继，涌现的医家有900多人。其中有三大流派最为著名：一是错简重订派，二是温补培元派，三是时方轻灵派。历史上先后问世的新安医学著作有800多部，留存至今的全国中医十大经典著作中，有三部是新安医家所著。新安医学的成就之大、影响之广，实为全国所罕见。

新安医家普遍推崇先秦元典《黄帝内经》，熟悉唐代孟诜《食疗本草》，遵从"不治已病治未病，不治已乱治未乱"的医学理念，宣扬"医食同源，食疗养生"的主张，认为"长寿之道在于养生，养生之道在于饮食"。他们通过日常坐诊和出诊的机会，甚至印发有关保健知识的传单，热情指导当地的父老乡亲合理利用日常饮食，达到养生、摄生、益寿、延年的目的。

南宋新安医学家张杲，历时35年撰成《医说》十卷，其中第九卷搜集前人传世的大量资料，专门讲述养生保健知识。他强调，我命在我，不在于天，全系人之调适。他认为，脏腑和，易得谷，气血生，元气足。在他看来，饮食与健康大有关系，告诫人们，食宜细嚼，饱食忌卧；饮食生冷，温凉失度，大饱大饥，易致疾病。关于人们的日常饮食，他主张，滋味宜"薄"不宜"厚"，因为过食肥腻，过食厚味，不仅伤胃，亦伤筋骨，还伤元气。比如说，过食酸则伤筋，过食苦则伤骨，过食咸则伤血，过食甘则伤肉，过食辛则伤气。[①] 所有这些见解都给人们的饮食提供了善意而切实的指导，给予千年以来的新安饮食文化以极大的补益。

新安山水之间药物资源极其丰富，这是新安医学兴盛发达的物质基础。这里盛产的常用中药有160多种，其中紫术、黄连、麦冬、茯苓、黄精、萱草、茱萸、何首乌、白石英等大量药材，均为药物学家陶弘景所称道，为海内众多中医名家所推重。

但是，在日常的家庭饮食方面，新安医家特别注重的是食养而非食疗，即使是所谓食疗，他们也并非利用这些本地药材来治疗人们的身患时症；他们注重的食养和推广的食疗，其实都相当于今日我们所说的"饮食保健"。他们注重通过日用食材的适当加工，精心烹饪，适当搭配，合理使用，充分发掘和发挥日用食材本身固有的营养成分和保健功能。也正是因为如此，新安医学对新安饮食的健康发展才具有真正实质性的促进。

新安医家推崇的食物养生观念，推广的食品保健知识，对于新安饮食品质的改

---

① [宋]张杲：《医说》卷9《养生修养调摄》，《四库全书》本。

善和提升来说，意义非常重要，影响非常深远。长期以来，新安山民以食养生的许多常识相当普及。“上床萝卜下床姜，不劳医生开药方。”“冬吃萝卜夏吃姜，一年四季保平安”。生吃萝卜可以理气、消食、排除便秘，饮用姜茶可以清肠、暖胃、帮助消化，虽然都是极为常见的食材，但是只要使用恰当就能促进健康。两句简单朴素的民间谚语，已经揭示出食物保健的基本原理和普适意义。

在日常生活中，生姜、大蒜、茴香、辣椒，这类食材的特性非常鲜明，新安人家普遍都很谙熟，作为烹制菜肴的佐料或辅料，一般凭着经验都会用得恰到好处。黄精、枸杞、菊花、山楂、山药、百合、芡实、魔芋、苜蓿菜、鱼腥草、五加皮、香椿头，这一类“亦药亦食”的材料，最能体现“药食同源”的理论，在新安饮食中得到极为广泛的应用。像枸杞炖乌鸡、山药炖排骨、紫苏炒肉片、香椿炒鸡蛋，以及百年好合、菊花锅等，这一类菜肴完全都以饮食常态自然而然地广泛介入新安人家的生活。

有一首《新安竹枝词》说道：“鹅儿圈黑细于丝，早晒晨炊谨护持。入馔嘉蔬莴笋叶，掐尖珍品五加皮。”诗的原注还说：“五加皮嫩芽焙干代茗，绝佳。”[①]诗篇提到的鹅儿圈是当地的一种野菜，丛生细叶贴地如圈。新安山水之间，野生菜蔬很多，鹅儿圈、马齿苋、马兰头、喜喜菜、野荠菜、野蕨菜……这些都是大自然的格外馈赠，新安山民的房前屋后，村郊的田埂溪边，随处可见。它们的性格或温或寒，味道有涩有甘，人们可以用作保健食品，调节四季饮食，改善健康状况。

例如，马齿苋。《食用本草》称马齿苋为长命菜，能治各种肿瘘疣结，又能消除腹部包块，止消渴，增强肠道功能；还能捣碎取汁治疥疮，对白发、秃头也有疗效。现代医学证明，马齿苋除了多种维生素和微量元素，还含有苹果酸、柠檬酸、氨基酸、草酸盐，营养非常丰富。

再如，马兰头。今天的人们都已了解，马兰头也含有丰富的维生素和多种微量元素，尤其是铁的含量超过菠菜、芹菜，是橘子的10倍，是苹果的30倍。古代的新安医家则都熟悉药书记载：马兰，味辛，性平，无毒，主破瘀血，养新血，止鼻血、吐血、便血，解饮酒过度引起的黄疸，以及腹中急痛。

时至当今，每逢春日，田边地头，总能看到村姑农妇挑拣野菜的身影，她们的

① 方西畴：《新安竹枝词》，《歙县志》下册，黄山书社，2010年，第1517页。

口头还流传着的戏谑的歌谣："马兰头，吃了会梳头。喜喜菜，吃了会带孩。鹅儿圈，吃了会打更……"欢悦的心情融入山野的气息。

勤劳俭朴的新安江人，除了从山林之中采集山笋、山蕨之外，还挖取蕨根、葛根，淘取更加有用的蕨粉、葛粉。新安江的蕨粉、葛粉，以及水塘所产藕粉，营养品质都与面粉、米粉大不相同，无论烹制菜肴还是制作糕点，都备受中老年人青睐。

按照新安医家的看法，同样是地下所产食材，萝卜、芋头、魔芋、红薯、山药、荸荠，它们的性能却各有差异；尽管都是属于豆类，蚕豆、绿豆、红豆、黄豆、黑豆，它们的功用却大不一样。性能和功用各不相同的食材，烹饪的要求自然有所区别，食用的效果也必然有所不同。不论是丝瓜、黄瓜、南瓜、冬瓜之类，还是芹菜、菠菜、韭菜、莴笋、茄子等，统统都应该酌情烹饪和恰当食用。

吴梅颠的《新安竹枝词》写道："坐蓐临盆莫浪惊，获持产母记分明。麻油鸡子沙糖酒，粥煮砂锅干苋羹。"① 妇女产后坐月子，家人总会提供猪肝汤、炖鲫鱼、洭酿煮鸡蛋，帮助她恢复体质，保证有足够的母乳哺育婴儿。家有儿童正处生长发育阶段，父母便会想到用红烧仔公鸡、清炖鸽子汤给孩子进补。婴儿诞生之初，父母首先都会给婴儿喂上一口黄连汤，然后再喂一口甘草水。黄连汤极苦，甘草水很甜，其表达的人生寓意显然是先苦后甜。"不过这一喂养习俗恰好与科学道理相吻合。黄连是一种健胃药，并有抗菌消炎作用，甘草则有镇咳祛痰解毒作用。在婴儿刚出生还没有吃到其他东西的时候，就给他们吃点黄连、甘草，可解除他们体内的胎毒。"②

第四节　明清时期徽州商帮对新安饮食的提升

明清两代是中国饮食发展史上的鼎盛时期，烹调理论的成熟，文化审美的完善，都在明清时期得以实现。明代高濂的《饮馔服食笺》和袁宏道的《觞政》，清代李渔

① 《新安》2015年第1辑，第21页。
② 沈伟富：《风俗漫谈》，天津古籍出版社，2008年，第4页。

的《饮馔部》和袁枚的《随园食单》,都被看成这一时期美食家们饮食理论的代表著作。

也正是在这个非同寻常的历史时期，新安人家的乡土菜、家常菜，紧紧追随着徽州商帮的脚步，走出了新安江畔的崇山峻岭，成功地复制着“无徽不成镇”的历史传奇，赢得了无比广阔的展示平台和发展空间，从而以其质朴醇厚的本色和与时俱进的活力跻身于中国八大菜系之列，为新安人家的饮食文化增添了莫大的光彩。

(一)

“八山一水半分田，半分道路和庄园。”“开尽山头地，饿煞世间人。”唐宋以来，随着人口的大幅度增长，山多田少的新安江人，日益窘迫于粮食不足。民既以食为天，食之不足奈何？徽州人待不住了，管他什么“四民之末”，再不营商何以为生！“天下之民寄命于农，徽民寄命于商”，徽州人口呈现出一种大流动、大变化，“十三在邑，十七在天下”——留守本土服田者仅剩十分之三，外出服贾闯荡者多达十分之七！有别于以往零散商人的外出谋生，一个前所未有的营商浪潮从新安江上骤然腾起，随即澎湃于大江南北，风靡于四海之内。

无论南京，还是北京，各地都会之中无不活跃着徽州商贾舍命打拼的身影，扬州、苏州、仪征、淮安、芜湖、杭州、湖州、南昌、汉口、广州……何处没有徽商麇集、徽语盈耳？无怪当时有这样的谚语流行，说“钻天洞庭遍地徽”“无徽不成镇”。胡适在口述自传时讲道：“中国有句话，叫‘无徽不成镇’，那就是说，一个地方如果没有徽州人，那个地方就只是个村落，徽州人住进来了，他们就开始成立店铺；然后逐渐扩张，就把个小村落变成个小市镇了。”[①]

张海鹏、王廷元主编的《徽商研究》明确指出：“徽人出贾之风大约始于成化(1465 ~ 1487)、弘治（1488 ~ 1505）之际。”“徽州商帮应是成化、弘治之际形成的，这时徽州商帮形成的标志都已显现出来了。”[②]是的，一个有模有样、名副其实的徽州商帮，迅速崛起于明代中叶，他们凭着绝处求生的意志和勇气，创造了中国传统社会经济领域里的一大奇迹。而且，自明嘉靖、万历之后，到清乾隆、嘉庆之时，

---

① 唐德刚：《胡适口述自传》,华东师范大学出版社,1993年,第2页。唐德刚在这段话后加有注释：“无徽不成镇这句话的含义,正如无湘不成军一样,表示徽州人做生意和湖外南人当兵一样的普遍罢了。胡氏上述这段话是解释给外国读者听的。因为这句话如不加解释,外国读者便不能了解；如果啰啰嗦嗦的解释,洋人还是不大能理解的。所以胡氏就决定作上项简单明了,但是并不十分正确的解释。”

② 张海鹏、王廷元：《徽商研究》,安徽人民出版社,1995年,第5、8页。

就是这个来自新安江畔的山民商帮，居然续写了历时300年、震撼全中国的鼎盛与辉煌。

世间万事之生发与关联，往往会出乎人的意料之外。这不是吗，谁曾料到，一部徽州商帮的创业史，竟也连带着诞生了一部徽州菜系发展史。

作为世世代代的新安江人，奔走在外的徽州商贾总有一个故乡情结，无论何时何处总是难以释怀。诗言志，歌咏情，请听当年寓外徽州人士的心声。侨居扬州的歙县人方西畴有《新安竹枝词》云："风味山乡入梦思，此君一见解人颐。晚菘早韭寻常甚，烂煮猫头饭滑匙。"[①] 清初歙籍诗人汪薇也有乡情溢于言表："群夸北地黄芽菜，自爱家山白壳苗。"[②] 寻常可餐的晚菘早韭，都能逗起游子的怀乡梦思，何况故里的山间美味"白壳苗"和"猫头笋"！

对新安饮食的习惯性依赖，对故乡山水的情感性寄托，总在支配和驱使着身在异乡的徽州商帮，他们因此而执着地将新安饮食带到五湖四海，带到天涯海角。

徽州有一种点心，叫"深渡包袱饺"，它就起源于歙县深渡。深渡是新安江上一个古老的渡口，成千上万的徽商曾经由此乘船沿着新安江离开家乡走向浙江走向南国。"深渡包袱饺"类似馄饨，形状却像老式包袱，它的源起、命名及流行，无

深渡包袱饺

① 方西畴：《新安竹枝词》，《歙县志》下册，黄山书社，2010年，第1517页。
② 转引自邵宝振：《问政古道风景独美》，《黄山晨刊》2015年4月7日。

不牵连着新安游子及其家人的乡愁离情。后来的徽馆厨师将鸭子炖至酥烂之后，再将备好的“深渡包袱饺”放入鸭汤之中，制成汤、菜、点三味一体的筵席大菜，成为备受欢迎的“深渡包袱老鸭汤”。

通观徽菜，很多菜名都折射出徽州商人的情感底蕴。比如说“凤还巢”，无疑透露着外出经商的游子心理，表达了功成业就、衣锦还乡的人生理想。再如“全家福”，不论是离家客商，还是留守家眷，都会把老少安康、全家幸福的期望寄托其中。

还有，徽州人对圆子特别垂青，荠菜圆子、豆腐圆子、杨梅圆子、珍珠圆子、细沙圆子、亮光圆子、八宝圆子，直至冠名徽州的徽州圆子，无非都涵含有阖家团圆、诸事圆满的殷切祈盼。

另外，徽菜中的艺术拼盘，像“新安山水”“黄山风光”“白岳八卦”“徽州人家”“桃花源里”之类，依照新安江上的大好山水，创建出天地人和的美好境界。这类拼盘与其说是“师法自然，富有美感”，不如说是“家山家水，情系其中”更切实际。

诸如此类的徽菜品名及其创制，有意无意间都负载着徽商历史的人文信息：当年徽商的情感经历和人生意愿，往往都在无形之中触发了徽菜烹制的灵感，助推着徽菜在徽州内外相向而行，持续而长久地作用于饮食，赋予独特的表现形态和文化内涵。

当然，徽商带出徽州的绝不仅仅是简单的一些菜品，而是整个徽州菜系。

徽商创业之初，生活极端艰苦，他们普遍都很勤奋，也很节俭。只是随着经营的成功、财富的积累，他们的生活状况逐步改观，饮食菜肴也日益讲究，他们中的某些人，尤其是他们的一些子弟，饮食享受趋于奢靡。侨居扬州的徽商大多是盐业巨贾，富可敌国，日常奉养如同王侯。他们聘有技艺娴熟的徽厨高手，长年主持自己的“家庖”，专门烹饪加工各色徽味佳肴。据有关文献记载，某个盐业富商，每餐饮食都要厨房准备十几张小案桌，用餐之时夫妇并坐厅堂，侍者则将各种菜肴茶面，用小案桌逐一抬到面前，不想吃就摇摇头，侍者便察言观色随时撤换。[①]

“食不厌精，脍不厌细。”“饮食器具，备求工巧。”在徽商讲究饮食、追求享受的时尚驱动下，徽菜的烹饪工艺有了显著长进，质量规格有了明显提高。

---

① [清]李斗：《扬州画舫录》卷6：“有某姓者每食，庖人备席十数类，临食时夫妇并坐堂上，侍者抬席置于前，自茶面荤素等色，凡不食者摇其颐，侍者审色则更易他类。”

据记载，徽商用于“肥家润身”的耗费，占去徽商商业利润总额的一半。在如此巨大、如此惊人的耗费之中，他们用作饮食的资金份额肯定也不在小。不过，徽商的饮食耗费并不只是满足自己的口腹之欲，相当大的部分是用以满足当时徽商与各个方面的社会交往。

出于社会地位的考量，出于市场经营的需要，各地徽商都不得不与朝廷权贵、当地官府，以及社会各界尽力周旋。他们在广泛的社交活动当中，凭借巨额投资，换取官方的保全之功，收获市场的营销之利，甚至博得朝廷的爵封之荣。

明末魏忠贤制造的“黄山大案”，充分暴露出商人与官府的尖锐矛盾，透露了徽商交往权贵的隐秘苦衷。清代徽商江春等人“以布衣上交天子”的荣耀，又让我们看到了徽商社交的巨大代价。乾隆皇帝赐衔一品，赏戴孔雀翎，固然为天下商人所艳羡。可是谁都清楚，乾隆帝六下江南均由徽商接待安排，那些御用盛筵所花销的银子，就像《红楼梦》里所说的那样“淌水一般”！

基于出儒入商的身世，基于倾心儒雅的本性，很多徽商长年保持着与文人雅士的密切交往。他们大举兴建馆舍园林，不惜重金接纳宾客。凡有骚人墨客过访门下，弦歌觞饮，宴集剧谈，夜以继日，不知倦息。“欲识金银气，多从黄白游”。明代剧作家汤显祖的两句诗，客观反映出当时的一个社会现实。富有的徽商接济和资助过许许多多的学者文人，也与许许多多海内名流缔结为深交。在他们的豪宅里，座客常满，樽酒不空，饮馔之丰盛，筵席之豪华，往往令人咋舌。

明清两代，在徽商鼎盛的300年间，徽商豪宴空前盛行，徽派筵席大菜得到精心培植和强力推动，很快就发展成熟，走向全面兴盛。在徽商豪宴推动徽派筵席大菜成熟兴盛的同时，徽菜也在大众认可、社会流通的道路上实现了长足的发展。这种发展，除了徽菜本身具有的特殊魅力之外，也与徽商的巨大影响力密切相关。

明代，豪富称雄天下者，江北即推晋商，江南则推徽商。清代，徽商从业人数之众，活跃范围之广，商业资本之巨，居于十大商帮之首。徽商称雄商界三百年，几乎操控全国的经济大势。徽商创造的商业财富和文化成就，在明清时期都堪称奇迹。

徽商创造的财富传奇和文化奇迹，为徽商钟情的徽菜增添了一圈迷人的光环。在一种艳羡心理的驱使下，当时各地的人们往往自觉不自觉地模仿徽商的生活方式，乃至于以享用徽州饮食为流行时尚。这种情形恐怕近似于当代改革开放的初期，由于广东经济的率先崛起，粤菜也就伴随着粤语风靡全国。

扬州是徽州富商巨贾长期聚集的江南名城，这里的徽商“藏镪百万”“富比素封”，甚至连乾隆皇帝也自叹不如。

石头粿

扬州有名的点心“徽州粿”，其实就是歙县的“石头粿”。制作“石头粿”的馅，要将肥肉切丁熬成半油状态，再将炒熟磨碎的黄豆拌入其中，然后加入适量精盐调味。焙烤“石头粿”，下面是文火烧烤铁锅，上面是滚烫的石头平压，油粿在石头和锅铁之间嗞嗞作响，香味扑鼻。当初歙县人怀抱发财的梦想前往扬州的时候，盘缠中都少不了这种“石头粿”。“石头粿”不馊不干不凉，旅途之中即取即食、既食堪饱。果真发财之后，徽商们因为割舍不了思乡怀旧之情，于是便把“石头粿”当作心爱的美食一直流传下来，不过改名叫作“徽州粿”。

传说乾隆皇帝在扬州微服出行，有感于徽商对朝廷的慷慨捐输，特意在街口小店买了“徽州粿”品尝，连连称赞：“好香！好吃！”随后掏出一枚“福”字小印章送给店主。店主感到小印章精致可爱，便用它在每个“徽州粿”上加盖一个“福”字。从此居然福星高照，“徽州粿”畅销全城，供不应求。

这种传说无法考证，但也并非空穴来风。“徽州粿”作为一种大众美食，能够扎根扬州、久盛不衰的事实，除了表明“徽州粿”风味独特之外，还足以说明徽商成就与徽州饮食的关系，足以反映扬州市井对徽州饮食的追捧。

狮子头

除了“徽州粿”，还有当年徽商带去的大刀切面、徽州圆子等，也都流行于扬州的大街小巷，至今盛名不衰。

另外，扬州狮子头、扬州炒饭都极具特色，与徽州狮子头、徽州炒饭的现有形态确实不尽相同，但是谁能断定它们之间就绝无渊源呢，或许前者就是后者的升级版也未可知。“扬州之盛，实徽商开之”。明清数百年间，进入扬州的徽菜实与淮扬菜有过最密切的交流甚至交融。

（二）

徽商是徽菜的眷顾者和享用者，又是徽菜的传播者和推广者，还有一点我们不能忘记，徽商还是徽菜的经营者和创新者。

徽商最初是以劳动积累的资金，以当地拥有的土特产品，以开发的山林资源，投入流通获得资本。随后以“其货无所不居”而广泛经营，逐渐形成盐、典、木、茶四大支柱性行业，至于徽商经营餐饮服务业的时间，则相对较迟。时至清代中期，徽菜徽馆服务业才见起步，不过很快在清末民国时期形成了相当可观的规模，产生了全国性的影响，成为徽商大军的一支殿后劲旅。

对于徽州菜系的发展来说，徽州菜馆这个市场平台至关重要。在此之前，徽菜虽然已由徽商带出本土，带到全国各地，但是通常还只限于徽商家厨日常的自制自用，或者作为祭品供奉祖先神灵，影响最大处也就是用于宴宾请客、公关社交。所以在很大程度上，徽菜还属于徽商的私房菜、家宴菜和祭品菜。唯有到了这一时期，徽州人把餐饮服务当作养家糊口、发家致富的行当而经营四方，徽菜这才走出徽商家厨，进入菜馆酒楼，广泛面向市场，供应当地社会，成为人人皆可分享的美味佳肴。正是到了这一时期，最初源于新安江畔“自生自长”的徽州土菜，此前限于徽商家厨“自作自受”的家庭饮食，才算在“马拉松”式的发展历程上成功冲击“最后一公里”，真正成为享誉海内的特色菜，跻身于全国的八大菜系。

“徽馆”这个“名堂”最早见于乾隆五十五年（1790）。当时徽商组织四大戏班进京献艺演出，开辟了徽戏发展的广阔天地，同时也为徽菜拓展了广阔空间。就在那时，徽州烹饪不失时机地紧随徽班北上，插足于京城，开设了徽州菜馆。鉴于徽州菜馆与徽州戏班的这一历史机缘，既然徽州戏班称作“徽班”，徽州菜馆也就随缘而称“徽馆”，从此“徽馆”成为徽州酒楼菜馆的通称。

咸丰同治至民国之末的百年之间，是徽菜馆业全面发展的高峰时期。在这一百来年当中，旅外徽厨先是追随徽商的其他各个行业，尤其是土特产商家，进入长江中下游的各大城市，杭、嘉、湖、苏、扬、沪、宁、芜、汉等，很快北上扩展到京、津、冀、辽，南方遍及湘、赣、闽、鄂、粤，直通南洋，西南延伸到川、贵、云，包括缅、越边境，可以说是无所不至。

这里可以着重看看徽馆在上海的发展经历和经营盛况。“我国最大的商业大都市上海，是徽馆最集中的城市，徽馆在这里有相当的地位”。①

咸丰初年，上海饮食业发轫之时，徽商即携徽菜率先打入上海市场。“沪上菜馆初唯有徽州、苏州，后乃有金陵、扬州、镇江诸馆，至于四川、福建等菜馆，始于光复之后。而最先进入上海的是安徽菜。”这是民国时期《老上海》的记载。其中所谓苏州菜馆，其实也是原来在苏州经营的徽商的菜馆，像绩溪邵氏迁移沪上开设的菜馆，主要有天福园、九华园、鼎半园等。所以曾有报刊文章以“徽菜先声夺沪上”为题，介绍徽馆在上海饮食市场捷足先登、独领风骚的历史。

随后在光绪至宣统的数十年间，上海的徽菜馆数量激增。以绩溪徽菜馆业为例，程湘君、路文彬、郎士元、程颂南、邵家烈、邵修三、邵之望、许启梅、张仲芳、胡俊岳等人，或者独资，或者合资，开设菜馆酒楼有 20 余家，像聚乐园、日新楼、醉乐园、醉月楼、聚宝楼、鼎兴楼、海月楼、宴乐园、聚贤楼、畅乐园等，字号种种，不胜枚举。

上海大中华徽菜馆

① 邵之惠、洪璟、张脉贤：《徽菜》，安徽人民出版社，2005年，第156页。

民国时期，“各地菜馆云集于沪，南北大菜应时迭出”。此时旅沪的徽菜馆业发展更加迅猛，到抗日战争前夕，仅绩溪人经营的徽菜馆已多达 148 家。直至 1949 年的上海，绩溪徽菜馆还有 136 家。[①]

在某种意义上可以毫不夸张地说，徽菜徽馆影响了上海几代人的饮食生活。下面选取一些著述片段，做个“链接”，以见此言不虚。

链接之一：曹聚仁《上海春秋》：

本来独霸上海吃食业的，既不是北方馆，也不是苏锡馆子，更不是四川馆子，而是徽菜馆子。人们且看近百年笔记小说就会明白，长江流域的市场，包括苏、杭、扬、宁、汉、赣在内，茶叶、漆、典当都是徽州人的天下。所谓徽州人识宝，因此饮食买卖也是徽馆独霸天下。[②]

链接之二：曹聚仁《上海春秋》：

徽州人既是在买卖中占了上风，因此，吃食方面也颇考究。徽馆有几种拿手菜，如清炒鳝背、炒划水、炒虾腰、炒杂片、走油拆炖、煨海参、醋熘黄鱼、三丝汤。我这么一说，大家就会明白：香港所谓上海馆子，原是徽馆底子，加上苏、扬菜式，只是说起徽馆，香港没人知道就是了。徽馆的面食也不错。今日香港所谓上海馆子的鸡火面、划水面、鲜汤虾仁锅面，就是徽州的做法。还有全鸡全鸭馄饨，一锅鸡或鸭，配上二十四只馄饨，就够四五人吃，在土老儿心中，这一味最实惠。[③]

链接之三：邵仁卿《徽馆琐忆》：当时徽馆生意十分兴隆。如丹凤楼：

七个筵席厅，一百二十几座席常常爆满，每天烹制徽面用的面粉就要十五六袋，并要用猪三四头，羊二三头，火腿七八只。夜间厨师为次日生意所

---

① 邵之惠、洪璟、张脉贤：《徽菜》，安徽人民出版社，2005年，第158～160页。
② 引自安徽优秀传统文化丛书编写组：《徽州文化十讲》，安徽大学出版社，2015年，第367页。
③ 引自安徽优秀传统文化丛书编写组：《徽州文化十讲》，安徽大学出版社，2015年，第368页。

做的准备工作，从打烊起一直忙到东方发白。店伙计晚上只能睡上两三个小时。为此，店里不得不常备一大壶西洋参汤供店伙计饮用。①

链接之四：邵仁卿《徽馆琐忆》：最大的一家是四马路（今福州路）的“第一春”菜馆。“该馆有十六间门面，百余张餐桌，全套红木家具，清一色大理石台面，夜市筵席常有十几把胡琴唱堂会。每夜清理店堂，光电车票就能扫起一畚箕，为上海徽馆之冠。”②

著名的记者曹聚仁，著名的徽厨邵仁卿，其所描述的都是当年上海饮食界的亲见亲闻、亲身经历者，他们的记忆和描述都再现了徽馆在上海的兴盛，反映出徽馆的地位和影响。民国二十四年（1935）王定九编印的《上海门径·吃的门径》，形容当时的申城简直就是“徽气笼罩的上海街市”。何以如此？编印者认为：“徽人在上海的典质业中服役的最多，富有势力。上海的典当押肆，无论哪条街上，终有一二所，徽馆为适合同乡人的口味，所以和典当押肆成正比，也是每一条街上必有一二所。”③

事实上，不仅上海，徽菜馆业在苏州、杭州、嘉兴、湖州、南京、芜湖等地，也都有过自己的兴盛和辉煌，甚至在大西南、大西北地区，徽菜也曾创造过骄人的业绩。仅就武汉一地的徽馆发展略作勾勒，以为补充。

清末光绪年间（1875 ~ 1908），绩溪张仲芳、胡俊岳、章祥华、胡桂森等人先后在武汉三镇创办了一批徽馆。进入民国之后，旅汉徽馆业迅速发展趋于鼎盛，当时开馆面市的知名酒楼有醉月楼、同庆楼、大中华、春和楼等，多达四五十家。

据曾觉生《解放前武汉的徽商和徽帮》一文介绍，直至中华人民共和国成立后，徽菜馆在武汉饮食市场仍然居于首要地位，“可以说是武汉酒菜业中最大的一帮”，一直“为人们所欢迎、所光顾”。这也当然，徽菜徽厨每到一地，总能根据当地人的饮食习惯，不断改进自己的烹饪工艺，以满足市场的消费诉求。上海人偏爱活肉，徽菜便创制出红烧头尾、红烧划水；武汉人喜欢食用鱼的中段，徽厨便创制出深受欢迎的连刀鱼、武昌全鱼、红烧瓦块鱼等美味佳肴。

最后值得关注的是，徽菜徽厨走出国门、闯荡国际市场的趋势。20 世纪初期，

① 邵之惠、洪璟、张脉贤：《徽菜》，安徽人民出版社，2005年，第126页。
② 邵之惠、洪璟、张脉贤：《徽菜》，安徽人民出版社，2005年，第130页。
③ 转引自王振忠：《徽菜馆》，倪国华：《徽州文选》，安徽人民出版社，2017年，第240页。

绩溪邵运茂领班携眷远赴苏门答腊，开设了当地的第一家徽州面馆，[1]创造了“一根擀面杖打到苏门答腊”的传奇佳话。从那以后，在缅甸眉苗，在日本东京，在美国密苏里州……也都有徽州人开设的餐馆酒店纷纷面市。

回溯徽馆面市之后四方拓展的百年历程，我们可以看到徽菜在这一时期的长足发展。尤其是在应对市场的各种挑战中，徽菜凭借徽馆徽厨的刻苦和智慧，不断变革，不断创新，最终以诚信和实绩获得了社会的充分认可。

在中国“八大菜系”中，鲁菜、粤菜、川菜、湘菜、闽菜、浙菜、苏菜都以一省的简称冠名，唯有徽菜是个特例，谁说不是个奇迹！如今有人不懂这个特例，误把徽菜当作安徽菜，反怪徽菜何以不称皖菜。殊不知，由徽州菜而出身，经徽商菜而成长，到徽馆菜而成名，徽菜的冠名字号完全取决于自身的发展历程。

徽商菜、徽馆菜之前的徽州菜，其实就是严州与徽州共同拥有、共同享用的新安菜。就像方鸿鼎《社会变迁与淳安菜》一文开篇所说：“地处浙西山区的淳安县，山水与皖南相连，当地人民的语言、生活习俗也与之相近。”[2]的确，由于山林相连，江水流通，自古以来所有物产亦多相类，新安人家的饮食与习俗亦无大异。既然如此，要说菜系，应该都属新安菜系。同一水系，同一菜系，此亦理所当然、天经地义。虽然说，到了明清时期，尤其是清末民初，因为徽商的外向带动、徽馆的经营发展，大山外面的世界叫响了徽州菜，但是外地人眼中所见、口中所称的徽州菜，归根到底其实还是以徽州冠名的新安菜，还是徽州所代表的新安菜。套用两句俗话来说吧，淳安也好，建德也好，徽州也好，“关起门来就是一家”，或者说“三百年前本是一家”。

方鸿鼎的文章还说：“自古淳安菜肴也具徽菜风格。明清时期，淳安县十大古镇都有徽商经营的商店、酱园、糖坊等，尤其是投资少、见效快的饮食行业——面店、菜馆、饭店，几乎全由徽州人经营。”[3]随后作者还“如数家珍”一般，追述了徽菜“素以山珍野味著称”的特征，以及“一大三重”的烹饪特点，列举出一系列徽菜的代表性菜品，甚至具体描述了风味名菜“臭鳜鱼”的具体制作方法。所有这一切，充分反映了徽商徽馆与淳安饮食的密切关系，反映出淳安父老对徽菜风格的深刻印象。

不过，需要看到并且予以确认的社会现实，正如《社会变迁与淳安菜》一文所说，

---

① 邵之惠：《名人故里绩溪·徽菜卷》，人民日报出版社，2007年，第69页。

② 方鸿鼎：《社会变迁与淳安菜》，《严陵旧事》，中国文史出版社，2017年，第207页。

③ 方鸿鼎：《社会变迁与淳安菜》，《严陵旧事》，中国文史出版社，2017年，第207页。

"半个世纪以来，徽州传统菜肴在淳安慢慢淡出"。文章就此做了一些具体分析，值得我们关注与探讨。

起先，因为抗战时期浙西地区成了京沪尤其是杭嘉湖地区的大后方，连省政府一些机关也都转移至此。大量人口犹如潮水灌入此地，辟地筑房，毁林种粮，山林资源遭遇空前破坏，"徽菜惯用的野生食物资源遭到严重破坏，这种传统菜肴原料的匮乏，也就导致传统菜肴用量的急剧减少"。同时，大量外来人员属于浙菜食用主体，为了迎合他们的饮食习惯，必然会相应地拓展烹饪原料，改变烹调方式。比如胡萝卜、甘蓝菜、洋葱等许多蔬菜的新品种都由外地传入淳安，致使当地饮食烹饪悄然发生变化，原本徽菜独大的格局，一变而转为浙菜与徽菜并存的局面。

后来，中华人民共和国成立初期，大批南下干部又给淳安带来齐鲁口味，增加了大葱、芫荽等类烹饪材料。新安江水电站的建设者们来自全国各地，进一步带动了淳安饮食与全国饮食的相互交融。水电站竣工，千岛湖形成，水域面积扩大，水产鱼类增多，箭鱼、太湖银鱼等大量新的鱼种从外地引进，为擅长烹制山珍野味的徽菜提供了众多的原料食材。时至今日，围绕千岛湖的淳牌有机鱼，数以百计的"农家乐"、大街小巷的餐馆饭店，无数的烹鱼高手、烹饪大师，都在发掘民间的传统技法，研制当代的餐饮品牌。

改革开放开始，旅游业的兴起，饮食业的发展，呈现前所未有的迅猛态势，赋予新安江饮食以前所未有的文化色彩。上游的饮食坚守徽菜本位，大力弘扬徽菜传统，力图在风起云涌的饮食文化舞台上，继续占有一席之地，传承徽商徽馆曾经拥有的那份历史荣耀。下游的饮食为了紧密配合旅游发展，实现地方文化振兴，在徽菜传统资源的基础上，自觉接受浙菜的烹饪技艺，与时俱进，推陈出新，因而有了"淳帮菜"的崛起。① 纵观这一时代进程，可以清楚地看到，"地方风味菜系的变化、发展，是同社会经济、文化生活紧密相关，不同时期、不同地区的饮食文化是与整个社会经济文化的发展同步的。"②

据我们了解，在"淳帮菜"的崛起中，1982 年是个重要的时间节点。那一年淳

① 改革开放以来，淳安饮食业经历了发展起步阶段、数量发展阶段、规模发展阶段和品牌建设阶段，初步形成投资主体多元化、经营业态多样化、品牌建设特色化、市场需求大众化，趋向高端宾馆与经济餐饮相结合的经营发展新格局。

② 方鸿鼎：《严陵旧事》，中国文史出版社，2017年，第208页。

安技工学校开设烹饪专业，聘任宁波、杭州的一批师资，培养了大批浙菜厨师和管理人员；稍后又有一批青年厨师被派往杭州接受业务培训，他们返回淳安之后，全都致力于烹饪制作方法的改进，极大地增强了饮食服务业的发展底气。

经过数十年的深入调查研究、系统整理加工、全面开拓实践，以徐龙发为代表的专业人员于2013年前后，创立了“淳帮菜”的框架体系，从而在徽菜和浙菜之间独树一帜。按照这个框架体系，“淳帮菜”既继承了徽帮菜重油、重色、重火功的传统，又弘扬了杭帮菜刀工精细、清鲜爽脆、淡雅细腻的风格，既有历史的文化底蕴，又有创新的饮食品牌，使千岛湖的菜系日趋完整和统一，彰显出浓郁而独特的地方风味。

我们看到目前的框架建构，“淳帮菜”是由“山越帮”“城里帮”“水上人家”三个不同的流派组成，具有极其鲜明的地方特色。淳安餐饮文化起源于山越王国，“山越帮”菜肴以山越王国国宴为标志，注重山越原始食材，突出鲜、野、土、时令蔬菜，擅长炭火慢炖，注重于鲜、咸、辣，口味偏咸偏辣。山越帮的传统食材，像汾口毛豆腐、石林竹林鸡、中洲石斑鱼、临岐石笋、白马冬笋、威坪油豆腐、金峰猪头肉，一直都很有影响。代表作品有里商乡三元宰相商辂粽香肉、威坪镇方腊起义的双鸡煲、安阳乡白马古法笋煲、临岐镇的“铜暖碗”、金峰“鸿运当头”、汾口“烤毛豆腐”等。“城里帮”以原排岭镇为核心，以家禽、家畜、水产品和豆制品以及蔬菜为主，食材多，技艺全，刀工粗中有细，口味变化灵活，注重成品美观，讲究实惠。代表作品有秀水鱼头、私房炖鸭、留香石斑、狮城绣球、清蒸河鳗、牛肉素鲍、石锅花猪等。相传春秋战国时期，吴王阖闾经常在新安江举行水上船宴，开启了水上船菜之风。“水上人家”来源于淳安“九姓渔民”，他们的菜肴以鱼、虾、鳗、蟹、鳖、贝等湖鲜野味，以及湖畔山珍野菜为主要原料，注重活、鲜，现宰现烧，现炖现尝，原汁原味。代表作品有秀水一品鱼头、清水煮鱼、小湖鲜一锅炖、酱爆螺蛳等。①

此前一些年里，淳安县编写刊行的一系列专著与教材，如《千岛湖美食》(2013年)、《舌尖上的千岛湖 · 美食争宴》(2015年)、《千岛湖百鱼百味》(2016年)《淳帮菜非遗传承》(2017年)、《淳安农家乡土菜》(2018年)等，都载录与展示出“淳帮菜”研发者们砥砺前行的心血和风采。

① 徐龙发：《舌尖上的千岛湖 · 美食争宴》，淳安县商务局、淳安县千岛湖餐饮行业协会印行，2015年。

淳安饮食文化类图书书影

最近这些年来，“淳帮菜”的实践活动更是风生水起，连续多次举办的全国淡水鱼肴的擂台赛、千岛湖餐饮美食节，以及全县农家菜、船上菜比赛，在当地催生了大批优秀的餐饮品牌，山越石窟宴、淳牌全鱼宴、千岛乡情宴、鱼师府宴、淳安睦州宴、狮城宴、淳安都文化宴，一系列宴会筵席得到开发，淳帮菜系得到深化和完善。目前，“千岛湖全鱼宴”“千岛乡情宴”已经列入“中国名宴”榜单，“淳牌鱼中王”“淳牌八宝鱼头”已经载入中国浙菜菜谱。“淳帮菜”的特色美食和饮食文化已经成为淳安旅游业一道亮丽的风景线。

第二章　新安饮食的地域特色

中国幅员辽阔、物产丰富，饮食文化因之而色彩斑斓、风格多样。而历来所谓四大菜系、八大菜系乃至十大菜系，其实都属地方特色的突出表现，都是在一定的区域内，由于地理、气候、物产，以及饮食习俗的不同，经过漫长的历史演变而形成一套自成体系的烹饪技艺和饮食风味。菜系之所以都冠以地名，就是因为各个菜系都具有显著的地域特征。与之同理，新安饮食也具有极其鲜明的地域特色。

第一节　生态资源奠定新安饮食的基础

我们常说“一方水土养一方人”，何谓“水土”，指的就是某一地域的自然条件、生活环境。新安大好山水为新安饮食提供了优越的生态资源，正如司马迁所说“地势饶食，而无饥馑之患”。

（一）

明万历《严州府志》卷八《食货志》关于“物产”有言在先，其言曰：“严无奇产，实异他方。衣食所资，民用之常。羽毛鳞介，渊谷潜藏。何物可书？山水之乡。”① 府志为叙物产而先论山水，说明一个道理：一方物产实与一方山水紧密相关。论及本地山水，清光绪《淳安志·方舆志》有篇关于“山川”的小序写得特别精彩，小序写道：“吾淳始曰雉山，则即以山名。及唐永贞间而更曰青溪，或作清溪，则以川名矣。唯山崔巍以嵯峨，唯水甲渫而扬波，以故钟为人文，磊巍英多，往往应之；而风俗淳厚，民物阜安，亦于是乎？”作者径将当地特有的“山川”视为“人文”之源、“民物”之基，真可谓目光如炬，识见过人。

① 万历《严州府志》卷8《食货志》。

“唯山崔巍以嵯峨，唯水甲渫而扬波”，新安江流域——无论睦州、歙州，还是严州、徽州——自古便以山清水秀、风光旖旎闻名于世。

早在六朝时期，中国山水诗派的开山鼻祖、刘宋诗人谢灵运，就在一首题为《初往新安至桐庐口》的诗中高声唱道：“江山共开旷，云日相照媚。景夕群物清，对玩咸可喜。”[①] 诗人以空旷明丽之景、欣然物外之情，与世人分享他置身于新安山水的审美感受。时隔不久，梁朝有位富有才学的诗人徐摛，官任太子左卫率，深为武帝所爱重。武帝听说他自思年高，心系山水，有意要去一处风景宜人之地任职颐养天年，便对他说：“新安大好山水，任昉等并经为之。卿为我卧治此郡。”[②] 于是，徐摛离开京城来任守新安。这就是“新安大好山水”六字名言的出处。南宋那位总爱自称“新安朱熹”的理学集大成者，曾经手书“新安大好山水”六个大字，镌刻在歙县长陔南源古寺后面的岩石上面，借以表达他对父母之邦的一往情深。时至近代，人民教育家、歙县人陶行知曾在致徽州同乡的公开信中说：“我们徽州，山水灵秀，气候温和，人民向来安居乐业，真可谓之世外桃源。察看她的背景，世界上只有一个地方和它民的相类，这个地方就是瑞士。”[③] 他所指称“她的背景”，无疑就是“新安大好山水”。

放眼当代，“新安大好山水”成了享誉世界的旅游胜地，徽州故土诞生了一座国际旅游城市，“东方瑞士”可谓实至而名归。这里的黄山如今拥有三顶桂冠：世界自然遗产、世界文化遗产和世界地质公园。这里的齐云山，历史上传为中国四大道教圣地之一，现在是全国重点丹霞地貌风景名胜。这里的千岛湖，人称“西子三千”“烟波醉人”的“琉璃世界”，被誉为“天下第一秀水”，相继获得首批国家级风景名胜区、国家5A级旅游景区、中国十大魅力休闲旅游湖泊、中国最佳自然生态魅力名镇、国际花园城市、中国旅游强县等诸多荣誉。这里的建德，也已成为中国优秀旅游城市、全国绿化模范城市、全国生态示范区、全国十大世外桃源、全国生态文明先进市、中国最具影响力旅游名城、中国最佳休闲旅游胜地、中国和谐城市绿色环保示范城市。这里还有国家级自然保护区牯牛降、清凉峰，还有数百里风光旖旎的“山水画廊”新安江……秀美宜人的自然风光，魅力四射的山水名胜，全都在于这里的生态环境得天独厚。

---

① 杨永生、翟屯建：《新安江诗词选注》，中国科学技术大学出版社，2020年，第3页。

② [唐]姚思廉：《梁书》卷30《徐摛传》，《四库全书》本。

③ 陶行知：《徽州人的新使命》，上海《微音》民国十六年刊。

这里的温差小，雨日多，云雾重，湿度大。自然气候，四季分明，而且几乎是冬无严寒，夏无酷暑。“据建国初期（1955年以前）当地气象资料”，“流域内的年平均气温为17.3℃”。[①]最高温度，一年均值37.2℃～38.9℃；最低温度，年平均值为7.7℃～9.9℃。

这里的水资源相当充足，年平均降水量1395～1702毫米[②]。在新安江上游，黄山山脉和牯牛降、清凉峰的南部，以及皖浙、浙赣边界的中低山区，每年的降水日都在170天以上，平均每日的降水强度是9.3～11毫米。

这里的森林生态系统和湿地生态系统均属优越。新安江上游的森林覆盖率达到87.34%，居于中游的淳安县森林覆盖率达65%，其中千岛湖的森林覆盖率达82.5%，位于下游的建德境内森林覆盖率达76%。如此独特优越的自然生态，不妨借用诗仙李白《秋浦歌》的诗句做个写照：“千千石楠树，万万女贞林。山山白鹭满，涧涧白猿吟。”[③]与李白同时代的诗人权德舆，曾以清新文字描绘过新安江的山水生态：“深潭与浅滩，万转出新安。人远禽鱼静，山深水木寒。”[④]

得天独厚的生态环境，遍布全境的山林溪流，滋养孕育出无数的飞禽走兽、花草虫鱼，使新安江流域拥有无比丰富的生物资源。

据统计，徽州拥有各类植物200余科3000多种，其中可供食用的菜蔬、果品、菌菇、野菜、竹笋、鲜花、茶叶、淀粉植物和药用植物等有九大类800多个品种。在野生动物资源中，有飞禽100多种，走兽50余种，爬行类20余种，两栖类10多种，鱼类30余种。

在淳安县，生物种类同样繁多，已经鉴定维管束植物1824种，蕨类植物35科69属126种，种子植物159科761属1698种，属国家保护植物18种。在动物资源中，野生动物有兽类51种，鸟类224种，爬行类50种，昆虫类16目320科1800种；两栖类2目4科12种，鱼类有13科94种，属国家一二级重点保护的野生动物有46种。

建德境内也有同样丰富的生物资源。据调查，维管束植物184科1895种，其中蕨类植物28科86种，裸子植物8科71种，被子植物148科1738种。有优良乡

① 方才：《一方水土》，中国文史出版社，2017年，第293页。
② 方才：《一方水土》，中国文史出版社，2017年，第293页。
③ [唐]李白《秋浦歌》其十，《李太白全集》，中华书局，1977年，第421页。
④ 倪国华：《徽州诗选》，安徽人民出版社，2017年，第10页。

土造林树种100多种，优良乡土花卉和观赏树种300多种。陆生野生动物有216种，隶属26目70科。其中，兽类8目19科57种，鸟类13目34科107种，爬行类3目10科31种，两栖类2目7科21种。[①]

除了需要加以保护的野生动物与植物品种之外，新安江流域的绝大多数山水物产都能作为原生食材以供当地生民烹饪食用。

众所周知，任何地区的饮食文化都必须建立在饮食资源的基础之上。新安江的大好山水，作为得天独厚的生态环境，孕育了极其丰富的生物资源，为新安饮食文化提供了独特的自然条件，从一开始便酝酿和培植出新安饮食的显著特色。正如俗话所说，"靠山吃山，靠水吃水"，新安商贾最初大多是凭借山林资源，以及当地土特产而成功走向外地市场。与之相似，新安饮食最初也是凭着善于利用和烹制本地的山珍野味、河鲜水产而在中华饮食中独树一帜，焕发出浓郁而独特的山川之风与乡野之味。

方才《一方水土》第十章介绍了淳安的"山货土产"，正文开头就有一段话说得好：

> 淳安山多源深林茂，各类物产资源丰富。由于山地海拔高低差异悬殊，地貌复杂多样，垂直气候变化显著，多层次的立体型气候直接导致特产资源的多样性、丰富性布局。海拔500米以下的温暖层，利于种植板栗、柑橘、柿子、青枣等果木品种，海拔500～700米的温和层，有利于发展山核桃、茶叶、蚕桑、山茱萸等经济特产；海拔700～1200米的温凉层，众多的山涧，盛产石鸡、竹叶鱼、干水果、竹笋及各种珍贵药材，自然资源更为丰富。全县500多万亩山地，成为天然的物产宝库。[②]

淳安所居的新安江中游如此，新安江的上游和下游又何尝不是如此——整个新安江流域就是一座天造地设的特产宝库。这里暂且不说大量适宜栽培的果木品种和经济特产，单说新安山水为新安饮食提供的纯属自然的山珍野味、水产河鲜，其品种就极其丰富，难以尽数枚举。

---

① 陈日红：《建德市生物多样性保护规划探讨》，《防护林科技》2011年第3期。

② 方才：《一方水土》，中国文史出版社，2017年，第134页。

（二）

新安江两岸，山峦叠翠，竹林成海。山中竹笋不仅产量可观，而且品种繁多。竹笋是初生幼竹的嫩尖部分，又名竹芽、竹萌。光绪《建德县志》就其主要的类别，列举有“冬笋、雷笋、山笋、茅笋、淡笋（俗有苦竹笋、小麦笋诸名）”等。细究起来，四季轮回，笋类层出，冬季有冬笋，春季有春笋，夏季和秋季还有鞭笋。另有慈竹丛生不离母，四时皆生笋。冬笋主要是产于毛竹林中，“未出土时先有节”，山民破土掘取，鲜嫩可餐。而每临春雨到来之际，苗笋则四处可见。燕笋、斑笋、莱笋、金笋、水笋、石笋、木笋、花菌笋、硬壳笋、天响笋、锡箔笋、麦黄笋、江南笋等，先后出土。全年之中各地产笋多达 20 来种，当然各地山民还有各种不同的叫法。

在大量产出的新安竹笋中，有不少是著名的优质品种。绩溪的大障山绿笋，产于海拔千米以上的高山，由于云遮雾罩，光热适度，笋质鲜嫩、味美异常。至于歙县的问政山冬笋，更是声誉卓著，名闻遐迩，人称“问政山笋甲天下”。问政山紧邻徽州府城，所产“白壳苗”，当地人称“猫头笋”。光绪《安徽通志》记载：“笋出徽州六邑，以问政山者味尤佳，箨红肉白，堕地能碎。”[①] 更早有万历《歙志》所载：歙邑“有笋，独问政山者最佳，其为白壳苗，质如凝脂，莹如柔荑，生亦可食，脆如藕，甘如梨，香如兰。”[②] 试读这一节典雅志文，俨然一篇名笋小赋。如果采访当

问政山笋

茶笋炖排骨

① 光绪《安徽通志》卷85《食货志·物产》。
② 万历《歙志》考卷5《物产》，黄山书社，2014年。

地乡民，他们的说法自然不同，但是同样能道出问政山笋的细嫩异常。他们会对你说，只要手指轻轻一捏便能捏出笋汁，假如一不留意失手落地，那么鲜嫩的笋肉就会四下飞溅。据传南宋之时，有些歙县人客居临安，因为思念家乡美味，常让捎去问政山笋。家人将笋片炭炉送到船上，船到临安，笋熟即食，兰香四溢，鲜美无比。如此一送一吃，名气传入宫廷，问政山笋成了朝廷贡品。应该说，杭州的西山、南山，以及附近的天目山、莫干山尽皆笋乡，问政山笋偏能独得皇家垂青索为贡品，足见其美质声誉非同寻常。

无论冬笋、苗笋，都可以作为当令鲜食，也可干制备用。干制品有笋干、笋尖、笋片、笋衣等。其中，笋干又因干制方法不同而有扁尖、直尖之别。扁尖需将小笋拷扁，再行加工；直尖则以原形加工成品。天坪笋干是畅销全国而非常有名的"直尖"笋干，因为产于昱岭山脉瑶山乡天坪村而得名。制作天坪笋干以石笋为主，不需拷扁，不用盘卷，只以净笋原形加盐煮熟，再用乌炭文火烤至半干，然后经过手工搓揉，置于烈日之下曝晒至干。这样的笋干分袋包装便于储藏，而且一因有盐，二因干爽，所以能够久放而不霉烂。

新安人家日常做菜，无论是炒、是焖，抑或是煮、是炖，无论红烧，还是煨汤，往往都拿竹笋作为配料，用以增添菜肴之清鲜。在新安人家的餐桌上，不仅冬笋和春笋都笃定会占尽风光，即使夏、秋两季，茶笋、盐笋和干笋也都会频频现身，什么茶笋鸡蛋汤、盐笋炒肉丝、干笋炒辣椒、笋丁八宝酱、笋尖老鸭煲、笋片炖猪蹄，五花八门，水陆皆宜。就连大年初一的早餐，人们都爱吃上一碗盖浇面，所用浇头菜也是干笋丝加豆干丝、精肉丝炒制而成。

在中国传统烹饪史上，人们对食品"鲜味"的追求由来已久。南北朝时期人们利用骨头所熬的鲜汤加以调味，到了南宋时期"鲜味"调料的范围已经扩大到笋类食物，直到清代美食家袁枚《随园食单》提到鲜味30多处，鲜味的价值标准算是得到基本确定。从食物烹饪中对"鲜味"的寻求与发现来看，竹笋的食用和开发在饮食文化发展史上具有某种里程碑的意义。

与竹笋同样以鲜味著称的是香菇。香菇属于伞形真菌类，民间通常称野香菇为蕈。美食家李渔对蕈和笋一样垂青，他认为，笋为"蔬中第一品也，肥羊嫩豕何足比肩"。又说："求至鲜至美之物，于笋之外，其惟蕈乎？蕈之为物也，无根无蒂，忽然而生，盖山川草木之气结而成形者也。……此物素食固佳，伴以少许荤食尤佳。

盖蕈之清香有限，而汁之鲜味无穷。”[①] 新安江流域的香菇有着很多名目，诸如草菇、蘑菇、平菇、冬菇、厚菇、花菇、金钱菇、金针菇、茶树菇等。光绪《遂安县志》卷五《土物》载有一种蕈，叫鹅脂蕈：“鹅脂蕈：色深黄，形上开下敛似钟。一名金钟蕈。夏时湿热相蒸，产泥石中，数日可采。无梅雨则不生。煮食微香，味颇鲜美。惟和义乡有之，然不能多。”[②] 这种野生蕈在民国《建德县志》的《物产蔬类》中也有记载：“蕈，一名金钟蕈，初夏湿热相蒸，产朽木及腐草上，可以米浆试种。味极适口，含有毒质。惟松树蕈最佳。”[③] 看来这种野生蕈的生长，虽然并不普遍，但是新安江的大山之中还是有不少产地，只是各地产量都很有限。到了民国时期，《遂安县志》已经有了人工培植香菇的记载：“香菇，处州人来邑山中栽植，近年出产颇多。”[④] 尽管如此，新安江人仍然对深山密林之中自生自长的野蘑菇情有独钟。为了野蘑菇的生长，一些山民会在头一年秋冬时节进山，砍伐一些枫树、檫树、麻栎树，摊放山林之中，任凭日晒雨淋。经过一场大雪，或者梅雨季节之后，摊放的树木上便会大量滋生出天然蘑菇，山民就在来年春夏之际再次上山，采集这些天然蘑菇。这样天然生长的野菇，首先是因为不沾农药和化肥，完全可以放心食用；同时由于肉质肥厚，食味鲜美异常，并且富含人体所需氨基酸，食用价值远非人工培植的香菇所能媲美。

还有黄花菜。现在的黄花菜也多见人工种植，但是新安江人同样仍以野生为佳。每年的盛夏季节，在一些深山区，比如徽州东部清凉峰的野猪垱，徽州西部的牯牛降，都可以看到大片野生的黄花菜，这些自然生长在海拔 800 米以上的黄花菜品质最优。当地山民们将金黄色的黄花菜及时采摘下来，洗净、蒸熟、晒干，可备全年烹饪食用。

相对产量有限的野生香菇、黄花菜来说，新安江的山上蕨菜则极其普遍，可谓比比皆是，触手可及。蕨菜，又称龙爪菜、龙头菜、拳头菜、猫爪菜。一般生长在乡间的荒地、荒山和山林边缘地带。每年春季到来，蕨根自地下抽出一枝枝嫩茎，与一根根春笋相伴，沐浴着春风春雨自由生长。四五月间便是人们采食蕨菜的大好时节。趁其嫩茎叶头蜷曲如拳而尚未展开之时，采摘四五寸长黄绿色的嫩苗以

① [清]李渔：《笠翁文集》第1卷《闲情偶寄》，光明日报出版社，1994年，第184、185页。
② 光绪《遂安县志》卷5《土物》。
③ 民国《建德县志》卷2《地理·物产·蔬类》。
④ 民国《遂安县志》卷3《食货·物产·蔬类》。

供做菜食用。食用新鲜蕨菜，可以先用沸水焯过，再加佐料翻炒成熟，或者凉拌做菜，就饭入口之际，均会感觉清香滑润、新鲜别致。蕨菜炒肉丝，人称龙爪肉丝。蕨菜炖火腿，便是助餐佳肴。蕨菜煮玉米粉汤，柔软清脆，口感也很独特。蕨菜也还可以用沸水焯过，然后晒干，便于存放备用。近代以来工业发展，蕨菜早已被制作罐头，可以四海流通，常年食用，更为方便。

蕨是多年生草本植物，每年春天新生的嫩叶可以做菜佐餐，它的根茎如同葛根一样可以制取淀粉，俗称“洗粉”。新安人家普遍都很熟悉“洗粉”技艺，最常见的是洗番薯粉，像群联、双坑等地，以前每户每年都将番薯洗出几千斤燥粉，用来换取长年食用的大米。新安江人——特别是山农，每年下半年到来年二月前——最佳时间应在正月，这时的蕨根出粉最多——男人就会上山采挖蕨条。几担蕨条挖来以后，全家配合，动手洗粉。先将蕨条洗刷干净，再用棒槌奋力槌打，逐条打碎打烂，置于铺垫纱布的竹筐里，提水反复冲洗，洗出的水粉蓄入一个老大木桶，沉淀一夜之后，放掉上面的浮水，在沉淀桶底的水粉上铺上纱布，堆放一些草木灰，尽量吸去剩余水分，最后用铲刀将干粉取出，经过晾晒，收藏备用。一般说来，一担蕨条能够洗出十多斤干粉，洗得好可以有二十来斤粉。新安人家洗成的蕨粉和葛粉一样都是优质淀粉，比起番薯淀粉更为珍贵，可以用来制糖、酿酒，也可以制作粉皮、凉粉、粉菜，以及某些点心糕点。日常烹饪过程中，还可以用作粉芡。

新安山珍，各有所宜，生态各异。或者根植于土地，如竹笋、蕨菜；或者根植于草木，如木耳、香菇；还有的置身于悬崖峭壁，如石耳就是。

新安江的山区不仅盛产白木耳、黑木耳，还产石耳、高山石耳。石耳产于高山峭壁之上，形状类似于耳，故名石耳。虽然享有“石壁花”之美称，石耳却绝无鲜花之美色，它的背面灰绿色或灰白色，布满黑色的绒毛；腹面以黑褐色居多，少数呈现黄褐色。前人亦称石耳为石衣。光绪

石耳石鸡

《遂安县志》卷五《土物》载："石衣，生峭险石崖间受海风吹处，始生如苔，久则黑色。土人取腰索缘险始能得之，往往遭索断以致殒命。"[①] 采摘石耳，尤其是采摘海拔 800 米以上所产高山石耳，必须具备过人的登山能力和高超的攀崖技巧。这些石耳多见于悬崖峭壁的石缝之上，长年经受烈日暴晒、风吹雨淋和冰封雪冻，以其独特的生存方式，吸纳着日月精华，由此而成为不同寻常的稀有山珍。因为石耳味道鲜美，性清凉，能养阴止血，含有高蛋白和多种维生素、多种微量元素，是营养价值很高的滋补食品。在新安饮食之中，诸如石耳炖鸡、石耳老鸭煲、石耳豆腐丸等，都是传统名菜。如果用石耳炖石鸡，无疑更是菜肴珍品。

石鸡，也叫石蛙、石蛤蟆，形在青蛙与蛤蟆之间，学名叫棘胸蛙，属于两栖类动物。石鸡皮肤粗糙，颜色褐黄。雄性背部有成行的长疣，胸部有大团的刺疣，刺疣中间有角质为刺，前肢粗短，后肢较长；雌性背部布满小圆疣，胸部光滑，脚趾有蹼。石鸡捕捉昆虫为食，善跳跃，能潜水，喜欢栖居溪流石涧，盛产于深山长谷之中。石鸡冬季休眠，春末产卵，卵如葡萄，晶莹透明，附着于石壁或者水草之上，经过若干时日孵化成为幼小石鸡，三年之后体重长到三四百克。石鸡往往与蛇类同处山溪石洞之中，习惯于昼隐夜出，所以捕捉极为不易。[②] 人们多于盛夏之夜、将下雨之前，打着火把前往高山深谷中寻捕。这时遇有石鸡鸣叫如鸭，便可循声寻觅，一旦发现，即可将火把遮挡在石鸡面前。石鸡面对火光，无法选择去路，也就瞠目发呆，束手就擒。在新安江流域，山谷溪源，普遍产有石鸡。淳安境内，以临岐的秋源、瑶山、齐坑、夏中，威坪的严家，大墅的上坊、铜山等地石鸡为多。休宁境内，东临溪、流口、五城、岩前等地均有石鸡出产，其中以汊口乡大阜瀛所产最为著名，作为"黄山石鸡"的上品，早在宋朝就已列为朝廷贡物。石鸡作为风味佳肴，肉质细嫩，味道鲜美，富有动物蛋白，具有很高的营养价值，日常食用还有清火明目的保健功能。在新安江人的餐桌上，石鸡可与沙地马蹄鳖媲美，又因石鸡捕捉很不容易，所以显得比老鳖更为珍贵。凡用石鸡烹制的菜肴，红烧石鸡、清蒸石鸡、石鸡两吃等，自然都是名菜。

说到石鸡，实际已经涉及水产了，而说起水产当然主要是鱼。顺着石耳、石鸡，

---

① 光绪《遂安县志》卷5《土物》。

②《安徽通志稿·物产考》载："山民暮夜，秉火照水涯取之。间罹蛇虎之患，饥寒之害甚于蛇虎也，哀哉！蛙至秋不可食。盖地腊前蛇食石鸭，至秋石鸭食蛇。"

清溪石斑鱼

龙溪石斑鱼

接着就说说石斑鱼。石斑鱼与石耳、石鸡都以石为母、以石为家，可谓石氏家族。“三石”可以分别搭配，制成各种菜肴，均为上品，如果是“三石”一道烹制，那可称得上是奢侈品了。

石斑鱼，学名为斑条光唇鱼，俗称乌石斑、牛头石斑，有黑头石斑和红头石斑两种，属于杂食性小河鱼。高蛋白，低脂肪，含有钙、铁、磷，以及多种无机盐和维生素，营养非常丰富，肉质鲜嫩美味。个头虽小，名气很大。新安江流域均有分布，淳安境内盛产于梓桐源、云源、风林港，以及临岐山区的乡涧溪坑。石斑鱼的体型短小浑圆，除了肚子白色之外，其余部位布满网状斑纹。它们喜欢成群结队地栖息于山间的清水溪涧之中，具有很强的繁殖能力，然而成长特别缓慢，长不过三四寸，重不过一二两，肉质相当厚实细腻，无论红烧还是清蒸皆成美味。唐代寿昌长汀源（今建德李家镇）人李频有《及第后还家过岘岭》诗云："魏驮山前一朵花，岭西还有几千家。石斑鱼鲊香冲鼻，浅水沙田饭绕牙。"①

与李频对石斑鱼的由衷赞美相似，清代美食家袁枚也特别垂青一种美味小鱼，他在《随园食单》中写道："徽州出小鱼，长二三寸，晒干寄来，加酒剥皮，放饭锅上蒸而食之，味最鲜，号黄姑鱼。"② 他说的黄姑鱼就是黄尾鱼，形体不大，尾部呈黄色。其实黄尾鱼不只是产于徽州，新安江流域的山谷溪涧普遍可见。

在新安江的千百条溪流之中，诸如石斑鱼、黄姑鱼之类的美味小鱼，可以说是数不胜数，多得去了！

像光绪《遂安县志》卷五《土物》所载，一种叫金鳅，多产北乡之合浦等处，长仅寸余，形如小鳗而有斑纹；一种是山阴鱼，形状类似鲭鱼，翅尾稍呈赤色，大不过一斤者最为肥美，唯云溪之湍急垒石间有之；③ 还有一种就是童鱼，产于东溪，形体如锥，身长寸许，清明前者味道最佳。这种童鱼也可见于新安江的上游，《新安志》云："童鱼亦以二月来，小而为群，首如科斗，古之童子鱼也。"④

《新安志》载有小鱼多种："重唇，乘桃花水而上，味极腴，陆机所谓吹沙小鱼，盖古之鲨也。""石鲫长而尾红，旁皮鱼似石鲫而尾青。石活鱼常在石中。钩子鱼、黄公鱼皆以春三月团聚而上。梭子鱼首尾锐，其大如指。师官鱼亦如指大，有长须四五，略如央虬。沙鳉上唇如鹰咮，长者尺有五寸。"⑤

照《新安志》的说法，这类溪中小鱼，"凡五六十种"，大多是上佳食材。如较为常见的桃花鱼，也是溪流中的小鱼，体型长而扁，银灰略带红色，长有蓝色横纹，雄性臀鳍较长，繁殖季节色泽尤其鲜艳。较为特别的甘草鱼，产于黟县霭水河临川

① 李树帆：《李频和他的梨岳集》，政协建德县文史资料委员会：《建德文史资料》第4辑，第199页。
② [清]袁枚：《随园食单》之《水族有鳞单》，天津人民出版社，2017年。
③ 光绪十六年《遂安县志》卷5《土物》。
④ [宋]罗愿：《新安志》卷2《物产·水族》，萧建新等：《新安志整理与研究》，黄山书社，2008年，第56页。
⑤ [宋]罗愿：《新安志》卷2《物产·水族》，萧建新等：《新安志整理与研究》，黄山书社，2008年，第57页。

至古竹林一段河里；略似石斑鱼，体长两寸左右，通体银白；肉嫩味美，烹食之时不须去鳞；鱼鳞入口，柔软略腻，越嚼越鲜，别有一番滋味。霭水河源于黟县东源乡南侧的霭峰，霭峰之上松杉郁郁，百草争荣，山溪汩汩，终年不断。大量甘草生长其间，草汁常年渗入溪水，溪中小鱼不仅肉质细嫩，而且味带甘甜。再比如较为稀罕的蛇尾鱼，外形是鹰嘴、平胸、蛇尾，尾部有鳞，又称山鹰龟。清蒸山鹰龟便是一道有名的徽菜。

北宋名贤范仲淹任职郡守期间，在建德乌龙山下作有《潇洒楼十首》，其中一首赞曰："潇洒桐庐郡，清潭百尺余。溪翁应有道，所得是嘉鱼。"① 新安处处都是好山好水，正所谓山多溪多"清潭"多，溪潭清水"嘉鱼"多。

《新安志》卷二《物产·水族》："其随水所在而有者，为鳊，为鲫，为乌鳢，为鲇，为鳜……巨口而细鳞，其牡文采尤鲜明，系之溪中可致群牝。或以为鲜明者为鲈鳜，亦曰芦花鳜，大率盛夏藏石罅中，徒手扪得之，仙人宁封子所食石桂也。"②

《新安志》说到的鳜鱼，又称桂鱼、季花鱼，种类繁多，有翘嘴鳜、大眼鳜、波纹鳜、斑鳜、竹筒鳜、暗鳜和辐纹鳜等各种名目。新安江所产，主要有三种：一种是体圆如管的竹管鳜，一种是体纹鲜明的芦花鳜，一种是体型似鲫的石板鳜。通常它们都栖于溪涧、藏于石缝，白天习惯卧穴，夜间出来觅食，所以又称石鳜，俗呼石桂。每到桃花盛开的仲春时节，春雨绵绵，溪水上涨，鳜鱼则纷纷跃出石穴，随波逐流追食漫游的鱼虾。此时的石鳜最为肥美，不仅肉白细嫩，而且营养丰富，中医认为多食能够补虚、益神，增进人体健康。唐代诗人张志和有《渔歌子》云："西塞山前白鹭飞，桃花流水鳜鱼肥。""桃花鳜"由此身价倍增，成为徽菜中的代表性食材。在清蒸石鳜、腌鲜鳜鱼，以及方腊鱼等大批佳肴之外，又涌现出红烧桃花鳜、火烤桃花鳜等诸多名肴。

与鳜鱼同为名品的是鳗鱼。鳗鱼，亦称鳗鲡、白鳝。背部为黑色，腹部呈白色，所谓"负黑抱白"者也。鳗鱼体长如蛇，俗呼为"蛇鱼"。徽菜所用鳗鱼，多取秤杆大小，于是俗有"秤杆鳗鲡"之称。"秤杆鳗鲡"如同"荷包鲤""马蹄鳖"，都以物状称名，体现出人们对食材的考究。鳗鱼多产于大江长河及湖泊之中，喜欢伏处于水底深泥

① 宋范仲淹自注："郡以桐庐名，实在乌龙山下。"

② [宋]罗愿：《新安志》卷2《物产·水族》，萧建新等：《新安志整理与研究》，黄山书社，2008年，第57页。

之中，唯有新安山水之间可见之于石涧清溪，所以当地民众多叫“清水鳗鲡”。清水鳗鲡无鳞，肉质细嫩味鲜，特别适宜清蒸或清焯，佐以火腿增香，为菜中的珍品，美味而又养人。新安江的清水鳗鲡因为产量不多而更显名贵，明代以前就已列为贡品。“掌禹锡云：鳗鲡五色者，出歙州”。[①] 看来，歙州五色鳗鲡，又与“负黑抱白”者大不相同，属于新安江上游特产。

新安江流域的独特环境，总能造就一些土产的特色，沙地马蹄鳖和深水螺蛳皆是如此。沙地马蹄鳖，即新安江所产甲鱼，又称团鱼。背部隆起，肉厚肥嫩，胶质大，全无泥腥气，质地高于他处所产。有民谣曰：“水清见沙底，腹白无淤泥。肉厚背隆起，大小似马蹄。”明初，徽州马蹄鳖列为贡品，也是徽菜中的代表性佳肴，其味鲜美，营养丰富。如今千岛湖的深水螺蛳非常有名，食客们雅称“千岛之吻”，央视《舌尖上的中国 2》做过视频介绍。深水螺蛳，只小肉嫩，鲜美可口，性清凉，适合夏令食用。鲜螺肉可以应市，还可煮晒成青螺干。旧时，以遂安港口附近的青螺味道最佳。屯溪黎阳曾为青螺干加工地，昔日徽商外出，多以青螺干、蜜枣、顶市酥等馈赠亲友。民国四年（1915），青螺干曾选送美国巴拿马万国博览会参赛，后销售上海、香港等地。

据文献资料统计，新安江共有鱼类 103 种，分别属于 14 科 66 属，其中鲤科鱼类 74 种。[②] 草、鳊、鲢、鳙、鲫、鳜等家鱼，已成为养殖水域的主要种群。[③]1986 年《建德县志》记载，建德境内有鱼类 88 种。[④]1993 年《千岛湖水产》一文载，千岛湖内的鱼类共有 83 种，属 13 个科。[⑤] 事实上新安江水电站建成之后，千岛湖就不断地在增加人工放养新的鱼种，湖里的鱼种从当时的 64 种发展到现在的 114 种。其中名贵鱼类为数不少，像甲鱼、鳗鱼、鳜鱼等，鳜鱼就有大眼鳜、白头鳜、长体鳜、斑鳜、波纹鳜等 6 个品种。湖中鳗鱼原先比较稀少，近年应用网箱养殖新技术获得成功，产量日增。人工放养的主要是经济鱼类，其中鲢鱼、鳙鱼就是当家鱼品。鲢鱼，俗称胖头鱼。鳙鱼，即胡鳙，亦称大头鲢。[⑥] 万历《歙志》说：“有鲢鱼，惟蓄止水

① [宋]罗愿：《新安志》卷2《物产 · 水族》，萧建新等：《新安志整理与研究》，黄山书社，2008年，第57页。

② 黄山市地方志编纂委员会：《黄山市志》卷8《农业》上册，黄山书社，2010年，第494页。

③ 侯冠军等：《加强水生生物资源养护，促进新安江水环境生态平衡》，《安徽农学通报》2015第10期。

④ 《建德县志》，浙江人民出版社，1986年，114页。

⑤ 徐传亢：《千岛湖概览》，政协淳安县文史资料委员会编印，1993年，第64页。

⑥ 《诗经 · 齐风 · 敝笱》：“其鱼魴鱮。”三国吴陆玑疏：“鱮似魴，厚而头大，鱼之不美者……其头尤大而肥者，徐州人谓之鲢或谓之鳙，幽州人或谓之胡鳙。”

美味鱼头

者，颊瘦似河豚，其首大者为鳙，鱼之不美者也。”[①] 鳙鱼因为头大身小，古人认为其鱼“不美”；今人相反，认为鱼头营养价值高于鱼肉，食肉不如食鱼，食鱼要吃鱼头，要吃鱼头，就吃鳙鱼。在今天的千岛湖，鳙鱼可以制作成100种菜肴，成为中国第一个有机鱼品牌。2009年，被国家工商总局认定为“中国驰名商标”。2015年，被农业部授予“中国好食材”称号。

千岛湖常见的鱼类还有鳊鱼、鲶鱼、鲫鱼、鳜鱼、翘嘴红鲌、鳝鱼等。

鳊鱼有团头鲂、三角鲂、长春鳊三个品种。鱼体扁平，头尖小而体宽，鳞细，呈银灰色。是草食性鱼类，其肉味腴美。

鲶鱼，俗称鲇鱼，常栖息于湖边中下层水域。鱼体较长，前部平扁，后部侧扁，呈黑灰色，有不规则斑块。嘴部宽大，有两对触须，眼睛细小，体表无鳞多黏液。是以小鱼和无脊椎动物为主的杂食性鱼类，肉味鲜嫩。

鲫鱼，体扁平，呈青褐色，是杂食性鱼类，味鲜美。常栖息在湖区边缘，以及溪流、

① 万历《歙志考》卷5，黄山书社，2014年，第105页。

水库、山塘中。

鳡鱼，俗称鳡鳅、黄鲇、竿鱼。鱼体较长，呈圆柱形，青黄色；吻尖长，口大眼小；是以鱼虾为主的肉食性凶猛鱼类。过去大量捕杀，现已日益少见。

翘嘴红鲌，也称鱎鱼，俗称白花、浪里白条。翘嘴扁体，背鳍具硬刺，尾鳍较长，是以鱼虾及水生昆虫等为主食的凶猛鱼类。其肉质细嫩、适口，唇部胶质丰富。

鳝鱼，又叫长鱼，体色黄褐者称黄鳝，体色铁青者谓青鳝。鳝鱼在不同的生长期具有不同的特点：清明至立夏这段时间，其肉最嫩，人称笔杆青。此时是做此菜的最佳季节，俗有“小暑黄鳝赛人参”之谚。秋鳝，又名钩鳝，条子有大有小，肉质结实而且嫩。冬季为冷小鳝，由于此时的鳝鱼多从泥土中撬出，故又称撬鳝，撬鳝在烹制时胶质最足。

如上所述，足以见出，种类繁多的山珍野味、河鲜水产成为新安江人饮食资源的天然宝库，新安饮食的独特风味也就由此奠定了物质基础。

最后提到的是山林中的禽类与兽类。前人曾经利用土枪、竹吊、铁夹等器械，猎取以为食物的有野鸡、野兔、野猪，以及石鼠、黄麂、果子狸等。万历《歙志》载：“石鼠生深山石洞中，大者数斤，食诸果实。土人于雪时捕之，味甚甘美。”[①] 民国《遂安志》卷三《物产》有“麂，肉味鲜美”的记载。[②] 宋人汪藻曾在高宗面前推崇“雪天果子狸”为歙味的经典食材。[③] 万历《歙志》载曰：“玉面狸，土人呼为白额，此味最佳。宋时，猎者取以充岁贡，郡守谢采伯谓戕物命以资口腹，请罢。”[④] 今天，正当新冠病毒肆虐、人类共同抗疫之时，笔者宅居写作而行文至此，内心感触良多，甚觉难以言表。宋代的郡守谢采伯能够出面请罢岁贡，有意制止“戕物命以资口腹”的野蛮行为，真是值得后人敬佩的仁者卓识。“保护野生动物就是保护人类自己”，世人真正弄懂这个道理，已经付出了何等沉重的代价！

---

① 万历《歙志考》卷5，黄山书社，2014年，第106页。

② 姚柏麓修、姚桓等：《遂安志》卷3，据民国十九年铅印本影印，成文出版社有限公司。

③ 黄麂属哺乳纲鹿科小型动物，身高40～60厘米，体长60～100厘米，雄性生角，生长于山林。俗称果子狸、牛尾狸、玉面狸。头带白额，尾巴似牛，形如狸猫，动作机灵，喜好爬树，摘食野果。

④ 万历《歙志考》卷5，黄山书社，2014年，第106页。

第二节　山水环境决定新安饮食的习俗

普通民众的饮食水平决定于生产劳动的收入水平，而他们的生产劳动又在相当程度上制约着生产环境。新安江人世世代代在艰苦的山水环境之中劳作，自然形成了唯其特有而人以为奇的传统习俗。

（一）

长期以来，新安饮食的传统习俗不为外人——尤其是明清时期的小说家们所理解。旧时曾有一则笑话，说新安某人出外做生意，途中总以咸鸭蛋佐餐，每餐仅用筷头蘸一点舔一舔。那一天吃饭不小心，蛋壳被风吹落河水，只听一声叹息之后，那人还自我宽慰道："风吹鸭蛋壳，财去人安乐。"故事的真实程度毋须考究，世情的调侃意味显而易见。其实这一类主题在"三言两拍"等明清小说中已经有了比较突出的反映。其后，在清人石成金的小说《铁菱角》中反映得最为典型。《铁菱角》浓墨重彩地夸张和渲染了一个新安商人的吝啬。这个吝啬鬼生意已经做得不小，但是一直不肯花钱聘用主管。他说："若是请了主管，便要束修，每年最少也得十多两银子。又每日三餐供给，他是外人，不好怠慢，吃了几日腐菜，少不得觅些荤腥与他解馋。遇个不会吃酒的还好，若是会吃酒的，过了十日、五日，熬不过，又未免讨杯酒来救渴，极少也得半斤、四两酒奉承他。有这许多费用，所以不敢用人，宁可自己受些劳苦。"其实他不只是舍不得给别人花钱，他在自己的家庭生活中也很抠门，"渐次家里人口众多，每日吃的粥饭，都是粗糙红米，兼下麦粯。至于菜肴，只拣最贱的菜蔬，价值五、六厘十斤的老韭菜、老苋菜、老青菜之类下饭。或鱼或肉，一月尚不得一次。"①

这类小说的创作旨趣，多在"喻世""警世"和"醒世"，自有其积极的社会意义和人生启迪。同时，作为文学创作，作者的夸张与虚构也都属于理所当然、无可非议。况且，新安商人也的确普遍具有俭啬的性格特征，作品所写的生活细节也都未必是无中生有、空穴来风。不过，在明清时期，这类作品之所以把徽州商人作为嘲讽的主要对象，实际上与徽商经济的空前兴盛和广泛影响紧密相关，这就不能不

① [清]石成金：《雨花香·铁菱角》，太白文艺出版社，2006年。

涉嫌传统文人对商人和财富一贯持有的社会偏见。还有一个更为重要的现实原因，就是他们根本不了解徽州商人的前世与今生，根本不了解居于新安山水之间徽州人的稼穑之艰难，不了解徽州人不得已走出新安山水之后的营商之艰辛，所以对徽州商人的俭啬性格和俭啬生活缺乏起码而必要的理解，当然也就很难要求他们做出比较客观的反映与相对合理的评判。①

明清时期，徽商经济的兴盛同样引起一些学者，尤其是史学家的特别关注，而这些学者也都同样关注到了徽商的家居生活和日常饮食。

明代博物学家谢肇淛在《五杂组》中说："新安大贾，鱼盐为业，藏镪有至百万者，其他二三十万则中贾耳。……然新安人衣食亦甚菲啬，薄糜盐齑，欣然一饱矣。"② 明代文学家李维桢为歙县富商汪玩作《汪翁家传》，据其文中记载，汪氏"虽岁万息二千"，却同样衣食菲啬，"一组袍十许年不易，至手洴澼絖。粝粮之饭，瓜瓠之羹，众以为矫，弗顾也。"③

根植于徽州本土的历代府志、县志，也都从不讳言徽州商人的俭啬。康熙《徽州府志》说："然其家居也，为俭啬而务蓄积。贫者日再食，富者日三食，食惟饘粥，客至不为黍。家不畜乘马，不畜鹅鹜……女人尤能称俭，居乡数月，不占（沾）鱼肉。日挫针织缝纫。"④ 万历《休宁县志》也有同样的反映，说："女人尤能荼苦茹辛，中人产者，常常绝鱼肉。日夜绩麻挫针，凡冠带履袜之属咸手出，勤者日可给二三人。丈夫经岁客游，有自为食，而且食儿女者。贾能蓄积，亦犹内德助焉。"⑤

这些学者的言论与文献的记载，通常都用"然""然而"一类转折句式，写实性地反映新安富商的衣食"菲啬"、家居"俭啬"，表示他们的"菲啬""俭啬"超乎人之常情，超乎常人的想象。但是有一点值得指出，在这些学者言论与史笔记载中，我们看不到像明清小说家们所谓"贪财""吝啬"之类负面的嘲讽，相反，我们看到的是明确肯定的立场和充分认可的态度。最具代表性、最有影响力的，就是清代史学家顾炎武在《肇域志·徽州府》中提出的精辟论断，他认为徽商的特别富

---

① 李琳琦等的《明清小说与历史文献中的徽商形象之比较》一文已经做过一些分析，可供参考。该文载《安徽师范大学学报》2008年第1期。

② [明]谢肇淛：《五杂组》卷4，上海书店出版社，2001年。

③ [明]李维桢：《大泌山房集》卷72。

④ 康熙《徽州府志》卷2《风俗》。

⑤ 万历《休宁县志》。

有与他们的特别勤俭密不可分，二者之间存在着因果关系，他说："新都（亦即新安），勤俭甲天下，故富亦甲天下。"

徽州商人何以能够如此特别地勤俭？因为他们走出家门之初，甚至走出家门之前，即已深切体验到营生创业之艰辛。

明末休宁人金声说过："歙、休两邑，民皆无田，而业贾遍天下。"[①] 顾炎武也说过同样的意思："中家而下，皆无田业，徽人多商贾，盖其势然也。"[②] 正如徽州谚语所云："前世不修，生在徽州。十三四岁，往外一丢。"徽州商贾大多出身于无田无业的贫寒之家，完全是为命运所迫，从小肩背包袱雨伞，怀揣盘缠干粮，走出大山，糊口营生，个中的艰难困苦远非常人所能想象。比如，徽商代表人物鲍志道，因为家道中落，"家用屡空"。少年读书之时，"供师虽不丰，然食必修洁。退而视母之食，则糠覈有焉"。[③] 正因家业无赖，他在 11 岁时就不得不出门谋生。出门之前，母亲只能从邻居家借米，磨成米粉，做成米粿，给他带着路上充饥。如此少年学徒，如此无本商贾，前程之坎坷，不言而喻。[④]

再如，歙县盐业大贾鲍尚志，他出生在一个只靠祖母和母亲为人佣工维持生计的家庭，往往是连续两天才做一顿饭。他 12 岁在兰溪一家当铺当学徒时，虽然每逢初一、十五才能见到一次肉食，他却总是将肉食拌上盐酱，然后封存在一个罐子里面，托人带回家去孝敬祖母。[⑤]

无论是身为学徒糊口谋生，还是小本起家惨淡经营，徽州人于营商创业之时，总是克勤克俭，自励过人。歙县商人程致和，"能薄饮食，忍嗜欲，节衣服，与用事僮仆同苦乐……凡廿年而业振"。[⑥] 尤为可贵的是，致富之后，他们仍然能够保持勤俭持家的优良传统，适足以为当今一代暴富者垂范并供借鉴。像明嘉靖时歙县商人许尚质致富回乡，"乃犹日竞竞力作，采山灌园，莳瓜芋，树梨栗，并亲诸仆妾事，无少倦"。他将自己"平生艰辛苦状，勒石堂右"，告诫子孙说："乃公竭力起家，

---

① [明]金声：《金太史集》卷4。

② [明]顾炎武：《天下郡国利病书·江南20》。

③ 鲍志道《先母郑太淑人行略》，转引自鲍树民《鲍志道——儒商的典型》，《古代商人》，黄山书社，1999年，第87页。

④ 张海鹏、王廷元：《徽商研究》，安徽人民出版社，1995年。

⑤《鲍氏诵先录》第5册，《歙县新馆鲍氏著存堂宗谱》卷2。张海鹏、王廷元：《徽商研究》，安徽人民出版社，1995年。

⑥ 刘伯山：《徽商概论》，《古代商人》，黄山书社，1999年，第215页。

非以娱心志、悦耳目也。间自念曩入蜀时，迷失道，伛偻扳崖谷行冰雪中，至今使人毛悚骨竖。乃公谁为哉？若等念之！”①

徽州商人之勤俭，不仅缘于营商创业之艰难，而且继承了新安山民之勤俭，缘于山区稼穑之艰难。正所谓“一方水土养一方人”，新安江的山山水水，自古以来就决定着新安江人的生产方式和生活习俗，从而也就塑造了新安江人的独特个性，吃苦耐劳、克勤克俭也就成为新安江人性格上的基本特征。这是新安江人生存发展的客观条件和主体基因，也是明清小说家们疏于考察的历史根源与生活逻辑。

通常人们说到稼穑之艰难，总会提到一首脍炙人口的唐诗：“锄禾日当午，汗滴禾下土。谁知盘中餐，粒粒皆辛苦。”② 但是恐怕很少有人知道，新安山民的稼穑艰难要超过唐代诗人李绅所见所感的十倍、百倍！

新安江人居万山丛中，“自其郡邑已践山为城，至于四郊都鄙则又可知也。”③ 万历《严州府志》：“严为僻郡，殊无物产，矧山多田少，地瘠民贫，衣食所资，终岁勤动。”④ 因为山多田少，新安江人长期以来不断地开荒种植、垦山筑田，恰如民谚所云：“力向山上使，粮向山上求。”《遂安志》载：“全县民皆服农，一岁三获，致力颇勤。耕地少者，山坡率多开垦。”⑤ 绩溪《上川明经胡氏宗谱》曰：“吾族僻处山陬，田畴狭小，惟服农力穑，乃可自立。道咸间，子姓既繁，近村一二十里无不辟垦，种黍植茶，殆鲜旷土。”⑥

开荒种植，垦山筑田，终岁勤动，艰辛程度实非一般！法国学者费尔南·布罗代尔在他的《菲利普二世时代的地中海和地中海世界》中，曾经这样描述地中海人开垦山地的艰难情形：他们“必须用手清理乱石遍地的田野，要防止泥土顺着山坡下滑和流失。必要时把泥土一直运上山头，并用石块垒起矮墙把泥沙挡住。”⑦ 继而，他还极其中肯地指出，问题的严峻之处在于：“这是一种艰巨而没有止境的劳动，一

---

① 隆庆抄本歙县《许氏世谱·朴翁传》，转引自张海鹏，王廷元，唐力行：《明清徽商资料选编》，黄山书社，1985年，第90页。

② 唐李绅《古风》(一)，中国科学院文学研究所：《唐诗选》下册，人民文学出版社，1978年，第140页。

③ [宋]罗愿：《新安志》卷2《贡赋·序》，萧建新等：《新安志整理与研究》，黄山书社，2008年，第62页。

④ 明万历《严州府志》卷8《食货志》。

⑤ 民国《遂安志》卷1《职业》。

⑥ 绩溪《上川明经胡氏宗谱》。

⑦ [法]费尔南·布罗代尔著，唐家龙等译：《菲利普二世时代的地中海和地中海世界》第1卷，商务印书馆，1996年，第41页。

旦劳动停顿下来，山区就会恢复到蛮荒状态，一切又得重新做起。”①

冷峻的历史表明，新安江人正与地中海人一样，一代接着一代地从事着这种“艰巨而没有止境的劳动”，总算开辟出了维持生活、赖以安居的山地田园。要说新安江人垦山为田的“田”，简直就是形态独特的人文景观。从山上俯瞰，那是“田如带”；从山下仰望，那是“坝如墙”。在历代的文献中，在诗人的吟咏中，时不时地窥见这种景观。早在南宋，罗愿就在《新安志》中写道：“大山之所落，深谷之所穷，民之田其间者，层累而上，指十数级不能为一亩。”② 方逢辰在《景定严州续志序》中也说：“严州界于万山之窟，厥土坚而隔，上不受润，下不斥卤，雨则潦，霁则槁，厥田则土浅而源枯，介乎两山，节节级级，如横梯状。”③ 他为此作有一首《田父吟》，诗云：“青溪渺如斗大邑，万山壁立土硗瘠。百分地无一分田，九十九分如剑脊。一

大山梯田

① [法]费尔南·布罗代尔著，唐家龙等译：《菲利普二世时代的地中海和地中海世界》第1卷，商务印书馆，1996年，第41页。

② [宋]罗愿：《新安志》卷2《贡赋·序》，萧建新等：《新安志整理与研究》，黄山书社，2008年，第62页。

③ 景定《严州续志》方逢辰序，民国《建德县志》卷3《风俗》载，文字稍异。

亩之地高复低，节节级级如横梯。畈心一畦可一亩，旁边一亩分数畦。”到了清代，计楠诗《严州行》似与方逢辰的诗遥相呼应：“昔者藩王封此邑，梅花为雉石为堞。青溪如驰绕城来，万峰峭立土硗瘠。一分田地一分水，八九分山如剑脊。畈心畦畔高复低，节节级级作梯级。”[①]孙学道作有《黟山竹枝词》，其五云：“层累垦田潴水微，山农求雨五溪归。侬家石燕洞前住，不见雨来石燕飞。”其六云：“下田水向上田分，一亩一层渐入云。利剡快牛施不得，刀耕火种自成群。”[②]这些诗文就是整个新安江流域的那些山地梯田的真实写照。

筚路蓝缕地开垦那些坡地梯田固然是极其艰辛，而长年累月地耕种劳作在那些坡地梯田上又何尝轻松！如罗愿《新安志》所载：“新安为郡在万山间，其地险狭而不夷，其土骍刚而不化，水湍悍少潴蓄。”“快牛剡耜不得旋其间，刀耕而火种之。”在这样险狭不平的山坡梯田上，几乎无法使用牛力耕耘，可想而知要付出多大的辛劳。况且，因为山上泥土坚硬不化，山间雨水急骤迅猛，“十日不雨则仰天而呼，一遇雨泽，山水暴出，则粪壤与禾荡然一空。盖地之勤民力者如此。”[③]另外，不用比那一马平川的北国大地，即使是与江南邻近的宣州、饶州的大田农耕相比，新安江人还有外人无法想象的劳累与苦楚。关于这一层，《新安志》的写实文字令人动容，文章写道：“宣、饶之田弥望数百亩，民相与秔稌之，岁才一耘。时雨既至，禾稗相依以长，而其人亦终岁饱食，不待究其力。歙之人耘以三四，方夏五六月，田水如汤。父子袒跣，膝行其中，漉深泥，抵隆日，蚊蝇之所扑缘，虫蛭之所攻毒，虽数苦有不得避，其生勤矣。”[④]正当盛夏五六月间，田水晒得滚烫，农夫光着上身，赤着双脚，顶着炎炎烈日，在泥深没膝的禾田里面吃力地挪动，身上和腿上总有可恶的蚊蝇在骚扰，总有吸血的蚂蟥在叮咬，那是一种多么难以忍受的煎熬！

山区农耕的客观条件如此艰苦，新安江人的生产劳动怎么能够不“勤”？生活消费怎么能够不“俭”？

《新安志》卷一《风俗》:“山限壤隔，民不染他俗，勤于山伐，能寒暑，恶衣食……自唐末赋不属天子，骤增之，民则益贫。然力作重迁，犹愈于他郡。”说到黟县，《新

① 民国《建德县志》载清人计楠诗《严州行》。
② 舒育玲：《古黟风物辑存》，黄山书社，2016年，第309页。
③ [宋]罗愿：《新安志》卷2《贡赋·序》，萧建新等：《新安志整理与研究》，黄山书社，2008年，第62页。
④ [宋]罗愿：《新安志》卷2《贡赋·序》，萧建新等：《新安志整理与研究》，黄山书社，2008年，第62页。

安志》曰："……始秦黟地广，今更为小县，俗淳俭。"①

清乾嘉年间，歙县江登云父子在《橙阳散志 · 歙风俗礼教考》中，亦有文字专门反映歙人的勤苦劳作与节俭生活。文中说道："农力最为勤苦，缘地势徒绝，厥土骍刚而不化……大山之所落，力垦为田，层累而上，十余级不盈一亩。刀耕火种，望收成于万一。深山穷民，仰给杂粮。早出，偕耕于山，耦樵于林，以警狼虎；暮则相与荷锄负薪以归。精馐华服，毕生不一遘焉。"②

站在新安江畔，往上游看，黟县、歙县等地勤俭如此；往下游看，淳安、建德等地又何尝不是如此，"其民苦而耐，其俗俭而野"，历史早已有过定评。③万历四十年原刊、顺治重刻《严州府志》卷二所载曰：

> （严州）城居山中，俗尚勤俭。商贾工作，皆习简朴。
>
> 建邑附城，山多田少，岁登甲户尚无余粟，中产不足以供伏腊，小歉则值倍他土。
>
> 遂安值郡东南，山深而秀，水清而浅，土瘠而民勤俭，昔人以良邑称。
>
> 寿昌县介四山之中，地狭而瘠，民啬而朴，舟车不通，商贾不行，无鱼盐贸迁之利，期待其俗简而易足。
>
> 旧志云分水为郡最下邑，山谷蒙蔽，田土才十之一，率多硗瘠，往往樵薪烧炭蒸茶割漆为生。其贫而无产，仰给他郡，以营衣食。然人性质实，不好侈奢。④

综合以上方志记载可见，"地狭且瘠，民贫而啬"⑤足以概括新安江人的生活状况。如果兼顾生产与生活两个方面，更全面、更准确地概括，就是"地狭且瘠，民勤而啬"。在新安江流域，"地狭且瘠"造就了"民勤而啬"。农耕生产之"勤"，衣食生活之"啬"，正是这一"勤"一"啬"两大特征构成了新安江人的特有性格。

至此，需要特意辨明的是，《严州府志》《徽州府志》所惯用的这个"啬"，新

---

① [宋]罗愿：《新安志》卷1《风俗》，萧建新等：《新安志整理与研究》，黄山书社，2008年，第16页。

② 许承尧：《歙事闲谭》卷18，《歙风俗礼教考》，黄山书社，2001年，第604页。

③ 景定《严州续志》方逢辰序。

④ 万历四十年原刊、顺治重刻《严州府志》卷2。另见万历《遂安县志》卷1《方舆志风俗》："邑僻居岩谷，傍山依水，悉成村落。广莽处随高下为田。俗尚勤朴，少奇邪。"

⑤ [宋]董棻：《严州图经》卷1《风俗》。

安江人“亦勤亦啬”的这个“啬”，根本不同于明清小说家们笔下辛辣嘲讽的“吝啬”。《辞源》关于“啬”的解释，第一个义项是通“穑”。《礼·郊特牲》：“蜡之祭也，主先啬而祭司啬也。”孔颖达疏：“种曰稼，敛曰啬。”第二个义项就是节省。《老子》：“治人事天莫若啬。”《韩非子·解老》：“少费之谓啬。”其后第三个义项才是“悭吝”。《战国策·韩一》：“公仲啬于财。”其他还有“爱惜、闭塞”等义，不在这里讨论的范围。[①] 我们认为，“地狭且瘠，民勤而啬”，就是“地狭且瘠，民勤而俭”，这个“啬”字用的只能是第二个义项。包括上文所引《五杂俎》“菲啬”的“啬”、《徽州府志》“俭啬”的“啬”、《严州府志》“民啬而朴”的“啬”，着眼组词结构，不难辨析，全都属于第二个义项无疑。

新安江人的尚勤尚俭、克勤克俭的主体性格，决定了新安饮食的基本品位和基本特征。

新安江人生活俭朴，衣食节俭，尤其是饮食的俭约，实在非同寻常。明代歙人汪道昆说：“吾郡列都三辅间，有司奉德意唯谨。民俗纤俭，务蓄藏。”[②] 他说的“纤俭”就是俭省。清代江登云《歙风俗礼教考》云：“家居务为俭约。大富之家，日食不过一脔，贫者盂饭盘蔬而已。城市日鬻仅数猪，乡村尤俭。羊惟大祭祀用之，鸡非祀先款客罕用食者，鹅鸭则无烹之者矣！”[③] 清人刘汝骥在《陶甓公牍》记载：“歙山多田少，产米常供不给求。东西两乡犹能输其羡于邻境，惟南乡与北乡之黄山，农家多种苞芦以自食。非小康之家，几不易得米，面不常食。商铺有定律，月四餐、六餐而已。肉食用猪，食牛羊者绝少。鳞族、羽属亦不多得。”[④] 若论日常生活的基本条件，贫与富、城与乡总会存在一些差别。但是他们的家居饮食却表现出一个共同的特点——俭约。

（二）

“路无三脚平，田无三尺宽。开门三面水，抬头三重山。”在这样特殊的生存环境中，崇尚节俭的新安饮食曾经长期呈现出自己固有的形态特征，那就是重油、重盐、重色、重味、重储备。

---

①《辞源》，商务印书馆，1979年修订版，第539页。

②［明］汪道昆：《辣塘黄氏义规记》，《太函集》卷72，黄山书社，2004年，第1476页。

③ 许承尧：《歙事闲谭》卷18《歙风俗礼教考》，黄山书社，2001年，第606页。

④［清］刘汝骥：《陶甓公牍》卷12《法制科·歙县风俗志习惯·饮食》。

读过梁实秋散文的人，恐怕都还记得“胡先生要我们去尝尝他的家乡风味”的细节。当客人扶着楼梯上楼时，熟悉胡适的菜馆老板便会对着厨房大喊一声：“绩溪老馆，多加油啊！”梁实秋写道：“原来绩溪是个穷地方，难得吃油大，多加油即是特别优待老乡之意。果然，那一餐的油不在少。有两个菜给我的印象特别深，一个是划水鱼，即红烧青鱼尾，鲜嫩无比；一个是生炒蝴蝶面，即什锦炒生面片，非常别致。缺点是味太咸，油太大。”[①] 文章所说“鲜嫩无比”“非常别致”，反映了作者对新安菜肴的赞赏，而“味太咸”“油太大”则又体现出新安饮食的历史印记。

历史上的新安饮食，油重味咸可谓由来已久，根源就在于新安江人长年劳作的繁重与艰辛。清人林云铭曾官任徽州府通判，他对新安山民的繁重劳作、艰苦生活有所了解。他在《挹奎楼遗稿》中由徽州的粮食问题涉及山区的交通问题，他说：“徽郡僻处山丛，地狭田少，计岁入不足供三月之食。居民仰给江楚，累累肩挑，历崇岗，重茧而至，可谓艰矣。”[②]

在新安江的崇山峻岭之间，交通运输确实非常困难。当地有句民谚说：“对面山头看见屋，绕来绕去的哭。”山间鸟道，萦绕曲折，徒步来回，上上下下，都很费劲。粮食以及各种物品的运输，通常都靠肩挑人扛，累茧重胝，翻山越岭，相对于平原地区，又该格外地消耗多少体能，流淌多少汗水？既要消耗更多的体能、流淌更多的汗水，那就必然需要补充更多的食物，补充更多的油水和咸盐。

新安山民的传统饮食，比较注重油水，口味也相对偏咸。这从今天的营养保健角度来看，当然不太科学。对于过去时代的新安山民来说，谁能懂得什么“蛋白质”“维生素”的概念呢？他们只是凭借最朴素、最切实的养生经验，知道一个基本事实：没有油水，食物就不足以耐饥；缺乏咸盐，身体就很难恢复力气。当今烹饪营养学强调的“以味为核心，以养为目的”，可以说在新安江人早期“以食为养”的直觉体验中，就已经体现出一种“必然”。

当然，新安江人注重“油水”，口味偏咸，也与他们日常饮用的山间水源大有关系。

新安山区的各种岩体，普遍蕴含着丰富的矿物质，锆石、磷灰石、独居石、磷钇矿、磁铁矿、钨、铍、金、银、钼、锑、铝、铜、铅、锌等，无所不有。凭借现代科技，

① 梁实秋：《胡适先生二三事》，萧南：《我的朋友胡适之》，四川文艺出版社，1995年，第12页。
② [清]林云铭：《挹奎楼遗稿》卷1，转引自陈学文：《徽商与徽学》，方志出版社，2003年，第2页。

通过水质检验，我们可以看到，新安江人长期饮用的“山谷水”、“矿泉水”——民间多称“山骨水”——实际含有大量的微量元素，这种饮用水对于饮食摄入的脂肪来说，具有一定程度的分离作用和消解作用。“山骨水”可以“清肠刮油”，这是新安江人祖祖辈辈的经验之谈，也已经为现代科学的检测分析所验证。[①]

还有一个非常重要的因素，新安江人自古就有着长年饮茶的习惯，这在无形之中增强了新安江人饮食的“耐油”程度。

高山云雾出好茶，新安碧水流茶香。新安江人种茶时间不会迟于汉末三国时期。当时孙权设置的新都郡，已经生产有贡品茶叶。新安江上无论男女老少，人人习惯于长年饮茶。人们日常饮茶，既能生津解渴，又能消乏提神；家中遇有来客，泡上一杯清茶，足以表达主人的待客礼谊。这些好处，妇孺皆知，久成习俗。其实，更为重要的是，长年饮用茶水还在不知不觉之中成就了新安江人的饮食习惯。清人曹庭栋《老老恒言》一书关于茶水有个说法，即“饭后饮之，可解肥浓”[②]，这在传统养生理论中实属经验之共识。过去的新安江人，当然不可能了解茶叶中的茶多酚、生物碱、氨基酸等各种成分，不可能了解这些成分对于人体健康具有何种意义，但是凭着长期饮茶的生活体验，他们多少都能感受到茶水对饮食的消化、对营养的吸收大有好处；尤其是每当饭后饮上一杯清茶，人们会顿时感觉满口清爽，餐饮过程中遗留的油腻感随即消除殆尽。久而久之，新安江人饮食口味的“耐油”程度，就在这种日常饮茶的习惯中逐渐得到增强。

何况历史上新安江人还曾有过“吃茶”的经历，当茶叶作为菜肴食品进行烹制的时候，烹制过程中便少不了用油。自从唐代中叶，“吃茶”转变为“饮茶”之后，新安饮食还有某种遗留现象，有的菜肴仍然利用茶叶作为辅料予以搭配烹制，这样的菜肴一般都用重油的大肉类做主料，但是尽管油大荤重，只要茶叶搭配利用得当，却能给人油而不腻的感觉。

另外，在新安山民的长年饮食当中，各种野菜占有一定的分量，像野竹笋、野蕨菜、马兰头、马齿苋、野荠菜、鱼腥草、山苦荬、香椿头、苦益菜[③]等。富有经

① 邵之惠、洪璟、张脉贤：《徽菜》，安徽人民出版社，2005年，第3页。

② [清]曹庭栋：《老老恒言》卷1《食物》，人民卫生出版社，2006年。

③ 苦益菜：即《本草》中所云败酱也，其臭微近之故名。而俗以“益”为“一”，故诡名“状元菜”。茎叶如西洋菊，生山谷间。有两种，一叶大而高三四尺，一叶小而丛生。滤去其苦汁，淘尽，炒、煮皆可食，乡人以此为蔬。

验的山民们都懂得，这些野菜大多具有清凉消暑、解毒保健等多种功能。他们总会顺应各种时令，勤加采集，用以佐餐。只是各种野菜的烹饪都少不了“过油”的程序，所以相对来说比较费油。如果缺少了“过油”的程序，一些野菜的苦涩滋味自然难以下咽。

新安江人饮食既然注重“油水”，口味偏咸，新安江人也就积累了与之相应的生活经验。

首先是“油水”的保障。新安江人历来就很会制油，菜籽油、芝麻油、花生油、豆油、茶油，品种繁多，无所不能。除了植物油之外，当然还有猪油。自古至今，新安江千家万户都养猪，少则一二头，多则三五头。无家不养猪，无猪不成家，汉语一个“家”字的结构，在此显得最为贴切。一年之中，每逢佳节，如五月端午节、八月中秋节，或者遇有建房、婚嫁、添丁、庆寿之类大事，总有一些人家宰杀生猪，自取猪油食用，猪肉则在保障自给之余，出卖给村里小店，供应其他乡亲。每年春节之前，几乎家家户户都在宰年猪、腌腊肉、制火腿，为过年做菜准备足够的鲜肉，也为全年烹饪备好全家需要的腊肉火腿。所有的板油、花油，以及大量肥膘，一律都熬成化油，盛满油坛、油罐，备足全年之所需。

有些家庭的油料自备不足，还得靠在外营商的亲友接济。绩溪胡适曾在自传中说到这样的实际情形。他说：“正因为我乡山区粮食产量不足，我们徽州人一般都靠在城市里经商的家人按时接济。接济的项目并不限于金钱，有时也兼及食物。例如咸猪油（腊油），有时也从老远的地方被送回家乡。”[①] 送回老家的猪油从哪来呢？当然只能是从外地购进。当年有一首《竹枝词》这样写道：“两只竹节收猪油，每日派人肉铺兜。猪油收来做何用，装入桶内销徽州。徽州地方少猪油，猪油炖酱夸口福。更把猪油冲碗汤，吃得肚肠滑漉漉。”[②] 这首《竹枝词》虽然带有揶揄嘲讽之意，但是徽州人在外买油寄送回家倒是一个历史事实。

其次是咸味的保障。新安江人所偏重的咸味，除了直接用盐，还多因酱和酱油的使用。据传大约 2500 年前，中国人就已掌握制酱方法，并且“不酱不食”，视为“八珍之首”。新安江人普遍都有自制土酱的经验，冬酱、伏酱、黄豆酱、蚕豆酱、豆面酱、

① 唐德刚：《胡适口述自传》，华东师范大学出版社，1993年，第3页。
② 引自王振忠：《徽菜馆》，倪国华：《徽州文选》，安徽人民出版社，2017年，第239页。

豆瓣酱、辣椒酱，品种繁多。每年夏季或者冬季，他们就会备足自家需要的酱。自家制酱，方法简易，比如制作豆瓣酱，就取黄豆发酵的曲子，加盐、加水煮熟黄豆，置于坛中发酵，二十来天之后晾在阳光之下，晒过十来天即可食用。

新安江人制酱的历史十分悠久，自制的成酱品质极佳。尤其像屯溪程德馨酱园熬制的那种“三伏酱油”，历来都远近闻名。所谓“三伏酱油”，它的制作过程要经三个伏天，第一年做酱，第二年出油，到了第三年，日间任凭烈日暴晒，夜间任凭露水滋润。这种酱油色泽深红，味道醇厚，用作调料，色重味浓，可令食者胃口大开。

明清以来，清末休宁城乡和集镇有着众多的酱坊，全是传统手工制作，县城西街的新茂酱园专制酱油酱菜，最为有名。民国时期，县城还有多家酱坊营业，像源记、亨泰、庄记、新茂、福泰，都很活跃。

历史上，新安人开设的酱园广及大江南北，比如说，“在苏州，创设酱园最早的是歙南大阜潘万成，至乾隆年间（1736 ~ 1795），设有总店、分店 6 家。清光绪三十一年（1905），歙人在苏州开的酱园达 63 家，主营豆酱、酱油、酱菜等。[①]如今还有不少市场旺销的酱业品牌，其实都是属于新安江人酱业的后裔。像山东临清的“济美”酱园，原是歙县人汪永椿创建于乾隆三十三年（1768）。像北京“致和祥”豆腐乳坊，也是歙县人王之和创建于康熙八年（1669）。还有著名的安庆胡玉美酱业，乃是道光十六年（1836）由休宁人胡兆祥所始创，胡玉美蚕豆辣酱则创制于光绪三十二年（1906），宣统三年（1911）曾获巴拿马万国博览会金奖。[②]

酱和酱油至今仍是必不可少的调味品。由此而回观新安饮食的重盐、重色，实与新安江人对酱和酱油的青睐密切相关。沈伟富《风俗漫谈》中就谈到建德人爱吃酱、特别爱吃豆瓣酱的习俗。其实新安江人普遍都爱用酱，特别是豆瓣酱做菜佐餐。用酱做配料烹制的菜肴，主要有酱爆茄子、酱爆螺蛳、酱爆鸡丁之类；用酱做主料的菜肴，主要有精肉酱丁、香干酱丁、茭白酱丁之类。[③]善于制酱、喜爱用酱的同时，新安人家也还喜欢制作豆豉，方法如同做酱，只是不另加水，直接把制成的酱豆晒干，可供烹饪随时取用。豆豉炒鳝片，豆豉炒青椒，无论炒荤炒素，豉香味道很好。

酱与酱油的普遍使用，塑造了新安菜肴重色的特征。同时，酱与酱油的调味作

---

① 吴兆民：《儒商互济的家园——昌溪》，合肥工业大学出版社，2005年，第99页。

② 胡建社：《从小作坊走上大世界的胡玉美》，《近代商人》，黄山书社，1996年，第44～49页。

③ 沈伟富：《风俗漫谈》，《严州文化丛书》第1辑，天津古籍出版社，2008年，第105页。

用也推动了人们对味的追求。酱与酱油不仅添加菜肴的咸味，还能增强菜肴的鲜味。这就凸显出新安江人烹饪史上一个大有深意的现象，表明新安菜肴已经较早地实现了咸鲜有味的品格。这一点值得特别关注。如果以为新安菜肴擅长用酱，仅仅是为着上色，忽视其中更加重要的调味功能，那就不免失之片面。

《中庸》曰："人莫不饮食也，鲜能知味也。"[①] 新安饮食注重于用油、用盐、用酱，其实都是出自新安江人的"养"的观念，围绕当时人们理解的"味"字所做的种种文章。正是新安江人对"养"的不断体认，对"味"的不断追求，为新安饮食在漫长岁月中的不断改进和完善，提供了永不消歇的内动力。

新安饮食还有一个重要习惯，就是大量食用腌制菜肴，这既助长了偏咸的口味，也是咸味的物质基础。每年春秋两季，蔬菜、瓜豆，以及禽蛋产收俱旺，家家户户都会尽量腌制一些食品，像竹笋、蕨菜、香椿、青菜、萝卜、黄瓜、豆角、扁豆、大蒜、生姜、辣椒、豆腐、鸡蛋、鸭蛋，以及腌鸡、腌鸭、腊肉、火腿等。数量少便腌制在竹筒、小坛、小罐内，数量多就腌制在木桶、大缸、大坛内。腌制的食材拌入食盐以后装实捣结，压上干净的鹅卵石，再用箬叶或笋壳封口，十天半个月以后，随时可以取出烹饪食用。这样腌制的菜肴能够长久贮存，便于以旺季接济淡季，以富余弥补不足。同时，腌制品与原食材之间质地、口感多有不同，别具一种风味，甚至味道更加鲜美，相当程度上调节并丰富了新安江人的日常饮食。比如，腌制的雪里蕻、九头芥，在新安人家广泛可见，常常用来作为配料，甚至当作调料，烧肉、烧豆腐，炒蛋、炒辣椒。由此进而可见，善于腌制菜肴，爱吃腌制菜肴，自然与新安饮食重盐、重色、重味的习俗互为因果，更与新安江人克勤克俭的基本性格紧密关联。

新安饮食的重味还有一个表现就是爱吃辣椒，喜欢在用酱的同时添加辣椒，喜欢利用辣椒烹制菜肴、腌制咸菜。徐珂《清稗类钞》叙及清末饮食状况时说："各处食性之不同，由于习尚也。则北人嗜葱蒜，滇黔湘蜀嗜辛辣品，粤人嗜淡食，苏人嗜糖。"[②] 如果单就其中所指地理区位着眼，建德、淳安可以归属四大菜系的"苏菜"范围，可是江苏菜系是以甜食为主，建德人、淳安人却偏偏与徽州人一样爱吃

① [宋]朱熹：《四书章句集注》之《中庸》第四章，《四库全书》本。
② [清]徐珂：《清稗类钞·饮食类》，中华书局，1984年。

“辣品”，甚至有人“没有辣椒不吃饭”[①]，淳安唐村辣椒酱由此而成为浙江省的名特产。[②]章乃华在他的文章中说：“平时我们常讲，浙江人不吃辣，这是对浙菜的‘偏见’。每次去建德品尝用当地辣椒酱入肴烧制的肉、鱼和豆腐菜，那一味直接而温润的辣味，和着一杯酽酽的致中和五加皮酒，让人好生痛快。”[③]这是为什么？根源仍然在于新安山水。新安江人所喜的辣的程度，与滇黔湘蜀酷嗜辛辣迥然有别，但是借助辛辣以驱寒祛湿的道理却正相同。菜肴因有辣椒而味重，山民因为味重而嗜食。“建德的辣味菜主要有辣子鱼块、剁椒鱼头、青椒肉片、红椒脆肚等。”[④]除了日常炒菜往往加放辣椒之外，人们还常吃辣椒酱和腌辣椒，常用辣椒腌制梅豆腐、萝卜条和长豆角，制成又辣又咸的辣味腌菜。

第三节　农耕文化确立新安饮食的基因

作为一个历史悠久的文明古国，中国乃是世界农业的重要发源地之一。源远流长的农业文化不但决定了“男耕女织”的基本生产方式，满足了人们“衣食住行”等基本生活需求，而且也为包括新安饮食在内的中国饮食奠定了遗传基因。

（一）

战国时期，滕文公咨询治国之道，孟子曰：“民事不可缓也。《诗》云：‘昼而于茅，宵而索绹，其始播百谷。’”[⑤]孟子引用农事诗《诗经·豳风·七月》的诗句，强调农耕生产的紧迫性和重要性。他主张：“明君制民之产，必使仰足以事父母，俯足以畜妻子，乐岁终身饱，凶年免于死亡。”[⑥]孟子为农耕时代设计了一幅理想的社会蓝图，那就是：“五亩之宅，树之以桑，五十可以衣帛矣。鸡豚狗彘之畜，无失其时，七十

① 沈伟富：《风俗漫谈》，《严州文化丛书》第1辑，天津古籍出版社，2008年，第104页。
② 方才：《一方水土》第十章《土货土产》，中国文史出版社，2017年，第145页。
③ 章乃华：《舌尖上的严州美味亦是乡愁》，王拥军：《严州菜谱》，浙江古籍出版社，2019年，第3页。
④ 沈伟富：《风俗漫谈》，《严州文化丛书》第1辑，天津古籍出版社，2008年，第104页。
⑤ 兰州大学中文系孟子译注小组：《孟子译注》，中华书局，1960年，第117页。
⑤ 兰州大学中文系孟子译注小组：《孟子译注》，中华书局，1960年，第17页。

可以食肉矣。百亩之田，勿夺其时，八口之家可以无饥矣。”[①]孟子这些主张都是基于他的仁政思想，对中国传统社会的影响极其深远。

今据《建德县志》可知，南齐永泰元年（498），沈瑀担任建德县令期间，曾经颁布政令，教民种植桑果，精心养护山林。他要求全县每个男丁种桑十五株，种柿四株，另外兼种梨树、栗树之类；民家女丁同样要求完成种植任务，不过种植数量相对男丁可以减半。[②]他的这种施政方略，很显然是远承于孟子的社会主张。

遵循孟子所提出的重农务本、广施仁政的儒家思想，南朝历任新安太守，即如梁武帝时任昉、徐摛等这些卓有建树的文学家，也都热切关注民生，积极“劝课农桑”，努力发展当地的农耕生产。

为了解除民生疾苦，保障农耕生产，唐代睦州刺史侯温，特别注重水利建设。在任期间，他组织民众，疏浚河道，开掘山溪，筑成西湖，用以贮水，既能防洪，又能抗旱，所谓“一夕机谋万古存”，赢得了诗人方干的热情称赞。[③]

宋代爱国诗人陆游担任严州知州之时，连续两年亲笔撰写《劝农文》，颁告州内广大民众，“农为四民之本，食居八政之先”，鼓励人们不误农时，“深耿广耜，力耕疾耘”，以“安丰年而忧歉岁”。

在延续两千年的历史岁月中，孟子提出的重农保民思想，地方贤良践行的课农力耕主张，都可谓直接新安江流域之地气。新安江人向来以农为本，以耕为业，吃苦耐劳，勤俭持家，具有中国农民与生俱来的人格本色和世代相承的精神风采。直至近代社会转轨以来，新安江人还不曾忘记“一年之计在于春”的古训，年年春耕时节到来之前，即以“泥牛报春”的地方礼俗，自觉弘扬古代天子“鞭牛劝耕”的教化礼仪，将新安江人的农耕文化演绎得有声有色。[④]

在此，我们不妨推举一位历史人物作为新安江人的杰出代表，他就是南朝梁、陈之际的程灵洗。程灵洗（514 ~ 568），新安郡海宁县人。时逢“侯景之乱”，他毅然起兵捍卫新安故里，随后转战四方，功勋卓著，死后为陈王朝追赠镇西将军、开府仪同三司，成为正史入传的新安第一人。值得关注的是，在《陈史》《南史》所载《程

① 兰州大学中文系孟子译注小组：《孟子译注》，中华书局，1960年，第17页。
② 民国《建德县志》卷2《地理林场》。
③ 政协建德县文史资料委员会：《建德文史资料》第11辑《后记》。
④ 李干才：《迎春牛》，政协建德县文史资料委员会：《建德文史资料》第7辑，第168页。

灵洗传》中，都有这样一段特别的追述："（灵洗）性好播植，躬勤耕稼，至于水陆所宜、刈获早晚，虽老农不能及也。伎妾无游手，并督之纺绩。"[①] 由此可见，程灵洗在中年起兵征战之前，原来就是躬耕垅亩的一把好手。[②] 关注于此，我们今天透过《程灵洗传》，不难看出当时新安江人立身处世的两种人生模式：其一就是精于播植，勤于耕绩，自给自足，居平则安；其二便是武劲风行，尚勇习战，临乱崛起，捍卫乡里。

在漫长的历史岁月中，在传统的农耕社会里，正是新安江人的勤于农耕、自给自足，直接决定着新安饮食的文化形态和文化内涵。回溯新安饮食的发展历史，清晰可见，新安江人的饮食结构、饮食水准和饮食习惯，全都直接决定于他们自身的农耕方式、农耕水平和农耕产品。

在自产自销、自给自足的农耕社会，新安江人的传统饮食其实非常简单，用一句大白话来说，就是"养什么就吃什么，种什么就吃什么"。

自古以马牛羊豕犬鸡为"六畜"，新安人家的畜牧究竟养些什么呢？综合历代方志记载来看，新安江人户户养猪，家家养鸡，养猪、养鸡最为普遍。其中境况较好的人家，还另外饲养"大豕至二三百斤，岁终以祭享，谓之年彘"；[③] 家境较差的农户，养鸡只为取卵，或者用之易物，或者用之佐餐，不敢轻易宰食。[④] 部分乡村也有养鸭、养鹅、养鹜的习惯，还有一些山民善于养蜂，只是蜂蜜产量总体有限。[⑤] 新安江人当然也还养牛、养犬，但是养牛以资耕田，所谓"全家一头牛，生计在上头"；养犬用以护家，完全不是为着食用，所谓"狗肉不上台盘"。真正为着食用的，除了养猪，便是养羊，但是养羊又远远不如养猪那么普遍。据《新安志》载："自绩溪以往，牛羊之牧不收。歙之南境，羊昼夜山谷中，不畏露草。"[⑥] 由此散养之习俗，可见其饲养规模相当有限。

新安江人饲养的家禽家畜，种类有限，规模有限，他们从中所获取的食材也就有限。这就意味着他们常年生活所需的大量食材，主要依赖于他们从事农耕生产的各种收获。

---

① 姚思廉：《陈书》卷10《列传第四·程灵洗》，中华书局，1972年，第173页。
② 程景梁：《程灵洗与徽州社会》，黄山书社，2014年。
③ [宋]罗愿：《新安志》卷2《物产·畜扰》，萧建新等《新安志整理与研究》，黄山书社，2008年，第60页。
④ 姚柏麓修、姚桓等：《遂安志》卷5《实业》，据民国十九年铅印本影印，成文出版社有限公司。
⑤《建德县志》，浙江人民出版社，1986年，第210页。
⑥ [宋]罗愿：《新安志》卷2《物产·畜扰》，萧建新等《新安志整理与研究》，黄山书社，2008年，第60页。

那么，在常年的农耕生产中，新安江人究竟种些什么，收入些什么，吃些什么？我们可以在相关的府志、县志里面看到非常详细的记载。

打开明万历《严州府志》卷八《食货志·物产》，新安江人所产谷粟、所植菜蔬、所食果品，可谓一目了然：

谷之种为秫、为糯、为粟、为麦、为麻、为豆，秫有早有晚，有红有白，糯有秋有迟，粟有籼有粘，麦有大麦、小麦、荞麦，麻有黄麻、黑麻、白麻，豆有黄豆、黑豆、赤蒃豆、饭豆、蚕豆、豌豆、江豆。

菜之味为菘、为芥、为茹、为苋、为芹、为蕨、为芋、为瓠、为葱、为韭、为薤、为蒜、为笋、为蕈（俗称山芥菜）、为茄、为萝卜、为苦荬、为莴苣、为菠薐、为冬瓜、为胡瓜、为莙蓬。

果品为梅、为李、为桃、为栗、为椑、为柿、为梨、为杏、为枣、为榧、为橘、为柚、为菱、为芡、为石榴、为枇杷、为杨梅、为银杏、为樱桃、为葡萄、为莲房、为莲心、为林檎、为木瓜、为西瓜。①

如果追溯宋代以前的新安江人的传统饮食，则可读一读宋人罗愿的《新安志》。《新安志》是中国方志史上享有盛誉的一部名著，它的最大亮点有二：一是注重社情和民生，二是精于训诂和考证。其中令人倍感兴趣的是，这部名著所载“尤详物产”，这就意味着有关宋代乃至有宋以前新安江人的传统食材，其中保留着特别详尽的历史信息。

《新安志》卷二《物产》分别记载了至宋之时本土所产的谷粟、蔬菇、果木。先看谷粟：

新安之谷，大率宜秈，而不甚宜秫。土人谓秈为小米，秫为大米。其秈有大白归生、小白归生。又有红归生，米粒红，成熟最早，然不广种，少时以接粮耳。桃花红者，谷粒微红，而米粒正白，亦先熟，古太守秩之，任昉去郡唯有桃花米二十石是也。《太平寰宇志》云：今休宁县尤多，为饭香软。又有冷水白，

① 万历《严州府志》卷8《食货志·物产》。

有笔头白，穟端少许不生谷，如笔之像。有肥田跂，大率秈不耐肥，唯此种能于肥田中自植立也。有早十日，有中归生，又有晚归生，近八月社熟，米色不甚鲜明。占禾本出于占城国，其种宜旱。大中祥符五年诏，遣使福建取三万斛，并出种法而布之。江淮浙之间亦曰旱稻。

杭有大栗黄，亦名硬杆栗黄，有小栗黄。此二种有常不至瘁。有芦黄，遇熟则颗粒多，往往倍收，故一名富不觉。然不熟则连畉皆死。珠子稻，颗圆如珠。乌须稻，芒正黑。有婺州青，其来自婺州。有叶里青，其长没人，穟皆藏叶中。有斧脑白，有赤芒稻，并早而易成，偕号为六十日，然不丛茂，人不多种。有九里香，亦名五里香。有马头红，谷粒红而米白，亦有香，然稃厚而米少。有万年陈，其色如糯。有沙田白。有寒青、寒青早迟。

糯有青秆、羊脂、白矮之名，白矮酿之多得酒。有牛虱糯，颗粒大，难为地力，价高于白糯。有早归生，尽六月可熟。有交秋糯，七月熟，米亦好，酿之可以及社节，然无丛箭，其粒赤而长，故又名金钗糯。有秧田糯，善耐肥，莳之早者，亦可及社。

大麦则有早麦、中期麦、青光麦，又有高丽麦，挼之则粒出，然难为地力。有糯麦，宜为饭。小麦则有长穬，麦麸厚而面少。白麦面白亦少。赤壳麦麸薄而面多。荞麦姿荏弱，秆赤花白，不类他麦，秋种而冬食。

豆有大白、小白、大紫、小紫、大黑、小黑。褐豆大，青而黑者为豉极良，有油。绿豆视绿，豆尤小，宜为粉。有红斑沙豆，大如绿豆。羊角豆纤而长。扁豆者，大荚，实篱上豆也，实或白或黑。龙牙豆者，大如皂荚。又有豌豆、秋豆、尾秋豆，尾秋一名米豆，可杂杭为饭。

粟则有早粟、寒粟。寒者，晚也。有毛粟，成亦晚，有姜叶，赤者无芒。又有赤秆、白秆。有望杭青。有糯粟，山中以为酒，则味涩而不清，令人善酲。有罂子粟，结房如瓶罂，如髇箭，华艳好而实细美，非他粟之类。

其穄有三：黑穄者，秈穄也；赤穄者，糯穄也；秈糯本稻之名，秈瘠而糯腴，故穄粟之类借此以别之。二穄皆长大如芦，故俱号芦穄。红黄穄则低小。[①]

①［宋］罗愿：《新安志》卷2《物产·谷粟》，萧建新等：《新安志整理与研究》，黄山书社，2008年，第48～49页。该段文字之后，尚有考证曰："格以古，则秈、杭，稻也；糯，稌也；大麦、小麦，来麰也；粟，粱也。古者米带稃皆谓之粟，粱之粟尤小，故后世直以为粱之名也。穄，稷也，音之变也。"

再看《新安志》所载的“蔬茹”类：

蔬之美者，有石上之芥焉。细者益辛，姜、蓼、芹、芥，辛菜也。葱、薤、韭、蒜，荤菜也。芹生竹中则曰竹芹，生水中则曰水芹。蒜之大者曰胡蒜，自西域来者也。蓼荞气荤，如小蒜而长，《本草》以为乳妇食之良。兰香，罗勒也，避石勒名，世称兰香。胡荽，亦讳言胡，故称圆荽，又称芸苔。此皆蔬之同臭味者也。

苜蓿者，汉离宫所植，其上常有两叶，丹红，结毬如穄，率实一斗者，舂之为米五升。亦有秈有糯。秈者唯以做饭须热食之，稍冷则坚凝。糯者可搏以为饵，土人谓之灰粟。军达、颇稜，唐世自外国来者也。颇稜以所出之国为名。胡芦菔甘而不快于口。芦菔则士人杂香菜以为菹。百合似蒜而不荤。鼠粘之根为牛旁芋，即蹲鸱。预药似薯，盖尝以为贡。唐世讳预，至本朝治平间复讳其上字，今谓之山药。茭首者，菰根是也。菌之为物，美而类甚多，或能杀人，亦使人善笑，其最下者曰麦熟菌，所谓软湿青红者也。木耳者，古燕豆之芝也。石耳，生大山之崖，山羊所不能缘也，垂绠以取之。地蚕者，泽兰根也，肥白而促节，大如三眠蚕，以冬掘取之，亦曰地笋也。蒟蒻者，黄独是也。以灰鬻之，歙人所用为丧食也。葛则饥岁捣取其粉，蒸之以接粮。枸杞，《诗》之芑也。芙，味苦，《说文》所谓江南食之以降气者也。土人搏粉为饵，假以为色，青绿而可喜。萘菜，其味甜也。周花，蔓生而毬略如豆花。香蒿，所以点食为香也。苏，所以煮饮为香也。决明，明目，至苣则损矣。苦荬，苦苣也。苦薏花，如菊，菊甘而薏苦，故谚曰“苦如薏”也。蔓菲，以毛雉羹；及马兰、繁缕、荠、苋、藜、蕨，皆物之旅生者，贫者所资也。藜，赤茎而多枝，利以为帚，亦曰独扫。藋，似苜蓿而青白，陆德明以为堇，所谓堇荼如饴者，土人谓之灰藋。瓠甘，瓠也。瓜有胡瓜、越瓜，有昆仑之瓜。昆仑瓜者，茄之别名，其色有如银者。[①]

对于《新安志》的物产记载，明代谢陛在《歙志》中评议说：“罗鄂州作《尔雅翼》，鉴别甚精。故于新安物产，一切传之于古。迄今问之老农，殆不尽然，岂时与地有

① [宋]罗愿：《新安志》卷2《蔬茹》，萧建新等：《新安志整理与研究》，黄山书社，2008年，第50～51页。

宜不宜哉？”[1]他认为，罗愿擅长于文字训诂，所载物产也都附之于古，而就明代实际物产加以对照却又不尽相符。这就告诉我们，明代万历年间新安地区的农作物产，实与罗愿的南宋时期有所不同。毕竟其间相隔已有几个世纪之久，发展变化实属必然。或许亦如谢陛揣测的那样，因为时间、地点不同，自有宜与不宜的差别。为此，谢陛《歙志》即就当时当地“物产”做了一些补充。

关于谷类，《歙志》写道：

大率谷则宜秈，有早十日，农人少莳以接粮；有桃花红；有高邮红，近自高邮移种者，米色如胭脂；有白禾，稻之稍迟者，长稃白米，质柔味甘，香莹可爱，然实轻易取，盈于量而歉于衡，田主贵之，而佃户不贵也。间有秔，土人呼为大米，质色香味不减白禾，然太韧而粘，作饼饵乃佳。有糯。有大麦、小麦、高丽麦、荞麦。有粟。间有穇，土人呼为‘芦穇’，以其秆叶似芦也。有豆。有麻。[2]

关于蔬菇，《歙志》写道：

蔬有苔菜，俗呼为菜心，茎如将指，城东车田者最佳。有白菜，一科尺余咫，几如树，然可埒金陵常品，惟不胜旧王府内所种也。有芥菜，颇胜金陵。有苦蕨，春初生山中，茎叶俱绿，樵妇采之，水渫一过，匊以成团，出市易米，质色香味之外，更有风致，他处多有之，人不采食。间有水杨苗，亦名水羊角，多生涧中，一茎寸许，半白半绿，如羊角初抽，故名。视之苦蕨，彼清而此稍瘦。有笋，独问政山者最佳，其为白壳苗，质如凝脂，莹如柔荑，生亦可食，脆如藕，甘如梨，香如兰。有水笋，茎如指大，黄山为多，味小有致，不中，与问政山笋为奴。有蕨，生山中，俗呼为‘小儿拳’，鲜食亦佳。有王瓜，园丁匣板壅土，晴曝于日，夜则炙于火上，其生长较他处更早。有竹芹、水芹。有荠菜，冬末已有，然必入春始香，可作饼饵。有马兰，嫩时颇香。有百合，根如蒜而

① [明]谢陛《歙志考》卷5《物产》，黄山书社，2014年，第100页。
② [明]谢陛《歙志考》卷5《物产》，黄山书社，2014年，第100页。

不荤。他常蔬在在相似，惟韭则黄山有三尺长者，为仙韭。有石耳，石之衣也，多生艰险处，山民以絙束身，缒崖取之，其味视木耳稍清而性最寒。有芋，亦曰土芝，与莲对称，其名甚都，惟出蜀源者佳。间有欓椒，古人所重，今人为轻，山中人多以初出时粉入茗粥，而他处不用。六朝人有食监职官而表曰："纡苏佩欓。"重可想矣。有橡子粉，可作腐。有蕨粉、葛粉，则皆靡其根而用之。有地蚕，泽兰根也，肥白而促节，大如三眠蚕，以冬掘取之，亦呼为地笋。①

关于果品，《歙志》写道：

果有榧，出黄山乌泥者最佳，不可多得。有柿。有四斤桃，四枚即重一斤也。间有杨梅，旃田者佳，盛时有如火齐，非徒悦口而已。有梨，俗呼雪梨，花时，晴昼如白日照雪；实时，则土人缉箬为房，以防鸟啄，唯石岭、上丰二处最多。有栗。有枣，出琶塘者最佳。近江南诸地所植枣多枯，或变而成棘，邑中亦然。樱桃、枇杷、葡萄、郁李，俱间有之。而花红佳果，近有自白下移种者，殊不畅王。有柑，不如乳橘，不如福橙，皆不足数也。间有橼，花已奇香，而累累之实如天仗流苏，皆自吴、闽移种。多山楂，可作糖食，亦以入药。有锥栗，其顶如锥。有苦珠，小于锥栗，味薄苦而微有致。有菱，质肉空脆，津液甘芳，尤与他处硗而粉者不同，可敌白下之藕。间有莲子，仅足鲜食，而不能作干，下体之藕，益不堪用。②

到了民国时期，情况又是如何？我们先看《建德县志》所载谷类：

县属之稻大别有二种，一曰粳稻，一曰糯稻。粳稻即秔，有早晚红白诸种。糯稻即秫，亦有早晚各种。粳稻有早稻、中稻、晚稻之分。早稻有白米籼、东阳早、常山白、寿昌白、莲子白。中稻有兰溪早、蜻蜓早、细叶青、叶里帚、白脚仙、红脚仙、三百粒、大头禾；惟淮白较迟，分二种，曰鸡爪淮白、马尾淮白。糯

① [明]谢陛《歙志考》卷5《物产》，黄山书社，2014年，第101页。
② [明]谢陛《歙志考》卷5《物产》，黄山书社，2014年，第102页。

稻有白壳糯、红壳糯、小麦糯之分。白壳糯收成较好，谷身轻；红壳糯收成次之，谷身重；小麦糯与红壳糯相似而分量极重。更有早糯、秋糯、马尾糯、竹丝糯等，谷体较他糯长一倍，而铁壳糯则谷体圆而加重焉。县属向有桃花米，今已罕见。

麦有三种，曰大麦，曰小麦，曰荞麦。大麦可酿酒及饴并造酱制酱油。小麦可作面粉与饼饵。荞麦可酿酒做粿，荒年农家往往作为正粮。

菽类以大豆、小豆、豌豆、蚕豆、豇豆为最宜，种者亦多。大豆有圆者、扁平者之殊，其色或白，或黑，或绿，或茶色。小豆有红小豆及蟹眼菉豆等之别。豌豆有白花、紫花两种。蚕豆有大粒、小粒两种。豇豆亦有蔓生、矮生两种。①

关于蔬类与果类，民国《建德县志》载曰：

蔬类：葧荠，一名乌芋。芋，叶如荷而成三角形，有白梗、红梗、香梗诸名。生姜，能通神明去秽恶。菰，俗名茭白。百合。葱。韭。丝葱，一作四季葱。绿葱根，俗称三十六桶，可以救饥。萱草，又名忘忧草。山药。蒿菜，一名菊花菜。苦荬。莴苣。金瓜。香瓜。甜瓜。北瓜。丝瓜。冬瓜。越瓜，一名菜瓜。苦瓜。西瓜。紫苏。空心菜，白秆柔而蔓中空。茄，俗名落苏。番椒，俗名辣火。马铃薯，形如马铃。佛豆，俗称北豆。蚕豆，杭城各菜馆所售蚕豆芽即此豆嫩荚。黄豆。赤豆。绿豆。霉豆，即六月白。黑豆。刀豆。豇豆，俗称豆结，有红、白二种。扁豆。料豆。落花生，黄饶十八村最佳，结长而味甜。苋，有青、红二种，红者称桃花苋。芹。川芎。胡萝蔔。秋葵。雪里蕻。莱菔。芥。薤。菘。蕈。黄芽菜，有二种，一为县属原有者，一来自山东，普通称为茭菜。三月青。黄花菜，取花晒干，俗称金针。马兰头，其性凉，晒干蒸肉，盛暑不坏。荠，别名。马蹄菜，类似蕈。莙莲，亦称甜菜。菠蕿。苦叶菜，一名苦益。蕨，地下之茎可捣以制粉，称山粉。蕈，一名金钟蕈，初夏湿热相蒸，产朽木及腐草上，可以米浆试种，味极适口，含有毒质；惟松树蕈最佳。地木耳，一名地衣，又名树衣，贯休诗僧"采树衣，临绝壑"即是。

果类：梅、杏、桃、白桃、樱桃。蟠桃，一名和合桃。李，美人李、石灰李。

① 《建德县志》卷2《地理·农田》，民国八年影印铅印本。

梨有青皮、脂麻、糖梨诸种。枇杷。棠棣。林檎，比花红稍大，青而微红。花红，比林檎小而纯青。山楂，色红而扁圆，有毛而青色者，俗谓之老虎山楂。芰，芡实。橘。橙。柚。香橼。石榴，四季榴，方石榴。杨梅，白杨梅。枣。枳椇。无花果。榛。栗，出良乡县者最佳。胡桃。山核桃。葡萄。榧，俗称三代果，有丁香、羊角等类，在伊村者最佳。[①]

为了具体了解当时新安江中游的各类物产，我们再看看民国《遂安县志》的记载：

谷类：早稻，俗称早谷。小满时种，立秋边熟，宜于高田，可省水也；谷粒较稀，皆为白米。中稻收获比早稻略迟，有半早三百粒、四百粒、红脚杭、龙游乌、金包银等种，红稻亦为半早类。晚稻，俗名赤谷。收获约在秋后月余；有小粒赤、大粒赤、火烧边、冷水白等种。糯稻有早糯、半早糯、迟糯、重阳糯、马米糯等种，用以制饧酿酒及作角黍米胖之用。旧志糯下列秋糯、晚糯、长茎糯，今异其名。

粟有秔粟、糯粟二种，大暑种，寒露后熟。秔者可煮食，糯者制糖酿酒。芦粟俗称芦穄。芒种前种，霜降后熟；性硬，可制饼、酿酒。

大麦实秀有芒，质轻色白，红色者为红大麦，可酿酒，渍水发芽并制饧糖；邑人多以饲豕，茎供爨炊。小麦芒短色赤，子多粉，以制切面、挂面、饼饵、酱油之属；其皮曰麸，并入药用。二麦均白露种，翌年立夏熟。荞麦，俗名乌麦。性硬，处暑种，立冬熟；磨粉制粿；用以酿酒，谓之乌麦烧。

黄豆，一名白豆。清明前下种，夏至后收。青豆与白豆同时。二豆均可制腐及豉酱，且可榨油；商人运销杭、徽等处。赤豆，即赤小豆。多植田塍间，夏种秋熟，子小色赤；用作角黍内馅，兼以入药。黑豆有二种，一种与白青豆同时；一种秋间播种田中，至冬成熟，俗称田乌豆；均可制腐。菉豆，一名绿豆。三四月种，至秋开花结荚；可频摘，茎枯始全收；子用以煮粥制糕。蚕豆，俗称佛豆。小雪前种，翌年夏间收；嫩时可食生荚，成熟则取子炒食，并用作婚嫁事之喜果。豌豆，小雪前种，翌年夏熟，子以煮食，或者炒食。

① 《建德县志》卷2《地理·物产》，民国八年影印铅印本。

麻有黄麻、白麻、黑麻等种，小暑种，秋分熟；子去壳以制饼饵，或者作馅；其油为麻油，其渣作饼作肥料。

蔬类：菘，即白菜。芥有花叶芥、九头芥等。芹属野生，嫩时可食。蕨菜野生，采其苗制干，名蕨禾；掘根捣浸取粉，名山粉。苋有绿苋、红苋。葱、韭、蒜、薤，上四种均种作香料。芋。萝葍。莴苣。蔊，俗名山芥菜。菠薐。苦荬，即苦苣。（以上旧志参新采访）

菜菊，俗名菊花菜。川芎，嫩时采食，香味可口。空心菜，似川芎而不香。姜，嫩可充馔，老者以作香料。菜豆有四月豆荚、长豆荚、鲫鱼豆荚、刀豆荚等。金针，萱草，俗名黄花，采未开花晒干充馔。香菇，处州人来邑山中栽植，近年出产颇多。马铃薯，俗名洋薯，生长极易。（以上新采访）

蓏类（旧入蔬类，今新列）：南瓜，又名北瓜。形体长圆或扁圆，嫩时色绿，老则硃红；俗人晒干以制酱豉。黄瓜，生食或煮食。茄子，俗名落苏。冬瓜。（以上旧志参新采访）匏瓜，俗名葫芦，嫩时可食，老则干之可为盛器。丝瓜。苦瓜味苦，长夏炒食，谓可清暑。辣椒，青、红均可食，邑人嗜之。（以上新采访）按：蔬蓏类，县南三都人莳菜为业，培养得宜，颇能逐年荐新，以获厚利。

果类：梅，多栽园圃中，早春开花，立夏后熟。李，有紫李、黄李两种，黄李近以毛家村产额最多。桃，土产为毛桃，实小；另有一种实大而味甘者，为接桃，来自徽属。栗，以五六都产者最佳。柿，实不甚大，有圆锥形、圆形两种。梨，本地产者俗名稻花梨。杏，枣，榧，以上三种产俱不多。柚，多栽园圃，出产不多，俗名香泡。菱，芡，上二种俱野生。石榴，枇杷，上二种多栽村边屋角。杨梅，银杏，八都等处产之。葡萄，林檎，上二种多栽园中。莲实，产额不多。（以上旧志参新采访）

甘蔗，栽田中，清末始输入，近时产额颇宏。荸荠，栽水田中，清末始盛。胡荽，自生山野中，果熟可食。花生，东南乡人种沙地中，近产额日多。甘薯，东乡栽植颇多，可充饭食，俗称饭薯。金橘，代代，均来自杭县、金华等处，园中多植之。（以上新采访）①

① 罗柏麓等修、姚桓等纂：《遂安志》卷3《物产》，据民国十九年铅印本影印，成文出版社有限公司。

浏览以上各种方志的记载，我们大体可以比较全面地了解新安江人的农耕生产情况。他们所培植、所收获的有谷、有蔬、有果，而且大类、小类可谓品种繁多。如此繁多的农产品，不仅为新安饮食提供了丰富的原材料，而且为新安江人的主副食基本结构奠定了坚实的物产基础。

尽管山水交错、地形复杂，新安江人的农耕生产则能完全适应环境，注重因地制宜，确保一年四季不误农时，水田旱地各得其所。以淳安为例，水田种植以稻、麦为主，兼及其他作物。或者是先收麦子、油菜而后种中稻，或者是先收麦子、油菜而后种甘蔗、荸荠，这便是“一年二熟”。“一年三熟”则是麦子、油菜——早中稻——玉米和粟，或者是麦子、油菜——中稻——萝卜、田豆、乌麦。“也有中稻套种田豆，田乌豆套种草籽，秋玉米套种麦或油菜等多种耕作方法。民国时，遂安县水南畈有水稻套种秋玉米”。至于旱地，“以种植玉米为主，少量种植小米、高粱、芝麻、番薯、萝卜及豆类作物”。[①] 据民国《遂安志》记载：“农产分三熟，夏熟以大小麦、油菜籽为大宗，青白豆之出产亦夥。秋熟以秈谷为大宗，糯谷次之。冬熟以玉蜀黍为大宗，粟与田豆次之。他如蚕豆、甘薯、花生、甘蔗亦为附产，但是产额不多。”[②]

羊角

粮食作物的种植需要田地，瓜果蔬菜的栽培则有园圃。而在新安人家，瓜果蔬菜更多见于村头村尾、房前屋后。如《遂安县志》所言：“若各乡农民则于宅旁隙地略拓数弓，所种亦足供自食。”[③] 方西畴一首《新安竹枝词》写道：“红苋调灰种塝田，落苏扁荚竹篱边。枯松高架北瓜络，羊角签排豆蔓牵。”诗人自注曰：“羊角，即豇豆。”[④] 诗所描写的正是新安人家蔬菜种植的独特方式，展示出新安乡村饶有生机和趣味的田园景观。

① 方才：《一方水土》第9章《作物栽培》，中国文史出版社，2017年。
② 姚柏麓修、姚桓等纂：《遂安志》卷5《实业》，据民国十九年铅印本影印，成文出版社有限公司。
③ 姚柏麓修、姚桓等纂：《遂安志》卷5《实业》，据民国十九年铅印本影印，成文出版社有限公司。
④ 方西畴：《新安竹枝词》，《歙县志》下册，黄山书社，2010年，第1518页。

（二）

光绪《建德县志》卷五《物产志》："建德素称瘠地，所产较逊他邑。然谷麦之属日用必需，蔬果之类滋培亦易。"[①] 其实，整个新安江流域也大体如此。

纵观自《新安志》以来，历代方志所载农耕"物产"种类，虽然大同小异，但是如果细心对照，还是能够发现一些新增的品种，诸如番椒，亦即辣椒；洋芋，亦即马铃薯；胡萝蔔，亦即胡萝卜；木瓜，又称番瓜、番木瓜。尤其是民国《遂安县志》卷三《食货·物产》，明文标注"以上新采访""以上旧志参新采访"。所谓"新采访"的信息，实际反映了当地物产的新增加、新发展，当然更应引起后世读者的特别关注。

在千百年来的农耕生产中，根据本地生活所需、条件所宜，新安江人总能适时地引进一些新的作物种类，切实补充和丰富新安饮食的基础性材料。而在他们所引进、所栽培的新种类中，粮食作物有两个大类显得特别重要，一个就是甘薯，一个就是玉米。无论是在生产布局上，还是在饮食结构上，这样两类粮食作物的影响都相当广远。

众所周知，古籍所谓"五谷"，指称并不统一，最具影响的有两种说法：一是东汉赵岐注《孟子·滕文公上》"树艺五谷"所说："五谷，谓稻、粟、稷、麦、菽也。"二是东汉王逸注《楚辞·大招》"五谷六仞"所说："五谷，稻、稷、麦、豆、麻也。"[②] 相对而言，似乎前者较为切合北方，后者较为切近南方。但是读者也许已经发现，我们上面浏览的各种方志都未采用"五谷"这一概念，或者谓之"谷"，或者谓之"谷粟"，似乎有意突破"五谷"之限，从而更加客观地反映新安江流域谷物生产的实际情况，如实、如数地载录当时、当地的谷物品类。如果方志作者真是这样考虑的话，那么我们对于上文所列种种物产，不妨笼而统之地称作"五谷杂粮"，或者干脆依照当今通行的说法，就叫"粮食产品"。

无论称为"五谷杂粮"，还是叫作"粮食产品"，番薯都是一个不容忽视的种类。

今人多以番薯为甘薯的别名，其实甘薯这个名目最早见于晋嵇含《南方草木状》，那时番薯尚未传入我国。据当代农学专家考证，古籍所载甘薯应是薯蓣科的甜薯，与后来的番薯并非一物。[③]

---

① 光绪《建德县志》卷5《物产志》。
②《辞海》缩印本，上海辞书出版社，1980年，第31页。
③《辞海》缩印本"甘薯"条，上海辞书出版社，1980年，第1621页。

顾名思义，番薯是源自海外的一种薯类，原产于热带、亚热带地区。明代科学家徐光启在《农政全书》中最早论及番薯，他说："山薯，形魁垒；番薯，形圆而长。其味，则番薯甚甘，山薯为劣耳。"[①]

明末清初，周亮工《闽小记·番薯》提到番薯传入中国的年代，他说："万历中，闽人得之外国，瘠土砂砾之地，皆可以种。"[②]其后文献多有关于番薯的记载，像光绪《通州直隶州志·物产志》载："甘薯，红薯也，俗名番芋。"[③]番芋，亦即番薯。像清末学者俞樾《茶香室三钞·番蓢》说："明李日华《紫桃轩又缀》云，蜀僧无边贻余一种，如萝蔔而色紫，煮食，味甚甘，云此普陀岩下番薯也。……按，此盖即所谓番薯也。蓢与薯，一声之转耳。"又说："国朝陆次云《八纮译史》云：'琉球有米麦，祇供王府，民唯食番茄，状如薯蓣。'"[④]

山芋

有关番薯的传入，当代学界比较关注的一部农业科学史文献，是清代长乐人陈世元编撰的《金薯传习录》。这部书有乾隆刻本二册传世，目前藏于福建省图书馆。书中详细记载了番薯传入我国，并在各地推广栽培的历史事实。根据书中记载，番薯及其栽培技术，是一位福建籍华侨由南洋吕宋国引入，时间为明万历二十一年(1593)。这位华侨的名字叫陈振龙，作者陈世元就是他的后裔。[⑤]

番薯于明万历年间（1573 ~ 1620）由吕宋国引进之后，最初仅在福建、广东一带种植，后来逐渐传播推广至全国各地。于是在不同的地区番薯有了各种不同的名称，如番蓣、番茄、番薯、番蓢、白薯、红薯、红苕、山芋、地瓜等。

---

① [明]徐光启：《农政全书》卷27，上海古籍出版社，2020年。
② [清]周亮工：《闽小记·番薯》，福建人民出版社，1985年。
③ 罗竹风：《汉语大词典》第7卷，汉语大词典出版社，1991年，第1360页。
④ 罗竹风：《汉语大词典》第7卷，汉语大词典出版社，1991年，第1363页。
⑤ 方鸿鼎：《甘薯的来历》，《严陵旧事》，中国文史出版社，2017年，第215页。

至于番薯何时落户新安人家，目前虽然尚难确定，但是估计不会太迟。我们之所以这样说，主要考虑到几个因素：一是番薯的传播自南而北，新安江人得其地缘之利；二是万历年间新安商人足迹遍及天下，番薯传入新安人家得其流通之便；三是新安流域山多田少、土壤骍刚，番薯则不嫌山间瘠土而随处可种，得其生存之机。况且，番薯的产量比较高，含有淀粉比较多，可以充作日常主食，缓解新安人家严重缺粮的生活状况。

然而，翻检万历年间的府志、县志，我们却又未曾看见番薯的影子。光绪《建德县志》卷五《物产志》有了番薯，然而教人感到奇怪的是，番薯不在“谷之属”，而在“蔬之属”，似被视作新的蔬种，列在“蔬之属”的最后：“甘薯，一名番薯。”更为有趣的是，民国《遂安县志》卷三《物产》又将番薯混于“果类”之列，曰：“甘薯，东乡栽植颇多，可充饭食，俗称饭薯。”既然“可充饭食”，为何不将它列入谷类？难道是因为甘薯姓“甘”，所以不妨看作甘蔗的同辈？[①]

民国《建德县志》卷八《食货土货》“今列其岁所输出者”中，载有“番蓣约一万余担”。[②]由此不难想见，建德的番薯产量不在少。进而也可以想见，新安江人种植番薯的规模已不在小。

郭沫若有《满江红》纪念番薯传入中国370周年，词曰：“我爱红苕，小时候，曾充粮食。明代末，来由吕宋，传入中国。三七零年一转瞬，十多亿石总产额。一季收可抵半年粮，超粟稷。原产地，南美北；输入者，华侨力。陈振龙本是、福州原籍。挟入藤篮试秘航，归来闽海勤耕织。此功勋当得比神农，人谁识！”所言极是，番薯的传入，对于中国的粮食生产具有重大意义，对于新安人家的饮食文化也具有深远影响。

对于新安江人的饮食文化来说，影响更为深广的应该还是玉米的传入和推广。

玉米的俗名很多，有番麦、玉麦、玉黍、包谷、苞米、棒子等。有的地方把玉米看作传统“五谷”之外的一种谷子，干脆叫作“六谷子”，依照方音，书面又见写作“稑谷”，或者“鹿谷”。新安江人喜欢叫苞芦，地方志中又往往称作玉蜀黍、珍珠米。

玉米原产墨西哥和危地马拉为中心的中南美洲热带、亚热带高原地区，16世纪

---

① 民国《遂安县志》卷3《物产》。

②《建德县志》卷8《食货土货》，民国八年影印铅印本。

通过多种途径辗转传入我国。万历元年（1573），浙江钱塘（今杭州）人田艺蘅在《留青日札》一书中提到了玉米。至今，我国的玉米栽培已有400多年的历史。不过在明清时期，全国玉米的栽培面积和总体产量还很有限。

其实，与我国传统的水稻、小麦等粮食作物相比，玉米更加耐旱、耐寒、耐贫瘠，适应环境的能力非同一般．凡是南北纬50°之间，海拔3000米以下，玉米都能生长。对于山多田少的新安江流域来说，为了应对常年缺粮的现实问题，高产的玉米势必为广大山民所青睐，成为山区粮食生产中的新宠。尽管玉米传入的时间并不算早，但是很快就在新安江畔的山谷地带普及开来，并且最终成为大山深处粮食作物的主要角色。俞正燮《徽州竹枝词》："两般胜贵米与钱，大业从来说垦田。人众真难为造物，苞芦已植到山巅。"①

如同番薯一样，玉米落户新安的具体时间难以确指，不要说是明代府志、县志，就是翻遍光绪《淳安县志》也都难见踪迹。但是民国《遂安志》却有"相传自道光间输入"一说，而且民国时期的各种方志普遍都载有玉米的生产情况。

民国八年《建德县志》卷二可以看到关于番薯和苞芦生产的文字记载："清明下谷种……乌龙山此时可种萝蔔，并可下芋、番薁等种。""小满后收大小麦，割头麻，种脂麻。苞芦，即玉蜀粟，可下种。""小暑划苞芦草，翻番薁藤。杂粮均宜窖肥料。""霜降鉱苞芦，拔田豆，起芋、番薁。"②

民国十九年《遂安志》卷三《物产》"谷类"末项记载："玉蜀黍，俗称苞芦。夏至边种，霜降后收。山地则较早。相传自道光间输入，种植极盛，几为全邑半年之粮。有黄、白、半黄、红、乌等名。色黄者多种田间，谓之田苞芦。"③

民国《歙县志》则称玉米为"珍珠米"，明确指出"山民视为要粮"的事实，并且具体说明玉米有黄、白二种，黄者熟较早，可以用来酿酒、磨粉。玉米秆富有糖分，可以用来制糖，或者"干之可供炊，埋地可松土"。另外，还有"苞皮可制纸，苞心可饲猪"，④ 简直浑身都是宝。

上面所引县志，既云"山民"视玉米为"要粮"，又说"种植极盛，几为全邑

① 舒育玲：《古黟风物遗存》，黄山书社，2016年，第310页。
② 民国《建德县志》卷2《地理·农田》。
③ 姚柏麓修、姚桓等纂：《遂安志》卷3《物产》，据民国十九年铅印本影印，成文出版社有限公司。
④ 民国《歙县志》卷3《食货志·物产》。

半年之粮”。可见，民国时期，玉米在新安江人的粮食生产和饮食文化中已经占有相当重要的地位。

时至今日，大山深处，我们还能听到一首民谣："手捧苞芦粿，脚踏硬炭火。天高皇帝远，神仙就是我。"有苞芦粿疗饥，有硬炭火取暖，这是新安江人最为简朴的温饱生活。天高皇帝远，自在如神仙，这是新安山民精神世界的自足状态。

玉米的营养价值很较高，属于优良的粮食作物。作为中国的高产粮食作物，玉米是畜牧业、养殖业、水产养殖业等的重要饲料来源，也是食品加工、医疗卫生、轻工业、化工业等不可或缺的原料之一。 由于玉米资源极为丰富，相对廉价，且易于获得，它们还具有许多生物活性，如抗氧化、抗肿瘤、降血糖、抑菌杀菌、提高免疫力等，故而具有广阔的开发及应用前景。

不过，山林地区的玉米种植，也给新安江人留下了深刻的历史教训。现将民国《建德县志》的一段记载照录如下。

> 粤变后异地棚民盘踞各源，垦种苞芦，乡愚见短，利其荒税，为目前计，不无微获。但久荒之山一经开发，势必土松石浮。每逢骤雨，水势挟沙而行，大则冲田溃堰，小则断壑填沟，水灾立见，旱亦因之。以故年来旱潦频仍，丰收罕见。虽天时人事，各任其咎。而塘堰既丧其瀦蓄之力，又无森林为之吸收，始而争山，继而争水，巨案遂时有所闻。[①]

清人孙学治有《黟山竹枝词》曰："猎猎苞芦满旧蹊，半锄沙砾半锄泥。沙来河面年年长，泥去山头日日低。"原诗有作者自注说："棚民租山种苞芦，休宁、祁门皆受其害，黟近亦渐有之。有山业者慎无贪小利而贻大害也。"[②] 棚民的破坏性生产激起广泛的反对，地方政府专门颁文加以严厉禁止。嘉庆十六年（1811）七月黟县重申严禁之法，颁布《禁租山开垦示》："照得郡境多山，近有外县各人租赁开垦，搭棚居住，日久蔓延。赖租抗赎，构衅结讼，滋生事端，最堪痛恨。前奉抚宪委员清查，饬令各棚滋事者，退山回籍，并谕令改种蔬、果、茶柯、树木，不得种植苞芦，

① 《建德县志》卷2《地理》，民国八年影印铅印本。
② 舒育玲：《古黟风物遗存》，黄山书社，2016年，第306页。

亦不得再行招租开种。如有公共山场，一家私召异籍之人搭棚开垦，即照子孙盗卖祖遗祀产例，分别充军徒；承租之人，亦照强占官民山场例拟流，为从拟徙在案。”[①]

发展农耕生产与生态环境保护的统一，这是一个极为重大的历史课题。这一课题早已摆在新安江人的面前，永远值得子孙后代谨慎处之。

第四节 商业经济促成新安饮食的嬗变

新安江人的经济历来属于山水农林经济，新安江人侧身于商旅之途者虽然早已有之，但是真正形成一定气候、可以称为商业经济的时期还是要到明清两代。明清时期，由于新兴徽商的强劲带动，新安江流域的商贸活动普遍活跃起来，新安饮食从中得以调节和丰富，相当程度上实现了饮食文化的嬗变。

（一）

在过去两千多年的悠悠岁月中，每当中原发生重大的历史变故，总会有大批北方人口南下避难，特别是永嘉之乱、安史之乱、靖康之乱期间，新安江流域都曾涌入较大规模的“移民潮”。随着一次又一次山外“移民潮”的相继涌入，随着历代任职新安的一些官宦定居新安之后的子孙繁衍，[②]随着整个新安江流域常居人口的持续增长，当年司马迁笔下的“地广人稀”“不待贾而足”也好，“地势饶食，无饥馑之患”也好，[③]都已成为渐行渐远的历史记忆。而山多田少、自给不足的人生烦恼，则日益剧烈地袭扰着新安江人。为了突破生产条件的日益窘迫与生活状况的日益贫困，在勤劳、俭朴的新安山民中，有人做出了祖祖辈辈想都未曾想过的人生抉择，他们或迟或早地侧身于陌生的商贩之途，开始尝试着谋取农耕之外的贸迁之利。

新安江人弃农经商之始，至迟可以追溯到永嘉南渡的东晋时期。到了有宋一代，某些商旅之途、商贾之市已经不乏新安人氏。唐模汪氏后裔、宏村汪氏先祖汪仁雅，就曾携其巨资游历各地，然后客居金陵，经营木材生意。朱熹的外祖父祝确，经营

① 嘉庆《黟县志》卷《政事志·塘堨》。

② 黄氏、程氏俱因先人东晋之初来守新安，卒留不去，遂为旺族。

③ [汉]司马迁：《史记》下册，天津古籍出版社，1995年，第3333页。

商栈、邸舍和酒肆，几乎占据了半个徽州府城，时人称之为“祝半城”。另据《新安志》记载：“逮宣和改茶法，招诱商贩而不复科买，人以为便，岁额二百万有奇。”[①] 宋徽宗宣和年间（1119 ~ 1125）实行茶法改革，茶叶不再实行官府征购，允许民间自由贸易。新安素来盛产茶叶，逢此大好商机，投身茶叶交易的新安商贩应该不在少数。

“靖康之乱”以后，北宋宣告灭亡。追随着王室南迁，影响空前的大批北方移民蜂拥而至，新安江流域的人口由此而大幅度增长。仅以徽州而言，自绍兴年间（1131 ~ 1162）至乾道八年（1172），数十年间，境内人口增加 24766 户。正是从这个时期开始，“地狭且瘠”“谷食不足”的抱怨与议论，可谓不绝于口耳、屡见于文献。

据《严州图经》卷一《风俗》记载：“《太平环宇记》云，隋置睦州，取其俗阜人和，内外辑睦为义。今观之州境，山谷居多，地狭且瘠，民贫而啬，谷食不足，仰给他州，惟蚕桑是务，更蒸茶刈漆，以要商贾懋迁之利。”南宋绍兴九年（1139）董棻撰《严州图经》八卷已佚，现存《严州图经》三卷为淳熙十三年（1186）陈公亮重修、刘文富所纂。上引文字所谓之“今”，应指陈公亮、刘文富所处的孝宗时期，说明淳安、遂安所属之严州的贩茶、卖漆一类的商业活动，在南宋的这一时期，已经处在发展之中。同一历史时期，同样的营商之举，新安江上游及其邻近地区更见活跃。《新安志》卷一《风俗》有载：“祁门水入于鄱，民以茗、漆、纸、木行江西，仰其米以自给。”[②]

时代相隔不远，南宋人方逢辰在景定《严州续志》序中说：“严界于万山之窟，其户富者亩不满百。其赋则以地不产米，民仅以山蚕而入帛。官兵月廪，率取米于邻郡以给，而百姓日籴，则取给于衢、婺、苏、秀之客舟。”[③]

明代初期，徽州的人口就悄然超越了 50 万大关，整个新安江流域的人口同样创造了历史新高。在这样前所未有的社会背景之下，新安江人又会不得已上演何种剧情？笔者再次想起法国那位历史学家，他用一个比喻形象地说明了与此类似的情形，他说：“一旦蜜蜂增长过多，原来的蜂房就不再够用。山区的人众就必然要向

① [宋]罗愿：《新安志》卷2《茶课》，黄山书社，2008年。[宋]罗愿撰，萧建新等校著：《新安志整理与研究》，黄山书社，2008年，第74页载：片茶有胜金、嫩桑、仙芝、来泉、先春、连合、华英、不及号即今级外品等。

② [宋]罗愿：《新安志》卷1《风俗》，萧建新等：《新安志整理与研究》，黄山书社，2008年，第17页。

③ 景定《严州续志》方逢辰序，亦见民国《建德县志》卷3《风俗》载，文字稍异。

山外倾泻。”[①] 他说的是当年地中海的山民流动，此时新安江的山民又何尝不是如此？抚今追昔，春秋轮回，新安江流域忠实而完整地演绎了“围城”的法则：曾几何时，山外的人都络绎不绝地挤着进山；事到如今，山里的人都争先恐后地赶着出山。其中尤以徽州民众的流动最为突出、最为典型。

弘治《徽州府志》卷二《食货一》载：“地狭人稠，耕获三不瞻一，即丰年亦食江楚十居六七，勿论岁饥也。”[②] 嘉靖《徽州府志》卷八《食货志》载：“徽郡保界山谷，土田依原麓，田瘠确，所产至薄，独宜菽麦红虾籼，不宜稻粱。壮夫健牛，田不过数亩，粪壅缛栉，视他郡农力过倍，而所入不当其半。又田皆仰高水，故丰年甚少，大都计一岁所入，不能支什之一。小民多执技艺或贩负就食他郡者常十九。”[③] 由此可知，高达十分之九的徽州民众，脱离本土而就食他郡，这是多么令人震撼的一种社会景象！

在商为“四民”之末的传统社会中，历来守土重迁的徽州人竟然从商如流，足迹“几遍天下”，这是为什么？明万历《歙志》中写道：

> 嗟夫！吾邑之不能不贾者，时也，势也，亦情也。太史公之时，江淮以南，地广人稀，食土之毛，人足自给，无事贾也。乃今邑之人众，几于汉一大郡，所产谷粟不能供百分之一，安得不出而糊其口于四方也？谚语“以贾为生”，意不贾则无生，奈何不亟亟也？以贾为生，则何必子皮其人而后为贾哉？人人皆欲有生，人人不可无贾矣。故邑之贾，岂惟如上所称大都会者皆有之，即山陬海壖、孤村僻壤，亦不无吾邑之人。[④]

历史的发展也确实非常有趣。原本只是事出无奈，为着“寄食”“糊口”而“以贾为生”的徽州商人，谁曾想他们竟能由此而崛起成为雄视天下的第一商帮，谱写出举世瞩目的财富传奇，创造出彪炳史册的徽州文化。“天下之民寄食于农，徽民

① [法]费尔南·布罗代尔著，唐家龙等译：《菲利普二世时代的地中海和地中海世界》第1卷，商务印书馆，1996年。

② 弘治《徽州府志》卷2《食货一》。

③ 嘉靖《徽州府志》卷8《食货志》。

④ 万历《歙志传》卷10，黄山书社，2014年，第415页。

寄食于商”。明清两代，徽商经济的鼎盛，徽商文化的辉煌，再一次毫不含糊地昭示了历史的真谛：“口腹饮食关乎人类文明！”

（二）

明清时期徽商经济的快速发展和繁荣鼎盛，极大地改变了徽州人的生存方式，也极其深刻地影响了新安饮食。尤其是徽州菜馆在新安江流域和外埠的全面拓展，对于徽州菜系的成长成熟厥功至伟。这一方面在前一章已经谈过，这里仅就新安人家的日常饮食做些新的考察。我们关注的焦点是：在明清两代及民国时期，商业经济对新安饮食存在什么样的影响，曾经引起了怎样的变化。

从基本事实及其根本性质上看，在明清两代及民国时期，新安江流域仍然是农业自然经济占据着主导地位，但是由于商业经济长年累月的暖风吹拂，新安饮食也就不可能固守旧我而丝毫不变。在这个长达数百年的历史时期，商业经济究竟给新安饮食带来哪些影响和变化呢？大体说来，主要表现在以下几个方面：

首先，粮食贩运和油料加工，保障了新安江人的粮油供应。

俗话说：“人是铁，饭是钢，一顿不吃饿得慌。”因为地狭人稠、获不足给，新安江人陷入了粮食短缺、找米下锅的困境。所谓“民以食为天”，新安江人面临的正是这“天”字第一号难题。

明万历《歙志》写道：“邑惟垦山为田，土膏少泽，计亩所入，不偿农力；计岁所收，不余浃旬。”① 清人计楠诗《严州行》云：“生涯种植兼牧樵，牛犁水碓遍地隰。地产只供三月粮，米盐布帛他方入。”② 歙人吴梅颠《竹枝词》云：“粟菽满山田稻少，山农耕种白云乡。五风十雨岁丰熟，仅够终年数月粮。”③ 乾隆五十二年（1787）时任黟县知县的施源亦有《竹枝词》云：“山田硗确石田荒，乐岁才供三月粮。西武岭头新米至，担夫孱土碓孱糠。”④

在新安江人的记忆当中，宋元以来，人口迅猛增长，粮食日见紧张，到了明清时期，如果一年能供三月之粮，已经算是一种比较乐观的状况。根据一些府志、县志的记载，新安江人往往是一年收获之粮一月即能耗尽。既然本地所产粮食多则可

---

① 万历《歙志考》卷5，黄山书社，2014年，第100页。
② 《建德县志》，民国八年影印铅印本。
③ 《新安》2015年第1辑，第21页。
④ 舒育玲：《古黟风物辑存》，黄山书社，2016年，第300页。

供三月、少则仅供三旬，那么常年所需的大量粮食从何而来？势必要有新安商人外出购粮才能解决供应问题，即“转他郡粟（以）给老幼”。傅衣凌论及徽商时说得更为明白，他说：“为了这一现实环境的需要，所以徽人的经营粮食贸易者，为数特多。”①

新安商人最初显然是以本土的茶叶、木材，以及其他山林特产，如土漆、药材之类销往外地，然后购买外地粮食用船运送本土以后转手进行销售，这些粮食主要来自于江西一带和湖广地区。有的人是将江西的粮食聚集于鄱阳湖之后，上溯鄱江、昌江，运进徽州；有的人将湖广的粮食经由长江运至浙江，再由浙江运入新安江。这就是康熙《徽州府志》所说的那样，外地粮食入境，“取道有二：一从饶州鄱、浮，一从浙省杭、严，皆壤地相邻，溪流一线，小舟如叶，鱼贯尾衔，昼夜不息”。②明崇祯十六年（1643）知情官吏汪伟在给朝廷的一份奏疏中，曾经这样陈述当时粮商供粮的紧迫形势：“一日米船不至，民有饥色，三日不至有饿莩，五日不至有昼夺。”③康熙《休宁县志》卷一《风俗》也有与之类似的说法：“（休宁）邑山多田少，粒米是急，日仰给东西二江，一遇公禁私遏，旬日之艘未至，举皇皇枵腹以待。”④这就难怪雍正皇帝即位之初，曾经发布这样的谕告：“凡有米商出境，任便放行，使湖广、江西、安庆等处米船直到苏州，苏州米船直到浙江，毋得阻挠，庶几有无流通，民皆足食。”⑤

如同新安江流域的多数县份，历史上的建德长期紧缺粮食，直到1979年之后才将缺粮县的帽子扔进了太平洋。宋俊夫、祝诚《解放前我县粮食业经营概况》一文写道：“建德县粮食自给不足，农民缺粮者居多，粮食日需量颇大。由于建德水运发达，沿江码头有众多流动船户、搬运苦力，粮食商店应运而生，且有数家殷实的老店号。”⑥这些粮食商店大多分布在梅城的南大街、黄浦街。只是近代以来，遭受北洋军阀政府的掠夺和日本侵略军的侵扰，那些大的店号多已歇业，代之而起的

---

① 傅衣凌：《明清时代商人及商业资本》，人民出版社，1956年，第56页。

② 康熙《徽州府志》卷8《蠲赈》。

③ 康熙《休宁县志》卷7《艺文》“汪伟崇祯十六年《奏疏》”，陈学文：《徽商与徽学》，方志出版社，2003年，第5页。

④ 康熙《休宁县志》卷1《风俗》。

⑤《湖广通志》卷首之2《雍正元年上谕》。

⑥ 宋俊夫、祝诚：《解放前我县粮食业经营概况》，政协建德县文史资料委员会：《建德文史资料》第9辑，第231页。

是一批时起时歇的小店号。据宋、祝二人的文章记载，清光绪以后，建德尚有郑聚泰、方利源、郑振兴等三家主营粮店，有朱同丰、万康、来兴盛、吴源昌、益丰、王大成、赵友大，郑义泰、王恒泰、胡亨茂、方其泰、同顺泰等多家兼营粮店，其中以郑聚泰、方利源两家历史最久、规模最大。

当初的粮食交易曾经以新安江人的山货土产交易为先行，紧承其后，粮食贩运又拉动了新安江上的物资运输，以及码头市场贸易。旧时淳安的商贸一向都以城关为中心，东有茶园镇，南有港口镇，西有威坪镇，北有桥西镇，四方商贾及当地民众历来聚货于此进行贸易。其中，港口镇坐落在淳安县县城西南20里的新安江畔，[①] 位处新安江“黄金水道”之要冲，有着得天独厚的自然地理条件，四面群山环抱，街道沿江而行，既有山城之巍峨，又有江城之明丽。镇上有新码头（杨家桥）、大码头，以及同益、桂花、遂安等五座河埠码头，全都采用清一色的茶园石板铺砌而成，总计可以停泊船只200余数，成为新安江流域一处重要的物资集散地。这里店铺林立，商贾云集，经济繁荣，历来享有“金港口、银茶园”之称誉。早在400多年前，明嘉靖年间所编的《淳安县志》中就已经有了“港口市”的记载。长居于此的经营者，毫无疑问是以徽州商人为主。不过，另外也有兰溪、永康、东阳、绍兴、萧山、义乌、诸暨等各地商户。他们主持营运和常年销售的物品，首先就是由外地接连不断输入的粮食，其次便是输向外地的茶叶，以及其他如桐籽、木材、柴炭等当地所产物资。

如果追溯到宋元时期，可以看到，新安粮商大多是就近购粮，短途贩运，目的就在于切切实实地满足新安江人的粮食需求。但是到了明清时期，新安粮商——主要是徽州粮商，已经不再是仅仅致力于新安江人的粮食保障，他们凭借早已熟悉粮食购销途径，以及各地粮市行情变动的优势，踊跃地参与到全国各个地区粮食市场的角逐之中，成为徽商集团首先崛起，并随后进军各个领域的先驱。[②]

据《明史》记载：“（万历年间）南畿、浙江大祲，诏禁邻境闭籴，商舟皆集江西，徽人尤众。”[③] 这个时候徽州粮商的规模已经相当可观。同时，就像歙县人程实那样“尝以木易粟，至姑苏贷人”[④]，这种两头在外的粮食贩运也已成为普遍的现象。比如，

① 1959年，港口镇被新安江水库淹没。
② 李琳琦：《明清徽州粮商述论》，《江淮论坛》1993年第4期。
③ [清]张廷玉等：《明史》卷224《陈有年传》，中华书局，1974年。
④ [明]程敏政：《新安文献志》卷90，黄山书社，2004年。

正德、嘉靖年间，歙县粮商许邻溪，“偕仲弟贾于太平郡之黄池，居积传输，日以赢足……常独贸迁于吴、越、燕、赵间，少有所获，必均分之，不以一钱自私”。① 而且，这些两头在外、长途贩运的粮商也的确从中获得了巨大的利润。《桐下听然》载：“万历己丑，新安商人自楚贩米至吴，值岁大旱，斗米百五十钱，计利已四倍，而意犹未慊。”②

新安粮商因为本土严重缺粮而走出了大山，徽州粮商因为先行入市进而赢取了天下，这一历史事实的重要意义，已经不限于解决新安江人粮食需求的具体范围，它与明清时期徽商经济的崛起究竟有着何种重要的关系，值得今人专门进行深入研究。

与粮食有赖外地贩运和商贾供应的情形不同，新安江人的食用油料始终依靠自己生产。食油的加工与交易，基本上也在本乡本土就地完成。而且，当地食油的加工和交易总能与时俱进，加工愈来愈见普遍，交易愈来愈加方便。

据《淳安文史资料》记载，民国十年（1921）至十九年（1930），淳安的手工榨油业十分兴旺，全县有 137 家，榨油车 300 余架。每年生产桐油 30000 担，青油 15000 担，芝麻、山核桃、山茶油等不下万担，③ 桐油、青油不属于食用油。新安江人的食用油，除了芝麻油、山茶油、山核桃油，最主要的还是茶籽油，茶籽油的产量和用量远远大于芝麻油、山茶油和山核桃油。

另据《建德文史资料》所载《民国三十二年（1943）建德油坊一览表》《解放前夕寿昌县油坊一览表 44》统计，建德、寿昌两地先后共有 96 家油坊。④ 现在我们就来看看宋俊夫、祝诚所撰《建德油坊业发展史》。⑤ 文章说：“原建德、寿昌两县的油脂加工，均系手工木榨，由于两县油料出产颇多，木榨油坊遍布城乡各地。”“在两县的榨油业中，以洋溪的元利，梅城的朱同丰、郑义泰，寿昌的慎大四家为最大，（他们）都自己收购、加工、运销。其他散布乡间百家左右的小油坊，或自收自加工，或代客加工，产品大多投售给四家大油坊，油料价格，亦大多由这四家左右。”

洋溪元利油坊，开设于清同治二年（1803），系歙县深渡姚元利独资开设。姚

① 歙县《许氏世谱·邻溪行状》。
② [清]褚人获：《坚瓠五集》卷1《火焚米商》。
③ 淳安县二轻工业总公司：《手工业今昔》，政协淳安县文史资料委员会：《淳安文史资料》第6辑，第77～80页。
④ 政协建德县文史资料委员会：《建德文史资料》第9辑，第259、260页。
⑤ 政协建德县文史资料委员会：《建德文史资料》第9辑，第255页。

元利兼营丝、茶，经济实力雄厚，当时洋溪有半条街以上的产权属他所有。油坊开设时，有木榨三副，碾子一个。民国四年（1915），经营亏本，靠借贷维持。民国十五年（1926），因无力偿债，将油车及镇上房产抵给湖州南浔刘锦藻，改名元利恒。以后又几经转手。民国三十三年（1944），由何玉昆、程树泰两人买入，虽然资本不大，但经营得法，年年都有盈余。该油坊经营桐、柏、芝麻、茶籽、菜籽五种油料，桐籽年收购量3000担左右，最高时达五六千担；柏籽收量2000担左右；茶籽、芝麻100担左右，油菜籽以代人加工居多。

梅城朱同丰油坊，建于民国二十九年（1940）。老板朱元镇，原在南门码头开设西油店，抗日战争期间因为茶叶生意赚了钱，开设油坊。油坊有木榨四副，碾子一个。民国三十二年（1943）有资金10万元。

梅城郑义泰油坊，原系粮店，民国三十二年（1943）有资金5万元。民国三十五年（1946），租用下河梁朱姓油坊，经营收购、加工业务。

寿昌慎大油坊，开设于民国三十四年（1945），时名久昌。由程率先招股开办，共为五股，开办时拥有资金七八百担米，设四副木榨，一个碾子。开办前曾先赴洋溪元利、梅城朱同丰观摩碾榨技术，取长补短，因而具有粉碎细、出油快等优点。后因股东意见分歧，盘给汪观铭独资经营，改名慎大油坊。每年加工桐籽1600担，柏籽400担，菜籽100担。

其他的乡村油坊规模不大，一般设施均为一碾二榨，大多建于溪流岸边，以便利用水碓粉碎籽料。经营方式分为三类：一是油车主出资收籽，雇工榨油，远销外地。此类不多。二是油车主与榨油工合股经营，油车为车主之干股，车工出资。油菜籽、桐、柏籽分两季经营，按季结算盈亏，盈则车主按成分红，亏则车主不管。此类亦少。三是多人集资租车经营，分头收购油料，集中榨油出售，边收边榨，油成出手。同时承担来料加工，酌情收取加工费用。此类油坊居多。

油料加工的传统方式都是“手工木榨”，北魏贾思勰《齐民要术》就有压榨取油的记载，距今已有1600多年的历史。新安江人普遍采用的是南方榨，即木龙榨的工艺。木榨油坊备有风车、蒸锅、石磨、榨机等实用设施，榨机由油鼓、油搭、饼箍、锲子、千斤、托盘、钩听、饼槽、油撞等数十种主附件组成。压榨取油前后计有选料、车籽、炒籽、磨粉、蒸粉、结草、铺粉、圈饼、压饼、上榨、插楔、撞榨、接油、沉淀、缸醒等16道工序。时过境迁，今日城市人不大容易看到这种传统的油料加工技术。

笔者早年曾在乡下油坊看惯了这种“手工木榨”，不妨在此做个简单的介绍。

先说菜籽油的加工。菜籽油加工，需将菜籽晒干扬净，焙成半熟，碾细成粉，装入木制蒸笼，置于蒸灶之上，利用文火隔水蒸上大约半个小时，蒸熟之后倒入备好的圆形铁箍当中。铁箍是由半寸来宽的长形铁片围成圆箍，圆箍的直径一尺二寸以上。圆形铁箍里面铺垫干净稻草，用来包裹蒸熟的籽粉，形成一个十多斤重的粉堆，利用双脚将粉堆踩踏结实，形成扁平的“箍饼”。然后将多个备好的籽粉箍饼立着砌入木榨车肚——通常每次上榨可以砌入 4 至 8 个箍饼。接着用长短大小不等的坚硬木块，紧贴箍饼，排列整齐，砌满木榨车肚所剩的一段空间。另外，再用两根五六尺长、后端带有铁箍的硬木楔楔入砌好的硬木块之间。这就完成了开榨之前整个榨车的准备工作。不过，配合榨车的还有一件重要工具，那就是一根丈把长的粗大木杵，横悬于屋内的大梁，或者专设的支架之下，通常称作“木撞头”。开榨之后，车工拉动横悬的木撞，对准包有铁箍的木楔猛烈撞打。一边撞打，一边添加砌入榨车的木块，榨车肚里的箍饼随之被愈打愈紧。由于受到强力挤压，粉饼中的菜油逐渐与粉渣分离，经由榨肚下面的槽孔流入预先放置的油桶。停榨之后，先将桶里沉淀的少量油渣滤去，成油即可盛入合适的器皿以待出售使用。

再说麻油加工。麻油一般都以大车榨取，人称为大车麻油。大车麻油的加工方式和菜籽油相同。与菜籽油不同的是小磨麻油的加工。加工小磨麻油，需要将芝麻炒得更加成熟一些，先用小石磨磨成细粉，加入沸水，搅拌均匀，然后反复拍打，好让油脂浮出水面，使用一个较大的笊篱，压下粉渣，将粉渣与麻油隔开，再用勺子将麻油从爪篱上面舀出。小磨麻油相对大车麻油，产出油量明显减少很多，一百斤芝麻可以榨取大车麻油 50 来斤，而小磨出油通常只有 40 斤左右。但是小磨麻油芳香袭人，食用方便，所以深受人们喜爱。[①] 因为新安江人喜欢吃辣，有的油坊——像洋溪元利油坊——还会特制一种辣味麻油。一百斤芝麻籽，配上五斤辣椒干，先炒后蒸，大车压榨即得。这种辣味麻油既有芝麻的芳香，又有辣味的刺激，口感比较独特，受到广泛欢迎，行销新安江、富春江一带，为当地民众的日常饮食增添了独特风味。[②]

---

① 政协建德县文史资料委员会:《建德文史资料》第9辑，第261、262页。

② 程树泰、荣生:《洋溪元利油坊》，政协建德县文史资料委员会:《建德文史资料》第9辑，第163页。

其次，各种食品的营销和流通，丰富了新安江人的日常饮食。

新安商业以徽商为龙头，与时俱进，逐年发展。历史上的淳安人、建德人行商坐贾并不踊跃,但是由于徽州人的带动,两地的商界市面也逐渐活跃起来。沈伟富《风俗漫谈》谈道：严州府城即今梅城，坐落在新安江、兰江、富春江三江汇合处，“明清时著名的徽商就是沿着新安江东下，先在这里歇个脚然后再奔赴各地驰骋商海。因此，严州府在历史上是商贾云集之地”。集聚于此的有徽州帮、金华帮，还有宁绍帮和本地帮。“他们相互交流，相互学习，相互竞争，促进了严州及其周边地区经济的繁荣”。该书还谈道：严州本地商人主要做些小吃、水果、猪肉等副食品的买卖。像油煎粿、严州酥饼、油炸臭豆腐等，就是严州人的拿手好戏。原先在梅城的大南门外，有一条东西走向的沿江大街，向东的一条叫棋盘街，那条街上到处都是烧烤酥饼和油炸臭豆腐的味道，业主大都是本地商贩。①

清光绪三十四年（1908）在徽州商人胡扬吉的倡议下，淳安商会宣告成立。尽管最初的几届商会均以徽州商人为会长，实际经商者也以徽州人居多，但是终究还是有力地推动了当地商业的发展。② 到民国二十八年（1939）之后，淳安县相继开业的有运输业 7 家、船筏业 94 家、棉布业 55 家、中医业 31 家、国药业 33 家、银铜铁锡器业 52 家、烟业 34 家、百货业 156 家、油业 41 家、酱园业 8 家、屠宰业 36 家、旅馆业 15 家、茶叶业 27 家、面菜业 17 家，分别成立 14 个同业公会。遂安县也有了坐商 297 家，分别成立丝绸呢绒业、国药业、五金业、旅馆业、餐馆业、杂货业、屠宰业、粮油业、茶叶业等 9 个同业公会。③

在当地商业浪潮的推涌之下，饮食行业的加工与营销从来不会甘居人后。道理还是那么简单，因为饮食行业最贴近世俗人生，与人们一日三餐的关系最为密切。随着饮食行业的全面展开，茶类、酒类、油类、肉类、禽类、蛋类、米类、面类、酱类、菜类，以及山货类、土产类的产品加工应有尽有，同时再加上各种各样外地产品，即所谓“南北货”的输入营销，新安江人一年四季的饮食生活明显地越来越丰富。

---

① 沈伟富：《风俗漫谈》，天津古籍出版社，2008年，第157页。书中还谈道：严州本地商人主要做些小吃、水果、猪肉等副食品的买卖。像油煎粿、严州酥饼、油炸臭豆腐等，就是严州人的拿手好戏。原先在梅城的大南门外，有一条东西走向的沿江大街，向东的一条叫棋盘街，那条街上到处都是烧烤酥饼和油炸臭豆腐的味道，业主大都是本地商贩。

② 政协淳安县文史资料委员会：《淳安文史资料》第6辑《淳遂两县的私营工商业》，第66页。

③ 政协淳安县文史资料委员会：《淳安文史资料》第6辑《商会和同业公会》，第72页。

且以酱坊为例。前文说到，新安人家的饮食喜欢用酱，做菜喜欢用酱油，就餐喜欢用酱菜，因此街市上商业的发展少不了酱坊。尽管新安人家原本都会自制酱与酱菜，但是一家一户，自制品种有限。酱坊的加工生产，面向千家万户，品种花样齐全，当然不可能没有它的市场。人民教育家陶行知的父亲和舅舅，当年都在休宁县万安街上经营过上代传下来的酱园店，陶家的那片酱园店还有个特雅的名号叫“亨达官”。徽州人的酱业做得非常广远，几乎跟徽商的足迹一样遍布大江南北。以遂安、建德为例，下文做一介绍。

清末民初，遂安境内的最大商号“秦泰源酱坊”，业主是绍兴人秦宛舜，秦家先人在杭州设有钱庄。秦泰源酱坊创办于清宣统三年（1911），坐落在狮城镇北街曹家弄口，格局为前店后厂，占地面积 5100 多平方米。除本店以外，秦泰源还在狮城开设宜富春、宜富春南号二片分店，统称“三店”。由于经营有方，经过数十年的发展，规模极盛时期拥有职工 108 人，流动资金高达 12 万两银圆，自有资金 32000 多两银圆。

秦泰源兼营项目很多，食盐、土布、草席、土特产、南北货等，这里搁下不说。秦泰源的主营是“三槽一坊”，即酒槽、酱槽、纸槽和豆腐作坊，纸槽无关饮食，也就不必费辞。值得一提的是酒槽，酒槽工人大都是遂安、淳安本地人，生产的“泰源红”黄酒成为遂安名酒。此外，还生产水酒、香雪酒、玫瑰烧酒、堆花白酒、五加皮酒等，这些酒品为当时遂安民众的饮食生活增添了几多欢愉和生气。值得关注的当然是酱槽。酱槽工人都是兰溪人，生产的酱油多至十来个品种，像卫生油、冰油、原油、面油、老油等，其中以冰油、老油的质量为最佳。其实，酱槽除了生产酱油之外，还生产大量的酱菜。比如，腌萝卜、腌芥菜、腌辣椒、醋大蒜、什锦菜、生姜片，以及咸笋干等。甚至还顺应时令收购一些诸如桃子、茄子、洋芋之类的果蔬进行腌制，供应市场。[①] 秦泰源生产的酱油、酱菜，品种多得可观。可以这么说，凡是新安人家日常餐饮所需、所好的酱菜类和腌制品，秦泰源都会尽其所能地给予满足。

在建德，其昌酱园也是一个前店后坊、自产自销、批零兼营的百年老字号。其昌总店开设在梅城正街，东、南、西、北四乡均设有分店。另外，还在桐庐城关开有一家分店，即春和酱园。其生产的酱油、酱菜，运销分水、于潜、昌化等地。为

① 程雷生：《狮城秦泰源商号》，政协淳安县文史资料委员会：《淳安文史资料》第7辑，第70、74页。《淳遂两县的私营工商业》，政协淳安县文史资料委员会：《淳安文史资料》第6辑，第66页。

了适应市场对酱油、酱菜的需求，其昌酱园采取就地取材、就地加工的办法。每年都会组织人力，大量收购黄豆、小麦等制酱原料，大量收购萝卜、青椒等各种酱菜食材，目的显然就是竭尽全力地增加市场供应的花色品种，满足远近民众食用酱油、酱菜的生活诉求。根据一些文献的介绍可知，建德其昌酱园制作的各种酱油、腐乳、香干、米醋、黄酒、徽州豆，以及各种酱菜和酱菜罐头，品种多达30种，其中的三伏老抽、龙游小椒、五香豆干、醋渍大蒜等，无不脍炙人口、闻名遐迩。①

工商业的兴起与发展，不仅充分开发和利用了本地资源，而且还大幅度地促进了饮食商品的流通，极大地丰富了新安人家的饮食生活。鉴于新安江上商业交易的发展形势，清同治六年（1867），建德严东关设局征税，名曰“厘捐”。民国元年（1912），改名“统捐”。民国《建德县志》卷八《食货·统捐》载有一份民国元年征收统捐暂行捐率清单，② 浏览一下这份清单，我们可以看到当时通关物品的林林总总、形形色色。当然，整个清单所列，并非全是食品，所列物品涉及日常生活的方方面面。在此，我们只是关注新安江人的饮食生活，特将其中有关饮食的商品名目抄录如下：

食物类：燕窝、鱼翅、鱼肚、鹿筋、火腿、盐肉；大猪、中猪、小猪、大羊、小羊；海蜒、蛏干、青螺、虾干、蚶子、鲟鱼、毛燕燕根、海参、葛仙米、虾皮、虾米屑、明脯鱼、明脯蛋、虾米、蛤干、银鱼、冰鲜、鳓鲞、鳑鲞、带鱼、白鲞、海蜇、黄鱼；蟹酱、醃蟹、醃鱼、醉蟹、白皮；桂圆、莲子、杏仁、圆眼肉、蜜饯、佛手、江瑶柱、葡萄干、木耳、淡菜、干笋、紫菜，口蘑，桃仁、瓜仁、榛仁、松仁、榧仁、核桃肉、花生肉，洋菜，沙鱼肉、鱼唇、沙鱼尾，皮蛋、醃蛋，枣皮、木莲子，黄豆、蚕豆，冬菰、香菌，鲍鱼，盐青果，核桃、花生、枣子，北面，菉笋、海带、金针、麒麟菜，香榧、瓜子、柿子饼，蜜枣、南枣、荔枝，青豆、松子，榛子、榄仁、查糕，芡实，芝麻，花椒，蜂糖、蜜饯，橘子、柚子，甘蔗、青菓、鲜佛手、糖食，冬笋、笋干、山粉、藕粉，酱油、腐乳、酱货，酒曲，笋片、李干、海粉，索面、粉干，大头菜、豆粉、干面。

罐头食物类：鱼肉类，蔬果类，饼干类，杂物类。

油类：蔴油、荤油、羊油、菜油、豆油、茶油、花生油、虾油。

糖类：红糖、白糖、冰糖。

---

① 裘永睦、朱睦卿：《严州官盐一其昌》，政协建德县文史资料委员会：《建德文史资料》第9辑，第5～10页。

② 《建德县志》卷8《食货志·食货统捐》，民国八年影印铅印本。

茶类：箱茶、篓茶、袋茶、拣剩茶片、茶梗末，已捐入境各茶。

酒类：加大绍酒、行使绍酒、放样绍酒、京庄绍酒、烧酒、土酒、上下等洋酒。

以上各种名目的归类及其顺序，基本依照清单排列，没有专门加以调整，所以显得有些纷繁杂乱。但是我们仍然可以看出，在这令人眼花缭乱的大量名目中，大体不外乎两大类物品：

一类是新安江人自己生产的饮食物品，像猪、羊、鱼、蛋、面、笋、豆、芝麻、花生、山粉，以及某些干果、水果和某些油类、酒类等。这一部分物品的通关和营销，对于当地民众的日常饮食来说，显然是一大增补，或者增大其量，或者补其不足。

另一类是建德、淳安，乃至整个新安江地区历来都不曾出产，甚至根本不可能生产的食用物品，像燕窝、鱼翅、海参、海蜇、紫菜等各种海产海味，以及荔枝、桂圆、松子、榛子、榄仁等南方水果和北方特产。正是随着这些南北各地产品的大量输入和营销，新安江的两岸有了遍布城乡街头巷口的南北杂货铺，给各地城乡的广大民众带来商品流通，饮食分享的机遇。

毋庸置疑，饮食商品的内外流通，广泛交易，不仅会极大地丰富新安江人的饮食生活，甚至会深刻地引发饮食结构的某些变化，显著地提升当地民众的饮食水平。

其三，饮食市场的营销服务，方便了新安江人的日常生活。

商品流通和街市繁荣给人们的日常生活带来极大的便利，这是一个显而易见的事实。如果依照传统的“自给自足”的生产与生活方式，要吃鱼，得自行下水捕捞；要吃肉，得自家养猪，还得自家杀猪。而在商品交易、市场营销发展起来之后，乡村有了鲜鱼摊贩，市镇有了鲜肉店铺，人们可以根据家庭生活和人情交往的需要，随时买到鱼、吃上肉。“塘里没有街头有，家中没有市上有”。古往今来，世俗人生的生活方式和饮食条件由于商贸发展而大为改变。这在任何地方都如此，新安江流域也不例外。

至今还有人记得非常清楚，民国二十五年（1936）前后，梅城街上经营鲜肉的店（摊）共有22户，分布在街道、巷口、埠头、庙门口前，除了逢年过节，平常每日销售肉猪30来头。按照当时的消费水平，这样的营销布局和鲜肉供应也就基本满足了全城居民的食用需求。[①]

---

① 傅骏荣：《梅城的鲜肉业》，政协建德县文史资料委员会：《建德文史资料》第9辑，第306页。

比起鲜鱼、鲜肉的供应，对于民众日常生活而言，面条和馒头的加工和营销有着更为广泛的影响。清末民初之际，梅城的面粉制作业日益兴盛起来。如果从光绪年间（1875 ~ 1908）开张较早的江锦泰算起，从事面粉加工的店铺将近有20家，有项森泰、王根顺、董泰丰、协丰、义丰、张大兴、杨恒达、江瑞舟、宓崇林、江正大、胡庆丰、董钟林、洪祥盛、方如卿等。[①] 当然，他们起初都是手工生产，全家起早摸黑地不停劳作，从磨粉到加工，“一条龙”操作，后面作坊，前边店面，一边加工，一边出售。加工出售的成品主要是面条和馒头，细数也有十几个品种。其中，索面是一种传统产品，主要原料是面粉，配以食盐、菜油。放盐的数量要看气温而定，温度低则少放点盐，温度高多放点盐。粉坯做好，放在面缸里面，过了七八个小时之后，再用手工一根一根拉起来，粘在竹竿上，挂在面架上晒干，一绞一绞，盘好出售。制作索面，一次需要40斤面粉，分为三板，每板用40根竹竿晾挂。索面既是传统食品，也是逢年过节庆喜庆待客的馈赠礼品。梅城江锦泰生产的索面，质量上好，粗细均匀，煮烧不糊，深受顾客欢迎。到了民国时期，有了机器轧面，不仅提高了产量，而且增加了品种，不仅有湿面和干面任你选购，而且还将宽的玉带面、细的铜丝面、狭的普通面，分别用纸盒包装起来，更加方便携带和存放，广为城乡民众青睐。

馒头既是一种司空见惯的实用食品，也是用途广泛的馈赠礼品。婚嫁迎娶、祝寿、催生、造新房、办丧事都少不了馒头。为了满足各种需要，就有多种馒头制作。历来乡村建造新房，亲戚都会送上馒头，通常是100个，或者120个，东家上梁之时，就将这些馒头分抛给在场的人，于是大家便来一番热闹的“哄抢”。

馒头大小可以根据顾客需要制作。祝寿馒头，称为“寿桃”，要求个头较大，一斤面粉仅做两只，上面盖着桃形红印，与“寿面”、“寿糕”一起，摆在寿堂上，就像现在的大蛋糕一样，非常美观。婚嫁喜宴上的点心馒头，一斤面粉可做10个，每桌2斤，一人2只。还有丧事馒头，旧时长辈去世，晚辈要送“盒担”，其中就有馒头一盒，这种馒头，不盖红印，全部白色。其他像催生馒头、订婚馒头、追节馒头，大小都由顾客决定，盖上红印，以取百利。

梅城虽然是府城，但是商店的买主主要来自四乡八村，因此商品要适应乡村的

---

① 傅骏荣：《梅城的面粉复制业》，政协建德县文史资料委员会：《建德文史资料》第9辑，第295、296页。

生活习惯和农民的购买力，特别是作为礼品的面条和馒头，绝大部分供应农村群众。由于当时农村经济相对落后，农民收入普遍不高，就采取灵活的销售方式，可以用现金购买，也可以拿小麦交换成品。两斤小麦可换一斤面条，馒头则按价格予以折算。这样不但方便了群众，也扩大了营业。

再看看梅城街上的宾乐园面馆。宾乐园主营面食，种类有光面、普通面、油渣面、肉丝面、三鲜面等。光面先只几个铜板一碗，之后卖一角几分，普通居民都能接受。尽管卖面的利润很小，但是店员招呼食客非常热情。利润较大的是菜肴烹饪和置办酒筵。一般吃饭叫菜，主要是炒肉丝、炒肉片、“十大全”。所谓“十大全”，是青菜、豆腐、香菇、笋片、鸡内脏，加上烧肉滗起的肉汤等合成的一碗菜肴。另有一种“和菜”，四菜一汤，四菜之中必有鱼肉荤菜，每客一元，四人合吃，经济实惠，酒饭另加。比较上等级的下饭菜，有干菜鸭、油爆肚头、油爆鱼片等，还有所谓爆双脆，就是将肚头、鸡肚切成花状，用油炸脆，再加香菇丝或竹笋丝作为配料。如果是置办酒筵，那就离不开海参、鱼翅、干贝、山鸡等，也就是人们通常所说的“山珍海味”。香菇味香，用作佐料。干贝味鲜，可以单独成菜，如清蒸干贝、干贝糊汤等。在民国时期，一席上好的酒筵，有七八块银圆也就足够了。

干贝煨萝卜

当地一些殷实人家，比如梅城东门街的王家、北门街的陈家、方家等，遇有嘉宾造访、亲戚来往，临时需要设宴招待，往往都到宾乐园点菜叫菜，由“半作”挑笼担送菜上门，十分方便。所谓“半作”，指三年学徒期满之后、第八年成为师傅之前的那些从业人员。[①]

为了方便顾客，坚持早开门、晚关门，几乎是饮食服务业的统一规矩。开门

① 徐聚昌、应聚法：《宾乐园》，政协建德县文史资料委员会：《建德文史资料》第9辑，第140页。

前，门市部必须打扫卫生，所有的桌椅板凳都得擦洗干净。如果是酱园油坊，酱菜缸、酱油缸，以及秤、提、筷等全部用具，都得用热水洗刷一遍，充分做好营业前的准备工作。晚上打烊之前，照例都要清扫一遍店堂。[①] 许多商家为了扩大销售业务，还采取记账赊销的办法，允许一些顾客先消费、后结算，结算时间长短不一，有的是十天半个月，有的一年三个节结算，这就极大地方便了当地民众。凡是企业经营，首先必须讲究产品质量，同时也得尽量方便顾客，生意才能越做越大。

最后，食品市场的质量追求，提高了新安江人的饮食水准。

尊重主顾、注重信誉、讲究卫生、追求质量，是新安饮食行业历代厂商继承和弘扬的优良传统，其实也就是历代厂商创造业绩、赢得竞争的成功经验。无论处于什么时代，一旦进入市场就会面临竞争。厂商占有市场的核心竞争力，不是别的，就是商业产品的质量。新安饮食的市场竞争，最终都由产品质量的优劣高低决定胜负。正是因为如此，历来的新安厂商都在产品质量上下足了功夫。

我们姑且不往大处说，先说一块小小的豆腐干吧。休宁的五城豆腐干，淳安的茶园豆腐干，遂安的泰源豆腐干，建德的其昌豆腐干，这些产品所以能够在激烈的商业竞争中脱颖而出，享有良好的声誉，占有比较广阔的市场，凭什么？凭的就是自身的质量。

在休宁五城老街，一百来家店铺中就有20多家豆腐坊，竞争的激烈程度可想而知，然而正是处于长期的竞争当中，各家都视产品质量为生命，谁也不敢有丝毫懈怠，一代又一代人都在制作工序上竭力完善，都在卤汁配方上讲究精准，都在品种开发和质量保证上不断追求。毫无疑问，这些作坊都在世代相继的制作工艺上，积累了非常丰富的实践经验，犹如有人猜测的那样，他们各家都有自己的“祖传秘诀”。

淳安茶园豆腐干是茶园镇的特产，凡是路过茶园镇的人都想品尝这里的豆腐干，很多人还会买了带走以馈赠亲友。为了便于携带，商家会用线扎好，一扎20片，上面衬有一方红纸，印着商家店号和产品商标。茶园豆腐干呈红褐色，有光泽，质软而韧，卷起来不会开裂，入口鲜爽有余味。据老辈人说，民国之初，镇上有家程广隆店，为了制作优质豆腐干，特意聘请一位远近闻名的豆腐师傅，每天只用一斗一升豆料做成豆腐干出售。这位师傅的制作方法特别讲究，在每板嫩豆腐中放上四

---

① 裘永睦、朱睦卿：《严州官盐一其昌》，政协建德县文史资料委员会：《建德文史资料》第9辑，第5～10页。

两冰糖、四两开洋，并与火腿一起煮好；起锅以后，放进加有佐料的酱油里面浸泡；然后再将已经浸泡的豆腐，包三遍、压三遍、拆三遍；最后待到晾干之后才肯拿来出售。这种豆腐干香甜有味，口感特别丰富，深受顾客喜爱。于是，镇上的同和泰等一些商号也都坐不住了，争先恐后地聘请师傅进行研制和开发。茶园豆腐干就在他们的研制和开发中，质量越来越好，名气越来越大，销路越来越广，影响遍及皖南诸县和严州、金华一带。①

作为享誉一方的名特产，遂安的泰源豆腐干，建德的其昌豆腐干，也都与五城、茶园豆腐干一样，有着强烈的质量意识和类似的产销经验。泰源和其昌两家都在制作工艺上下了功夫，产品质量也就有了保证，产品营销也就有了自信。他们都在自家产品上贴上红色标签，亮出自家商号，用意不言自明，既为取信于众，也为防人假冒。②

糕饼生产的质量同样在商业竞争中不断提高，最终惠及广大消费者。像清朝末年的休宁街上，同时经营糕饼杂货的商号就有 20 多家，其中就涌现出“胡永泰”这样的百年老字号，承传六代之久。越是逢年过节，糕点销售竞争越是激烈，胡永泰的质量要求就越加严格。老板亲临工场，时时进行检查，发现问题，立即处理。胡永泰的顶市酥，芝麻脱壳特别干净，麻玉漂洗非常彻底，加工成粉特别精细；交切糖的特色是张头薄、糖分足，色又漂亮，进嘴松脆溢香；雪片糕，质量之高，可以像纸一样卷成筒状而不裂，吃进嘴里生甜软熟，感觉太好。其他像月饼、绿豆糕、寸金糖，都受到广泛赞誉，不仅当地民众常年享受这样的良好品牌，外出人员还数十上百斤地带往杭州、汉口、上海等地。③

由清朝中叶创始的南北杂货店胡益茂，经过胡广茂，发展到胡亨茂，在梅城已有南门总店和四家分店，后来到了同治年间（1862 ~ 1874），又在东关开设“东号”分店，主营五加皮酒。当时除了胡亨茂以外，配制五加皮酒的有九德堂、济成堂、致中和等老字号，还有严东关的三阳泰、同德和等小店号，同行竞争可谓异常激烈。

---

① 政协淳安县文史资料委员会：《淳安文史资料》第7辑，第117页。

② 程雷生：《狮城秦泰源商号》，政协淳安县文史资料委员会：《淳安文史资料》第7辑，第70～74页。泰源豆腐干以开洋豆腐干为最佳，是遂安的名特产。泰源火腿曾在民国三十五年（1946）杭州西湖博览会上获奖，从此正宗的泰源火腿都贴有专门标志。

③ 陈雷：《“胡永泰”糕饼杂货店》，《近代商人》，黄山书社，1996年，第50～54页。

九德堂在20世纪初即有“百年牌子”的称誉，资金雄厚，设备完善，可以酿制各种药酒，像虎骨酒、参桂酒、木瓜酒、玫瑰蜜酒、五加皮药酒、养血愈风酒，其中尤以“京方五加皮酒”最负盛名。九德堂的显著优势是酿制历史最为悠久，质量行市广受好评。作为名牌药酒，京方五加皮酒的主要特色是，酒色浓厚而又透明，酒味醇正而又芳香，好酒者普遍称其有“酒香透瓶”之感。因此，长期以来，自杭州、桐庐、富阳、淳安，直至徽州一带，均有严州九德堂“京方五茄皮酒”的热销市场。

胡亨茂的“东号”分店坐落在东关下街北侧，与成名较早的致中和店仅一路之隔。为了积极参与同行竞争，胡亨茂采取种种有力措施，其中最关键的一条就是提高酒的质量、提升酒的品质。为了优化酒的质量和品质，胡亨茂选配原料极精、极严，用以酿造白酒的原料专选大连牛庄的高粱。牛庄高粱颗粒均匀饱满，色泽光亮，酷似人丹，品质甚佳，且含水果香味，酿造成酒，味醇香浓。同时，胡亨茂又赴江西精选糯米酿制蜜酒，冲兑高粱白酒之中，并且再加一些优质蜂蜜，用以增加酒质的甜度。当时配制五加皮酒的药料，大体采用五加皮、黄枝、当归等十几种，只是各个厂商、各个师傅选药的品种和数量不尽相同，完全由各个厂商、各个师傅自行试验、自主配制。正因如此，胡亨茂的五加皮酒最终在同类产品中做出了自己的特色。民国四年（1915）胡亨茂五加皮酒获巴拿马万国博览会银质奖章；民国十八年（1929），胡亨茂卫生白五加皮酒又获西湖博览会优等奖。直到如今，严东关五加皮酒厂的“千杯少”白酒和五加白酒仍然沿用胡亨茂的招牌。①

就像胡亨茂专购大连牛庄高粱那样，原料采购不肯马虎、进货讲究地道，这是成功商家的共识。建德的一家南货店叫同顺泰，除了坚持选购东北优质高粱制作白酒之外，并对所有的货源都做了认真的考察与选择。比如，莲子要买就买湖南、江西的湘莲，木耳要进就进四川的川耳，白糖要台湾产的，红糖要义乌产的，蜜饯要临浦产的……在长年的营销活动中，买就买好的，卖也卖好的，确保货真价实，维护商业信誉。

当然，优质材料进店之后，还需要妥善地保管和处置。同顺泰的货物保管十分严格，指定富有经验的人员专门负责，根据不同商品做出不同要求，适时、适度地进行烘、焙、晒。比如说，黑枣、桂圆要烘不能晒；莲子要焙不能烘；核桃要晒，

① 祝诚：《胡亨茂商号》，政协建德县文史资料委员会：《建德文史资料》第9辑，第11～15页。

但必须在春分前后晒，以防开裂；红枣要晒，但必须在惊蛰前后晒，一连晒上五六天，晒到掰开看不见拉丝为止，过了清明就不能再晒了，防止生虫……货物的处理也是必要的。比如说，桂圆存在大小不均的问题，荔枝难免出现破壳的现象，商家便会安排人员专门进行分拣，然后按照不同等级合理标价出售，决不以次充好，影响商业信誉。[①]

我们再看一个例子。建德另一家老牌子孙春阳，同样经营各类南北货，同时还经营糕饼作坊、腌制坊和酒作坊。兴盛时期，孙春阳天天门庭若市，批零两旺。尤其是每到节日和年底，店堂里外总是围拥着一批又一批的买主。孙春阳不但备货非常充足，数十间栈房堆满各类商品，而且特别用心地保证加工的精良和售货的质量。就拿糕饼制作来说，孙春阳糕饼在用粉和用糖的配比上，一直坚持四成粉、六成糖，丝毫不肯含糊。一旦发现配比不当，糕饼出现次品，果断下架，不再出售。再比如瓜子，首先是严格选料，保证颗粒大小厚薄均匀，形状平直，老嫩合宜，然后在浸透、淘净、煮制、加料各个工序上严格把关，务必做到成品瓜子色香味俱佳，才许售出。另外，孙春阳的咸蛋、皮蛋也都远近闻名。咸蛋由老板亲手腌制，满月以后才可出售，并且保证不淡不咸、只只有油。如果买到无油的咸蛋，包退包换。皮蛋，又称松花蛋，特邀北京师傅制作，软硬老嫩适宜，只只松花绽开。其他像自产的香肠、火腿、肉松，也都保证质量上乘，从不马虎。对于咸鱼类及腌制品，坚决杜绝变质出售。孙春阳认为，一旦出售变质的商品，就是断送了店家的产业。[②]

长期以来，置身于激烈的市场竞争当中，新安厂商无不千方百计地提高食品质量，努力争取市场声誉，其中有不少厂商苦心孤诣地创造了出类拔萃的名牌商品，从而带动整个新安江流域饮食水准的提升。在这样一个发展过程中，做出业绩的厂商当然得到了应有的利润回报，而广大的消费者也都成为实实在在的获益者，新安人家的饮食水准也就在整体上得以提升，新安饮食文化也由此更见丰富和繁荣。

---

① 祝诚、程秉荣：《同顺泰南货店》，政协建德县文史资料委员会：《建德文史资料》第9辑，第106页。

② 方丽菊：《孙春阳》（南北货店），政协建德县文史资料委员会：《建德文史资料》第9辑，第19～18页。

第三章　新安饮食的品牌展示

一个地域的饮食文化总会酝酿出相应的饮食结构，一定的饮食结构总是具备了一些相应的饮食品类。这些饮食品类作为饮食文化的载体，往往能够比较直观地展示出特定地域的饮食文化。在相当程度上，新安饮食的独特风味正是由于传统积淀的品类系列得以体现。换以现代习惯而言，这些传统的食品种类不妨称之为新安饮食的传统品牌系列。

第一节　新安著名菜品系列

新安传统菜肴具有鲜明的地方色彩、浓郁的乡土气息、深厚的文化底蕴和蓬勃的发展活力。它是新安山水钟情孕育的一枝芳香四溢的幽兰，是新安江人辛勤培植的一朵色彩绚丽的奇葩，千百年来一直令人瞩目。

(一)

现在我们来全面审视新安菜肴的传统系列，特别关注一下新安菜肴的几个基本特征：

第一，新安菜肴源于新安山水，崇尚清新自然，历来都以绿色有机物品作为主体食材，这就从根本上昭示了人类饮食的发展方向。

白居易诗云："樽罍溢九酝，水陆罗八珍。果擘洞庭橘，脍切天池鳞。"[1] 所谓"八珍"，传说是指世间罕见的龙肝、凤髓、鲤尾、猩唇、豹胎、熊掌、鸮炙、酥酪蝉。新安菜肴生于青山绿水，长于山野乡村，根本没有追逐这些奇珍异味的条件和野心；新安菜肴只是实实在在地立足于当地的山水环境，顺应自然，就地取材，物尽其用，珍惜天

---

① 白居易组诗《秦中吟》十首之第七首《轻肥》。

地之间可饮可食的各种物质资源。新安境内林木葱茏，溪流遍布，盛产山珍野味、河鲜水产，也的确为新安菜肴的制作提供了极其丰富的特色食材，提供了四时常鲜的优质食材。无论是笋类、菇类、木耳类、野菜类，还是禽类、兽类、鱼类、两栖类，品种极其繁多，可谓百味俱全。新安菜肴正是凭借如此丰富的物产，尤其是特产，以烹制山珍野味、水产河鲜而著称于世，从而形成鲜明独特的山野风味和地域特色。

同时，新安人家培植的瓜果菜蔬，畜养的鸡鸭猪羊，又都长期保留着原生品质及传统形态，无一不是绿色产物、有机食品。就说农家土鸡，一贯都是放养于屋后田头、林下溪边，环境优越，食物充足，水源和空气都有利于土鸡的自然生长。再说山里土猪，无论是圈养，还是圈地放养，吃的都是南瓜、番薯、苞芦、菜叶，以及野菜、野草，虽然个体不大，但是肉质鲜嫩，香味醇厚，其中具有代表性的淳安花猪、休宁花猪，至今都被视为中国优良猪种。

检视一下淳安的“十大名食材”，即淳牌有机鳙鱼、清水螺蛳、农家土鸡、千岛湖虾、山里土猪、野生千岛鳜鱼、高山鲜笋、点卤豆腐、野生白花、秀水泥鳅等，或者浏览一下淳安的“十大特色食材”，即花石斑鱼、金峰猪头、茶园香干、淳安花猪、溪坑石鸡、天坪石笋、清水甲鱼、奇香豆腐、高山石衣、溪水蕨菜等，都可以深切地体会到新安菜肴的绿色品质和基础优势。

水蕨

物产食材是基础，选料烹制有传统。新安菜肴除了干制品、腌制品之外，无不着眼于“特、精、鲜、嫩”四字，特别注重于选料的高质量和高标准。且以世传“歙味”招牌菜为例，所谓“沙地马蹄鳖，雪天牛尾狸”就充分体现出选料的考究。

首先考究的是食材的生态环境，关注食材的产地环境和季节时令。马蹄鳖要求产自清水河溪的沙地中。这种优质甲鱼，肉质鲜嫩，胶质丰富，最关键的一点是绝无腥臭味和泥土气。牛尾狸喜欢以秋后野果子为食，到了冬季，雪地捕获的牛尾狸当然肉质特别肥嫩。其次还有尺度与分量上的考量，当地民谚所谓“秤杆鳝鱼马蹄鳖”，强调的就是选料的体量与重量标准。那意思是说，黄鳝最好就像秤杆一样粗细，过粗过细都不合适；甲鱼最好就是马蹄一般大小，过大过小都不理想。

新安菜肴不但主料讲究自然本色，就连辅助性的佐料与相关性的用材，也都富有乡土气息和山野风味。新安菜肴历来多用当地所产姜、蒜、葱、椒等调味增味，多用桂花、菜花、桂皮、丹皮等作为食用香料，多用茶叶、荷叶、箬叶、竹叶、松叶、南瓜叶等，作为菜肴的包装或者垫衬，所有这些对于当今饮食返璞归真、回归自然的意愿来说，其现实意义不言而喻。

即便是走出大山、风靡四海的徽菜，就地取材、选料严格、制作精良的工艺传统始终坚持不变。徽菜徽厨垂青于各地的名产特产，总是根据自己的烹饪特长，择优选取，为我所用。选取之时，对于原料的品种优劣、出产季节，以及选取部位、新鲜程度，都很讲究，从不马虎。袁枚主张：“凡事不宜苟且，而于饮食尤甚。”[①] 徽菜可以说是深得“个中三昧”。

第二，新安菜肴讲究烹制方法，精于火功运用，善于通过食材加工，达到“有味使之出，无味使之入，异味使之去，味极取其中”的效果。

新安菜肴早期的烹饪技法比较简单，主要是烧、炒、焖、煮、蒸、炖、腌，后来在实践中逐渐发展了煨、烩、炸、烤、煎、糊、卤。另外，又在外向交融中酌情吸收其他菜系的一些技法，兼用贴、熘、焗、滑、滚、泡、薰、扣等，综合形成二三十种功法，简直就是无所不能，无所不施。

无论是炒、是烧、是炖、是蒸，还是其他各种烹饪方式，新安菜肴都特别地注重火功，讲究火功技法、火候掌控，目的就是尽量保持菜肴的原汁原味，尽量避免营养成分的流失。

讲究火功。首先，是选用合适的燃料，以保证适当的火力，实施相应的烹饪方式。这在传统社会也体现出山区资源的优势。比如说，烧用细软木柴，熬用粗硬木柴，爆用松油柴，炖则木炭火，等等。由此便能做到以旺火快炒，以烈火煎炸，以文火蒸煮，以淡火焖炖，诸如此类。

其次，是根据不同的食材施用不同的火功，施用不同的火功调出不同的味和质。简单说，要做什么菜，就用什么火。或者说，用了什么火，就有什么味。比如

---

① [清]袁枚：《随园食单·戒单》，三秦出版社，2016年。

说，快火能去其腥，中火能保其味，文火能见其质。应该说，菜肴的色、香、形、味、质都与火功有关，而火功对于质来说尤其重要。菜肴之质有五，即脆、嫩、细、酥、软，讲究火功就是要调出预期而理想的那个“质”。

再次，讲究火功还得根据烹饪的不同环节、不同要求，相应地调整使用不同的火力。例如，烹制传统的“走油拆炖”，先将剔除骨头的猪蹄放在开水中，利用中火煮沸五六分钟，捞去汤面血沫；投入姜、盐，改用文火慢炖；八成熟时，起锅沥去汤汁，用酱油涂抹皮上；放入八成热的油锅，用烈火油炸，等到听不见煎炸声响时，掀开锅盖捞出蹄子；温水浸泡半个小时，见蹄皮收缩呈绉纱纹后，又投锅中；加入原汤、料酒、冰糖等，再用旺火焖烧五六分钟，即可起锅盛入青菜做底的磁盘，浇上汤卤上桌。现在烹制脱油蹄膀，先要煮，后要炸，再是蒸，最后还要卤，不同的环节，也得讲究不同的火功，这实际就是多种火功的综合运用。

第三，新安菜肴品质朴实淳厚，口味中正平和，比较适合于最广大的饮食群体，因而也就完全可能最大限度地拓展出新的发展空间。

《吕氏春秋·本味篇》早就明确主张“久而不弊，熟而不烂，甘而不浓，酸而不酷，咸而不减，辛而不烈，淡而不薄，肥而不腻”，[①] 这种见解体现了超乎寻常的人生智慧。后人如今都已意识到，凡是过辣、过麻、过酸、过甜，以及过生的菜肴，虽然算是特色鲜明，其实都不太符合科学。在日常的饮食生活中，这些剑走偏锋、味趋极端的菜肴，适应人群、适应范围必定都会受到明显的限制。

那么，新安菜肴又是怎样的情况？我们试用简单一个“辣”字、“麻”字、“酸”字，或者“甜”字，能够概括新安菜肴的口味特点嘛？根本不行。因为在新安理学的长期熏陶下，新安菜肴经过历史的变革演进，已经逐渐改变重油、重盐的重口味，性格越来越显得平和，口感越来越趋于中正，微“辣”而不觉太过，微“咸”而适得其味，虽然用糖而不觉其“甜”，善于配料而益得其“鲜”，《吕氏春秋·本味篇》的理论主张在此得以实现。

“一辈子只做一件事”的名厨大师孙成应认为，徽菜的特点可以概括为“咸鲜小辣，酱汁作色，冰糖提鲜，火腿佐味，原汁原味，南北适宜”。[②] 徽菜如此，新安菜

① 张双棣等：《吕氏春秋译注》，吉林文史出版社，1987年，第387页。
② 《中国徽菜》2018年第2期，第22页。

肴也大体如此。不走偏锋、不走极端，不负本体、不失本味，这种菜肴的好处，那就不只是入口那一瞬间的令人满足，而是经得起长久时间的身心体验。因此，新安菜肴作为“原汁原味，南北适宜”的日常饮食，完全可以适合最广大人群的长年享用而始终不败胃口。

第四，新安菜肴注重以食养身，讲究“味”“养”并重、营养平衡，适应人们强身健体的人生诉求，必然会得到越来越广泛的青睐。

以食养生是中国传统文化的一个重要理念。从中医元典《黄帝内经》到著名的《本草纲目》，实际上都把饮食养生作为祛病保健的根本；从唐代的《食疗本草》到元朝的《饮膳正要》，关于食疗、食养又都分别有着大量明确的阐述。自从宋代以来，持续千年、世代相承的新安医家，继承了这些珍贵的文化遗产，弘扬了历代前贤的人生智慧，将“医食同源、药食并重”的文化传统，同时融入新安医学和新安菜肴，新安医学和新安菜肴也都因此而凸显出各自的特色。

在新安医学的长期熏陶下，在健身知识的广泛普及中，五味调和、阴阳相济、药食同源、食疗同功，早已成为新安菜肴的重要理念。新安人家特别注重传统的滋补养生之道，身体力行地贯彻于长年的菜肴烹饪，创制出大批具有保健功能的菜品，集中地体现着以食调养、以食补身甚至以食助疗的特色。像枸杞子炖乌骨鸡、凉拌枸杞菜、板栗烧瘦肉、萝卜烧牛肉、黄山炖鸽、冰糖炖雪梨、山药炖排骨、紫苏炒肉片、银杏炖猪肚、蒜香鱼腥草、八补八珍汤、火腿扒鱼肚、荠菜干贝汤、百年好合、红烧野兔、韭菜炒鸡蛋、黑木耳烧豆腐、金针菜炒肉丝，这一类具有保健功效的美味佳肴，在新安菜肴中实在不胜枚举。对于新安人家来说，诸如清炖萝卜以顺气、冬瓜煲汤以利尿、板栗配料以强肾之类饮食健身常识，可谓是妇孺皆知；诸如韭菜粿、豆黄粿、艾叶粿、香椿粿一类美食所以备受青睐，也是因为具有一定的保健功效；诸如紫苏、菊花、五加、百合、黄精、苜蓿菜、野菊苗、鱼腥草、枸杞叶、马齿苋，以及许多野生植物的苗叶、茎根、花果，都被大量采用和加工，在相当程度上增强了新安菜肴的养生保健功能。

当代社会的饮食保健意识日益增强，饮食行业也空前重视养生菜肴的创制。淳安有砂锅鱼头、千岛之吻、古法笋煲、农家暖碗、相门粽香、留香石斑、盐水河虾、椒盐溪鱼、牛肉素鲍、坊间豆腐获“十大名菜”称号，又有番茄鱼头、当归凤凰、群鱼献花、石锅花猪、御制鳖裙、山越双石、乳鸽野肚、蟹黄鱼圆、温火煲鸭、鱼脑豆腐获“十大养生菜”称号；[①]建德也有红花汁养生石榴包、建德苞茶鸡、里叶莲子肚煲鸽、里叶莲子鸡、三元及第、小米莲子烩辽参、药膳甲鱼、珍味蟹甲田园、至尊九姓鱼头皇、至尊石斛大白花获“十大特色养生菜”称号。[②]所有这些名菜、养生菜、特色养生菜的创制和推出，都在一定程度上顺应和满足了当代饮食行业发展的现实诉求，也从历史渊源和饮食传统上展示出新安菜肴难能可贵的独特内质。因为我们知道，当今菜品的创制，脱离不了属性原则、食用原则和市场原则的三者统一。淳安也好，建德也好，这些养生菜品能够创制面世、经受市场检验，产生预期效益，就足以证明新安菜肴在材料本质属性和食用养生功能方面具有突出的合理性和科学性。

第五，新安菜肴根植于社会生活，承载着风俗礼仪，不仅解决了“吃什么、怎么吃”的基本问题，而且体现着“吃出情、吃出礼”的宴席文化。

新安人家宗族祭祀多，庙会活动多，而且又特别讲究岁时节庆，注重人生礼仪，恪守伦理道义。因而在长期演进的新安菜肴中，宴席菜肴约定俗成，宴席文化脱颖而出，并且与时俱进、日臻完善。像岁时中的大年宴、中秋宴，像小孩的生日宴、老人的寿星宴，像嫁女的待姑宴、回门宴，像娶媳的接亲宴、新婚宴，像学艺人的拜师宴、谢师宴，像用工匠的开工宴、圆工宴，像做房搬家的上梁宴、乔迁宴，层出不穷，名目繁多。所有这些，尽管都是私家宴席、民间宴席、地方宴席，但却不是一桌饭菜、几桌酒菜的普通概念；其间菜单的设计、菜品的烹制、上菜的顺序、摆菜的方式，以及餐桌的摆放、席位的安排，都直接或间接地关联着宴席的主题与规格、宾主的关系与情义、主人的身份与家境、地方的物产与习俗、文化的底蕴与传统。

新安人家的传统宴席，各县有各县的规格，各乡有各乡的程式。比如，休宁县有“六冷六炒六大菜”，绩溪县有“九碗六”“十碗八”，歙县西乡有“四碗四”“八碗八”和“八碗十二盘”。宴席的档次越高、菜品越多，就越需讲究总体设计和程序操作。像歙西的“八碗十二盘”，实际就是“八碗、四冷、四热、四果点”，其中体现出一套比较普遍适用的系统性规则，即“有冷有热，花色兼备；有荤有素，大

① 徐龙发：《舌尖上的千岛湖·美食争宴》，淳安县商务局、千岛湖餐饮行业协会印行，2015年。
② 《杭州日报》2018年11月30日。

小般配；主料不重，主辅相对；尊重风俗，独特风味”。

当代新安江人打造的主题文化宴席，虽然多由民宅宗祠转入了宾馆酒店，然而主题宴席的形态与内涵却更加凸显出社会人生的关注和饮食文化的自觉，凸显出饮食文化的地域性、传统性、独特性和体验性。这里请看两个实例——

先看歙县的忆徽宴菜单：①

干果四品：春时米烘糕，夏时咸笋豆，秋时番薯干，冬时苞芦松；

水果一品：时令鲜瓜果；

香茗一品：太平猴魁茶；

小菜六品：黟县宏村豆腐乳，绩溪华阳香菜秆，婺源江湾酸萝卜，歙县南乡腌红椒，休宁流口脆刀豆，祁门历口油焖笋；

冷菜五品：徽式酱牛肉，青葱拌豆腐，糖醋乌鱼片，薏仁藕肉丸，辣油野山笋；

素菜一品：时蔬总无界；

热菜九品：炖黄白双石，徽府一品锅，太白鱼头煲，徽乡红烧肉，徽式毛豆腐，问政山贡笋，徽商盐帮鸡，腌鲜臭鳜鱼，金盏冲玉茗；

点心二品：歙县豆黄粿、双色蒸米糕；

主食一品：火腿竹筒饭；

酒水一品：农家甜米酒。

再看千岛湖都宴菜单：②

三糕点：十六都芹川麻酥糖，十七都姜家金枣，七都大墅麻饼；

三水果：一都界首蜜橘，七都唐村无核柿，十都百亩畈水蜜桃；

三干果：二十都汪宅落花生，八都白马地瓜干，九都瑶山山核桃；

三冷菜：三都宋村小鱼干，二十六都茶园香干，七都唐村桑木耳；

三大菜：鱼味馆番茄鱼头，十一都临岐暖锅，二都金峰猪头；

三热菜：七都唐村刮刮粿，三十一都里商粽香肉，三十六都贺城狮子头；

三汤瓶：八都白马笋煲，放都威坪双鸡汤瓶，十五都浪川风干肉煲；

三时令：六都安阳肉圆子，十二都卸岭神仙豆腐，十二都汾口毛豆腐；

---

① 黄绍祖：《八方宴情·专稿汇集》，《美食》2017年6月，第80～85页。

② 淳安县餐饮行业协会、淳安县农村劳动力培训工作领导小组办公室：《千岛湖美食》，2013年，第14页。

三点心：十二都汾口米羹，三都梓桐苞芦粿，六都安阳美极鲜包。

通过以上两份菜单可以清楚地看到，两个主题宴席的共同特征，就是立足于特定的背景和区域，一个是立足于古徽州属地的一府六县，一个是立足于淳安历史上的五十四都，深入地发掘了当地文化的内涵，具象地表现出传统文化的形态，淋漓尽致地展示出地域文化的独特性，也就昭示了这种宴席设计不可复制的唯一性。与此同时，作为当代宾馆酒店的主题宴席，两者又都在设计思路上体现出“实用性、程式性、展示性、礼仪性”的高度统一。

以上就是我们对新安菜肴的基本认识。基于这些认识，回头再看新安菜肴孕育产生的徽菜，总觉得历来人们所谓“重油、重色、重火功”的评价，过于简单，甚至轻率；尤其是“重油”“重色”的说法，极易引起片面的理解，误导后世的经营者和消费者。

不错，在第二章中，笔者曾经承认过新安饮食的重油现象，并且为其历史的合理性做过辩解。现在需要补充说明的是，随着新安饮食的文明进步，随着徽州菜系的逐渐成熟，所谓“重油”，不再是油多、油重的意思，而是重视油料应用的意思。说得更加明白一点，就是人们越来越了解各种油料的特点，越来越讲究各种油料应用的技巧。

不同油料，不同功效，不同用法，达到“因菜施油，因油制菜”，这反映出人们认识的深化和饮食的进步。比如，炒作绿叶蔬菜，先用素油下锅，高温杀青，以便蔬菜快熟，保持本色；炒熟之后，略施荤油收锅，使得菜肴软糯，口感更觉美好。如果烧制荤菜，通常有个“过油”程序，然后将油沥去。“过油”能够缩短烹饪时间，除去膻腥苦涩，增加菜肴香味。如果是煎炸食物，一般都用菜油或茶油，保持食材内部水分，使菜肴显得形美色靓。制作凉菜，或是卤菜上桌，只用小磨麻油适当浇淋，便觉香气扑鼻，味爽可口，夏天去火去热，冬天不易上冻。如果是身体虚弱，或者妇女产后，有条件的人家则用适量的豆油、花生油做菜，以利进补。

为了了解徽菜用油的技巧，这里不妨看一个烹饪实例。

炒鳝糊是一道正宗的徽式荤菜。烹制时先用菜油滑遍全锅，用旺火烧至五六成热时，投入姜末、蒜末、香葱末煸出香味；然后倒入鳝丝煸出香味，随即加入料酒、酱油、精盐、白糖进行翻炒；见到鳝丝上色，便从锅边缓缓加入高汤，可用手勺推翻之后；放入湿淀粉勾芡，翻炒几下；待鳝丝上卤，再加少许猪油，炒透起锅，装入盘中；盘的周边以“品”字形码放葱丝、姜丝、火腿丝作为装饰；最后利用手勺在鳝糊中心揿一菜井，将锅里烧热的少许麻油倒入其中，撒上一些胡椒粉随即端上餐桌。这时候浇入菜井的滚烫麻油吱吱作响，热气熏蒸的盘边“三丝”散发出阵阵醇香——好不诱人的美味佳肴！通观这道炒鳝糊的烹制过程，“菜油炒，猪油烧，麻油浇”，一套综合用油的操作方法，集中体现出徽菜工艺“讲究用油”的原则和水准。

还要指出的是，上面提到的烧、炒、煎、炸，的确需要用油，至于徽菜的重头戏，即汤菜的炖制，通常都只是用火腿佐味，根本不会额外加油。举一文献记载的实例以佐证。

康熙十三年（1674）美食家李渔曾在徽州书画家程邃宅中聚首用餐，他对程邃的烹饪技能赞赏备至，专门作有一首《食笋歌又赠程子穆倩》，诗中说：“此来适值樱笋候，鲥鱼乍美犹嫌瘦。杯底琼浆美似前，盘中玉版精逾旧。此物烹炮美在专，忌将他物相纠缠。世人不识孤行好，非在鱼边即肉边。鱼肉虽佳笋味夺，不如生嚼留芳鲜。此老熟识此君性，不教一物相兼并。煮竹惟将淇澳水，副清似照湘湖镜。淡极无盐若有盐，香饶似衬终非衬。老饕遇此难矫廉，盈盈食尽还教添。我善嚼兮君善煮，各有绝技无相兼。世上存我两怪物，南山有竹愁无尖。”[①]这里丝毫不见重盐、重油、重色的迹象，说的倒是“淡极无盐若有盐，香饶似衬终非衬”，这种境界才真正代表着徽菜烹饪的极高美学造诣。

说了“重油”，再说“重色”。徽菜擅长红烧、擅长着色是个事实。歙县开洋豆腐干、黟县夹心豆腐干、休宁五城豆腐干，何以颜色红亮而不发黑，入口有味而不涩嘴，就在于制作之时都用原汁酱油浸过、煮过。人们烧菜、卤菜，或者烹制动物蛋白、脂肪含量高的菜肴，往往利用白糖、冰糖调味，原汁酱油上色。属于粗纤维食材，木质糖含量较高的食材。比如茭白、萝卜，如果需要着色，甚至不用酱油，而干脆用酱。

但是，徽菜“重色”的真实含义不只是这些。徽菜“重色”的真正含义至少还有下面三个层次：

其一，是注重食材的本色，注重以色选材、以料定色。青是青，白是白，黄是黄，

---

① [清]李渔：《食笋歌又赠程子穆倩》，转引自《安徽优秀传统文化丛书》编写组：《徽州文化十讲》，安徽大学出版社，2015年，第371页。

红是红，大量的菜肴都以食材本色为重。例如，烹制“荷包鲤鱼”，可以蒸，可以炖，唯独不能红烧。因为荷包鲤鱼本身的红色非常艳丽，如果红烧就会破坏它的本色，岂不可惜！

其二，是讲究各种菜肴之间的色调组合。在上桌的多个菜肴中，尽管红烧的荤菜常常成为中心，红色常常成为主色，但是少不了其他多种菜肴颜色的间隔、错落和搭配。徽菜讲究的是“一物各献一性，一碗各成一味，一菜各显一色”。[①]

其三，是讲究主料与主料、主料与辅料的本色搭配、异色组合。这种本色搭配、异色组合的工艺创设和菜肴制作，真正体现出徽菜“重色”的功夫。一道石耳豆腐丸，就是用黑色与白色搭配起来，造成对比强烈、色调明快的视觉效果。一道雪菜扣肉，以深草绿的雪菜与酱红色的扣肉搭配在一起，色彩便会显得沉着而凝重。翡翠虾仁鸡片，其中有淡绿色的嫩豆瓣，又有白色的虾仁和玉色的鸡片，这三者组合一体，色彩就显得相当丰富美观。

正是出于徽菜“重色”的理念，人们利用麻油鸡的金黄色与白色的蛋沫搭配，创制出了色彩淡雅和谐的“金凤卧雪”。同样利用白色的鸡蛋沫铺设在炒成深褐色的鳝鱼段四周，创制成形象鲜明、寓意深长的“雪中送炭”。还有采用褐色的香菇丝、绿色的青菜丝、淡绿色的白菜丝、金黄色的蛋黄丝，以及橘红色的胡萝卜丝，分别粘裹在五个肉圆的表面，结果便隆重推出了五彩斑斓、色调艳丽的“五色绣球”。

所有这些以色选料、以料设色的创意和技艺，实为徽州菜、为新安菜增添了许多亮色，赢得了古往今来无数食客的赞赏。

（二）

新安菜肴源远流长，早有“徽菜”灿烂，又见“淳帮”秀出，今闻建德“养生”菜又获美名，可谓“千品佳肴，万种风情”，蔚然而成大观。既是千品佳肴，当然难以尽数，这里要为新安菜肴开列一份完整的清单，显然不大现实，也没这个必要。不过，我们还是试以不同侧面、不同层面的描述来展示新安菜肴的丰盛与风采。

饮食专著《千岛湖美食》[②]精选出来的五大名宴，以及70品湖鲜和79品山珍一一呈现读者眼前。千岛湖全鱼宴、千岛乡情宴、千岛湖都宴、渔师府宴、睦州宴——

① 《安徽优秀传统文化丛书》编写组：《徽州文化十讲》，安徽大学出版社，2015年，第372页。
② 淳安县餐饮行业协会、淳安县农村劳动力培训工作领导小组办公室：《千岛湖美食》，2013年。

看这五大名宴，何等光彩照人，其历史的深远、文化的丰厚、地方的特色、食材的优势，都显而易见。比如，千岛乡情宴，陈列有水果——高山西瓜、田园桑枣、樱桃番茄、威坪橘子，坚果——香酥兰花豆、恰香南瓜子、落地花生、左口蜜枣，冷菜——跳水牛肉、千岛小鱼干、茶园香干、蒜泥拌蕨菜，大菜——鱼头、鸿运当头、金汤甲鱼、笋干老鸭煲，热菜——千岛石斑鱼、铁板山里香、油爆爆河虾、秀才毛豆腐，时蔬——三鲜地衣、农家肉丸子、双菇扒荠菜，点心——农家玉米粿、子香葫芦酥。琳琅满目，纷然杂陈，乡土精粹齐集，浓浓乡情洋溢，果真不愧"中国名宴"之称号。至于那将近150道山珍和湖鲜，正如该书序言所说："既是古今淳安地方菜的全方位展示，又是对淳安菜历史成果的总结和传承，每一道精选的菜肴都记录了淳安餐饮的发展历史和时代足迹，包含着淳安人民对饮食文化的深情关爱和餐饮工作者的辛勤汗水。"①

徐龙发《千岛湖百鱼百味》一书。② 书中收集以鱼为主料制成的菜品多达202种。其中，用鱼头烹制的菜品就有49种，鱼块菜11种，鱼片菜36种，还有整鱼制菜6种。该书又列用鱼制作冷菜10品，蒸制菜品12种，烧制菜品18种，煎制菜品4种，炒制菜品10种，爆制菜品4种，焖制菜品3种，烤制菜品3种，煮制菜品11种，另有葱油制品4种、砂锅菜9种、各客菜品4种。徐龙发还著有一本《淳帮菜非遗传承》，相对《千岛湖美食》的五大名宴，又增添了山越王国宴、淳菜府宴、金峰猪头宴和千岛湖船宴；此外，还收有46品淳帮菜。既然标示的是"非遗传承"淳帮菜，说明这些淳帮菜原来也都是新安传统菜。

尽管前人没有"非遗传承"的明确概念，但是新安菜肴不断扩展、不断丰富、不断提高、不断完善的历史进程，其实都建立在"非遗传承"的基础之上；今天的新安菜肴呈现如此繁盛的景象，正是一代又一代人注重"非遗传承"的成果。

明清时期，徽商走到哪里，就把家乡菜肴带到哪里，这是一种"非遗传承"；此前一二百年，徽馆在外苦心经营和奋力开拓，所作所为也还是"非遗传承"。他们由传统的红烧肉，推出雪菜扣肉、泥巴扣肉、腐乳爆肉、五香酱肉；由传统的红烧鸡，推出白斩鸡、栗子鸡、时雨鸡丝、芙蓉鸡片、鸡丝熘黄菜、五香铁扒鸡；由传

① 王军：《千岛湖美食序》，淳安县餐饮行业协会、淳安县农村劳动力培训工作领导小组办公室：《千岛湖美食》，2013年。

② 徐龙发：《千岛湖百鱼百味》，浙江人民出版社，2016年。

统的清炖鸭，推出五香酱鸭、干笋鸭煲、石耳鸭煲、葫芦鸭、铁扒鸭；由传统的红烧鱼，推出连刀鱼、砂锅鱼头、红烧头尾、红烧划水、红烧肚裆、松鼠黄鱼、醋熘黄鱼、红烧瓦块鱼。由家乡土菜炖猪蹄，新推出金银蹄、金银蹄鸡、八戒踢球；由家乡的豆腐肉圆，新推出珍珠圆子、五色绣球、石耳豆腐丸、红烧狮子球。我们不会忘记他们开拓和创造的业绩，更不会忘记他们传承和创新的精神。邵之惠、洪璟、张脉贤合著的《徽菜》一书，重点介绍了徽州民间菜肴32种、徽馆传统菜肴57种。《徽州文化大辞典》载有传统徽菜154种、风味小吃83种。所有这些都向世人昭示了一个事实：新安菜肴的确是一座蕴藏丰富的文化宝库。

下面，我们该搜索一下新安人家的系列菜谱了。

农家土鸡是新安人家重要的优质食材，用农家土鸡做主料，配以当地土特产，就可以做成许多名牌菜和特色菜。用建德苞茶可以做成建德苞茶鸡，用里叶莲子可以做成里叶莲子鸡，用石耳可以做成石耳烧鸡，用香菇可以做成香菇炖鸡，用板栗可以做成板栗蒸鸡。还有许多不同的配制方式，可以做出许多不同的菜品。比如，用沉香包炒作渔府鸡，用黄豆芽烹制银芽火鸡。此外，像清蒸全鸡、油淋仔鸡、荷叶包鸡、腊鸡萝卜、炸熘鸡卷等，各种烹制方法都能做出各具风味的菜肴。

“跻身菜馆菜单，土鸡变成凤凰。”生活中的饮食文化具有很强的幽默感。淳帮菜的“当归凤凰”，就是烹制土鸡之时，加入当归、黄芪、党参、枸杞、红枣，成为一道滋补养生的美味膳食。徽菜馆的“凤炖牡丹”，也是一道颇有名气的大菜。牡丹花样是用猪肚切成，火腿切丝添做花蕊，然后搭上整鸡，采用炭火慢炖。成菜造型美观，汤浓如乳，肉烂肥鲜。

与鸡同为家禽的鸭子，也是新安菜肴的特色食材。以鸭为主料配以猪爪、五花肉的淳安私房炖鸭，建德养生菜肴中的八珍养生煲旱鸭，徽菜馆的青螺炖鸭、贡菊酥鸭、八宝葫芦鸭、聚和烤鸭球，都是宴席上有名的大菜。严州干菜鸭是建德的特色名菜，传说创制至今已有300多年。菜以火腿、肥膘和干菜佐全鸭，以酒、糖、姜、盐调味，既卤又蒸，精心烹制而成，成品酥嫩爽糯，入口油而不腻。还有砂锅馄饨鸭，为20世纪初绩溪人邵华琪在上海大中楼徽菜馆所创制，而上海百余家徽馆竞相仿制，曾使这一菜品名噪当时，《中国食品》曾经载文，称赞徽馆馄饨鸭烧得“格外道地”“闻名于沪”。

猪肉历来是新安荤菜最主要的食材，新安人家采用土猪肉做成的荤菜大都具有地方特色。像淳安的粽香肉，以五花肉为主料，以糯米为配料，以箬叶作为辅料，烹制而成的地方菜．如同粽子的同宗兄弟。因为与明朝首辅商略的故事相关，相沿百年雅称“相门粽香”。像干渍菜焖肉、卷筒粉蒸肉、梅香花猪肉、炸扣肉之类，都与当地人喜用霉干菜配制有关，成品肥而不腻，风味十足。红烧肉刮刮粿、红烧肉卤蛋、土鸡蛋烧土猪肉，同样都是红烧肉，只是搭配不同，给人感觉也就不同。至于更多的净肉菜，像干锅烧肉、桂花肉、腐乳爆肉、剥皮大烤、石锅花猪肉等，由于肉料处理、制作过程、火候掌控各有差异，成品也各具不同滋味。正如徽菜中的酱香排骨和椒盐排骨，同样都经两次入油炸制而成，但是两者的佐味材料多有不同，味道也就迥然有别。

在会过日子、经验丰富的新安人手上，猪头猪脚皆成美味。传统的淳安金峰猪头宴就是一个显例。在淳帮菜中，陈猪蹄炖扁豆、陈猪蹄蕨菜汤瓶和猪蹄落苏煲，无不焕发出浓郁的乡土气息，一一彰显着传统的印记。在徽菜馆里，椒盐蹄膀、八戒戏球、走油拆炖，当年曾经风靡上海滩，受到广泛而热烈的追捧。

另外，不算罕见的浪川风干肉、风干五花肉、风干肉烧风干鱼，以及不大常见的熏制石笋肉、卤制叉烧肉，也都是新安江上的风味菜。风干、烟熏和腌制、卤制，都是山民为延长食材保质期的传统手段。腌肉、腌火腿是新安人家最广泛的食材处理和贮藏方式，这为新安菜肴提供了最方便的主料、配料和佐料。特别是火腿，既

火腿晾晒

能为菜肴搭色、增味，还能提高菜肴档次，备受家庭和菜馆的青睐。像火腿蒸豆腐、冬瓜焐火腿，甚至是火腿扣苦斋、火腿炒蕨菜，都因有了火腿而超乎寻常。

除了“九姓渔民”以外，新安人家的腌鱼不如腌肉那么普遍，但是仅仅一道腌鲜鳜鱼，因为旧时俗称“臭鳜鱼”而“臭名远扬”。“臭鳜鱼”其名不雅，其实绝佳。烹制之前臭，烹制之后香。又如俗话所说，闻起来臭，吃起来香。为此，今人又称“奇香鳜鱼”。一臭一香的对比与转换，为这一名品增添了特殊的魅力。作为风味独特的徽菜名作，鳜鱼的腌制方法比较特别。鳜鱼置于木桶，肚皮朝上，层层码放；按照“斤水钱盐”比例配好盐水，将鱼浸没，压上大块石头；冬天个把月，夏日五六天，即可出桶。后来徽菜馆采用干腌法，将粗盐拌花椒炒熟，抹擦全鱼及两鳃，腌制时间同样冬长夏短。无论水腌干腌，出桶鳜鱼必须鳃色变红、鱼鳞未脱。然后去鳞、剜鳃、剖腹、洗净，置于风口晾干。腌制鳜鱼鲜美如何，关键在于腌制是否适度。上乘的腌鲜鳜上席，鱼体完整，外色酱红，肉质白嫩，鲜味特浓，奇香四溢。

一二斤的鳜鱼采用全鱼烧制，三五斤的鳜鱼以块鱼烹饪。烹制方法多种，干烧臭鳜鱼、腊味臭鳜鱼、石锅臭鳜鱼。烹调时，炒锅坐旺火上，放油烧至七成热，鳜鱼下锅，两面煎至淡黄，起锅沥油；原锅留油少许，煸炒肉片、笋片；鱼再入锅，加入酱油、黄酒、冰糖、姜末和鸡汤，旺火烧开，改用文火，焖烧半个时辰；撒上青蒜，淀粉勾芡，淋上麻油，即可起锅装盘。

风味臭鳜鱼

新鲜鳜鱼也可制作风味名菜，严州的清蒸鳜鱼以绍酒调味，色泽淡雅，味似蟹肉，食后有清新之感，陆游曾经称赞“别饶风味胜一筹”。[1] 徽州的火烤鳜鱼更见特别。掏空洗净的鱼腹填满花椒、小葱、鲜荷及姜末；利用烤叉置于炭火之上，边烤边翻边刷花椒盐水；烤黄再涂蜂蜜、麻油，小火烤熟烤透。此菜清香扑鼻，肉质鲜美，调料佐食，回味隽永。

新安江石斑鱼也是著名的特色食材。石斑鱼个头小，总以全鱼烹制，可作清蒸石斑鱼、红油石斑鱼、红烧石斑鱼、酱爆石斑鱼、干炸石斑鱼。做成面拖石斑鱼，外脆里嫩，十分可口。如用石斑鱼蒸蛋，人称沙地石斑鱼，色彩鲜明，味道鲜美，实为老少咸宜的绿色佳肴。淳帮菜所制留香石斑鱼现为千岛湖十大名菜之一，徽菜馆所做的竹排石斑鱼、三叶粉蒸石斑鱼也广为食客所欢迎。三叶粉蒸石斑鱼的做法是：在蒸笼底部铺上南瓜叶，中间铺好紫苏叶，最上摆放鲜荷叶；把米粉和食盐拌好的石斑鱼，整齐摆在三层叶子上面；再将火腿切丝，撒在鱼层上面；上笼急火猛蒸一刻钟，就可原笼上桌。笼中三叶香味相互渗透，鱼肉鲜嫩离骨，啖之宜口，而又清凉解暑，滋补宜人。

徽菜中的鳝鱼菜也曾非常时兴，炒鳝段、炒鳝片、炒鳝背，以及炒鳝背中的生爆鳝背和糖醋鳝背都是，最为著名的当数清炒鳝糊。徽馆总在春夏季节选择条子较小、肉质细嫩的鳝鱼，现剖现炒，保证质量。清末民国时期，每到这个季节，清炒鳝糊就成为上海“大嘉福”徽菜馆的招牌菜，成为每桌必上的热销品。

新安江中鱼多，新安鱼菜品名也多，椒盐溪鱼、锦绣白花、柴灶鳙鱼、双味河鳗、汤瓶鱼干、八宝鲫鱼、葱油鳊鱼、面拖黄鱼、清蒸鸭嘴鱼、清焖荷包鲤、香煎棍子鱼、红焖鲟鱼头、翡翠银鱼羹……一鱼百味，百鱼千味，在此只能是挂一漏万。何况新安鱼菜还常见一鱼多吃的做法，鱼肉，鱼唇、鱼脸、鱼头、鱼尾都可分别做菜。比如鲭鱼，人们可以做成炒鲭鱼片和鲭鱼肚裆，还可以做成鲭鱼划水。鲭鱼划水为徽菜名肴之一，主料就是选用鲭鱼尾巴，鱼尾素来被人看作“活肉”。淳帮菜中的“群鱼献花”已被列入浙江乡土菜谱，烹制方法与“鲭鱼划水”一脉相承，只是改用淳牌有机鱼尾。烹制划水要有比较大的鱼尾，更需要比较好的技术。鱼尾入锅之后，颠翻也好，推炒也好，都要避免鱼尾脱皮，更不能破坏鱼尾的完整，整个

---

① 徐龙发：《千岛湖百鱼百味》，浙江人民出版社，2016年，第149页。

猪手扒鱼唇

操作需要特别地细心。

随着人们对营养成分的了解越来越深入，鱼头在餐桌上的地位越来越显赫。“至尊九姓鱼头皇”赫然登上建德“十大特色养生菜”的宝座。打开《千岛湖百鱼百味》一书，金牌鱼头、砂锅鱼头、铁锅鱼头、精华鱼头、双椒鱼头、双味鱼头、香煎鱼头、拆烩鱼头、火踵鱼头、开胃鱼头、干烧鱼头、蒜香鱼头、浓香鱼头、淳香鱼头、泡椒鱼头、山药鱼头、粉丝鱼头、千张鱼头、锅鲜鱼头、锅仔鱼头、白花鱼头、商公鱼头、外婆家鱼头、千岛湖扒鱼头、鲍汁焗鱼头、红油煲鱼头、红焖鲟鱼头、白浇鳙鱼头、酒酿圆子鱼头……鱼头菜品层出不穷，目不暇接。

说到圆子，圆子伴鱼头，以及鱼圆、鳜鱼丸，恐怕都是江上和湖上后起的新秀，山乡老牌的圆子当数葛粉圆子、蕨粉圆子、薯粉圆子、豆腐圆子，以及像淳安五都上梧的两色米粉圆子，这些都是具有传统特色的农家美食，历来流传极广。相对于农家圆子，徽馆圆子的制作比较讲究，多用肥膘猪肉加炒米、鸡蛋、白糖，配以蜜枣、金橘、青梅，炸成圆子，浇以汤料。外观金黄，表皮酥脆，馅心味甜香浓，因起源于歙县，具有浓郁的徽州风味，人称“徽州圆子”，别称“细沙炸肉”。还有一种圆子更加讲究，圆子做成杨梅大小，插上绿色茶秆作为蒂柄，以杨梅汁勾入水淀粉制卤，

葛粉圆

浇遍肉圆，蒸制成熟。成品造型逼真，酸中带甜，味如杨梅，故称“杨梅圆子”。

更有影响的是徽州狮子头。主料用的是五花肉，加入适量料酒、精盐、葱姜汁和爆米花，拌匀之后做成硕大圆子，径长 2 寸以上，表面抹上薄薄一层水淀粉，氽入油锅，炸至表面封皮。烩制时，锅坐中火，放入高汤、酱油、冰糖；四只肉圆排放锅中焖烧，不等汤汁收尽便可起锅；码在菠菜垫底的碗盘里面，浇上备好的芡卤，一道徽州狮子头便告完成。徽州狮子头也可以用鸡脯肉茸做主料，还可将鸡茸大肉圆沾上红椒丝、青椒丝、蛋黄丝、蛋白丝和黑色的石耳丝，做成“五色绣球”，色彩更为丰富，给人更多的审美享受。现在淳帮特色菜的“五彩狮头”和“狮城绣球”，多用千岛湖鳙鱼肉加入马蹄泥烹制而成，更具浓郁的水乡风味。

淳安乡村有句俗话：“鱼生火，肉生痰，白菜豆腐保平安。”[1] 这反映民众对豆腐的偏爱，豆腐成为新安人家传统而又健康的一大主菜。豆腐分为两种，卤水豆腐俗称“老豆腐”，石膏豆腐俗称“嫩豆腐”。豆腐制菜多达百种，小葱拌豆腐、泥鳅钻豆腐，以及五香豆腐干，那都是新安人舌尖上和餐桌上的经典。

---

① 方鸿鼎：《淳安豆腐花样多》，《严陵旧事》，中国文史出版社，2017年。

在淳安境内，汾口的腊豆腐、梓桐的偿豆腐、宋村和金村的烘豆腐、威坪八都的霉豆腐、左口的酱晒豆腐，还有茶园豆腐干，都有独特的制作方法和浓郁的地方风味。像腊豆腐的制作，要在豆腐上榨时拌入辣子丁、橘皮丝、生姜末、茴香粉和精肉松诸多佐料，出榨之后文火焙得两面发黄，再又放进配有桂皮、茴香的五香酱油中煮沸半小时，最后起锅风干。偿豆腐同样要将豆腐文火烘干，但是保持洁白颜色，放入配好的卤水中浸泡一天，卤水利用腌火腿的水加入木瓜、荷叶、茴香、桂皮、姜片、大蒜混合制成。经过如此烘过、煮过、泡过的腊豆腐、偿豆腐，味道当然不同一般。

在徽州，广泛流行而又独具特色的是毛豆腐。毛豆腐在制作过程中培植出厚厚一层茸毛，根据毛色不同，称为虎皮毛豆腐、兔皮毛豆腐、猪皮毛豆腐。毛豆腐最通常的吃法，就是素油煎熟，蘸着辣酱，奇香四溢，入口鲜美。另外，可以做成红焖毛豆腐、蛋炒毛豆腐、铁板毛豆腐。作家汪曾祺说："毛豆腐是徽州人嗜吃的家常菜。菜馆和饭店做的毛豆腐都是用油炸出虎皮，浇以碎肉汁，加工过于精细，反不如我在屯溪老街一豆腐坊中所吃的，在平锅上煎熟，佐以葱花辣椒糊，更有风味。"① 其实最有风味的是走街串巷的小担毛豆腐，食者围炉而立，边煎边吃边聊——可惜汪先生没有见到。

毛豆腐

歙县有种豆腐脑髓，又名"豆腐老鼠"，也很特别。用纱布挤去豆腐一些水分，加入肉泥、佐料和食盐，搅拌成糊状；另置大碗面粉，用手压实，中间留有凹坑，

① 汪曾祺：《皖南一到》，《昆明的雨》，山东画报出版社，2004年。引自倪国华：《徽州文选》，安徽人民出版社，2017年，第324页。

用汤匙舀取豆腐糊放入面粉，双手捧碗旋动，豆腐糊随即裹上一层面粉，成为生豆腐脑髓；轻轻滑入锅中沸汤，汤锅煮有肥肉、骨头和粉条；豆腐脑髓很快煮熟，舀入碗中加入葱花、姜末之类调料，食之鲜嫩香美。

新安人家食用的豆腐，还有取材于野而不用黄豆的观音豆腐和楮子豆腐。① 适时采来山中观音柴叶，沸水烫过，揉出叶汁，制成豆腐，即为观音豆腐，又叫神仙豆腐、救命豆腐。清炒观音豆腐，一般不放酱油，以便保持天然的翡翠般墨绿色。如果加上配菜，就有许多做法，可以做成香菇观音豆腐羹、木耳神仙豆腐汤、笋干救命豆腐汤、虾仁救命豆腐羹、肉丝救命豆腐羹、猪血救命豆腐等。另外，还能搭配白豆腐做成两色豆腐。更加讲究一点，可以用观音豆腐炒鸡片，冠以“翡翠玉片”之雅名。

楮子豆腐是秋天采回楮子，晒干，脱壳，清水漂去苦涩味，磨成粉浆；滤取粉液，沉淀，晾干，碾成粉末；冷水调匀，缓缓倒入沸水，搅成糊状；冷却后凝成果冻模样，倒入冷水，划成豆腐块。制成之后，清炒即可，只放调料，不需配料，但是口感滑嫩，别具风味。

楮子豆腐

① 王拥军：《严州菜谱》“乡村野蔬”列“神仙豆腐”为首，浙江古籍出版社，2019年，第27页。

行文至此，还有关系到新安菜肴地方特色的三类食材不能不说。

其一，新安江上的特色水产甲鱼、石鸡和青螺。

甲鱼的名气不让鳜鱼。明朝初年，徽州的贡品中就有“沙地马蹄鳖”。2011 年淳安选送的清水甲鱼，在第二届“中华名鳖”评选中获得“中国名鳖”称号。

无论北宋的诗人，还是南宋的大臣，当时都以“沙地马蹄鳖，雪天牛尾狸”作为“南食”“歙味”的标志品牌而炫耀。但是今天实事求是地说，牛尾狸只是个陪衬而已，常年烹饪很少用到；马蹄鳖才真正是新安菜肴的特色食材、养生食材。火腿炖甲鱼曾经是徽菜馆的重头菜、招牌菜，清炖甲鱼、红烧甲鱼一直都是新安大厨的拿手菜，如今的“药膳甲鱼”和“御制鳖裙”又都是社会公认的新安人家养生菜。

石鸡为新安江道地特色食材，休宁大阜瀛石鸡、淳安溪坑石鸡尤为名品。石鸡营养丰富，肉质鲜嫩，蒸、炖、烧、炒皆宜，可以做成各种养生佳肴，红烧石鸡、香酥石鸡、软炸石鸡、糖醋石鸡、葡萄石鸡、荟萃石鸡腿、花菇石鸡、山越双石、千岛野石鸡、咸鱼炖石鸡、乡情双鸡煲、砂钵石烹石鸡、六都威坪双鸡汤瓶，难以尽数，美不胜收。

为了保护石鸡的养生功效，烹饪以盖碗清蒸为佳。烹制时，用精盐、料酒、葱花、姜末拌渍，分放小汤碗内；铺上火腿片、香菇片；置于笼屉，猛火快蒸，不用两刻钟即可上桌。盖碗清蒸，原味不失，汤清见底，香气浓郁，酥嫩爽口，回味隽永。二三两的石鸡，味道最为鲜美，全鸡隔水快蒸，荷叶作底衬饰，雅称“绿荷石鸡”。

青螺也不简单，俗话说：“清明螺，肥如鹅。”又说：“清明螺，顶只鹅。”青螺蛋白质胜过牛肉，脂肪远低于牛肉和瘦猪肉，所含钙质皆为牛、羊、猪肉所不及，而且富含人体所必需的多种氨基酸、多种维生素和微量元素，有补阴益气防衰老之功效，实为营养全面的天然保健食品。新安江所产清溪螺蛳，尤其是千岛湖的深水螺蛳，肉质白嫩细腻，不带泥腥气味，向来就是人们喜爱的风味小吃。炒制青螺，当然离不开葱姜蒜，但是最要紧的是火候掌控适当。上了餐桌的大菜，无论土鸡炖青螺，还是青螺炖老鸭，那都叫珠联璧合，鲜美无比。

其二，竹笋、香菇、木耳、石耳、石衣、菊花、黄花菜、茶叶之类。这些都为新安菜肴大增其味，大增其香，大增其色。

就说竹笋吧，以问政山冬笋、大障山绿笋和天坪石笋干为代表的新安笋菜，在相当大的程度上强化了新安菜肴的风味特色。

竹笋可以烹制的菜肴很多。茶笋丝可以与瘦肉丝、豆干丝一起做成炒三丝，通常用作盖浇面的浇头菜。干笋片可以与猪肚片、豆干片一起做成炒三片，成为宴请宾客的一道下酒菜。绿笋丁与猪肉丁、豆干丁可以制成三丁酱，为日常用餐提供了方便。春天绿笋炖猪蹄，夏天干笋炖鸭煲，是新安人家拿手的大菜，为新安人家的家庭生活增添无穷滋味。

淳安传统名菜有带壳鲜笋煲火腿，歙县传统名菜有黑猪火腿煨冬笋，这两道笋菜可以称作经典特色的"家乡味道"，历来都给当地的游子留下难以泯灭的记忆。据说过去的徽州妇女，前往杭州探望经商的丈夫，上船就开始剥笋炖肉，船到杭州，火腿冬笋也就熟了。早在码头等候的丈夫，远远闻到这种熟悉的家乡味，油然而生无限乡思，由衷感激妻子的一片真情。

至于徽馆大厨，更是热衷笋菜而大显身手。一道歙味笋丝，展示精湛刀功，每根笋丝细似金针，柔如茸毛，以利笋鲜全部溶入汤汁。一道相思笋盒，采用笋片合成，蛋清糊、玻璃芡的应用，都可见出能工巧思。一道菊花冬笋，更是别具匠心，鱼肉泥做戍托底花盂，冬笋片做成层叠花瓣，中间火腿末点作花蕊，外围绿菜皮制成菊花叶，笼蒸成熟，勾芡上桌，一盘盛开的菊花，尽显清雅大方。

其三，新安山水所产各种野菜，诸如荠菜、蕨菜、野蒜、荷姜、马齿苋、马兰头、鱼腥草、山苦荬、香椿苗、苦益菜、观音菜之类。其中，有不少既可以鲜食，又可以干制，在很大程度上充实和丰富了新安人家的素菜品种和干菜贮备。也有不少被人视为时新菜，比如荠菜、马兰头，不仅营养丰富、味道鲜美，而且天然就具有宜人的清香，村姑农妇们从春天的田野剪取回来，煸炒、凉拌均可做菜，全家吃个新鲜，吃个情趣；如果用来作馅，包成饺子，制作春卷，那种独特的香、独特的味，更是深受家人的喜爱。

最后，让我们共享外地所无、绩溪独有的一道乡土名肴"一品锅"，这可是当地民间影响最大、档次最高、最能体现烹饪特色的家宴大菜。

在一只双耳大铁锅里，底层垫有干菜、青菜和精盐、酱油腌渍的萝卜块，上面均匀铺上一层豆腐包，先用猛火烧开之后，依次将烹制六七成熟的鸡块、鱼块和五花肉一层一层码齐，逐层淋上绍酒和佐料调成的高汤，层与层之间还用冬笋、香菇作为间隔，最上一层铺有豆腐肉泥制成的鸭蛋饺。利用文火焖至将要收汤时，撒上葱花，微火焖上片刻，即可开锅食用。食用时全桌人围锅而坐，俗称"吃锅"。

这种"吃锅"，吃的是"八宝锅"，一锅之中，要吃什么有什么。虽然全是普通

一品锅烹制

食材，但是荤素搭配、组合合理、层次分明、营养丰富。烹制过程多次下料，多次加汤，多次盖锅焖烧，各种菜肴徐徐入味，多种汤汁相互渗透，致使全锅菜肴荤而不腻、素而不淡，风情浓郁，老少咸宜，故而经久不衰。

第二节 新安著名糕点系列

就一个人的儿时印象来说，糕点似乎比一般主食更要深刻。糕点可能成为早期人生的甜美记忆，也可能成为后期人生的乡愁所系。新安江人的儿时记忆五彩缤纷，便是由那风味独特的系列糕点拼搭而成。

（一）

糕点是什么？这个问题看似寻常，实际并不简单，因为至今还不容易说得清楚。如果有人不信，不妨翻翻词典。《汉语大词典》一面说“糕点”就是“糕饼点心的总称”，[①] 这就表明“饼”在“糕点”之内；但是一面又说“糕饼”就是“糕点饼饵”，[②] 将“饼饵”

① 罗竹风主编，中国汉语大词典编辑委员会、汉语大词典编纂处编纂：《汉语大词典》第9卷，汉语大词典出版社，1992年，第235页。

② 罗竹风主编，中国汉语大词典编辑委员会、汉语大词典编纂处编纂：《汉语大词典》第9卷，汉语大词典出版社，1992年，第235页。

与“糕点”并列而提，这又意味着“饼饵”是在“糕点”之外。“饼”究竟属不属于糕点？令人心存纠结。

再看《现代汉语词典》的解释。《现代汉语词典》说“糕点”就是“糕和点心（总称）。”[①]这个解释慎重地排除了“饼”，似乎比“糕饼点心的总称”更为精确。然而，这部词典在解释“点心”一词时，又说“点心”是“糕饼之类的食品”，[②]甚至在“糕饼”词条下解释：在方言中“糕饼”就是“糕点”。[③]这样一来，“饼”不仅回归于糕点之中，且又明确与“糕”合并为一体。这就同样增添了读者的疑惑。

辞书表达上，这种少有的模糊性源于事物自身的复杂性。糕点是不是包括饼类食品在内，或者说饼类食品属不属于糕点范围？答案不可能是简单地肯定，也不可能简单地否定。

饼是什么食品？汉末刘熙《释名·释饮食》解释说：“饼，并也，溲面使合并也。”[④]“溲面”即今人说的“和面”，用水调和面粉而使面粉合并成为一体就是面饼。据说面饼的制作起源于战国时期。宋人高承《事物纪原·酒醴饮食·饼》：“《说苑》叙战国事，则饼盖起于七国之时也。”[⑤]《汉语大词典》释“饼”曰：“古称烤熟或蒸熟的面食，取面水合并之意。后来专指用面粉、米粉做成的扁圆形食品。”[⑥]从“古称”到“后来”，其间面饼的发展演变存在一个漫长的过程。饼之“古称”，侧重解释面饼的形成，“饼”作为形声字，“并”即“合并”，就是其本义。“后来”的指称，偏重于面饼的形态，专指“扁圆形”的面粉与米粉食品。据此综合而得知，所谓“饼”，就是用面粉或米粉制成，并蒸熟或烤熟的“扁圆形”食品。

联系到新安饮食的实际，这里不免产生一个新的问题。新安饮食中，人所熟知、备受青睐的一种由面粉或米粉制成，并蒸熟或烤熟的“扁圆形”食品，方言都叫“guǒ”，书面涉及“guǒ”时，有人写作“粿”，有人写作“馃”，这是否就是“饼”呢？还得再查辞书。《汉语大词典》不收“馃”字，只有“粿”字解释：“粿，米食。明李

---

①《现代汉语词典》第7版，商务印书馆，2016年，第455页。

②《现代汉语词典》第7版，商务印书馆，2016年，第305页。

③《现代汉语词典》第7版，商务印书馆，2016年，第455页。

④[汉]刘熙：《释名》卷4《释饮食》，《四库全书》本。

⑤[宋]高承：《事物纪原》卷9《酒醴饮食·饼》，《四库全书》本。

⑥罗竹风主编，中国汉语大词典编辑委员会、汉语大词典编纂处编纂：《汉语大词典》第12卷，汉语大词典出版社，1993年，第538页。

时珍《本草纲目·草六·醉鱼草》：'痰饮成齁，遇寒便发，取花研末，和米粉作粿，炙熟食之，即效。”[①]《现代汉语词典》相反，不收“粿”字，而有“馃”字解释：“馃子，一种油炸的面食。[方]旧式点心的统称。也作果子。”[②]《辞海》同样只有“馃”的解释：“馃，①馃子，即油条，一种油炸面食。②圆形有馅饼的通称，如：荞麦馃。”[③]根据实际情况来看，新安人家的“粿”或“馃”，并非上面所说的“馃子”“油条”，而是“和米粉作粿”的粿，是一种“米食”；像“荞麦馃”的粿，是一种“圆形有馅饼”。基于这些具体认识，如何找出概括性结论？这里得用《康熙字典》了。《康熙字典》既有“粿”的解释，又有“馃”的解释。“粿，《广韵》《集韵》：净米也，又米食也。”[④]“馃，《玉篇》：饼也。”[⑤]据此，我们完全可以明确，新安饮食中的“馃”与通常所说的属于“饼”同类。据此，我们也还认为，书面谈论新安饮食时，写作“粿”字不如写作“馃”字。因为“馃”是专称饼类食品，而“粿”虽然也指“米食”，更多则指“净米”。

风味煎饼

① [明]李时珍：《本草纲目》卷17《草六》。
②《现代汉语词典》第7版，商务印书馆2016年，第524页。
③《辞海》缩印本，上海辞书出版社，1980年，第843页。
④《康熙字典》未集上，中华书局，1958年，第34页。
⑤《康熙字典》戌集下，中华书局，1958年，第23页。

饼也好，粿也好，是否属于糕点呢？可以说是，也可以说不是。月饼、麻饼，都是饼，同属糕点；烧饼、煎饼，也是饼，却不属糕点；拓粿、蒸粿，虽然属于饼类，但是根本没有人会视作糕点。这在新安人家的实际生活中，按照民间的饮食习俗来看，可谓一清二楚，谁都不会混淆。这是为什么？这中间究竟有什么依据呢？

为了寻求答案，我们还是回到本节开头提到的“糕饼点心”四个字。“糕饼点心”是对“糕点”一词的展开，其中所谓“点心”指什么？作动词时，指“正餐之前小食以充饥”；作名词时，指“糕饼之类的食品”。这是《汉语大词典》的解释。①《辞海》的解释也有两个：作动词解，是“饥时略进食物”；作名词解，则说“糕饼之类的小食亦称点心”。② 尽管这些解释置于“糕饼点心”的概念未必十分熨帖，但是我们却从中明确了“点心”的关键性意义，在于“小食”，在于“正餐”之外的“小食”。由此，我们心中豁然开朗，原有的纠结迎刃而解。凡是充当正餐的食品都不算糕点，凡是称作糕点的食品都不充当正餐——这是我们探讨的结论，其实也正是人们在生活实践中区分糕点非糕点的基本依据。本节既以“新安糕点”为话题，也就自当依此设定谈论的对象和范围。

糕点在新安饮食中占有相当特殊的地位和极其广泛的影响。从呱呱坠地到谈婚论嫁，再到寿庆善后，在如此漫长的人生旅途上，糕点总会在新安江人需要它的时候如期而至。无论是走亲访友、礼尚往来，还是岁时节庆、家人团圆，乃至迎神祭祖、阴阳沟通，在新安人家千年传承的习俗中，糕点从来不会忘却自己的社会角色而无故缺席。

最典型的当数麻酥糖了。麻酥糖是徽州特色名细糕点，惯用红纸包装，俗称“红包糖”，甚至干脆就叫“红纸包”。它在人们的社会交际活动中，俨然是一位活跃而走红的友谊使者。名居“扬州八怪”之一的金农，素对麻酥糖十分垂青，曾经致信岩寺人方辅，明确表示愿以自己的书画作品换取麻酥糖。他在信中写道：“徽州麻酥糖并蜜枣……秋冬间大驾倘来，乞带数斤，以慰老馋。当作笔墨奉答也。”③ 另据“清宫大内档案”记载，“两淮总商”之首江春曾为南巡的乾隆皇帝接驾，敬奉的茶

① 罗竹风主编，中国汉语大词典编辑委员会、汉语大词典编纂处编纂：《汉语大词典》第12卷，汉语大词典出版社，1993年，第1349页。

② 《辞海》缩印本，上海辞书出版社，1980年，第1565页。

③ 吴之兴：《麻酥糖多一扭》，《徽州社会科学》2016年第12期，第73页。

点当中就有新安糕点麻酥糖。[1] 再说，麻酥糖从南宋以来已在新安江流域流传近千年，作为年节食品和礼品，每年的春节前后，麻酥糖就会成为最走时的热词。准备招待临门亲友的“格子盘”里必有麻酥糖，小辈给长辈“端时节”必定带有麻酥糖，出门走亲拜年携带的“果子包”也笃定少不了麻酥糖。有一句民谚说得如此到位：“拜年不带麻酥糖，看你如何进厅堂。”

麻酥糖，俗名“红纸包”

春节少不了麻酥糖，端午则少不了绿豆糕，中秋也少不了月饼。正所谓“一斤糕，两斤糖，打发小哥进学堂。读得三年书，中个状元郎。”儿子启蒙念书，得有糕点孝敬老师。女儿出嫁，嫁资担里备有红枣、花生、红鸡子之外，还少不了一件百子糕，那就是讨个早生贵子、多子多福的吉兆。为长辈庆寿，筵席上总少不了寿字糕。寿糕者，高寿也，贺庆之意不言自明。

新安糕点的制作工艺，历史非常悠久。如上文说到的麻酥糖，即为南宋人创制，一直流传至今。但是如果全面考察新安糕点的制作工艺，想要明确其中哪些是由外地传入，哪些是由新安江人自己创制，目前缺乏足够的资料和必要的研究。但是可以相信的基本事实是，新安糕点的各种制作工艺，先期都在民间自由流行，逐渐地蔚然成为当地时尚，随后便会涌现出一些制作高手，他们熟能生巧、精益求精，成为民间普遍认可的糕点师傅。这些糕点师傅平日照常从事农耕劳作，每每在年节来临之际，顺应当地一般民众的习俗性生活诉求，利用自己比较在行的手艺，应聘上门为这家那家制作一些糕点，从而跻身于传统手工百匠的行列之中。新安糕点的制作工艺，也就在他们的手中得到广泛的传播和长期的传承。

在长期传播和传承的过程中，新安糕点师傅普遍提高了工艺的水准，积累了丰富的经验，增强了从业的信心，在徽州人纷纷弃农经商的潮流带动下，他们当中不

---

① 吴之兴：《麻酥糖多一扭》，《徽州社会科学》2016年第12期，第73页。

少人便萌生了走出大山创业打拼的念头。这些糕点师傅肩负家人的期望，怀揣创业的梦想，追随其他商贾——主要是徽商的脚步，走向新安山水之外，专门开设糕点制作坊，长年经营糕点食品店，逐渐形成一个徽派的糕点制售行业。徽派糕点在外埠的开拓和发展，大体类似徽州菜馆的外向开拓与发展。这些经营糕点业的徽州商人，“虽然没有徽州盐商那样财大气粗，也不像徽州海商那样叱咤风云，但他们所涉足的行业，同样在徽商驰骋三百年的历史上，留下了不可磨灭的印记，武汉、杭州、兰溪、扬州……所到之处都留下了他们艰难创业的足迹。”[①]

新安糕点在江南各地都很有影响。比如说在武汉，至今很多人都还晓得有个270多年长盛不衰的徽州食品老店，店号“汪玉霞”，制售的酥糖、酥京果、碱酥饼历来享有“绝酥”之誉，制售的芝麻糕、绿豆糕和月饼也极为有名。[②]再如光绪二十九年（1903），绩溪人在江苏溧阳创设的“汪裕隆号”，生意一直都非常红火。该店制作的四两雪糕、洗沙月饼，选料纯正，做工精细，远近闻名。尤其是由汪渭泉经营制售的绿豆糕滋润香甜，色香味俱佳，市场上素享盛誉。[③]另据史料记载，清嘉庆年间（1796 ~ 1820）有昌溪人在兰溪开设茶漆糕点店，店号“天奉”，生意非常兴隆。浙闽总督程祖洛就曾在“天奉”当过学徒，一次程总督路过兰溪，当地官员都在码头恭迎，他却全然不顾，直奔“天奉”叙旧。当地官员投其所好，争相购买“天奉”糕点奉赠，“天奉”糕点一时名声大振，连杭州城里的很多人都成为“天奉”的顾客，专门认购兰溪“天奉”糕点。[④]其实，杭州城里也有不少徽州糕点店坊，像五味和、天香斋都很有名。绩溪仁里辛田村的汪金淦在杭州涌金门开设有颐香斋、王琳斋等多家糕饼店，也曾盛极一时。其中王琳斋延续至今，仍然享有盛誉。

在新安本土的一些城镇，同样开设有制售糕点的食品店。但是在广大乡村，为备年节所需，普通农户大多自制糕点。为了制作糕点，他们首先都要制作饴糖，歙县人叫熬糖，淳安人叫煎糖。在利用甘蔗、甜菜制糖之前，中国古代普遍利用粮食制作饴糖。明宋应星《天工开物 · 饴饧》：“凡饴饧，稻、麦、黍、粟皆可为之。”[⑤]

① 景红：《糕与饼的历史记忆》，《徽州社会科学》2016年第3期，第58页。
② 景红：《糕与饼的故事》，《徽州社会科学》2017年第8期，第58页。
③ 景红：《糕与饼的历史记忆》，《徽州社会科学》2016年第4期，第62页。
④ 景红：《糕与饼的历史记忆》，《徽州社会科学》2016年第4期，第61页。
⑤ [明]宋应星：《天工开物》上篇《甘嗜 · 饴饧》，人民出版社，2015年。

在用这些粮食熬制饴糖的过程中，少不了麦芽的作用，所以历来饴糖都称麦芽糖。在新安江流域，民间一直沿袭这一传统习俗，擅用麦芽制取饴糖，所用主要原料不同，可以制成不同的饴糖，如糯米糖、大米糖、番薯糖、苞芦糖、高粱糖等。因为自制的饴糖保留有较多水分，新安人习惯称作糖稀，也有人称作糖浆。充分利用饴糖的黏合性，适当搭配精细的白砂糖，人们便可以创制出各式各样精美可人的糖食糕点，将新安人家的饮食生活点缀得更加香甜而美好。

要制饴糖，先养麦芽。根据人们的经验，选取适量的优良麦粒，浸水之后摊放在箩筐里面，盖上厚厚一层潮湿的稻草；稻草需要每天浸湿换上，或者每天三次泼洒一些凉水，目的就是保持箩筐里面的湿润程度；一二天时间麦粒就会长出嫩芽；三五天一过，麦芽长成一寸多高时，便可取出晒干；然后研碎成粉，收好备用。

有了麦芽粉，还要蒸大米。先将大米浸泡在清水中，浸泡一天之后滤去水分，一碗一碗舀进大型饭甑，烧起大火将米蒸熟；刚刚蒸熟就行，不可蒸得过烂。常用的办法就是，两个手指撮起一颗米粒，碾开看看米粒中心，只要没有生白的颜色即可。

把蒸熟的大米倒入一个木桶，加上严密桶盖，以免热量散失；再烧一锅开水，打开桶盖，冲入熟米，使用木棍搅拌几下；再对木桶中央冲下一勺凉水，随即就把浸泡过的麦芽粉投入凉水当中，接着又用木棍搅拌数下，似乎也不宜多搅，以免过多散失温度；如果有些熟米已经结团，可以轻轻捣散；再在米水的面上铺撒一些麦芽，随后重新盖好木桶，并用稻草或者棉絮覆盖桶上加以保温；静待发酵，半天时间，便可打开桶盖，取出麦芽酵好的糖米，榨取糖水米汁；榨取糖水米汁，在水盆或者木桶上面搁个豆腐框架和榨圈，再将糖米舀入一个细纱布袋，置于榨圈当中滤出糖水；滤得差不多时，用手不断挤压布袋，直到把糖米榨干为止。挤榨完成以后，再将水盆或者木桶接取的糖水倒回大锅，烧起猛火，快速烧开糖水，随后不断添加柴火，持续熬煮个大半天，直到糖水熬成饴糖。那么熬到什么程度，糖水才算熬成饴糖？可以用个汤勺舀起糖浆试试，如果糖浆倒下之时，成为薄薄浆片透明发亮，或者糖丝挂着勺边粘连不断，这就表明这一锅饴糖已经熬成。

淳安县汾安镇陆乡村煎糖历史悠久，米糖很有名气。以前叫卖米糖，其他人都是叫“糖儿”，陆乡人总是叫“糖一”，有人说，“糖一”就是“七乡八村数第一”之意。陆乡煎糖质量特优，关键在于两次发酵。冲入熟米木桶的热水并不烧开，烧到滚热的时候，可用手指试试水温，几个手指还能下水连抓三下即可。热水冲入熟米木桶，同时就要投入麦芽，尽量搅拌均匀，然后盖上桶盖，严密加封保温。封存半天之后，又把桶里的酵水舀进锅里，大火再煮一次。煮到什么程度？发现锅铁上泛起许多小泡泡，便可将酵水舀回木桶，重新密封加以保温，进行第二次发酵。两个钟头之后，榨取糖汁，煎成饴糖，方法与其他地方无异。①

新安人家制取饴糖的原料多种多样，除了煎米糖，番薯、苞芦、高粱之类都能制糖。前面我们了解了米糖的制取，这里再看看番薯如何熬糖。山乡农户普遍种有番薯，虽然番薯不如大米值钱，但是番薯富含淀粉，吃起来又觉甘甜，所以在乡亲们看来，利用番薯替代糯米、籼米熬取饴糖，比较经济划算。

要用番薯制作饴糖，可选一担红皮番薯，或者“雪梨”番薯，挑至山溪水边洗净；回到家中，刨去皮，切成片，或者剉成丝，烧起大锅，加水煮熟；趁着番薯丝尚未完全煮熟的时候，可以分撒备好的麦芽拌入锅内；随着番薯渐渐煮熟煮透，锅内的糖水也会渐渐转清；待到锅里糖水转清之后，可以利用纱布将糖水滤入水缸水盆或者水桶，剩下的番薯渣和麦芽皮可以用来喂猪，算是一种上好的饲料；既已除去渣滓的糖水，重新倒入锅内，大火持续再煎大半天，直到糖浆发起的泡泡就像牛眼一般大小，锅铲沾上糖浆提起时就像挂着一层薄纸，俗话称作“挂旗”。这都表明糖浆具有一定的黏稠度了，也就意味着这一锅番薯饴糖已经熬成。

无论煎米糖、番薯糖，还是制苞芦糖、高粱糖，同样都很费柴火，所以有句俗话说：“柴火不足煎烂糖。”不过，新安人家的柴火基本不成问题，尤其是山乡农户常年储备的柴火十分富足。所以煎糖之务世代相传，成为百年不移的习俗。

新安人家有了饴糖，便能做出好多好吃的甜食。其实，即使不煎饴糖，人们也能做出一些不用饴糖的美味糕点。新安传统糕点可谓品类繁多、名目无数，大体上可以分为四大类，即糖、酥、糕、饼。

这里所说的“糖”，不是砂糖、冰糖的“糖”，而是糖果糕点的“糖”，是糖制食品的统称，指的是以饴糖、砂糖为主要原料，适量加入芝麻、花生和面粉及糯米制作而成的甜味食品，其中包括用面粉、芝麻加糖制成的酥糖。新安糕点中有很多种糖，冻米糖、交切糖、玉条糖、寸金糖、麻片糖、芝麻糖、如意糖、牛皮糖、秤管糖、松杆糖、玉兰片糖、嵌字豆糖，还有贯香糖果、姜糖、糖球、糖饼、糖枣之类，

---

① 浙江省《非物质文化遗产调查表·民间手工技艺·农畜产品加工类》，编号09-092-0127-108-001。

麻酥糖是其中的名角，“顶市酥”是麻酥糖的升级版，其全称是顶市酥糖。

再说“酥”类糕点。“酥”类糕点是指调和面粉时加白砂糖，并加食用油，所制作的饼饵一类点心，所加食用油，可以是菜油，也可以是猪油。“酥”类糕点的基本特征就是酥松易碎，体现出油酥食品的性质。新安糕点中“酥”的花样也是层出不穷，例如以制作材料而标称的有绿豆酥、花生酥、杏仁酥、玫瑰酥等，以形象外观而得名的有菱角酥、羊角酥、蛤蟆酥、徽墨酥、墨子酥、千张酥等。另外，还有桃酥、卷酥、酥夹，以及京枣之类，七七八八，数不胜数。酥类糕点也有许多名品，像伏岭玫瑰酥就是代表之一。

新安糕点中的“糕”，主要原料是面粉、米粉、豆粉或芝麻粉，通过蒸晒或烘烤方式制作而成的块状甜点。糕的种类和糖的种类一样繁多，像芙蓉糕、回回糕、水晶糕、状元糕、百果糕、绿豆糕、芡实糕、茯苓糕、松子糕、松花糕、松糕、方糕、香糕、烘糕、火炙糕、潮糕、汽糕、蒸糕、糯米糕、糯米子糕等。其中，渔亭糕、岩寺朝糕、寿昌回回糕、海青天孝母糕等，至今还很有名气。

蟹壳黄烧饼

所谓“饼”，前文已经讲过，是用面粉、米粉做成的扁圆形食品。这里所说糕饼的“饼”，不同于充当主食的包有菜馅的饼、馃之类，也不同于那些充当菜肴的油煎而成的咸味薄饼，所指只是充当点心的小型甜饼，像月饼、麻饼、徽州饼、绿豆酥饼、蟹壳黄饼等。因为饼类大多能够充当主食，所以饼类糕点的花样相对前面三类不算太多。但是其社会角色却也不容忽视，尤其是其地方特色更为令人瞩目。比如，新安人家最为熟悉的徽式月饼，无论所用原料、制作工艺，还是形体外观、食用口感，都与广式月饼和苏式月饼、京式月饼迥然不同，因而以其地方风味独树一帜。

（二）

一个地方的糕饼点心，体现一个地方的饮食风味；一个地方糕点风味的形成，有着诸多背景因素和基础条件，而食材的利用和制作的工艺则具有最为直接的效应。

下面，我们就从“非遗”文化层面具体考察一下新安糕点的制作工艺。

麻酥糖是新安人家独具特色的传统名细糕点。制作麻酥糖，首先备好饴糖，把棕黄色的糖烊绞在纯白色的糖坯上面，搁在烧热的铁锅中保温备用。同时，还得备好芝麻粉料，即将芝麻炒熟，研成细粉，然后掺入炒熟的面粉，添加少量绵白糖，搅拌均匀，盛好待用。动手制作麻酥糖的时候，先在宽大的面板上摊开一层芝麻粉料；再将煎开的饴糖作为酥坯，摊放在芝麻粉料上面；酥坯上面又撒一层芝麻粉料，利用滚筒将它滚平滚薄；随后把整块粉饼对折过来，滚平滚薄再加粉料；滚平滚薄再次对折，如此反复——传统习惯是七次——之后；再将整个粉饼卷成细长的圆条，置于一对长条木板构成的夹槽当中；整平成型之后，用刀切分成等样小块；再用四方的红纸分块包好。至此，麻酥糖的制作宣告完成。

清朝末年，徽商重镇屯溪的糕点制作行业，顺应城镇消费人群对精细糕点的需求，在麻酥糖制作工艺的基础上加以改进，创制出麻酥糖的更新品牌“顶市酥”，被视作市面上顶级的酥糖。

“顶市酥”更加讲究各种糖料的质量，更加精准地把握配料比例，整体品质得到显著提升。这种精制的顶级麻酥糖，拆包不粘纸，进口不粘牙；平托成块，侧提成带；闻着喷香，吃着酥甜；质地松软，老少皆宜，可谓人人喜欢。这可不是一般的商品广告，这是新安人家的生活体验。

不过，从新安人家的生活习俗看，麻酥糖也好，“顶市酥”也好，尽管其社会地位显赫，年节前后必不可少。但从总体上看，需求量并不很大，大户一二十包，小户数包即可。随着食品行业的发展，人们通常都在年前根据需要从市上购买现成商品，很少再有家庭自制的必要。

顶市酥

冻米糖

冻米糖则大不一样。冻米糖是富有地方特色而最具大众化的糕点，除了像其他糕点那样用来待客佐茶之外，主要还是作为全家老小长达数月的食用点心。比如，过完年节之后，人们无论上山务工还是下田劳作，都可能随身带着一些冻米糖以备疗饥。所以冻米糖的用量远非一般糕点可比，普通家庭都得二三箱，大户至少五六箱。这就难怪每至春节前夕，几乎家家都在赶制冻米糖，新安山水之间的空气似乎都因此而变得香甜浓郁。

现在看来，冻米切糖确实属于很有讲究的手工技艺，无论在城在乡擅长此道的人工已经寥寥无几。可在以前，新安人家普遍都很熟悉这门技能，几乎人人都能道出个“子丑寅卯”。现在试就其“子丑寅卯”做一个复述。

既要谋划切糖，就得先行冻米。早在腊月之前，迟至腊月之中，人们选定一个天寒地冻的日子，按照需要筛选足量的上好糯米，放入水缸、水桶，灌满清水浸泡，每日换水一次，前后浸泡一二天、三四天，视当时具体气温而定；浸透之后，置于大锅蒸笼中蒸熟；大锅水面稍稍漫过蒸笼底座，大火烧过一段时间，酌情添水入锅；蒸好的糯米，颗粒极其分明，远比糯米饭干爽；新安人家几乎家家都有晾晒谷物的竹笾，这时可以将蒸过糯米摊在竹笾上面，晾在阴冷通风的地方，任其风吹冷冻，越吹越冻越好，这样后面入锅翻炒的时候，就会越炒越发；经过风吹冷冻，晾成半干状态，便可将冻米移至太阳地里，让它晒个若干时辰，直至晒干为止。

接着就是炒米。炒米就是将冻米下锅爆炒，目的正是要将冻米炒爆。炒米需要把握火候。为了避免火候不当，冻米炒焦，人家往往选用细沙拌炒。先将淘净的细沙，或者用桐子壳烧成细沙，放入锅内烘热；再将晒干的冻米酌量下锅一并翻炒，炒得冻米显出膨胀酥松之状——寿昌人称作“米胖”，非常形象；然后用铁丝细筛筛出冻米；筛下滚热的河沙或者桐子壳沙仍然留在锅内，继续翻炒下一锅冻米。这样一锅又一锅地炒完冻米之后，下一步骤就是煎糖拌米了。

拌米需要糖稀。糖稀就是用麦芽加大米或者麦芽加番薯熬成的饴糖。拌米这道工序，就是先将糖稀放入大锅煎熬，熬到糖稀纷纷起泡，不时发出声响，这时就得迅速把炒过的冻米倒进锅中，使用木勺趁热搅拌。这一环节之中，关键是冻米入锅不宜过早，也不宜过迟。如果过早，则糖稀尚嫩，糖米软塌不易定形；如果过迟，则糖稀太老，致使糖米过燥易碎。糖稀拌炒冻米，火力不可过旺，务必掌控适当，避免糖米炒焦。搅拌均匀之后，糖米能够黏合成团，用手尝试拿捏，米团连丝不散，这就可以停火，接着进入最后一道工序，那就是切糖。

切糖需要两条长形四尺凳，架起一块平整的面板，再拿一个四方的木框置于面板上面，如果没有专用切糖的木框，可以就用压榨豆腐的榨圈。这些木制器具摆放稳当，便将大锅炒好拌匀的糖料迅速铲起，堆放在木框当中，使用糖槌打平擂实，形态如同一板豆腐。不过豆腐只是使用刀片轻轻划分成一板方块而已，切糖则需一把快刀，按照常规尺寸先将整板米糖切成若干长条，接着再将每个长条横切成大约0.5厘米厚的薄片。逐条逐片切好的米糖，整条放入密封程度较高的白铁箱里，层层码好，妥善保存，以备食用。

总括起来，制作冻米糖有这四道基本工序：一是冻米，二是炒米，三是拌糖，四是切糖。在此流水程序中，为了增加成品的色香味，人们往往还将少许冻米染成红绿色，并且加入适量的炒芝麻、炒花生、干橘皮、干桂花。另外，又会根据自己的喜好，稍稍改变冻米处理的方式，结果便增加了徽饭麻糖、烤谷麻糖、谷花麻糖等多个不同品类，从而构成一个冻米糖系列，更加丰富了食用的口感。

除了冻米糖，新安人家还会制作粟米糖、芝麻糖、苞芦糖，以及粉皮糖等。这些糖的制作原理、加工方法大致相同，只是因为使用原料不同，原料的处理稍稍有些差异。比如，制作苞芦糖，就不需要像做米糖那又浸又蒸又冻又晒，只要设法将苞芦粒炒熟膨化，便可下锅拌上糖稀，趁热上板切成糖片。在有了制作爆米花的机子可以利用之后，做苞芦糖也就方便得多了。

制作工艺比较特别的是豆香糖。豆香糖的主要原料是黄豆粉、黑芝麻和麦芽糖，成品是豆黄色的方形小糖块。其中最为奇特巧妙之处，就是糖块中的黑色芝麻粉居然构成非常规范的汉字，通常呈现的是“福、禄、寿、喜”之类吉祥文字，一块一字，十分醒目，如果购买者还有特别用途或其他意愿，完全可以预先订制，为他嵌入所选的字样。所以，豆香糖又称“嵌字豆糖”。嵌字豆糖的制作方法是：黄豆洗净沥干，炒至微黄色，磨成细粉；黑芝麻漂洗沥干，炒至香味出，磨成细粉；麦芽糖小火加热，待其成为琥珀色黏稠状态时，分别掺入黄豆粉和芝麻粉，快速搓成黄豆粉团和黑芝麻粉团，利用木制夹板做成断面规则的糖条；随后将黄色糖条与黑色糖条上下左右适当搭配，在整个横切面上组合形成预先设定的字样，再在完成组合的整个糖条外面包裹一层黄色糖面，使整个面团成为一个硕大的印章，横断面上看去，黑色的是字，黄色的是底；完成整体组合设计之后，再将整个面团纵向慢慢拉抻，越拉越长，越拉越细，最后到了横断面成为边长大约 1 厘米的正方形时，趁热将拉长的糖条切成厚薄均匀的方形糖块。

嵌字豆糖堪称糕点一绝，与其说是香甜爽口的豆香糖，不如说是精美可赏的工艺品。一块小小的方糖，不只是能给味蕾以满足感，还能激起人们对生活的美好祈望。

嵌字豆糖

嵌字豆糖以祁门县闪里乡、新安乡的出产最负盛名，工艺流传已有一二百年的历史。嵌字豆糖的原料虽然简单，但是工艺比较繁复，现在已经很少有人能够熟练掌握这门手艺。2017 年，嵌字豆糖制作技艺被列入安徽省非物质文化遗产名录。2018 年，嵌字豆糖又在央视节目《舌尖上的中国》中播出，受到国人的热切关注。

在“糖”类糕点中，饴糖对于上述麻酥糖、冻米糖和豆香糖，以及交切糖、姜片糖来说，主要的功用都在于黏合。而对于秤管糖、松杆糖、寸金糖、交切糖、贯香糖果、牛皮糖及姜糖而言，饴糖则作为主要原料，制成糖条，充当糖坯；然后按照不同的规格，制成不同的式样，最后分别续以辅助性工序，便可制成不同的糖点。比如，将饴糖制成糖条之后，凝结敲碎，或切成颗粒，便成为糖果。糖条里面包上黑芝麻粉拌白糖作为糖心，即成贯香糖果。贯香糖果流行于黟县，以西递一带所产最为著名。如果将糖条制成秤管一样粗细，里面包上白糖、米粉作为糖心，外面裹上白芝麻或者黄芝麻，然后切断成四寸左右的长条，即成秤管糖，建德人称葱棍糖。如果秤管糖的糖条搓得更细一些，做工更加精致一些，便得美称“一品香”。还有寸金糖，只是因为糖条切成长度一寸左右而得名，实际制作方法与秤管糖大同小异。

以上说的是制糖，下面再说说制酥。

伏岭玫瑰酥原产绩溪县伏岭村，因制作时加入玫瑰花瓣而得名。以面粉、芝麻、白糖、饴糖为主料，以玫瑰、青梅、橘饼、红绿丝为辅料。制作方法如下：芝麻手工脱壳，炒熟后研细过筛，拌上细白砂糖；烘干之后掺入面粉，加入适量已经融化的饴糖，拌匀揉透，并且擀平；一层一层卷折相叠，均匀撒上细白糖、玫瑰花、青梅碎、红绿丝；然后按照一定规格切成小块，盛于烤盘，推入烤箱，烤熟即可。最后包装成盒，每盒 10 小块。精细制成的玫瑰酥，整体洁白如玉，丝丝点点的玫瑰花、橘饼碎、青梅碎若隐若现，极富美感；入口香甜酥松，伴有玫瑰花香和青梅橘饼味道，口感极佳。绩溪伏岭玫瑰酥始产于清代，经久不衰，至今享有盛名，1985 年，选送北京参加全国食品展览会，并获奖。

新安糕点中的“酥”有各种各样的制作方法，例如桃仁酥、杏仁酥一类就像玫瑰酥这样，和料制作完成便可通过烘焙成为熟食，然后包装存放备用；有的又像马蹄酥、蛤蟆酥、羊角酥、大京枣一样，制作造型之后，放入油锅煎炸成熟，然后作为糕点食用。而所有的酥点之所以酥松易碎，除了加工当中多以薄层相叠方式之外，如千层酥制作至少是六层，正与这样的加工制熟方法有关，烘烤可以成酥，油炸也可起酥。当然更为重要的因素，还在于制作原料中加入了鸡蛋、食油之类，有的甚至还添加有少量的泡打粉。

关于糕的制作，我们先说说比较独特的渔亭糕，然后再说其他。

明清时期，黟县古镇渔亭商贸交易繁荣，往来商旅众多，当地糕点食品生意也很兴旺，其中有一种黑芝麻糕特别畅销，流传甚广。因为它不仅造型雅致、口味独特，而且易于行旅携带，可以保存数月之久。在渔亭，生产这种黑芝麻糕的老字号有很多家，像万兴、怡隆、焕南、长丰、来弟，以及安兴记、魏焕记等。但是在外地，同类产品通称“渔亭糕”。

渔亭糕是精选当地所产上等大米、芝麻、花生、桂花，经过淘洗、晾晒、烘炒之后，细细研成糕粉，放置三天三夜，待到充分冷却之后再进行制作。制作时，按照一定比例将糕粉与特制的糖浆混合搅拌，经过充分搓揉，填入模具之中，压实成型，

渔亭糕

剔除杂边，最后脱模，置于特制的竹筐，用炭火慢慢烘干。由于所用芝麻有黑、白两色，制成的米糕也就呈现黑、白两色，这与徽派传统建筑中“粉墙黛瓦”的色调暗相契合，充分体现出浓郁的徽派特色,被人称作“能吃的徽雕”和“舌尖上的徽雕”。渔亭糕所用模具质地坚硬，凭借着精巧的徽派木雕工艺，可以创作各种民俗图案制成模具，打造出民间喜闻乐见的糕点造型，像麒麟、凤凰、寿星、财神、观音、八仙以及十二生肖之类，赋予糕点美食以吉祥如意、富裕安康的人文意蕴。2011 年，澳门举办内地年俗展，渔亭糕作为安徽代表作品参展，获得广泛的好评。

从长期的生活实际看，新安人家普遍都很熟悉的是芙蓉糕和云片糕。

芙蓉糕的制作一般都在冬季，临近春节当然就是最佳时间。制作过程主要有四个阶段：1. 清洗糯米，随后放入木桶，浸泡一个昼夜，手指能将糯米碾碎即可。利用小石磨磨成粉，装入布袋挤干水分，置于蒸笼旺火蒸熟，然后摊放案板散热，不烫手时便可揉搓，揉透以后搓成长条，利用竹箩摊晾数日，糯米粉条由软变硬，表面封皮。2. 先将糯米粉条刨制成片，再晾或者再晒，粉片干透之后入锅油炸，达到膨化松软的效果。炸片最好是用猪油，菜油容易影响观感和口感。油炸必须掌控火候，炸至两面金黄即可，不可过老，不能太嫩，过老便有焦味，过嫩则会粘牙。3. 先将饴糖放入大锅，酌量加入白糖和蜂蜜，以增加甜味和香味。大火烧开，文火熬制，待到糖浆起丝之时，推入炸发的糯米粉片，随即加入桂花屑、金橘皮、红绿丝，搅拌均匀，融为一体。4. 关火起锅，将搅拌好的全锅糖料倒入案板上的长方形糖榨木框之内，利用特制木槌推开打平，然后切成方块糖糕，冷却之后即可装箱，随取随吃，十分方便。芙蓉糕香甜酥脆，老少咸宜，为节日馈赠佳品。但因制作中手工比较复杂，用料非常讲究，所以历来售价不低，如果不是殷实家庭，恐怕难得有此口福。

云片糕，又名雪片糕，也以选料讲究、做工精细而著称。主要原料为优质糯米，佐以精制白糖、青橘饼、红绿丝、桂花屑，加工有炒米磨粉、陈化处理、制取湿糖、调粉投料、入模成型、复蒸切片六大步骤。云片糕色白如云，片薄如雪，表面光滑平整，棱角整齐规则，细腻柔软，不黏不散，能弯成半月形不会发生断裂。香甜软润，入口即化，营养丰富，老少皆宜。友人邵宝振先后收集有多种店招广告，其中“民国徽城公顺号食品店广告”载有各类茶点食品 76 种之多，所列云片糕就有人物云片、提糖云片、砂仁云片、桂花云片、薄荷云片、桂桃云片、盆糖云片等多种。

云片糕

新安糕点的制“糕”模式，总体来说主要有两种，一种是烘糕的“烘”，一种是蒸糕的“蒸”。除了前面说过的渔亭糕，还有潮糕、香糕、状元糕等，都经烘焙而制成；而方糕、松糕、水晶糕、茯苓糕、松子糕、芡实糕、百果糕等，都由蒸制而成。在这两种制作工艺中，烘制模式普遍都有木质印模的利用，像状元糕的印模就雕有吉祥图案，岩寺潮糕还曾打印上唐诗。[①] 烘制模式除方糕以外，则很少利用印模，多用菜刀切分成块，或是手工摘分粉团搓压成坯。两种模式各有所长，人们根据食用需要做出选择。相对说来，印模烘制的糕点适宜包装，便于携带，保质期比较长，可以常年贮存备用；刀切蒸制的糕类形态大方，质地新鲜，适合年节需要，可以用来

① 方西畴：《新安竹枝词》：“铜巢双簧铁剪刀，唐诗摘句印潮糕。匏花笋豆珍珠菜，都逊松烟品格高。”歙县地方志编纂委员会：《歙县志》，黄山书社，2010年，第1517页。

招待宾客、馈赠亲友，大可增添节庆气氛。

最后我们以月饼和麻饼为例，简单说说糕饼中“饼”的制作。

麻饼

苏东坡《留别廉守》诗有云“小饼如嚼月，中有酥与饴”，吟咏的就是月饼，可知北宋的月饼已有酥油和糖馅了。后来各地所产月饼异彩纷呈，京式、广式、苏式、徽式、潮式、滇式……旧时新安人家普遍最熟悉的还是徽式月饼。徽式月饼的特点是小巧精致，洁白玉润，皮酥馅饱，入口松软，油而不腻，滋味充溢。基本的制作方法是：先将菜油或猪油掺入面粉，揉和成面团，擀制成酥皮；再将白糖、桂花、黑芝麻、花生蓉拌和成为月饼馅料；包入酥皮，压入模具，制成饼型；然后进行烘烤。由于饼皮酥松易碎，所以每个月饼下面都用一张小小的方形纸片托底。

麻饼的制作方法是：按一定比例将面粉、米粉混合，加入适量熟菜油及发酵粉，揉成软硬适中的面团；制成大小统一的薄饼，包入黑色芝麻粉、桂花糖、金橘饼、红绿丝混合而成的饼馅；然后置于特制的金属模具中，将水浸脱壳的白芝麻压入面饼的正反两面，推进特制的烘炉进行烘烤。烘炉分为三层，上下两层生起炭火，麻饼平整排放在中层，两面同时受热烘焙。烘烤麻饼采用纯炭作为燃料，确保既无黑烟又无明火，而且热量均匀，便于掌控。如此制作的麻饼不仅香甜，而且酥脆，口感极佳。在歙县，坑口所产麻饼历史悠久，远近闻名，通常都作为馈赠礼品流行于世。

第三节 新安著名果品系列

新安江畔，丛林之间，花开四季，果满枝头。春日桃李，秋风柑橘，更有甜枣酸梅，装点着新安人家的田园生活，美化了新安饮食的民间图谱。

（一）

北宋诗人梅尧臣《送余少卿知睦州》云："青山峡里桐庐郡，七里滩头太守船。云雾未开藏宿鸟，坡原将近见烧田。养茶摘蕊新春后，种橘收苞小雪前。民事萧条官政简，家书时问雪溪边。"[①]梅尧臣是宣州人，他对睦州、歙州都很熟悉。其实，整个新安江流域就是万山傍一江，这是谁都知道的事实。对于新安人家来说，这个生存环境的基本特点就是四个字"山多田少"。因为田少，这里的粮食生产确实非常困难；但是因为山多，这里的山林特产又格外丰富，诗人提到"养茶""种橘"，只是略举其中一二而已。我们可以看看当地流传的歌谣怎么说：

一月扛锄挖冬笋，万家争做羹与汤。二月梅花初破绽，烘烤精致喷清香。
三月春笋尖尖角，干藏鲜食两相当。四月新茶随雨绿，樱桃红透且先尝。
五月三潭枇杷熟，香菇木耳又下床。六月花红赶紧摘，杨梅桃李要登场。
七月满地西瓜熟，甜瓜脆来三茶香。八月加工黄花菜，雪梨白嫩名远扬。
九月蜜枣山核桃，香榧板栗猕猴桃。十月柑橘挂满树，红柿鲜甜金橘香。
十一月里采贡菊，药饮皆宜吐芬芳。十二月里雪花飘，荸荠甘蔗登市场。[②]

这一节我们不论其他种种，只说山乡果品。丰富的果品，早在南宋罗愿的《新安志》就有较为详细的记载：

枣或脆而多津，或大而理疏。丁香枣者，紫黑不类枣，其蒂核皮肉正柿之绝小者耳，一名牛乳柿，盖古之梗也。山枣似橄榄而圆，剥之正白如涕。栗则或毛或泽，小者独颗而圆，狙公所赋芧也。榛，花长而实细。枳椇，味在枝杪，霜后绝甜，一曲一直如枅之承栱，故一名曲枅，一名坚枸木，以其材为柱，能败室中酒味。古以椇为妇贽，今不复贵。木瓜实小，不如宛陵楨。樝者，苦木瓜而不臧者也。香樝甚小，所谓榅桲也。棠，甘棠也，棠有霜后黑而糜者曰青沙烂。梨之类多种。大抵歙梨皆津而消，其质易伤，蜂犯之则为瘢，故土人率

① 朱东润：《梅尧臣诗编年校注》卷2，上海古籍出版社，2006年，第33页。
② 歙县地方志编纂委员会：《歙县志》上册，黄山书社，2010年，第495页。

以柿油渍纸为囊，就枝苞封之，霜后始收。今出丁字桥者名天下。近城多杨梅，南朝时时太守所采，任昉以冒险多物故而停绝。银杏，叶如鸭跖，实外有皮，山中人贮之，及柿之红者以为酢。椑似柿而青黑，所谓乌椑之柿也。《本草图经》：'椑柿出宣、歙、荆、襄、闽、广诸州，柿美而益人。'椑又制丹石毒。梬之小而美者，出于黟。……其外则桃、李、梅、杏、含桃、来禽、枇杷、胡桃、安石榴、橙、橘、柚之属。大率山寒不宜橘、柚，种者筑池，中为交午之道，列植其上，水汽四面薄之，则不畏霜雪。婺源则有金橘。[①]

这里有干果，也有水果，作者一口气列举了这样二三十种。

翻翻历代的地方志，几乎都能看到这样的文字，只是繁简不同、详略各异。像光绪《建德县志》提到：柿有牛奶、丁香二种。榧产于南乡伊村者佳。来禽俗称花红。麻核桃。像光绪《遂安县志》提到："猢狲桃：藤生，叶如葛，实如鸡子大，皮色赤青，内绿，有黑子如同芝麻。生有涩味，采后用糠藏之，十余日则见成熟，食之香甘可口。"[②]虽然只是提及一类，但却写得风味十足。

到了民国时期，《遂安志》《建德县志》同样都做了比较全面的记载。《遂安志》卷三《物产》记载如下：

梅：多栽园圃中，早春开花，立夏后熟。李：有紫李黄李。黄李近以毛家村产额最多。桃：土产为毛桃，实小。近有一种实大味甘者为接桃，来自徽属。梨：本地产者俗名稻花梨。杏、枣、榧，产俱不多。柚多栽园圃，俗名香泡。菱、芡均为野生。石榴、枇杷，多栽村边屋角。杨梅、银杏，八都等地产之。葡萄、林檎，多栽园中。莲实产额不多。甘蔗栽田中，清末始输入，近时产额颇宏。荸荠栽水田中，清末始盛。花生：东南乡人种沙地中，产额日多。甘薯：东乡栽植颇多，可充饭食，俗名饭薯。金橘、代代，均来自杭县、金华等地，园中植之。[③]

① [宋]罗愿：《新安志》卷2《物产》，萧建新等：《新安志整理与研究》，黄山书社，2008年，第54～55页。
② 光绪十六年《遂安县志》卷5《土物》。
③ 罗柏麓等修、姚桓等纂：《遂安志》卷3《物产》，据民国十九年铅印本影印，成文出版社有限公司，第142页。

民国《建德县志》记载如下：

梅，杏，桃，白桃，樱桃，蟠桃（又名和合桃），李、美人李、石灰李，梨（有青皮、脂麻、棠梨诸种），枇杷，棠棣即郁李，林檎（比花红稍大，青而微红），花红（比林檎小，纯青），木瓜，山楂（色红而扁圆，有毛而青色者俗称为老虎山楂），石楠。橘，橙，柚，香橼，秦椒，石榴、四季榴、方石榴（古时方门山有之），枣，无花果（不花而果，其实可食），水青冈（与栗同类），胡桃，山核桃，葡萄，银杏（即白果，俗称公孙树），榧（俗称三代果，有丁香、羊角等类，在伊村者最佳）。[①]

民国《建德县志》卷八有土货记载，还载有“榧子岁出约三百五十担（东区）”。

除了历代地方志的文字记载，更为难得的是，在古木森森的新安山水之间，我们惊喜地发现一些果木历经千百年风雨之后，仍然保持着充沛的活力和骄人的风采。

在歙县唐模古村，前人为择址建村所植一株银杏已历1200余年，至今枝繁叶茂，满树挂果，蔚为壮观。婺源段莘汪槎村口一雌一雄相互守望的两株银杏，树龄同样都在千年以上。黟县横冈村的一棵银杏也有800年的高龄，宏村村口的银杏也是一位400多岁的长者。榧树也多有高寿者，像黟县泗溪下东坑村一株千年榧树，高20米，围9米，为徽州第二古木；泗溪甲溪村万春庵另有一株榧树，树龄500余年，明朝庵僧曾以榧果进贡，当地人称“贡榧”“明朝和尚榧”。还有，歙县叶村后山有树龄400余年的一棵梅树，今日仍然郁郁葱葱，活力四射，风度翩翩，不让后生；淳安县唐村乡新联村有一株柿树，树龄200多年，树高17米，冠幅方圆15米，最高年产鲜果以千斤计，被人誉为“柿树之王”；歙县街口村一株140余年的粗皮狮头橘，树高6米，侧枝繁盛，年产果几百斤，比一般早株产量高六七倍，成为村民的一棵“摇钱树”；歙县富岱村还有一株树龄100余年的“枇杷王”，树高7米，枝条扶疏，年产枇杷400斤，而且果大肉厚，汁多味甜；歙县蕃村一株“雪梨王”，树高11.5米，基围3米，主干分三枝，主枝枝围2米，树冠呈半球形，年产鲜果近千斤。所有这些长寿的果木，既是新安江上果木之乡的历史性标志，也是绿色的人文纪念塔，它

① 民国《建德县志》卷8《食货》。

们经历过无数的风雨沧桑，也见证了人间的离合悲欢。

在全面了解并逐一鉴赏新安山水之间这些有滋有味、甜美诱人的果品之前，我们想单选枣子为例，考察一下新安人家果品生产与加工的实际情况，从而了解这种生产与加工对于饮食生活的作用与影响。山林众果之中，枣子堪为代表。诸如后魏贾思勰《齐民要术》，以及明代徐光启《农政全书》，古籍中的许多专业文献都把枣树列为果木之首。就像《诗经·豳风·七月》所说“八月剥枣，十月获稻”，自古以来枣子就与民众生活有着密切的关系。

对于新安人家来说，枣子确是一种传统名果。“或脆而多津，或大而理疏”，这是南宋《新安志》作者的精确评价。[①] 明代嘉靖《淳安县志》有关枣树的记载，以及万历《歙志》“枣出琶塘（村）者最佳”的说法，[②] 都使我们相信，作为江南枣品的代表，如《中国名产聚珍》一书所说：“浙江义乌大枣，安徽歙县的歙县枣，都是有名的优良品种。”[③]

歙县枣，指歙县马枣，别名马头枣。在清乾隆年间曾被列为贡品，享有“京果”之美称。歙县枣子的主要产地在邑南武阳及三阳一带，大约有300个自然村都培植了茂密枣林，这些枣林集中分布于海拔400米以上的昌源河、华源河、柏川河畔，地理环境和生长条件都十分优越。从这一带山地产出的枣子有大头马枣、马枣、团枣、汁枣、秤砣枣、秤砣汁枣、枕头汁枣、蜜蜂汁枣等，品种相当丰富。

与歙县毗邻的淳安也是产枣大县，在浙江省内也是主要产枣县之一。县内青枣产地广及10多个乡，如金峰、汪宅、左口、王阜、唐村、严家、光昌等，生产的青枣又有10多个品种，左口乡的瑶林、叶祺、岭下、显后等村，所产大枣和马枣，个大、肉厚、核小，含糖分极高，均属优良品种。

“桃三杏四李五年，枣树当年就还钱。”俗话虽然有此一说，然而在漫长的历史岁月中，新安山民总是遵循时令采食鲜果，尽管鲜枣很多，但是交通不便，经济价值就相当受限。后来随着食品加工技术的逐步发展，新安江人先后也开始对枣子进行加工，先是有干枣的制作，后来有蜜枣的生产，另外有南枣的加工，枣子在人们的社会生活中产生愈来愈大的影响。

---

① [宋]罗愿：《新安志》卷2《物产》，萧建新等：《新安志整理与研究》，黄山书社，2008年，第54页。

② 万历《歙志考》卷5，黄山书社，2014年，第102页。

③ 中国国际广播电台国内新闻部：《中国名产聚珍》，见瓜果类《话枣》一文，河南科学技术出版社，1982年。

新安江上的蜜枣制作始于何时，目前尚未有个准确可靠的说法。民国《歙县志》记载，“昔琶塘以产枣者，今邑南武阳及三阳川一带枣林茂密，盖始于咸同以后。其制为蜜枣，有京庄、天香、贡枣诸目，武阳、深渡制之。以三阳川东南山上之高山枣所制品为最上，行销全国。外人因购自沪，呼为春申枣云。”[①] 由此我们只是知道，咸丰同治之后，歙县武阳等地出现大片枣林，出产蜜枣已经有了多种名目，甚至其中还有“贡枣”之称，但是我们是否需要考虑一下，如此繁盛的生产状况难道就是蜜枣制作初始的情形？

不过无论如何，业界学界都已公认，中国蜜枣起源于徽州歙县。上海科学技术出版社 2010 年出版的《中国枣》一书中说：“蜜枣制作技术起源于皖南，因而优良的蜜枣品种以皖南和相邻的苏南、浙西最多，繁育多用嫁接，品种纯度和生产技能都比较高。”[②] 中国林业出版社 1982 年出版的《枣》一书中写道：“蜜枣是枣的糖质干制珍品，起源于安徽歙县，有 200 年的历史。”二百年间传播到南方北方很多枣区，随之形成质地和风味各具特色的蜜枣品种，主要分为三类，即徽式、京式、桂式。[③]

自从有了蜜枣加工工艺，每到枣子的收获季节，歙县南乡的山农就格外繁忙。枣子收获进家，要想制作蜜枣，前后需要完成八道工序：选料、发切、收切、煮枣、生焙、捏工、老焙、分级。为了便于加工，为了保证质量，首先就得选择原料，选料是个重要基础，必须选择那些果形大、肉体厚、质地松、圆筒状、两头平、核子小的马枣、圆枣进行加工。“发切”是技术含量最高的一道工序，切工要用小小刀片在每个大青枣上切出一道道口子，少则三四十道，多至五六十道，而且深度要适中，刀距要均匀。这刀距均匀的程度，标志着工艺水准，关系着产品质量。最辛苦的工序是煮枣，夜里基本不能睡觉，要睡也就睡在锅边，每个时辰你都得留意锅里煮枣的状况，丝毫不敢马虎，马虎就会坏事。

清朝末年，歙南武阳一村就有 18 家蜜枣加工厂。武阳蜜枣“个大齐匀，透亮美观，含维 C 多，品质上等”，[④] 几十道刀口留痕形成几十条平整丝缕，形似金丝缠裹一般，蜜枣通体呈现晶莹闪亮的半透明状，观其色彩酷似琥珀在目，所以它得了一个漂亮

---

① 《徽州文化大辞典》“金丝琥珀蜜枣”条，中国科学技术大学出版社，2015年，第787页。

② 郭裕新、单公华：《中国枣》第5章第4节“蜜枣品种”，上海科学技术出版社，2010年，第173页。

③ 山东省果树研究所：《枣》第9章，中国林业出版社，1982年，第224页。

④ 郭裕新、单公华：《中国枣》，上海科学技术出版社，2010年，第174页。

的名称，叫“金丝琥珀蜜枣”。武阳金丝琥珀蜜枣漂洋过海，远销世界40多个国家和地区。在相当长的一个时期里，武阳人带动故里大批歙南人走出家门，成为外地传播蜜枣制作工艺的“徽州师傅”。

金丝琥珀蜜枣

歙县南乡金村人吴竹三，先于清宣统三年（1911）在兰溪开设“元泰”茶漆店，后来发现兰溪乡间的大青枣有着巨大的产量，货源充足，质优价廉，似乎当地还没有人经营大青枣的加工。于是，便从歙县老家聘来制枣师傅，首先在兰溪城内开设了一家“恒泰”枣子加工厂，产品以“新安恒泰金丝琥珀蜜枣”为牌子行销各地。[①]其后，兰溪生产的金丝琥珀蜜枣也都打着“新安”的牌子。[②]

淳安蜜枣加工首先是从西部威坪镇兴起，威坪镇与歙县山水相连，最先为歙县蜜枣加工业所带动。早在清朝末年，镇上就创设了“蜜枣作坊”，致力于“威坪金丝琥珀蜜枣”的制作。当时的发展势头相当强劲，产品很快就外销港澳和南洋。[③]

---

① 宇文广：《兰溪的徽商》，《近代商人》，黄山书社，1996年，第217～219页。

② 1957年，金丝琥珀蜜枣以“徽州蜜枣”为商标，通过香港万泰商行行销美国、日本、加拿大等40多个国家和地区，最高出口量250余吨。

③ 淳安县民政局：《浙江省淳安县地名志》，1984年，第528页。方月桂：《漫话淳安蜜枣》，政协淳安县文史资料委员会：《淳安文史资料》第3辑，第101页。

经过长期实践，淳安蜜枣加工形成了一套独特工艺，前后经过选料、切纹、浸泡、水煮、漂洗、糖煮、初烘、整形、复烘9道工序，最后再将成品蜜枣分级包装，出厂外销。

就大体类型而言，淳安蜜枣属于徽式“金丝琥珀蜜枣”。淳安蜜枣的特点是果形大、核仁小，丝缕均匀平整，质地酥密松软，糖质起沙，色泽透红，含水量低，实为浙江传统风物特产。①

淳安蜜枣营养丰富，是一种理想的大众化营养滋补品。经检测可知，淳安蜜枣含糖量高达70%，所含糖量和热量比柑橘、苹果要高出一倍；同时又含有蛋白质、脂肪、碳水化合物、钙、磷、铁，以及维生素C、维生素D等，其中维生素C的含量最高，比柑橘、苹果高十倍。此外，还含有单柠、酒石酸等多种成分。长期食用蜜枣，还能够补血活血，养胃健脾，益肺提神。

金丝琥珀蜜枣的加工生产，对于新安江人，尤其是淳安人来说，确实是得天独厚且大有可为。这里具有鲜枣资源的显著优势，像早熟品种大园枣、中熟品种大头马枣和下山枣、晚熟品种淳安大枣，人称淳安枣的“四大良种”。像淳安产的白皮马枣、大头马枣、蓑衣马枣、笔头马枣，全都是加工蜜枣的上好原料。尤其是白皮马枣，果体硕大、身圆头平、质地松脆、核小味鲜，而且糖粉渗透快，加工性能好，所制成品自为蜜枣之珍品。特别是当代新发现的“淳安大枣”，更为淳安蜜枣的加工业注入了新的活力。②

所谓“淳安大枣”，实为一种特大青枣，产于淳安左口、汪宅、朱峰、金峰等枣区。这种特大青枣是由于地形、土壤、光照、温度、水分等生态条件的自然驯化而变异生成。新生大枣的粒重相对老的品种翻了一番。这种大枣加工成为蜜枣，质地紧密，色泽透亮，丝缕平整，肉质细腻，甘甜如怡，十之八九都可作为特级产品供应外贸出口。

淳安所产枣子，鲜枣销量不到三成，大部分用于加工蜜枣，另据《淳安文史资料》上《淳安南枣》一文介绍，除了生产蜜枣，淳安县也曾有过南枣生产，所产南枣曾被视为“黑珍珠”而享誉南北。③

---

① 方月桂：《漫话淳安蜜枣》，政协淳安县文史资料委员会：《淳安文史资料》第3辑，第101页。

② 郭裕新、单公华：《中国枣》第5章第4节“蜜枣品种”：“淳安大枣为淳安金峰乡小后村于1978年发现的优良实生变异，现已繁殖推广。”上海科学技术出版社，2010年，第176页。

③ 绩溪《淳安南枣》，政协淳安县文史资料委员会：《淳安文史资料》第4辑，第55～56页。

“南枣是浙江义乌枣区应对南方多雨的气候条件创造的烘烤、日晒并用的干制产品。”“南枣是出口东南亚诸国的传统枣制品,为华侨所深爱。因货源少,供不应求。”[①]南枣加工，有烫红和原红两种方法。烫红法的加工程序，先将成熟的青枣挑选分类，将个大完整的用清水洗净，再以沸水烫焖成紫红色，然后晾在竹簟中阴干；一日之后再煮沸，再放在枣床上烘焙，使枣皮收缩呈现清晰细密花纹；最后放太阳光下晾晒几天,使之成为乌黑发亮的南枣,人称“黑珍珠”。原红法选用已经成熟的红色枣子，可以省却沸水烫红的工序，其余与烫红法相同。但因青枣不可能同一时期个个红熟，因此，原红法不太常用。南枣与蜜枣在加工上有几点明显区别：一是不必在青枣上划丝，二是不必放白糖煮熬，三是不必像蜜枣那样捏扁塑形。

南枣营养丰富，含有糖、淀粉、蛋白质、多种维生素和单宁、硝酸盐、酒石酸等多种成分，有润心肺，止咳嗽，补五脏，治虚损等功效，是传统的食药两用滋补品。当地亲朋来往，经常以南枣做馈赠珍品。我国北方诸省，民间所开药方，也常配有几颗南枣。

近年来，淳安蜜枣加工迅速发展，南枣生产已无人问津。南枣在国内销售转疲，但国际市场仍有销路,义乌南枣畅销港澳两地,以及南亚诸国,供不应求就是证明。[②]

（二）

现在，如果举办一个新安佳果展示会，那一定是琳琅满目、芳香洋溢，令人垂涎，难以自禁。要是不信，我们逐一看去，柑橘、山核桃、猕猴桃、香榧、枇杷、板栗、梨、柿、桃、李、杨梅……这些佳果哪一种不是人之所爱?

柑橘是全球第一大水果，具有很高的经济价值、营养价值、药用价值和观赏价值。柑橘香味兼优，营养丰富，既可鲜食，又可加工，加工成的柑橘汁，现与茶和咖啡被称为“世界三大饮料”。

---

① 郭裕新、单公华:《中国枣》,上海科学技术出版社,2010年,第355页。

② 据方月桂《漫话淳安蜜枣》一文可知:十一届三中全会后,随着乡镇企业的兴起,蜜枣加工业有了大的发展,从1981年以来,左口、汪宅、朱峰、郑中、王阜相继创建乡办、村办蜜枣厂12家,唐村、左口供销合作社办蜜枣厂2家,共计14家。年产量达150余吨。1979年至1986年,该县蜜枣出口外销港澳地区和东南亚国家计145吨,为国家创汇折合人民币55.1万元;内销沪、杭、苏,在国内外市场上享有一定的声誉。1981年、1982年淳安连续被评为全省枣类食品之冠,1985年左口南式金丝蜜枣又获农牧渔业部优质食品称号。左口蜜枣厂生产的“千岛湖”南式金丝蜜枣,荣获中华人民共和国农牧渔业部“1985年优质产品”称号。淳安全县现有枣树13000亩,年产青枣400~500吨,位居浙江省第三位。目前淳安县有23家蜜枣厂,年产蜜枣150吨,最高年产254吨。政协淳安县文史资料委员会《淳安文史资料》第3辑,第101页。

柑橘也是新安人家最主要的水果之一，乡村的庭院地头，农家的房前屋后，普遍都植有柑橘。不过要论历史上的柑橘，歙县也好，淳安也好，建德也好，均属零星生产，不成规模，产量有限。

橘树飘香

《新安志》曰："大率山寒不宜橘、柚，种者筑池，中为交午之道，列植其上，水汽四面薄之，则不畏霜雪。"① 说明新安江人早就关注到柑橘畏寒的生物习性。只要山不太高、水不太远，或是避寒就暖、背阴向阳，柑橘就完全能够在新安山水之间广泛地开花结果。1959 年千岛湖形成以后，湖区气候转暖，柑橘种植便得以成片发展；1976 年遭遇罕见低温，湖周柑橘冻害较轻，向阳缓坡冻害最轻，五公里外冻害增大——经历这样的生产实践，人们切切实实地看到了柑橘的生态要求。

正是客观上适应了柑橘的生物习性，新安江上早就有了"三口蜜橘"。三口蜜橘主要产于街口、正口、新溪口，色、香、味俱佳，具有理气健脾之功效，成熟于晚秋初冬，颇耐贮藏，成为春节馈赠之礼品。

当然选择适宜的品种也非常重要，只有"适种适地"方能有种有收。新安江上的柑橘品种有数十个，淳安县就有 20 多个。从淳安和建德的情况来看，温州蜜柑是个重要的品种，约占当地柑橘的七成以上。温州蜜柑树势中等，抗寒抗旱性能较强。4 月底 5 月初开花，10 月中旬成熟。果实橙红，外形美观，大小均匀，皮薄无核，

① [宋]罗愿：《新安志》卷2《物产》，萧建新等：《新安志整理与研究》，黄山书社，2008年，第55页。

味香少渣，酸甜可口。1982 年，淳安汪宅乡东汉村选送的温州蜜柑获杭州市单株果实鉴评第一名；1983 年，淳安富溪乡选送的早熟温州蜜柑被评为杭州市单株品质第一名；1984 年，建德三都松口早熟温州蜜柑参加杭州市柑橘品评名列第一。

淳安、建德还先后从黄岩、衢县等地引进本地早和实生椪柑试种成功。本地早产量高，单株产量最高可达 400 斤以上。4 月底 5 月初开花，10 月底至 11 月中旬成熟。果实浓橙色，扁平形，肉质软，糖度高。椪柑的特点是耐低温、成熟迟、耐贮藏、糖度高。此外，还有黄饶香枹，以果形大、色泽黄、肉瓤厚、果汁多、甜味好而享有盛名。①

山核桃，古名山蟹，俗称小核桃、小胡桃，是新安江流域的传统名果，也是新安人家传统的木本油料资源。乾隆《淳安县志》记载："山核桃产邑西乡，似胡桃而小，树高大，叶厚而尖，四月间花如榏，其果外生绿软厚皮，白露前后采取，烂去其皮取核，核中仁盘结，色如丹，味微涩，颇有固精补肾之功焉。"淳安县境内，临岐、瑶山、屏门、严家、王阜、宋村、唐村一带都有山核桃出产，民国三十三年（1944）整个淳安县的山核桃产量为 8550 担。

歙县、绩溪县也是山核桃的重要产地。歙县山核桃主要产于竹铺、三阳、金川、新溪口一带。绩溪县荆州乡出产的荆州山核桃更为有名，当地素有"逍遥茶，大鄣笋，荆州核桃伏岭饼"之说，民国时期畅销于杭州、嘉兴等地。

新安江的山核桃过去大多处于野生状态，主要分布于 400 ~ 1000 米的山坡地，适合生长于比较温和的气候和排水较好的钙质土壤。树属落叶乔木，高 10 ~ 20 米，4 月下旬至 5 月中旬开花，9 月果实成熟。山核桃经煮熟焙干，去壳食仁；外果皮可制碱；材木细密坚硬，俗称"铁木"。②

① 20世纪70年代，淳安又从奉化、黄岩等地引进良种温州蜜柑嫁接苗，在临岐、大墅、汾口、威坪、汪宅各地林园种植，面积2000余亩，年产25000担。1985年，淳安县副食品公司建造了贮藏50吨鲜橘的通风库，1988年羡山林场柑橘留树保鲜试验获得成功，新安江开发公司罐头厂开发橘子罐头，这些措施都促进了柑橘生产的发展。到了1991年底，全县已有20个乡镇、15个国营林场种植柑橘，面积达41225亩，年产柑橘8768吨。
在建德，1959年新安江林场引进实生"本地早橘苗3900株"，作为绿化树开始试种，快速发展。1969年以后，檀村的上吴方、新叶，白沙的联塘、新蓬，千鹤的苏村、十里埠，下涯的黄饶，三都的松口，大洋的鲁塘等地相继种植。到1983年，全县有41个乡镇354个村和7个国营单位种植柑橘，面积26911.5方，橘树2425987株，总产76618.77担，建德成为浙江省柑橘新区发展较快的县份。建德椪柑是近年发展较多的品种，主要分布在建德檀村的新叶、三都的松口、白沙的新安江、大洋的鲁塘、劳村的碧山等地。建德全县有474636株，占柑橘总数的19.56%

② 1949年后，淳安广泛推行人工栽培，至1992年，面积达75490亩，平均年产干果900吨，最高年产1381吨。近年又开发出山核桃糖、山核桃酥、山核桃蜜饯等系列食品，很受客户欢迎。

新安江流域所产山核桃，壳薄肉厚，果仁松脆，富含油脂、蛋白质，并含有多种维生素，有润肺化痰、补气养血诸多功效。当地人们常用食盐、茴香、桂皮、花椒置于米汤，将山核桃带壳煮熟，然后烘干烤燥，制成香脆可口的椒盐山核桃。新安江人所售椒盐山核桃，历来都是江、浙、沪、港、澳等地非常热销的上品炒货。

作为木本油料，山核桃出油量甚高，100 斤果仁可榨油 25 ～ 30 斤。油质清香纯净，有润肠滋补之功效，可以用作糕点制作和药品生产的上等原料。

猕猴桃，俗称胡桃、阳桃、藤桃、仙桃、毛儿桃，“其形如梨，其色如桃，而猕猴喜食，故有诸名”。① 猕猴桃分布于山区及丘陵地带。李时珍《本草纲目》：“《志》曰：生山谷中，藤着树生，叶圆有毛，其实形如鸡卵大，其皮褐色，经霜始甘美可食。”② 果实有圆球形，有长圆形，果皮黄褐色，其间有棕色小点，果肉黄绿色，或者浓绿色，籽细小而黑。

猕猴桃柔软多汁，酸甜适度，营养丰富，含多种人体必需的氨基酸，维生素 C 的含量是葡萄和梨的几十倍，世人誉之为“果中珍品”“水果之王”。猕猴桃果可以鲜食，也可以加工成各种食品，可以制成果酱、果脯、酒酿、罐头，合理食用具有滋补强身、清热利尿之效，对心血管、消化道疾病也有一定辅助性疗效。③

新安江流域野生猕猴桃十分丰富，基本都属于软毛中华猕猴桃。黟县、休宁县、歙县，包括素有声誉的黄山猕猴桃，蕴藏量都很大，像休宁的年产量保持在 500 吨以上。随着科技的进步，休南大阜建立了猕猴桃人工栽培基地。

淳安猕猴桃现有 15 个种类，其中多有优良品种，年产量在 500 吨左右，占杭州市产量的 50% 以上。1981 年，杭州市选出的 23 个优株中，淳安占有 22 个。经生化分析，22 个单株的果实中，含可溶性固形物 14%，含糖 9.92%，每克果实维生素 C 含量最高达 332.7 毫克，均超过新西兰的王牌品种“海德沃”。

香榧，又称木榧，号称“公孙果”，属于山果珍品。④ 苏东坡有《送郑户曹赋席

① [明]李时珍：《本草纲目》卷33《果五》。

② [明]李时珍：《本草纲目》卷33《果五》。

③ 1979年，淳安新安江开发公司罐头食品厂生产猕猴桃罐头105吨，出口德国。1984年，宋村蜜饯厂生产猕猴桃果片、果酱、果汁、汽水，畅销省内外。同年，淳安县食品厂生产猕猴桃月饼，获杭州市中秋月饼新产品第一名。1985年，淳安酒厂生产猕猴桃酒，投放市场深受好评。

④ [宋]罗愿：《新安志》卷2《物产》：“古称柀出玉山，世以为上饶，而《汉志》‘歙有玉山’，未知孰是。其木为什器几案则明洁而宜漆。《尔雅》曰：‘柀、樧’。按二物叶甚相类，但樧耸而柀垂，柀又有佳实，此为不同耳。”据《本草纲目·果三·榧实》，柀即榧，柀子即榧实。[宋]罗愿撰，萧建新等校著：《新安志整理与研究》，黄山书社，2008年，第55页。

上果得榧子》诗云："彼美玉山果，粲为金盘食。"清嘉庆《黟县志·物产》："榧一名赤果，一名玉山果。大者连抱，高数仞，雄者花而雌者实，木理细坚，堪为器用。结实，青如橄榄，中壳内仁，肉白，仁外另有一层黑衣。"香榧属紫杉科常绿乔木，树高可达20多米，果生于枝，呈椭圆形，初为绿色，后呈紫褐色，寒露前后采摘，也可任其自落。鲜果外层有厚皮包裹，堆放起来，待其腐烂，清洗干净，煮熟烘干，备以食用。硬壳之内肉仁颜色如丹，食味既脆又香，营养相当丰富。

新安香榧种类繁多，诸如小圆榧、圆榧、木榧、米榧、小米木榧、长榧、转筋榧、羊角榧、花生榧等，主产地分布于黟县的泗溪、际联、洪星、大星，休宁县的里仁、儒村、南塘、流口、冯村，淳安木榧盛产于临岐的秋源、瑶山和青溪的左口等地。

清人孙学治《黟山竹枝词》："榧树山村浪得名，曾无一叶似杉青。荣华三代公孙果，佳品由来让大星。"[①] 洪星乡大星村盛产香榧。清嘉庆《黟县志·物产》："榧出十二都大星者佳，壳薄心实，香美异常，一树可下数十斛。"洪星乡大星村古属十二都。

休宁县北里仁一带的香榧，称"细榧"，又称"鸡心榧""玉榧"。果形瘦长较小，入口清香松酥。儒村、南塘、流口部分山区产"芝麻榧"，类似细榧而呈红色，中心有小黑点。冯村一带产"圆榧"，大而略圆，又称"桃榧"，多用以榨油。

枇杷，新安佳果。果木高大，四季常绿。杨万里有诗云："大叶耸长耳，一枝堪满筐。荔支分与核，金橘却无酸。"

《中国名产》记载了新安江上的"三潭枇杷"，说："徽州的三潭枇杷也是名种。三潭地处黄山脚下、新安江畔，气候温和，土壤湿润，宜于枇杷的生长。所产枇杷汁多味甜，爽口健神。"[②] 三潭枇杷主产江畔古村瀹潭、漳潭、绵潭，皮薄肉厚，汁甜水多，清香爽口，营养丰富，有20多个品种，其中以"大红袍"和"光荣花"两品为著，素有"天上王母蟠桃，人间三潭枇杷"之美誉。

---

① 舒育玲：《古黟风物辑存》，黄山书社，2016年，第306页。

② 黄震尧、陈明希：《中国名产》第1编《名果》，工商出版社，1981年。

三潭枇杷

淳安枇杷，又名卢橘，早年多为零星种植。1959 年以后，逐步引进良种成片种植，主要品种有三潭的“光荣”、余杭的“大红袍”、黄岩的“洛阳青”。至 1985 年，全县共引进嫁接苗 10 万株。1991 年，枇杷面积达 4538 亩，产量达 414 吨。淳安枇杷果大肉厚、鲜甜多汁，制成品有枇杷罐头、果露、果酒、枇杷膏等，畅销海内外。

板栗，又名大栗、魁栗。为落叶乔木，品种有锥栗、珍栗、油栗、桂花栗、上光栗、毛板红、小毛栗、大毛栗等。所结果实甘甜鲜美，营养丰富，含有多量淀粉、蛋白质、脂肪及维生素。栗子在古代被视为木本粮食作物，俗称“铁杆庄稼”，生食熟食均可。古人起初都喜欢生食，直到唐代开始多用熟食。新安江人熟食板栗，习惯用来做成板栗焖饭，更喜欢用来烹制菜肴，比如，一道板栗烧鸡可以兆示大“吉”大“利”，深受人们喜爱。作为零食，人们最爱糖炒栗子。相传宋代有个叫李和的人，他会用糖炒栗子，非常好吃，世称“李和栗”，进贡朝廷，成为“御栗”。在新安江上的一些城镇街头，往往可见糖炒栗子的大铁锅，现炒现卖，备受青睐。铁锅先放粗砂和糖粉炒烫，再放入切开小口的板栗一并翻炒。炒熟的栗子又红又亮，又香又甜，确实令人垂涎。事实上，板栗用途很广，可炒食、煮食，或作菜肴、制作糕点，也可去壳制成干栗、栗粉保存备用。

新安江流域板栗资源非常丰富。徽州各地均有出产，在黟县各乡尤以屏山、际联为盛。淳安板栗栽培历史悠久，品质优异。清乾隆《淳安县志》载："青溪板栗其仁如蚌肉，味美可口"。民国《遂安县志》记载："栗以五六都产者为佳。"①

梨的栽培在新安江流域历史悠久，范围广泛，品种很多，但是新安江人历来偏爱的是雪梨。雪梨有不少优良品种，例如，宋代就有非常著名的丁字桥雪梨，如《新安志》所说"今出丁字桥者名天下"。②据《婺源县志》载，明代婺源江湾人从歙县丁字桥引进梨苗，与当地野生棠梨嫁接，落花结果时以油质纸制梨袋，间选壮实幼果逐个包封。果实成熟后，色泽雪白，体大肉厚，皮薄核小，松脆香甜，汁多味美，入口消融。品种有"西岗坞""六月雪""白梨""马铃苏"等，以"西岗坞"为上品。歙县有上丰雪梨，主产歙北上丰一带，向以金茶早和细皮梨为上品，色白如雪，汁多味甜，清香松脆。当地又产涩梨，味涩苦，但是具有药用价值，故称药梨。去核之后加冰糖熟食，或者制成梨汁梨膏，有去热清痰、止咳润肺之功效。建德有严州雪梨，也是知名果品，原产地在马目村的和睦自然村，杨村桥镇的绪塘、梓溪、花桥诸村也有种植，年产500余担；后来在洋溪的新丰、高峰，梅城的西湖、龙山，以及乾潭的大路上、后山湾等地扩大种植。③严州雪梨以果大、色白、皮薄、肉脆、汁多、渣少、梨心小著称，一向远销外埠。④此外，建德乾潭乡、杨村桥镇产白梨，芝峰乡产建德大黄梨。

新安江上的柿树为落叶乔木，四月开花，九月果熟；也有农历八月就发黄成熟的，俗称"八月黄"；还有一种要到冬日才能收获，当地人叫它"冬柿"。

歙县上丰乡的山地气候和酸性土壤非常适合果木生长，所以历来就有"花果山"

① 1949年后，淳安引进外地品种，采用嫁接技术，推广科学管理，产量稳步上升。1983年统计，全县板栗种植面积9669亩，总产量2866担，1985年的总产量达到5380担。1991年，淳安板栗生产面积扩展到21694亩。现在淳安的板栗产地主要是青溪区的朱峰、汪宅、左口，大墅区的大墅、上坊、白马，威坪区的宋村、王阜，姜家区的龙泉、东亭、郭村和临岐区的秋源、琅洞等乡镇。淳安板栗果实肥大，肉质偏于粳性，食用营养丰富。据分析，含总糖5.1%～7.9%，淀粉56.2%～66.7%，蛋白质4.25%～11.27%，脂肪1.45%～2.22%。每百克栗肉中含热量2094卡、粗纤维1.2克、无机盐1.1克、钙15克、磷91毫克、铁1.9毫克以及维生素B、C等。1980年，曾远销日本271担。此后，每年均有板栗出口国外。

② [宋]罗愿：《新安志》卷2《物产》，萧建新等：《新安志整理与研究》，黄山书社，2008年，第55页。

③ 1957年，总产1400担，1983年达9303担。

④ 1983年测定，单果一般重200克，大的有400克左右，平均横径7.1厘米，竖径7.6厘米，因糖度较低，可溶性固形物有9.93度，所以特别甘洌爽口，受人青睐。

之誉。这里除了出产优质雪梨之外，盛产“灯笼柿”也已500余年，尤其是该乡鸡公尖的“灯笼柿”——人称“清水柿”，远近闻名。在黟县，各乡都有“牛乳柿”出产，其中以九都屏山所产为最有名。淳安唐村的无核软柿已有600多年的栽培历史，长岭、南赋、金峰、朱峰等乡也有散生柿树分布。唐村无核柿树身高大，株产千斤屡见不鲜。当地约有柿树万株，具有相当规模，民国三十三年（1944）产柿2000担。①唐村无核柿果实平均纵径6.5厘米，横径5厘米，单果重100克左右，最重达到180克。

刚下树的黄柿子涩嘴难吃，捂熟之后就会变得清凉鲜甜。但是熟透的柿子皮又太薄、心又太软，不易贮藏，不易贩卖，怎么办呢？新安人家普遍流传着制作柿饼的手工技艺。他们将黄熟的柿子削去涩嘴的外皮，晒干之后贮于瓮中，捂过若干时日以后，表层生出白霜即成柿饼。柿饼甜如蜂蜜，味如蜜脯，且有润肺生津、清痰止喘的保健功效。

柿子熟了

① 1988年，产柿133.5吨。

桃在新安江流域分布很广。据记载，早在20世纪30年代，淳安就从外地引进嫁接水蜜桃，在港口、妥桥等地种植。1957年，从奉化引进水蜜桃良种；1973年，又从金华引进黄桃品种，都予成片栽培。到1991年，淳安全县共有桃树面积7137亩，年产738吨，为淳安的骨干水果之一。淳安桃果色泽鲜艳，味甜多汁，除鲜食外，主要用于加工罐头。县开发公司罐头厂生产的黄桃罐头多年畅销不衰，驰名中外。

李较早产于遂安县，距今已有二三百年的栽培历史。清咸丰年间（1851～1861），绩溪县瀛洲镇耿川周家潭商人汪应生自遂安县引进李种，在北村乡杨林村种植。后来，又有人从浙江兰溪引入良种在镇头高山村种植。现今该县产区主要分布在登源河两岸，品种有早李、黄脂李、酸李、林擒李、苦李、胭脂李、头李、红心李、开裂李、鸡血李等，对外均称“绩溪李”，为该县主要外销鲜果之一。

杨梅是喜湿耐阴的亚热带水果树种，新安江上多见野生群生，果味酸甜，果粒不大。历来都是山民自采自食，偶尔也有少量应市出售。后世渐有农民零星栽培，常常可见于村头屋角。少数地方曾有一定的规模和影响，如歙县的富岱杨梅历史上就很有名气。歙县富岱杨梅有红梅、白梅两大类。红梅又有大红梅、炭梅之分：大红梅呈大红色，味甘而微酸，适口性好；炭梅黑里透红，味甘甜。白梅有白梅、粟米梅，洁白如玉，肉质绵软，具有糯性，鲜爽甘美。可以鲜食，亦可制成杨梅干、杨梅蜜饯、杨梅酒，皆有爽口开胃、消食止渴、止泻断痢之功效。

淳安农民素有零星栽培杨梅的习惯。1963年，金竹牌林场成片种植杨梅50亩，开始规模经营。1976年后，从外地引进炭梅、荸荠梅等良种嫁接苗。至1991年，全县共有杨梅800亩，主要分布在羡山、燕山、姥山、光昌等林场。目前，淳安年产杨梅60余吨，以其色泽鲜紫，酸甜适口而受消费者喜爱。①

绿水青山就是金山银山，山中多宝藏，百果皆芬芳。前人的智慧之光曾经照亮历史的天空，今人理应更加自觉地亲和自然、珍重物产，更加努力地弘扬得天独厚的生态优势，实现更加丰硕甜美的社会理想。

---

① 徐传亢：《千岛湖概览》，政协淳安县文史资料委员会编印，1993年，第76页。

第四节 新安著名茶品系列

中国是茶的故乡，茶为国饮，亦为国宝。作为历史最悠久的国家，我们与世界的交往中，中国茶叶就像中国瓷器一样，被人看作一张亮丽的名片。

“天下名山，必产灵草。江南地暖，故独宜茶。”[①] 在新安江的锦山绣岭之间，“晴时早晚遍地雾，阴雨成天满山云”，对茶叶生长特别有利。对于山多田少的新安人家来说，树上茶叶就是绿色金子，是维系家庭生计与地方经济的重要支撑。所谓“山郡贫瘠，恃此灌输，茶叶兴衰，实为全郡所系”。[②]

（一）

新安人家植茶产茶的历史极为悠久。早在汉末三国时期，孙权设置新都郡之后，新安江的茶叶即已成为东吴贡品。明代张理《老圃仙茶》诗云：“开山作圃棘为樊，为爱东吴上贡珍。异品移来千里种，粒芽肥长万株春。”诗中所言“移来千里”“东吴上贡”可视为历史线索，不像是空穴来风。明建文年间（1399 ~ 1402），歙县西棠坞尚存“滇茶”古木一株，“枝沃霜雪，巨干皰枵如青铜，花时行人瞩目，灿若霞绮”。[③] 胡武林《徽州茶经》认为：“滇茶即云南茶，云南是茶树的原产地，云南为源，徽州是流，徽州产茶不迟于汉末三国。”[④]

到了唐代，陆羽所著《茶经》是最早涉及新安江茶叶生产的历史文献。陆羽在《茶经》中明确将睦州、歙州所在的“浙江西道”列为天下八大茶区之一。而据《旧五代史》记载，乾化元年（911）十二月，浙江西道与浙江东道两大茶区进贡大方茶两万斤。[⑤] 由此可知，唐五代时期，新安江流域生产的茶品主要就是大方茶。唐人杨晔《膳夫经手录》云：“歙州、婺州、祁门、婺源方茶，置制精好，不杂木叶，自梁、宋、幽、并间，人人皆尚之。赋税所入，商贾所赍，数千里不绝于道路。其所出之含膏，亦在顾渚之亚列。”[⑥] 杨晔文中“梁宋幽并，人人皆尚”“数千里不绝于道路”的倾情描述，

① [明]许次纾：《茶疏·产茶》。
② 张海鹏、王廷元：《明清徽商资料选编》，安徽人民出版社，1985年，第172页。
③ 道光《徽州府志·拾遗》。
④ 胡武林：《徽州茶经》，当代中国出版社，2003年，第9页。
⑤ 胡武林：《徽州茶经》，当代中国出版社，2003年，第1页。
⑥ 转引自新编《歙县志》上册，黄山书社，2010年，第324页。

与敦煌石窟藏唐人王敷所撰《茶酒论》中“浮梁歙州，万国来求”的夸耀赞誉，令人油然而神往歙州茶叶在大唐时代畅销四海内外的历史盛况。

另据绍兴《严州图经》卷三《土贡》追述，“唐志旧经”云：“贡交梭绢、白苎布、红花、竹簟、鸠坑茶、麦冬、煎白密。”既是“唐志旧经”所载，足以证明一个事实：鸠坑茶早在唐代就已声誉显赫，成为贡品。论者认为“鸠坑茶产销始于东汉，唐朝时即为贡品”，[①]应该是于史有据的。唐代李肇编撰的《唐国史补》“叙诸茶品目”一节说道：“风俗贵茶，茶之名品益众……婺州有东白，睦州有鸠坑。”[②]唐人杨晔《膳夫经手录》也说道：“睦州鸠坑茶，味薄，研膏绝胜霍者。”[③]五代毛文锡编纂的《茶谱》也有“睦州之鸠坑极妙”的赞誉。宋《严陵志》载曰：“茶以鸠坑者佳，唐时称贡物，宋朝罢贡。”[④]《严州府志》亦曰：“淳安茶，旧产鸠坑者佳，唐时称贡物。”[⑤]明嘉靖《淳安县志》中载：“茶，旧产鸠坑者佳，称贡物。”[⑥]可见，历代文献无不笃信鸠坑茶为唐代贡品。其实，唐后五代时期，列为贡品的不只是鸠坑团茶，还有淳安大方茶，俗称“金片、拷方”的严家大方，已经成为驰名远近的特种名茶。

北宋时期，范仲淹任睦州知府时，曾经热情讴歌新安江上茶山景色，留下了“潇洒桐庐郡，春山半是茶。轻雷何好事，惊起雨前芽”的动人诗句。[⑦]当时歙县的甘白香、婺源的谢源茶，都被称为新安茶之“绝品”。宋徽宗宣和年间（1119 ~ 1125）改革茶法，全国实行茶叶自由贸易，新安江上下茶叶贸易十分活跃。徽州人每年卖茶200万斤，甚至跨国与葡萄牙、西班牙等国商人开展经贸活动。当时生产和贸易的茶品“有胜金、嫩桑、仙芝、来泉、先春、运合、华英之品，又有不及号者，是为片茶八种，其散茶号茗茶”。[⑧]南宋时期，绍兴三十二年（1162），据《宋会要·食货志》记载，全国年产茶叶超过200万斤的州府，有徽州、严州、临安和兴隆，这

① 王恒堂：《鸠坑茶》，西泠印社出版社，2013年，第9页。

② 王恒堂：《鸠坑茶》，西泠印社出版社，2013年，第9页。

③ 王恒堂：《鸠坑茶》，西泠印社出版社，2013年，第254页。

④ 王恒堂：《鸠坑茶》，西泠印社出版社，2013年，第9页。

⑤ 方才：《一方水土》，中国文史出版社，2017年，第135页。

⑥ 在鸠坑乡联塘村海拔600米的山坡上，至今尚有一株800年的古茶树迎风而立，树高6米，树冠径达11米，堪称鸠坑茶的“活化石”。

⑦ [宋]范仲淹诗：《潇洒楼》之五，引自何百永《淳安茶叶史料》，政协淳安县文史资料委员会：《淳安文史资料》第2辑，第60页。

⑧ [宋]罗愿：《新安志》卷2《物产》，萧建新：《新安志整理与研究》，黄山书社，2008年，第62页。

四个州府的茶叶产量合计是10087382斤，在全国产茶总量中占比是53%，说明皖、浙、赣相互毗邻的这四个州府当时已经成为全国的产茶中心。由此也就可以看出，新安江流域的茶叶生产在全国占有非常显赫的地位，诚可谓“天下之重”。

元至正二十五年（1365），朝廷实行按照茶株数课税的制度，徽州清点茶树数为19656120株，折合产茶39312240两。其中，歙县10040691株，折合产茶20081382两；休宁6893450株，折合产茶13786900两，[①]生产规模都极为可观。

明代，朝廷罢黜饼茶，力倡散茶，以休宁琅源松萝、歙县老竹大方为代表的炒青应运而生，新安江上名品荟萃。休宁的松萝茶，歙县的太函茶和老竹大方，祁门的安茶，黄山的云雾茶和潜口的紫霞茶，都备受推崇。明许次纾撰《茶疏》云：“近日所尚者，为长兴之罗岕，疑即古人顾渚紫笋也。”“若歙之松萝，吴之虎丘，钱唐之龙井，香气浓郁，并可雁行，与岕颉颃。”[②]在他看来，歙州松萝可与虎丘、龙井比翼，可与顾渚紫笋抗衡。尤可注意的是“黄山云雾”茶的传世。明崇祯八年（1635），许楚《黄山游记》写道：“（莲花庵）地平旷约二亩……就石缝养茶，多清香冷韵，袭人断腭不去，所谓黄山云雾茶是也。”王镇恒《中国名茶志》明确指出：“明朝名茶，黄山云雾，产于徽州黄山。”[③]当时徽商已将茶叶辗转北路，运至蒙古国，销往俄国，备受青睐，获利也相当丰厚。

入清以后，由于外贸的发展与拉动，屯绿与遂绿并驾齐驱，黄山毛峰与太平猴魁双双问世，祁门红茶则独树一帜、异军突起，另有白岳黄芽、横岩云雾、黟县石墨等纷纷亮丽登场，还有茉莉窨花、珠兰窨花更是芬芳四溢。新安江上的各种茶品牌，通过上海口岸大量销往国外，受到欧洲各地的普遍欢迎，几乎成为西洋人日常所必需。[④]而在新安江的两岸，则茶事兴旺、茶号林立。屯溪、威坪、严东关都成为重要的茶叶集散地和加工销售口岸。像威坪镇有6个精制加工场，加工“洋庄茶”，每年从立夏前就开始加工，两三个月才能制作完毕，制茶工超过千人。在屯溪，光绪十五年（1889）参与捐资联合创办新安公济局者，当时就有6家茶庄、7家茶栈、

① 郑建新：《近代徽州茶业兴衰录》，北京时代华文书局出版社，2018年，第16页。
② [明]许次纾：《茶疏·产茶》。
③ 转引自郑毅、戴江勇：《黄山茶史简述》，《徽州社会科学》2020年第2期，第61页。
④ 新编《黄山市志》，《对外贸易》，黄山书社，2010年，第669页。

137家茶号，[①] 足以见出当时茶叶产销之盛。

民国四年（1915），美国旧金山举办“巴拿马万国商品博览会”，祁门红茶、太平猴魁、婺源珠兰，以及寿昌十都老鹰岩绿茶，都获得金质奖章，为新安江流域的茶业挂上了金字招牌，再次刺激了新安江流域的茶叶生产。[②] 民国《建德县志》记载：“茶叶岁出约一百五十万斤（东西南北四区合计）。”[③] 据《浙江经济年鉴》载，民国二十二年（1933）淳安县茶园面积扩展到8万多亩，产茶4万多担，为抗战前的历史最高值。据《徽州地区简志》载，民国二十八年（1939），屯溪镇有茶号87家，全徽州产茶15.6万担。[④] 新安江上的茶叶生产达到历史最高水平。

为了展示新安茶业驰名千载的辉煌历史，感受新安茶叶绝品、极品、精品、名品、佳品和新品世代迭出的荣耀历程，在此我们可以逐一对严州苞茶、遂绿眉茶、严家大方、鸠坑毛尖、琅源松萝、老竹大方、紫霞贡茶、黄山毛峰、屯绿、祁门红茶、太平猴魁、祁门安茶、金山时雨、齐云香风茶、歙县花茶、黄山银钩、千岛玉叶、青溪玉芽、睦州云雾、黄山绿牡丹……做出一个简明的扫描和粗略的鉴赏。

建德茶业以炒青、烘青为主。炒青主要精制眉茶出口，大部分由杭州茶厂加工，远销非、欧、美洲。洋溪茶厂精制的8000担眉茶，则直接从上海出口。茶叶成为建德大宗出口产品之一。[⑤]1985年烘青精制眉茶——天坛牌特级珍眉，获第25届世界优质食品金质奖。[⑥] 烘青主要是窨制玫瑰花茶和茉莉花茶，国内销售。

建德最著名的是苞茶。建德苞茶，又名严州苞茶，为严州传统名茶，始创于清同治（1862～1874）。制法源于四川蒙顶茶和安徽黄芽茶，属一种兰花型细嫩半烘炒绿茶，产于建德的梅城、三都一带山岭峡谷。据杭州庄源丰茶行记载，建德苞茶早在民国八年（1919）已远销国外苏联等地。苞茶在清明和谷雨之间采摘，按照芽叶的老嫩程度，分别制作顶苞和次苞两种成茶。苞茶以外形独特、品质优异而著称。特点是芽叶成朵，带叶柄与鱼叶，鱼叶呈金黄色，叶柄蒂头呈微红色，外形黄绿完整，短而壮实，不断不碎，茶芽满披茸毛，色泽黛绿；冲泡之后茶汤清澈明亮，叶柄朝

---

① 胡武林：《徽州茶经》，当代中国出版社，2003年，第2页。

② 《建德县志》第三节《外贸》，浙江人民出版社，1986年，第361页。

③ 民国《建德县志》卷8《食货》有土货记载。

④ 郑建新：《近代徽州茶业兴衰录》，北京时代华文书局出版社，2018年，第252页。

⑤ 《建德县志》第二十章《土产特产名产》，浙江人民出版社，1986年，第463页。

⑥ 周金奎：《建德苞茶》，政协建德县文史资料委员会：《建德文史资料》第7辑，第158页。

下，芽尖朝上，如同含苞欲放的兰花；入口之际，香气清幽，滋味鲜爽。2008年5月，国家质检总局批准对建德苞茶实施地理标志产品保护。2018年12月，浙江建德苞茶获评农产品气候品质类国家气候标志。

包括建德炒青在内，历史上新安江中下游外销绿茶统称“遂绿”，与上游的“屯绿”齐名。“遂绿”眉茶以出产遂安、茶形如眉而得名，为我国传统名茶珍品。精制眉茶条索坚紧硕壮，锋苗显露，茶汤黄绿明亮，香浓味醇耐冲泡。“遂绿”眉茶原料选自海拔500～1000米多云雾、大湿度的高山茶园。制作中按照毛茶的细嫩程度、条索长短、粗细形状而过筛分等，精工细制成为特珍、珍眉、秀眉、雨茶、贡熙等5个大类16个等级。淳安县加工的精制珍眉绿茶分别由宁波、杭州、温州转运上海出口，以销法国、美国和加拿大为主，一部分销往近东及小亚细亚。销往美、法的珍眉茶，多数转销北非市场。抗战前，每担珍眉约值120两银子，收购价每担毛茶30块白洋，烘青收购价每担值30～40块白洋，销售价约每担50块白洋。“遂绿”眉茶清末已有大量出口，远销50多个国家和地区，在国际市场享有盛誉。1993年产5000多吨。外销眉茶1983年荣获国家对外贸易部荣誉证书，其中特珍、雨茶等自1981年以来屡获部优、国优产品称号。

严家大方，俗称金片、铁叶大方。因炒制成形中有“拷扁”工艺，故而又称“拷方”。作为淳安地方特种茶叶，生产的历史已有一千余年，早在五代时期就被列为贡品。叶形扁平挺直，又较龙井、旗枪宽大，芽叶肥厚，叶底柔嫩，汤色明净，经久耐泡，素被视为“上品绿茶”。窨制成茉莉大方，则馥郁芬芳，鲜爽甘美，味形俱佳。严家大方产于海拔500～800米的山地丘陵，主要分布在淳安西北山区严家、长岭、郑中、秋原、瑶山、齐坑诸乡，年平均温度14℃～16℃，无霜期220天左右，日照短，湿度大，云雾弥漫，自然有利茶芽生长。严家大方的鲜叶采摘以细嫩、均匀、整净为标准，制作过程中从杀青到挥锅全部手工完成。传统产品“顶谷大方”的品质与徽州“老竹大方”齐名于世，在东北、华北、山东等北部地区素负盛名。

据调查，“严家大方”在民国五年至十年（1916～1921）为产销鼎盛时期，茶农普遍赖以为生。那时每百斤优质大方茶价值百块大洋，相当值钱。民国二十五年（1936），全县年产大方茶5000余担，创历史最高水平。抗战胜利后，产量下落，价格下跌。至民国三十七年（1948），大方春茶每百斤山价折米400斤，市价折米

600斤。[①]

鸠坑茶产于淳安鸠坑，鸠坑茶树为全国十大茶树良种之一。[②]相传早在唐代，鸠坑乡桂坪村茶农每年清明前就上山采茶，以一芽一叶初展为标准，制成形似笔尖的上等香茶敬奉皇宫。[③]从那时起，历代文献对鸠坑茶赞誉有加。宋人陈咏《全芳备祖》载："睦州鸠坑，名茶之地。"元代刘应李《翰墨全书》说："鸠坑在黄江潭对涧，二坑分绕，鸠坑岭地产茶，以其水蒸之，色香味俱臻妙境。"明人王象晋《群芳谱》称："睦州鸠坑……茶之极品。"李时珍《本草纲目》"集解"："睦州之鸠坑，列为唐代吴越茶的名茶。"[④]1985年，鸠坑毛尖被国家农牧渔业部评为优质产品，被国家商业部评为全国16个优质名茶之一。2004年，获中国新产品名茶博览会银奖。[⑤]

鸠坑毛尖属条形烘青绿茶。一般在清明前后5天内采摘，标准为一芽一叶初展，芽长叶短，形似笔尖，匀度好，每斤4000～5000个芽叶，要求轻采轻放，切忌捋采、掐采，确保芽叶外形完整，清洁新鲜。[⑥]鸠坑毛尖制作须经杀青、揉捻、烘青、整形做条、提毫、足火、烘干、包装等工序，其中尤为关键的是杀青、揉捻、提毫这三道工序。杀青是在特制的铁锅中进行，每锅用量为六七两，待锅温达150℃～200℃时，投放鲜芽。锅温先高后低，手法以抖抛为主，使之散发水气和青叶气味，待鲜叶变软发出阵阵清香后，再辅以团滚手法，兼起闷杀作用；然后又以抛抖手法为主，杀透杀匀，整个过程7～9分钟，所杀青叶经风摊凉，即可进行揉捻。揉捻是在洁净光滑无异味的茶床上进行。双手握茶，向同一方向揉转，压力要适当，逐步卷紧成条，以稍感茶汁外溢为度。提毫是靠茶条自身的摩擦露毫，尽量减少与茶锅的接触时间，待白毫显露即起锅。经以上工序制作的鸠坑毛尖，外形硕壮，紧结成条，色泽翠绿，银毫显露，香气清逸持久，滋味醇厚鲜爽，耐泡持久，汤色嫩黄，清澈明亮，叶底黄嫩，厚实匀齐。

琅源松萝创制于明代。隆庆年间（1567～1572），大方和尚云游来到休宁琅

---

① 1983年严家大方产量达到3505担，为淳安县历史上最高水平。何百永：《严家大方》，政协淳安县文史资料委员会：《淳安文史资料》第6辑，《淳安名茶(一)》，第93～96页。

② 王恒堂：《鸠坑茶》，西泠印社出版社，2013年，第33页。

③ 何百永：《鸿坑毛尖》，政协淳安县文史资料委员会：《淳安文史资料》第6辑，《淳安名茶(一)》，第93～96页。

④ 以上几处引文，均见《鸠坑茶要事录》，王恒堂：《鸠坑茶》，西泠印社出版社，2013年，第254页。

⑤《非物质文化遗产·鸠坑毛尖》，《淳安县文化志》第十编，浙江工商大学出版社，2016年，第629～630页。

⑥《非物质文化遗产·鸠坑毛尖》，《淳安县文化志》第十编，浙江工商大学出版社，2016年，第629～630页。

源松萝山，传授虎丘焙茶法，制成松萝山茶。明冯时可《茶录》载："徽郡向无茶，近出松萝茶，最为时尚。是茶始比丘大方。大方居虎丘最久，得采制法，其后于徽之松萝结庵，采诸山茶于庵焙制。远迩争市，价倏翔涌。人因称松萝茶，实非松萝所出也。"[①] 康熙《休宁县志》说："邑之镇山曰松萝，远麓为琅源，多种茶，僧得吴人郭第制法，遂托松萝，名噪一时，茶因踊贵。"[②] 清《江南通志》记载："茶出松萝山者最佳，有雀舌、莲心、金芽数种。"[③] 清初叶梦珠于《阅世编》还具体记载当时市场价格，以见松萝茶之名贵："徽茶之托名松萝者，于诸茶中尤称佳品。顺治初，每斤价（银）一两。"[④]"顺治初苏松米价每石为银大约一两，一斤松萝茶当石米之价，足见这种茶叶之名贵了。"[⑤]

松萝茶自明代以来，畅销北京、天津、上海、山东、东北各省市。据《酌中志》记载，明万历年间（1573～1620），北京城里6家茶商贩售松萝茶的总数不下三千驮。清康熙四十一年（1702），松萝茶开始出口英国。松萝茶条索紧卷匀壮，具有色绿、香高、味浓的特色，并带橄榄味。叶底嫩绿匀齐，汤色绿亮，耐泡持久。松萝茶具有较高的药用价值，清康熙三十四年（1695）张璐著《本经逢原·味部》："凡茶皆能降火，清头目。""产徽者曰松萝，专于化食。"据民国赵公尚编著的《中药大辞典》说，徽州所产松萝茶，具有消积滞、去油腻、消火、下气、降痰之功效。后有医药学者，试用松萝茶配合药物，对治疗高血压、肾脏病、冠心病都有好处。

老竹大方属大方茶的一个品牌，因为产地而得名，主产于歙县老竹铺以及三阳、金川一带，以竹铺乡岭脚村的老竹大方和金川乡福泉山的顶谷大方品质最佳。民国《歙县志》云："大方以旱南有大方山而得名，或云仿僧之制法，故以僧名名之。产诸旱南者味极浓厚，为邑产佳品。"[⑥] 其实《旧五代史》早有"乾化元年二月，两浙进大方二万斤"的记载，"两浙"指浙江东道与浙江西道，歙州和睦州当时皆属浙江西道。可见，大方茶由来已久，并且不限于歙州。

老竹大方，外形扁平，挺直光滑，形如竹叶，又称"竹叶大方"。色泽墨绿油润，

---

① [明]冯时可：《茶录》，明陶珽纂《说郛续》卷37。
② 新编《休宁县志》上册，黄山书社，2012年，第307页。
③《江南通志》卷86《食货志·徽州府》。
④ [清]叶梦珠：《阅世编》卷7。
⑤ 张海鹏、王廷元：《徽商研究》，安徽人民出版社，1995年，第91页。
⑥ 民国《歙县志》卷3《食货志·物产》。

汤色淡黄，香气浓烈，略带板栗香味，滋味浓醇爽口。老竹大方可窨制茉莉花、珠兰花茶。日本医学界认为大方有减肥、健美之功效。老竹大方之珍品称“顶谷大方”，清朝名列贡茶。顶谷大方鲜叶为一芽二叶初展，制作以炒代揉，用甩、捺手势做成扁叶形，俗称“靠锅青”。全程都在抹上菜油或者食腊的锅中完成，避免茸毫损伤。成品堪比龙井，色泽翠绿，芽藏不露，披满金色茸毫；开汤清澈，色如淡杏，香气高长，有香似熟板栗一般，滋味浓厚爽口，叶底嫩匀肥壮。1955 年，被评为全国十大名茶之一。1986 年，被评定为国家礼茶。2005 年，在上海黄山茶叶交易会上，“洪立安”牌顶谷大方被评为“黄山杯”一等金奖。

紫霞茶创制于明弘治十五年（1502），因产于歙县潜口紫霞山（今属徽州区）而得名。康熙《歙县志》：“紫霞山顶产茶，绝胜松萝。”乾隆三十六年（1771）列为朝廷贡品。清《江南通志 · 食货志》载曰：“紫霞茶，出歙县紫霞山，色香清幽如兰，新安家家制茶，以此品为最。”① 民国《歙县志》载曰：“歙产本轶松萝上，亦袭其号。然其时仅西北诸山及城太函山产茶，明人记载以函、紫为最上品，谓太函及紫霞山也。”紫霞茶芽叶壮挺直，身披茸毫，色泽嫩绿，毫香高长，冲泡后茶芽悬立，徐徐下沉。1991 年，紫霞茶重新开发。1993 年，紫霞茶获中国优质农产品展览会（泰国曼谷）金奖。2005 年，在上海黄山茶叶交易会上，“紫霞”牌紫霞茶被评为“黄山杯”一等金奖。

黄山毛峰为一种雀舌型细嫩烘青，是我国极品名茶之一，因产于世界旅游胜地黄山而得名。黄山产茶始于宋嘉祐年间（1056 ~ 1063），明隆庆时（1567 ~ 1572）最为兴盛。乾隆四十二年（1777）清江澄云所撰《素壶便录》云：“黄山有云雾茶，产高峰绝顶，烟云荡漾，雾露滋培，其柯有百年者，气息恬雅，芳香扑鼻，绝无俗称，当为茶品中第一。”② 历史上的“黄山云雾”茶，为“黄山毛峰”的前身。清光绪元年（1875），歙县漕溪人谢正安创立谢裕大茶庄，每年清明前后，亲自带人到黄山选采含苞初展的肥嫩芽叶，用杀青、轻揉、焙干等工艺制成优质茶，取名“黄山毛峰”。清末民国时期，黄山毛峰以销东三省为大宗，华北、山东、沪杭茶商也竞相收购。民国十五至二十六年（1926 ~ 1937）为最盛时期，最高年产达百担以上。

---

① 《江南通志》卷86《食货志 · 物产》。

② 郑建新：《近代徽州茶业兴衰录》，北京时代华文书局出版社，2018年，第28页。

黄山毛峰分为特级以及一、二、三级。特级毛峰产于黄山桃花峰、松谷庵、云谷寺、慈光寺、钩桥庵。特级毛峰形似雀舌微张，带有少许金黄色鱼叶，俗称金黄片。芽叶肥壮匀齐，白毫显露，色泽嫩绿而微黄，近似象牙。入杯冲泡雾气结顶，香气馥郁，滋味醇甜。汤色清澈明亮，叶底黄绿，匀齐肥壮。普通毛峰外形细嫩卷曲，多白毫，色绿微黄，香气清鲜，滋味醇厚，汤色清澈明亮，叶底嫩绿微黄。黄山毛峰制作分杀青、揉捻、干燥三道工序。杀青锅温先高后低，徒手翻炒，务必翻得快、撒得开、捞得净，杀匀杀透，清除青气，焕发清香。特级毛峰不能揉捻，普通毛峰轻度揉捻。干燥先用毛火，快速挥发水分，避免氧化变红，薄摊勤翻。再用足火做色提香，低温烘至芽叶嫩绿、手碾成末即可。

黄山毛峰品质优异，风格独特。民国《歙县志》云："毛峰，芽茶也，南则陔泾，东则䠨岭，北则黄山，皆产地也，以黄山为著，色香味非他山所及。顶谷言其山高，毛峰言其茶细。"[①]1955年，被中国茶叶公司评为全国十大名茶之一。1982年，再次被评为全国名茶。1983年，获外贸易部"荣誉证书"，列为国家外事礼茶之一。1976年，进入德国、巴黎、伦敦、东南亚和中国香港茶叶市场。2005年，在上海黄山茶叶交易会上，"漕溪"牌和"汪满田"牌黄山毛峰被评为"黄山杯"特等金奖。为了规范黄山毛峰生产标准、产品标准，保证黄山毛峰质量，2004年《黄山毛峰茶国际标准》《黄山毛峰茶行业标准》相继发布实施。

屯绿是屯溪绿茶的简称。清中叶以来，新安江流域及皖赣毗邻地区的外销绿茶，大多集中于屯溪进行加工，随后由此输出，"屯绿"之名由此而来，屯溪也由此赢得"茶城"之誉。当时有民谣曰："未见屯溪面，十里闻茶香。踏进茶号门，神怡忘故乡。"屯绿不是专称某一茶品，其中包含许多名目，但是经过精细加工的屯绿，总体品质优异，呈现出色绿、香高、味醇、形美的共同特色，在清末民国时期的绿茶中首屈一指，成为我国外销绿茶的主打商品。

屯绿依照茶叶形质，可以分为珠茶、眉茶、熙茶三大类。圆形称珠，珠中提取细者称目，长者称眉，块形称熙。珠茶品质为上，眉茶次之，熙茶又次之。每类茶中又有许多花色，比如珠茶有虾目、麻珠、宝珠、贡珠、圆珠、镏珠，眉茶有抽芯珍眉、珍眉、凤眉、蛾眉、芽雨、针眉、秀眉、蕊眉、乌龙、特针眉、眉熙、眉雨、

① 民国《歙县志》卷3《食货志·物产》。

雨茶，熙茶类有贡熙、熙春、副熙等。

屯绿行销50多个国家和地区，每年生产的花色少则七八种，多则十四五种，最多达24种。民国二年（1913）各种花色的屯绿都有各自的市场，特贡茶主销俄国，乌龙珍眉销欧洲，凤眉、蛾眉、虾目等花色销美国。民国九年（1920）是屯绿外销最盛时期，当时在屯溪经营茶叶的商号有109家，确立了屯溪绿茶在国际市场上的显著地位和最大占有率，同时享有极高的声誉。

祁门红茶，简称“祁红”，为发酵茶中的条形红茶。光绪元年（1875）祁门人胡元龙、黟县人余干臣借鉴“宁红”“闽红”制法，成功创制了祁门红茶，① 并且很快就后来居上，声誉噪起，风靡世界。

“祁红”因为茶树品种选用得当，茶树生长环境得天独厚，采制工艺精益求精，制成的红茶具有天然香气，所以问世不久，茶商蜂至，茶栈林立，光绪八年（1882）即长驱直入国际市场，主销英国，其次为荷兰、德国、丹麦、瑞士、瑞典、法国、澳大利亚、加拿大、爱尔兰、芬兰、日本、意大利、新加坡等数十个国家和地区。外销至今，“祁红”在国际市场经久不衰，广泛享有“王子茶”“祁门香”的称誉，被公认为与印度大吉岭红茶、斯里兰卡红茶并列的世界三大高香名茶之一。民国四年（1915），荣获巴拿马万国商品博览会“金奖”。②

“祁红”外形条索细紧苗秀，大小粗细匀整一致，锋苗显露，色泽乌黑泛光，俗称“宝光”。内质香郁似蜜糖香，汤色红亮，滋味醇厚，回味隽永，叶底嫩匀红亮。“祁红”初制分萎凋、揉捻、发酵、干燥几道工序。萎凋是将鲜叶摊晒在阳光之下，致使水分蒸发，叶色暗绿，叶边色褐，以叶柄折之不断为适度。揉捻是用手将萎叶在揉床上搓揉环转。发酵又称焐红，将揉捻过的茶叶装进木桶或者竹篓，盖上湿布，置于阳光下发酵，直至叶色古铜、茶香溢出。干燥是将发酵叶晒至五六成干，再用烘笼经毛火、足火烘干为止。祁红精制过程，有筛分、风选、拣剔、补火、匀堆等程序，采用单级付制、分路取料、生做熟取、多级回收、拼配匀堆的方法，按照毛筛、抖筛、分筛、紧门、撩筛、轧切、风选、拣剔、补火、清风、拼和、装箱的流程进行。

太平猴魁创制于清末光绪二十六年（1900），属烘青绿茶尖茶类中的极品，产

① 所据资料分别见于民国五年《农商工报》第20期和祁门茶业改良场《祁门之茶叶》丛刊。

② 1980年，“祁红”获国家优质产品金奖。1987年，在布鲁塞尔第26届世界优质食品评比大会获金质奖。2005年，在上海黄山茶叶交易会上，“华名园”牌祁门红茶被评为“黄山杯”一等金奖。

于新明乡三合村猴坑、猴岗一带高山，茶园分布在六七百米以上的凤凰尖、狮形尖、鸡公尖一带的山峰峡谷之间。猴魁的采摘十分讲究，素有“四拣八不采”的规矩：拣高山，拣壮枝，拣芽尖、拣树种；无尖不采，过小不采，过大不采，瘦小不采，弯曲不采，虫食不采，色淡不采，紫芽不采。炒制分杀青、烘焙两道工序，烘焙又分毛烘、二烘、拖老烘三步，步步紧扣，严格精巧，全程手工操作。猴魁的包装也很考究，每当制作完成，趁热装入锡罐或者白铁筒，待茶稍冷之后，以锡焊口封盖，远销经久不致变质。

猴魁的色、香、味、形在我国名茶中独具一格。外形是二叶抱一芽，似含苞的兰花；叶片肥大，挺直有锋，不散不翘不曲，全身白毫含而不露；叶面色泽苍绿，叶脉绿中暗红；入杯冲泡，芽叶成朵，徐徐展开，或悬或沉，给人“刀枪云集”“龙飞凤舞”之感；茶香高爽持久，芬芳袭人；汤色清绿明净，味醇鲜浓，经久耐泡，滋味不减，兰香犹存。

民国元年（1912），太平猴魁在南京南洋劝业会场和农商部展出，获优秀山品奖。民国四年（1915），在巴拿马万国博览会荣获一等金质奖章。民国五年（1916），参加江苏省展赛会，获一等金奖。从此，太平猴魁蜚声中外茶叶市场。1959年，被评为全国十大名茶之一。1982、1986年，连续被评为全国名茶。2005年，在上海黄山茶叶交易会上，“六百里”牌太平猴魁被评为“黄山杯”一等金奖。

祁门安茶的名称由来传有两说：一说红茶之前，已有少数安茶销往两广，制法与六安茶相仿，故名“安茶”；一说祁门原产绿茶属于安溪绿茶，因此称“安茶”。明永乐《祁阊志》已有安茶的记载。

安茶介于红茶与绿茶之间，属于半发酵的紧压茶，民间称之为“软枝茶”。安茶条索紧结，色泽乌黑，汤浓而红，味香而涩。明代郑和航海远游，曾把安茶传到东南亚地区。而在广东、香港，安茶都被尊为“圣茶”。岭南中医不仅视为上乘饮料，而且视为一种良药，常用安茶作为药引。安茶的初制有杀青、揉捻、晒坯、干燥四道工序。杀青、揉捻与炒青做法相同，晒坯、干燥又与“祁红”做法相仿。精制过程有筛分、撼簸、拣剔、复烘、装篓几道工序。民国时期尚有安茶生产，民国二十年（1931）产量1608担，民国二十二年（1933）为2000担。①

① 1992～1996年，每年生产2吨，1997年生产10余吨。

白岳黄芽,又名白岳金芽。始创于清乾隆年间,产于休宁齐云山“福天洞地”一带。齐云山，古称白岳，因而冠名。主销上海、南京、汉口等地。白岳黄芽的品质特点是：色泽黄中隐翠，白毫满披，一叶抱一芽，状似金边镶碧鞘，碧鞘裹银箭，十分别致；幽香馥郁，有似兰花；开水冲泡，汤色明亮，芽叶悬浮汤中，朵朵可辨，酷似雀舌，稍后徐徐下沉，耐人观赏；入口顿觉鲜醇，咽后生津止渴，颊齿回香，回味隽永。

金台毛峰，又名谷雨尖，产于休宁郑湾千金台村莲花芯峰。始创于民国二十年(1931)，为省级创优名茶。具有鲜、嫩、重的特色，外形如毛峰，香气如凫绿，芽叶肥硕，毫茸披露，香高清鲜，滋味甘醇，汤色翠绿明澈。初泡时，芽叶竖立悬浮，转瞬之间下坠杯底，叶展芽现，一旗一枪。

金山时雨，产于绩溪。胡适老家绩溪上庄，有座海拔千米的金山，云雾缭绕，雨水充沛，盛产绿茶。清道光年间（1821 ~ 1850），始创金山时雨，茶形似珍眉，细嫩若雨丝。光绪十九年（1893），上海茶叶大亨汪立政开设的汪裕泰茶庄曾将金山时雨进贡朝廷，获得朝廷褒奖，由此步入名茶行列。抗日战争爆发之前，金山时雨热销于上海市场。金山时雨条索细紧多毫，色泽油润，开汤清澈明亮，滋味鲜醇，回味甘甜，香气高长，叶底嫩绿均匀。金山时雨鲜料为一芽二叶初展，当地人称“鹰嘴夹”。制作工序与黄山毛峰大体相同。

齐云香风茶，俗称香风草，又称山腊梅。宽叶腊梅科落叶灌木，树高 2 ~ 4 米，树叶粗糙，颜色深绿，形似茶而非茶。齐云山道士创制，为食疗茶饮，历来又称齐云道士养生茶。外形呈片、条状，碧绿芳香，冲泡后味醇带甜，别有风味。长期用于齐云山的香客游人，为之驱除风寒，治疗伤风感冒，效果甚佳。故而流传久远，名声在外，至今不衰。1977 年，徽州地区召开香风茶鉴定会，经来自十多个省市自治区的专家们鉴定，香风茶具有解表祛风、理气化痰的功效，可用以治疗感冒、气管炎和高血压。

歙县花茶是新安江流域所产花茶的代表，享誉全国。花茶是用珠兰花、白兰花、茉莉花窨制绿茶而成。窨制方式是将筛选过的茶叶分批置于竹制烘笼上，用白炭微火烘烤一天；晚上拌进珠兰花、玫瑰花或茉莉花；然后每斤茶叶用棉纸三张包成一包，装进干燥不透风的纸糊木柜之内窨藏两天。窨藏以后的茶叶，须用铁罐盛装。否则六七天外，茶叶就会减少香味，甚至受潮变质。花茶既能保持名茶的固有滋味，又兼备名花之馥郁芬芳，品质别具一格；而且色彩呈现为红绿相映或青白相间，视觉上特别养眼，受到广泛的欢迎。

高档花茶品种有茉莉顶谷大方、茉莉黄山芽峰、茉莉魁针、珠兰黄山芽峰、珠兰黄山芽、珠兰魁针等。大宗产品主要销往山东、东北、华北、西南、西北地区。1979 年，珠兰黄山芽获全国花茶同窨次花茶窨制质量第一名。1982 年，茉莉顶谷大方被评为安徽省十大名优茶之一。1984 年，珠兰花茶被评为省优质产品。1986 年，茉莉黄山芽、茉莉魁针评为省名优茶。

源远流长的新安江茶叶生产，进入中华人民共和国，尤其是新时期以后，犹如按下了快进键，空前迅猛地发展起来，茶叶品牌的创新更是风生水起。黄山银钩、千岛玉叶、青溪玉芽、睦州云雾、黄山绿牡丹，等等，一个个新品名牌如同雨后春笋，焕发出灵山秀水的无限活力。

20 世纪 70 年代末，歙县创制“黄山银钩”，主产于黄山山脉大谷运和黄村两地，以大谷运、双河口、木岭后和跳岭所产品质最优。1984 年参加上海茶叶评尝会展出，1985 年获省科技发明奖。1986、1987 年连续被评为全国优质名茶，1986 年被选送为国家礼茶。黄山银钩的树种是“滴水香”，鲜料叶为一芽二叶初展，制作经过杀青、揉捻、炒胚、焙干几道工序。炒胚使用双手在锅中轮转翻炒，先快后慢，既使水分充分散发，又使茶条弯曲成钩，大约半个小时，试握茶胚，有扎手感，即可起锅摊晾。其他工序与炒青相同。“黄山银钩”的成品，色泽灰白如银，条索细曲似钩。汤色黄绿清澈，香味如同板栗，香高持久，滋味鲜醇回甘，叶底黄绿匀齐。

千岛玉叶是 1982 年春研制成功的新牌名茶。1985 年产量达到 130 余担。芽叶产于千岛湖各个岛屿，以及湖畔山区，生态条件得天独厚。它采用著名的鸠坑茶种进行培育，采摘鲜叶幼嫩、肥壮、匀齐、纯净，具有优良品格。茶的外形扁削挺直，色彩绿翠显毫，沏入杯中香气清高持久，杯底芽叶成朵不散，颜色清绿明亮，汤汁洁净清透，品味之际醇厚回甘。精制“千岛玉叶”，一芽一叶，1 千克干茶含 4 万多只茶芽。千岛玉叶加工包含杀青做形、筛分摊凉、回锅定型、分筛整理四道工序，严密紧凑，精细合理，其中还吸取了龙井茶制作工艺之精华。1986 年获省、市科技进步二等奖和杭州市优秀新产品新技术奖，1987 年获浙江省优秀名茶奖，1988 年获省名茶一类产品奖。1989 年获省名茶一等奖，全省国营林场名茶评比第二名。“玉叶一杯添美意，银芽吐翠暖人心”。近些年来，千岛玉叶荣获全国林业名特优新产品博览会金奖，跻身浙江省十大名茶、中国文化名茶之列，已经香飘京、津、沪、穗、港，远销日本、美国，赢得了中外消费者的广泛赞誉。[①]

青溪玉芽是1984年研制成功的高档名茶，工艺精湛，品质优异，曾在浙江茶叶学会举行的首届斗茶会上被评为优秀名茶，获三等奖。原料产于千岛湖畔各个乡镇。1993年产量50吨左右。青溪玉芽手工制作，鲜叶要求苛刻，一芽一叶，芽长于叶，肥嫩均匀，不含碎片、鱼叶和茶蒂。精制成品，外形平扁挺直，显毫见锋，色泽绿润。茶叶泡开，汤色清澈明亮，芽叶匀齐成朵，品尝滋味，生津润口，芳香持久。

睦州云雾是1984年由淳安县经济特产局研制而成的绿茶炒青中的高档名茶。茶叶品种优良，色泽绿润，条索紧结，苗锋清秀，香气浓郁，富有板栗香味。原料选自500～1000米的山地茶园。产品上市以来，深受消费者欢迎。1985年产量1吨。[②]

黄山绿牡丹是1986年于汪满田木岭后村创制的特种工艺型名茶，在安徽省名优茶评比会上被公推为“具有独特风格的创新产品”。1988年在北京国际发明博览会上荣获发明奖，1992年被评为安徽省特种名茶。黄山绿牡丹外形如菊花，色泽绿翠，显锋露茸。冲泡后，汤色清澈，香气清高，滋味鲜醇，回味甘甜，芽叶完整成朵，酷似牡丹盛开。此茶既有宜人的饮用价值，又有感人的欣赏价值。原料为一芽二叶初展，要求是大小均匀一致。制作工艺精细，分为杀青、初烘、选芽、造型、定型、烘焙六道工序。最为特殊的工序就是造型：选出四五十个大小长短匀齐、完整无红梗红蒂的初烘芽叶，用消毒棉线在离叶蒂适当处扎紧；然后叶蒂朝下放于茶板上，将芽叶向着四周扳开，手掌轻压，形成花朵形状。烘焙时先烘叶蒂，后烘芽叶，翻烘要轻要勤。干至八九成摊晾，数小时后，文火轻翻慢烘，足干为止。目前产量约5～10吨，畅销北京、上海、南京、香港等地，少量出口德国、美国、日本等国。

此类新创茶品很多，像1985年黟县创制的黟山雀舌，1988年被评为省级名茶，1992年在首届中国农业博览会上荣获优质产品奖。2005年，在上海黄山茶叶交易会上，“五溪山”牌黟山雀舌被评为“黄山杯”一等金奖。20世纪90年代初，祁门县创制的“黄山翠兰”，1995年荣获第二届中国农业博览会金奖，产品主销北京、南京、合肥等大中城市。

20世纪90年代初，休宁县创制的新安源银毫，2001年获“中国黄山十大名茶”

① 方正汉：《千岛玉叶》，政协淳安县文史资料委员会：《淳安文史资料》第6辑，《淳安名茶(一)》，第95、96页。
② 方才：《一方水土》，中国文史出版社，2017年，第137页。

称号和第三届国际名茶评比银奖，2002年获中国（芜湖）国际茶博会金奖，2005年获上海黄山茶叶交易会“黄山杯”一等金奖，2008年为北京奥运会指定专用茶。

另外，还有黄山松针、黄山翠竹、黄山茗菊、白岳黄芽、黟山石墨、紫霞莲芯、横岩云雾、兰花云尖、新安江香芽，诸如此类。真可谓百花齐放，春色满园。

（二）

开门所见是茶山，入门所闻是茶香。满目茶山奠定了茶区农家的生活基调，一缕茶香弥漫在新安人家的各个角落。千百年来，清新纯朴而性情独特的茶俗茶文化在新安茶乡悄然形成，蔚然而成大观。

在新安茶乡，每年到了茶叶开采之时，茶农总要举行“开园”仪式。他们根据茶叶生产情况，选定谷雨前后的某个吉日，一大早就由家中男主人携带祭品和供品，来到山上的茶园前边，庄重其事地焚香烧纸行礼，祭拜茶神陆羽。祭拜礼毕，主祭者带有仪式感地试采几棵茶叶之后，家人便跟着动手开始采摘。这就叫作“开园”。开园这天早餐，全家人都喝香茶，吃茶点，享用茶叶蛋。中餐和晚饭，有条件的家庭都有茶干、茶笋炖火腿佐酒下饭。

茶园多在高山林地，山路遥远，往来不便。为了争取时间不误茶时，采茶人员一般都是早出晚归，中午不再回家吃饭，去时茶篓里面就背着茶水和干粮。按照茶农习俗，茶水都有茶筒装着，茶筒专用两三节粗大的毛竹制作而成。干粮通常就是苞芦粿，或者油炒饭。另外，可能附带上一些冻米糖，或者茶干、豆豉之类茶点。

明人吴达和有诗句云：“布谷催耕急，水田犹积沙。童搜雷年笋，妇抢雨前茶。”[①]诗中一个“抢”字用得极好，非常贴近民间生活。正所谓“谷雨前后，昼夜采制，无稍暇逸”。[②]每逢茶季开园之后，家家户户都是全体动员，男女老少全有事做，“棒槌馃辘都没闲着”。清人孙茂宽《采茶曲》写道：“红英紫笋簇山尖，谷雨岩前玉手纤。莫笑发边云影乱，一朝忙过未盈襜。”“珍重头纲要趱新，茶甜茶苦说香馨。村娃儿辈携筐去，尽是茶园采摘人。”上山采茶多为妇孺之事，村妇乡童尽在山场，红衣绿茶掩映成画，欢声笑语随风荡漾。一些闺中少女因此有了谈心交友秀山歌的机会，劳累的茶事挟带着人生的欢愉。已经出嫁的女儿大多以探亲的名义回到娘家帮忙采

① 王恒堂：《鸠坑茶》，西泠印社出版社，2013年，第189页。

② 民国《歙县志·风土》。

茶，素称“归宁采茶”。清人方西畴有《新安竹枝词》述其事云：“清明灵草遍生芽，入夏松萝味便差。多少归宁红袖女，也随阿母摘新茶。”[①] 广东茶商子弟、近代著名作家苏曼殊有四首《松萝茶歌》，很艺术地表现了新安人家茶季生活的紧张繁忙而富有诗意：

> 晓起临妆略整容，提篮出户露正浓。小姑大妇同携手，问上松萝第几峰？
> 芬芳香气似兰荪，品色休宁胜婺源。采罢新芽施又发，今朝又是第三番。
> 功夫哪敢自蹉跎，尚觉侬家事务多。焙出干茶忙去采，今朝还要上松萝。
> 手挽筠篮鬓戴花，松萝山下采山茶。途中姐妹劳相问，笑指前村是妾家。[②]

新鲜茶叶采摘下山，当天晚上就要制成干茶，第二天上午即可包装出售。“才交谷雨采茶忙，紫简绿翠夸月塘。日午隔篱闻犬吠，门前又到一行商”。[③] 在家负责制茶的大多是男人。也有很多女人特别能耐劳，白天上山采茶，晚上又要帮着做茶。山区茶季的夜晚总是灯火通明，茶农们通宵达旦都在炒茶做茶。

那些茶棵多、茶园大的农户，在这个大忙季节，家里人手根本不够，必须雇请外地人工进山帮忙。每当此时，制茶和采茶的男工女工风驰云集，南来北往的茶商茶贩络绎不绝。平日人迹稀少的穷乡僻壤，此时如同“开市列肆”，熙熙攘攘，喧闹异常。喧闹中夹带着种种方言乡音、南腔北调。通往山外的路途上，时时可以看到一些农夫农妇背着斗笠蓑衣，步履匆匆地往山村赶来。他们便是年年如约而至的临工，为茶农分担着紧张的劳务，也与茶农分享了茶山的馈赠。

经受过种茶制茶的辛劳，也就乐于享受茶叶的滋润和芬芳。新安人家喜欢饮茶，普遍喜欢饮用绿茶。无论男女，只要闲居小坐，便有香茶相伴。冬天他们饮茶提神助暖，夏天他们饮茶消暑解渴。“自烧松子自煎茶，碗面香浮瑟瑟花。一笑平生常在手，不须酒盏送年华”。[④] 很多人都嗜茶成癖，早晨漱洗完毕，头一桩事就是泡上一杯香茶，轻轻地捧着，慢慢地啜着。他们说：“早饭可以不吃，早茶不可不饮。”一般人

---

① 方西畴：《新安竹枝词》，《歙县志》下册，黄山书社，2010年，第1517页。
② 《苏曼殊力挺徽州茶》，《徽州文化大辞典》，中国科学技术大学出版社，2015年，第395页。
③ 佚名：《黟山竹枝词》，舒育玲：《古黟风物辑存》，黄山书社，2016年，第297页。
④ [清]汪士慎：《茗碗》诗，胡武林：《徽州茶经》，当代中国出版社，2003年，第192页。

平常都用瓷杯、瓷碗喝茶，家里的老人则喜欢用紫砂壶泡茶，紫砂壶上往往雕刻着“松鹤延年”一类文字和图案。其实更主要的因素还在于，老年人不喜欢一次就将茶水喝干，壶中可以保留部分茶卤，以便反复冲泡，充分享用。

在新安人家的长年生活中，可谓茶不离饭、饭不离茶，茶饮与饭食难分难解，甚至在习惯性的表述上往往都以茶代饭。像孩子的庆生、老人的寿诞，通通都说吃茶。孩子出生后，三日要吃“三朝茶”，一月要吃“满月茶”，一岁要吃“周岁茶”。家中老人做寿，要吃“长寿茶”。

婚礼中的茶俗更为重要。古人认为茶树必须“下子”种植才能生长，迁插或者移栽都难以成活。[①] 长期以来，新安茶区民间聘妇娶媳普遍都以茶为礼。比如在鸠坑乡，聘金都称为“茶礼”，受聘亦称为“受茶”，订婚时有“订婚茶”，完婚时有“合卺茶”。茶叶在整个婚嫁礼仪中，充当了举足轻重、不可或缺的角色。在徽州，相亲联姻所需彩礼钱物，统称为“三茶六礼”。什么利市茶、上头茶、接待茶，还有什么斗床茶、进门茶、拜堂茶、合卺茶、教礼茶、新娘茶，一个“茶”字贯穿于婚嫁迎娶的过程始终。

女儿出嫁上轿之前，要向灶神、父母跪奉香茶，俗谓“辞香火”“辞父母”。新娘到男方门前落轿，要吃“三茶”。进门拜见公婆要敬“三茶”，茶水中有茶叶、菊花、桂皮、红糖，称之“孝顺茶”。新郎、新娘入洞房后，要吃“四喜茶”，又称“望喜茶”，茶内有枣子、栗子、鸡子和蜜糖，寓意早生贵子、早早得利。新女婿陪新媳妇回门，岳家也要请“吃三茶”。歙东一带的嫁资还有送广锡茶壶、彩瓷茶碗的习俗。淳安东部茶乡还有一种更为特别的习俗，姑娘出嫁的当年，要在谷雨那一天亲手采制四两茶叶，出嫁时用白色绸缎包好藏在内衣，进入洞房之后，亲手泡上一杯香茶敬奉新郎，用以表示新娘的纯洁和对新郎的钟情。随后，将这一包茶叶压入箱底，保藏到老。

“客来莫嫌茶当酒，山居偏与竹为邻。”以茶待客是新安人家的普遍习俗。逢年过节，或者婚寿喜庆，招待宾客，首先是奉上香茶一杯，配以茶盒盛放的糕点、糖果、花生、瓜子等茶点，敬请客人“吃茶”。接着就是请客人吃茶叶蛋，如果是早餐前后，那么再吃一碗盖浇面。最后还要再奉一杯香茶，或者给客人用过的茶杯续上茶水。

新安人家一贯好客。平常日子，无论亲朋好友、左邻右舍，甚至是过路歇息或

① 有关记载，可见明代陈耀文所撰《天中记》。直到20世纪中叶，新安江人才开始应用茶树迁插移植的生产技术。

者传话问路之人，“只要上门都是客”，主人都会端上一杯清茶，客客气气，热情相待。一般的家中都备有大茶壶、大茶缸，每天都会泡满茶水备用，不仅家中老少饮用方便，而且可以随时为路过家门的外人提供茶水。不少地方，像淳北的左口、光昌、文昌、临岐、屏门、瑶山等地，至今还保留着这种好客的风俗，他们家中常年备有火炉，火炉上总是搁着一把铜壶，每遇有人路过家门，首先就是冲泡一杯热茶，顿时给人亲和温馨之感。

十里一长亭，五里一短亭，古人奔波在外，需要一些凉亭，借以歇脚憩息，暂避日晒雨淋。新安江上山多、岭多、溪多、滩多，行旅相对更为艰难，凉亭之需更为迫切。据当地人估计，淳安境内以前有凉亭千座。新安人家性格纯朴，乐善好施，常年都把村口和岭头的这种凉亭，还有坐落在村落之间那些庵院神庙的门廊，作为免费施茶、修德行善的理想场所，许多凉亭都成为茶亭，一些庙廊也成了茶廊。在这些茶亭、茶廊里面，有专供茶水的木桶、水缸、茶碗和水瓢，有的墙上还挂有草鞋和雨伞。过往行人至此能够歇歇脚、喝喝茶，不只是消除了疲乏，还会感受到人间的温情，增添人生的志趣。这些茶亭、茶廊，往往都由慈善的老奶奶或老爷爷热心摆设茶座，自愿为路人提供义务服务，像浙岭头上堆石冢至今传颂着方婆施茶的“千古遗风”。有的茶座茶水是当地乡贤自费提供，像清道光二十六年（1846）遂安中洲镇南庄村的灵鹫庵，就是乡贤汪裕纶为人设置的饮茶休息之所。也有的茶亭、茶廊是由邻近的村落安排村民轮流担茶送水，像《龙山方氏宗谱》就记载着威坪镇长岭村村民轮流为凉亭担茶送茶的民俗。还有的茶座茶水由家族负责，像淳安的浪达岭凉亭和排岭庵分别由东庄邵氏和方氏用三亩田的收入作为施茶经费。

以茶会友，以茶馈赠，也是新安文人的雅致，正所谓“一人得神，二人得趣”。康熙二十五年（1686），宣城才子梅庚偕梅文鼎、袁启旭，与歙县汪士鋐、吴菘同游黄山之后，又与汪贽、汪沅、汪广休燕集于潜口水香园。在这次聚会中，东道主特以潜口紫霞茶招待来宾，获得来宾交口称誉。袁启旭赋诗赞曰：“阮公溪畔是仙家，山山旗枪带石霞。谷雨过时堪小摘，洞云深处有灵芽。烹来活火三春候，坐傍浓荫一树花。莫道卢仝偏好事，天香未许世人夸。”汪士鋐也即兴吟道：“古岩树千章，香雾日腾结。谷雨采灵芽，紫霞过绿雪。”[①] 末句活用梅庚当时的评语，梅庚认为潜

① 汪大白：《潜口——人文村落风雅家园》，合肥工业大学出版社，2013年，第42页。

口紫霞远胜敬亭绿雪茶。就是这个汪士鋐，每逢新茶上市，总给亲友寄赠。侨居汉阳的汪颖给汪士鋐的诗中说："百里名园近，阮溪乐事奢。重逢黄海客，贻我紫霞茶。"兴化邓汉仪《诗观三集》跋汪光洋诗云："余与君家大阮栗亭结契霞上，每岁寄我紫霞山之茶，香清色洁，沁我诗肠。"[①]

新安人家还喜欢以茶入菜，善于以茶入药。毛峰鲥鱼、毛峰虾仁、顶谷鱼头、雀舌烤鸡，金雀舌、银针珠圆、时雨鸡丝、祁红鸡丁、祁红甜豆、香茶鸡排、茗都蛟龙、翠玉桃花鳜，……茶叶内物丰富，以茶烹制菜肴，耐人品味，好处多多。凡人皆知，茶叶能生津、润喉、解渴，长期饮用，还能减肥胖、助消化。新安江人更懂得药食同源之理，善于利用茶饮祛疾保健。松萝解酒，祁红暖胃，安茶驱瘴，绿茶祛火提神，香风茶治疗眼疾，茶水洗脚清理疮伤——当地人都会用得恰到好处。

自古以来，新安人家在祭祖祭神的庄重仪式上，不仅要供奉猪、羊、牛三牲，还要供上茶、米、豆三物，茶叶早已被当作祭台上的重要供品。丧礼中，同样少不了茶的身影。入殓前要在棺底撒上一层茶、米、豆，出殡时上路还得抛撒茶、米、豆。茶与粮一样，可真是伴随人的终身啊。

坐落在淳安东南部的赋德村，有一座明代修建的培风塔，塔高七层巍然耸立。1958年，为了修建新安江水库，赋德村需要整体拆迁。当时有省考古人员监督拆解培风古塔，他们在塔基里面发掘出来的镇塔之物，不是人们想象中的金银财宝，也不是什么佛骨舍利子，居然是1000多斤茶叶！看来在前辈新安江人的心目当中，茶叶不仅是贵重的，而且是神圣的。

新安人家还有一种习俗是吃茶论理、以茶言和。传说朱元璋转战徽州期间，遇有程姓和鲍姓发生械斗，朱元璋有意调停，于是邀请双方主事到军营吃茶。程鲍两姓都想朱元璋居中断个是非，谁知朱元璋始终不问事情来由，只是一直品茶讲壶，因为"壶"与"和"二字谐音，品久了，讲多了，程、鲍两方终于听出朱元璋的言外之意，于是当场握手言和。品茶讲壶的故事一经传开，演化成当地一种吃茶讲和的习俗。亲戚、邻里之间，有了误会，产生矛盾，会请合适的人从中调解，调解人邀约双方坐到一起，泡茶、斟茶、递茶、喝茶。在整个调解过程中，茶事、茶艺、茶礼、茶俗，都在无形之中消融着双方的情绪，安抚着双方的心理，往往化解了双

---

① 汪大白：《潜口——人文村落风雅家园》，合肥工业大学出版社，2013年，第43页。

方的矛盾，终结了双方的纠纷。就像民间常说的那样："有什么大不了的，摆到八仙桌上来，一杯茶就解决问题。"

在新安江的下游，同样有个传说，传说明朝奸臣严嵩被削职后讨饭来到梅城，常在茶馆帮人说理借以糊口。大概就从那时开始，发生一些纠纷，如债权债务、买卖不公、邻里口角等，梅城人不愿打官司，喜欢到茶馆评理，称为"吃评茶"。双方各叫"评理人"，一同来到茶馆，每人一碗茶，双方诉说事情经过，由评理人按照公理和习俗，做出公正判断，输方支付"吃评茶"的开支；如果纠纷影响较大，输方还要点红烛、放鞭炮、当众赔礼。

话头涉及茶馆了，且不细说茶具、茶艺，就说说茶馆的茶文化。翻阅南宋钱塘吴自牧的《梦粱录》，可见"杭城茶肆"的场景描绘。梅城既为严州治所、新安江上重镇，茶事又相当旺盛，[①] 估计那时梅城也就有了茶馆。民国时期，梅城镇登记的茶馆有 13 家，茶座 500 多个，每天接客 1000 多人。南门外有傅云楼、佘纪来、得胜楼、严江茶楼，东门街有东半楼、陆长兴、庆云轩，西门街有聚贤楼、张耀清、柴春根，黄浦街有孙登山、朱顺惠、郑昌芳。[②] 原淳安县城，商业繁荣，店铺林立，各家茶馆，前门临街，后面临水，推开南窗，往来船只尽收眼底。上直街和下直街共有 8 家茶馆，即清香茶馆、玉壶春、余和记、裕隆、坚记、利记、程开泰和正隆茶馆。淳安港口镇有 5 个泊船码头，水运特别发达，那里茶馆的数量超过了县城。[③]

所有茶馆不能不卖茶，但又不只是卖茶而已。各种茶馆兼有多种功能，有的"市头"兼卖小吃，如馓子、葱饼；有的可以听弹唱、听说书；有的"挂牌儿"，供人练习管弦乐曲；有的属于"人情茶肆"，兼任人事委托、充当中介；有的成为行会聚集之地、行商交易之所；有的"花茶坊"，以卖茶为由蓄妓卖娼；还有高级茶馆，往往成为读书人、为官者论文会友之所。至于茶楼，一般两层，楼下是茶坊，楼上是客房，可以提供住宿。

茶楼应客

① 宋景定《严州图经·物产》，已把茶叶列为重要物产，茶叶税年收入达3272贯文。

② 程秉荣：《梅城的茶馆》，政协建德县文史资料委员会：《建德文史资料》第2辑，第53～57页。

③ 方鸿鼎：《淳安茶馆杂谈》，《严陵旧事》，中国文史出版社，2017年，第222～223页。

物以类聚，人以群分。不同的人一般都会选择不同的茶馆，不同的茶馆也大体都有各自不同“老主顾”。在梅城，黄浦街的顾客大多是船民，“脚踏三枚钉，靠岸三碗茶”，就是他们生活的写照。东门街、西门街大多是一些手工匠人，篾匠、木匠、泥水匠、铁匠、箍桶匠，他们早上吃碗茶再去劳动，做累了又来喝碗茶歇歇。南门外大多是搬运工和做小买卖的人，他们等船到了便有事可做。严江茶楼设施好、规格高，光顾的多是上层人物，或者有钱老板。

旧时的茶馆是个人际交往的特殊场所，成为社会生活不可缺少的一个组成部分，茶馆文化具有极强的社会性和时代性。旧时茶馆讲究信誉，以广招徕。比如，老顾客一个上午只付一碗茶钱，临时走开，弄点茶叶放在茶碗盖上，或者翻过茶碗盖倒点茶水，泡茶伙计“茶博士”就不会收碗。常年的老主顾每年正月头次喝茶，茶馆拿出上好茶叶，另加两个橄榄，泡在茶内以取吉利。如果开水不烫，泡不出茶汁，味道不佳，便可提出另外重泡。单身工匠可以到茶馆洗脸，茶馆免费提供毛巾和脸盆。

茶为平民之所好，亦为文人所钟情。历代文坛上以茶为题的诗词文赋层出不穷。清人张潮的《松萝茶赋》、今人王恒堂的《鸠坑茶记》都有代表性，只是篇幅太长不便照抄。这里选录部分作品，以与读者共同欣赏。

宋 · 方岳《煮茶》

瀑迎春风湿，松花满石坛。不知茶鼎沸，但觉雨声寒。

山好僧吟久，云深鹤睡宽。诗成不须写，怕与俗人看。

宋 · 罗愿《茶岩》[①]

岩下才经昨夜雷，风炉瓦鼎一时来。

便将槐火煎岩溜，听作松风万壑回。

---

① 新编《歙县志》第7编《茶业》，黄山书社，2010年，第326页。

元·唐元《属仲安》

悠悠俯云影，浩浩吹天风。解珮此溪女，负苓何处翁。

焙出茶芽紫，叉来鱼眼红。山家惯延客，何必羡崆峒。

明·汪道会《和茅孝试芥茶歌》

昔闻神农辨茶味，功调五藏能益思。

北人重酪不重茶，遂令齿颊饶膻气。

江东顾渚夙擅名，会稽灵荈称日铸。

松萝晚岁出吾乡，几与虎丘争市利。

明·吴兆《暮春偶过山家》

山村处处采新茶，一道春流绕几家。

石径行来微有迹，不知满地是松花。

明·潘允哲《谢人惠茶》

长日燕台正忆家，故人新惠故园茶。

茸分玉碾闻兰气，火暖金铛见雪花。

漫道玉川阳羡蕊，还如鸿渐建溪芽。

泠然一啜烦襟涤，欲御天风弄紫霞。

清·汪士慎《松萝山茗》

故乡庐舍归风雨，闻道村村有翠岚。

头白但知茶味美，百年憔悴住淮南。

清·汪士慎《家援鹑见寄庙后秋茶》

茗茶过水驿，幽客远相投。庙后一林碧，吟边满碗秋。

灵芬凝不散，珍品鲜难求。对此情无限，依依隔秀州。

清·郑板桥《七言诗》

不风不雨正晴和，翠竹亭亭好节柯。

最爱晚凉佳客至，一壶新茗泡松萝。

清·黄以林《新茶》①

乡俗竞所贵，山中雨前茶。嫩方柳初稊，香同兰欲花。

凤团那足数，雀舌良可夸。锡封兼箬裹，珍重天之涯。

开函风早生，俨然登紫霞。松钗擘细火，风味来吾家。

清·江耀华《茶庄竹枝词》

新安土物尽堪夸，摘了春茶又子茶。

最是屯溪商贾集，年年算得小繁华。

清·舒斯笏《黟山采茶竹枝词十首》②

我黟田少独山多，确土宜茶理不磨。好是春光三月半，村村听唱采茶歌。

人言采制殊非易，侬道栽培更觉难。酝酿全凭天气好，最宜温暖不宜寒。

云雾原来最有名，自由自在自生成。天公纵比人工省，寻觅艰难讲不清。

第一名茶数七都，兰心蕙质四乡无。卖时须涨三分价，尚道便宜不易沽。

① 胡武林：《徽州茶经》，当代中国出版社，2003年，第199页。

② 舒育玲：《古黟风物辑存》，黄山书社，2016年，第311页。

七都又让艾坑强，谷口岩头处处良。山雨来时行不得，泥涂累煞采茶娘。
姑嫂偕行去采茶，旗枪对对选新芽。多情阿嫂将姑嘱，休损枝头并蒂花。
采茶尤宜谷雨前，逾时香味欠新鲜。筠篮已满侬家去，道是收成胜旧年。
去岁茶商得利丰，今年山价定然昂。阿侬欲制钗头凤，都在春风一叶中。
侬家夫婿贾浔阳，信报头茶已放洋。急急忙忙缘底事，山园又有子茶香。
子茶不及头茶好，晚价仍如早价多。采罢回家忙制卖，要防市面起风波。

民国·汪定执《方颖丹惠大方茶》
故园最好是春华，东望漫漫信忆家。
报道岭头来驿使，大方家赠大方茶。

民国·徐丹甫《黄山茶赞》[①]
纬轴之灵，是钟天都，勾芒倪兆，属于生刍。
旨哉斯物，托迹云门，白毫类鹤，长寿若椿。
高依石笋，清超齐桂，凌霜挺荣，栖霞遗世。
春风三月，士女乃来，披条涉险，历谷征才。
登肆庐馆，人烟方袭，九鼎崇列，千金论值。
我居仙里，素心悦慕，山涛分流，玉液静漱。
援简援墨，神思云飞，风人不夜，乐志忘时。
姓氏余甘，望钦海外，凤举龙翔，驰声至大。
云何陆经，莫表高操？众举轶贤，独观娟妙。
宝出昆阆，质驾茵芝，传之孔嘉，谁其掩之？
有客升堂，修礼以陈，既当奉爵，亦解生津。
轩皇灵迹，富利九州，丹甫纂集，允著阳秋。

① 新编《歙县志》，黄山书社，2010年，第325～326页。

王泽农《鸠坑毛尖奇茗秀甜》①
明湖一碧岛成千，奇茗鸠坑毓秀甜。
采制精工神翼翼，沏泉高艺手纤纤。
金龙毛凤贡天子，淳遂炒青造岱颠。
毛尖一杯沁脾胃，破闷轻身自得仙。

庄晚芳《青溪玉芽》②
青溪玉茗映山家，雨湿春风催玉芽。
芯嫩叶香雀舌卷，芳香馥郁遍天涯。

第五节　新安著名酒品系列

自古饮食不离酒，中国酒文化与茶文化一样广泛渗透于社会人生。屯溪8座土墩墓出土的大量饮食器具中，已有不少属于酒器，如形状似壶的“盉”、中型酒樽“卣”，以及原始瓷制酒樽和青铜制作酒樽等，证明春秋战国时期新安江人酿酒技术和饮酒习俗都已达到一定的发达程度。此后千年，酿酒并饮酒为新安饮食增添了无穷的魅力与活力。

（一）

清朝末年，徽州知府刘汝骥在《陶甓公牍》中谈论歙县民风民俗时，提到民间自酿酒水的习惯，以及当地酒水的特点，文章这样说道：“酒则土酿，与购自他省者参半，皆力薄而性烈，无深醇者。”③ 虽然他这里说的只是歙县，其实徽州各县无非如此；广而论之，整个新安江流域基本都是如此。

在整个新安江流域，城镇乡村，千家万户，历来都习惯用土法酿制酒水，高粱

① 王恒堂：《鸠坑茶》，西泠印社出版社，2013年，第193页。
② 王恒堂：《鸠坑茶》，西泠印社出版社，2013年，第194页。
③ [清]刘汝骥：《陶甓公牍》卷12《法制科·歙县风俗之习惯》，《官箴书集成》第10册，黄山书社，1997年，第582页。

酒、大麦酒、玉米酒、糯米酒，样样都有，品类很多；淳安人自家酿制的荞麦烧酒、金刚刺白酒，被看作是酒中上品，在当地民间非常时兴；还有菖蒲雄黄酒、茱萸酒、红曲酒，具有一定的养生功效，无论口感还是口碑都很不错。不过，对于新安人家来说，最广泛、最熟悉也最富有人情味的应该是家庭自制的糯米甜酒酿，有的地方叫麻糟酒，还有很多人习惯称水酒。

新安人家的主妇几乎人人都会自制甜酒酿。她们总是选留上好的糯米，浸入凉水泡发，经过七八个小时之后，捞取起来稍微过一下温水，滤过之后轻轻放入锅上的蒸笼或者饭甑，烧起大火把糯米饭蒸熟——只是不会蒸得过烂。蒸熟的糯米饭可以摊放在竹箢里面晾着，等待凉透以后，再将米饭盛入瓷瓶、陶坛、瓦罐之类容器中，拨散糯米饭粒，撒下适量的酒曲粉，兑入适量的凉开水，充分搅拌均匀，再将表面抹平，当中深深捺下一个不大的坑洞，人们称它为“酒眼”，有的地方称“酒井”。然后在箩筐或者木桶里面铺些稻草，做成一个“酒窝”，将盛有酒米的容器加盖密封，放置在“酒窝”当中，用以保持适当的温度。如果是在夏季，那就非常方便，置于室内常温就行。根据人们的经验，正常情况下，放置两三个昼夜，便会有酒香溢出。在许多人家，往往都是小孩最先闻到酒香，他们会兴奋而急切地找到酒窝里面的坛子，揭开密封的盖子，看看“酒眼”中的酒汁，随即就会拿个汤勺，舀出酒汁来抢先尝尝。每当这个时候，一勺甜蜜的酒酿啜入口中，即刻漾成脸上甜蜜的笑容——这也都是我们儿时难得的欣喜、甜蜜的记忆！

糯米酒酿通常是家庭自制自饮、随做随饮的米酒，不过也有人挑着自家酿造的酒酿走街串巷地叫卖。在我们歙县西乡，“灵山酒酿最有名气……其选料、酒曲、水质、温度、工艺等方面都十分讲究。一些人家还有秘不外宣的绝技，并世代传习”。[①] 平日时不时可以听见有人叫卖“灵山酒酿”，灵山酒酿一直卖到歙县、屯溪。[②] 卖酒酿的小担子，两头挑着石鼓形的竹篮子，竹篮盖子的中间镶着玻璃，透过玻璃可以看见一碗碗的甜酒酿，每一碗酒酿米中间留有一个酒眼，里面溢满甜蜜的酒汁，看上一眼就很诱人。每当夏季，人们闻声而至，围着担子，买上一碗，边吃边聊，何等惬意！如果是在冬天，酒酿担子经过门口，顺便买下两碗，煮鸡蛋，煮桂圆，煮几

① 黄山市徽州区呈坎镇灵山村志编委会：《灵山村志》第2章，黄山书社，2020年。

② 现在已经销至杭州、合肥等地。

个琥珀金丝蜜枣。嘿！吃起来又香又甜又有趣，全家老小都很喜欢。

在新安人家自制土酿的米酒当中，酒酿是用甜曲酿成，通常都是酒米和酒汁一并食用。还有那种用苦曲酿出的米酒，如果酿成之后不再加水便叫真酿，真酿兑入开水然后大碗饮用的就叫水酒。现在网络上可以看到这样的广告词："淳安农家土酒，一种需要开水泡着喝的酒。"家里如果来了客人，开水泡上米酒招待，淳安有的地方叫作"夹粥泡"。喝了这样的酒，既当点心，又能提神，很是受人欢迎。如果再打三个鸡蛋炖过，这可是贵宾的礼遇了。

酒酿既能上得台面，用作酒水待客；又能作为日常养生的进补佳品，供自己家人食用。另外，还能用来制作菜肴。比如，炒鸡蛋加点米酒，鸡蛋会更加鲜嫩有光；炒莲藕放点米酒，莲藕变得更加软糯；烧鲜鱼放点米酒，可以帮助去除腥味。

农家逢年过节或者准备要做喜事大事，都要自制自备几坛米酒。他们封好酒坛，贴上一张大红纸，写上一个"春"字，或者"囍"字。如果酿制之后，准备隔年饮用，那么可以用黄泥封上酒坛，妥善贮存，小心保管。一般说来，时间愈久，酒质愈醇。优质米酒存放三五年根本不成问题。

时至如今，休宁五城一带人们仍然普遍习惯于自制米酒。五城米酒已被今人视为徽州米酒的代表，五城米酒的制作工艺列入了黄山市非物质文化遗产保护名录。五城米酒也是用糯米做原料，使用甜曲发酵，酿制工序其实也并无特别之处，与前述酒酿的制作方法基本相同。五城米酒酒精含量偏低，酒力比较温和，酒汁纯净绵厚，香甜可口，回味留芳。夏饮凉爽消暑，冬喝取暖祛寒，还有催奶、祛癫风之功效。据说常年适量饮用，还可以提高人的记忆力。①

当然，刘汝骥文章所谓"土酿"，并不只是指家庭自酿，应该也指当地酒坊的土法酿造。回顾历史，家庭自酿米酒并未妨碍新安江上一些糟坊酒店的兴起，也并未妨碍新安江畔传统制酒产业的发展。

据新编《歙县志》第九编《工业门类·食品工业》记载：唐僖宗乾符年间（874 ~ 879），歙县沙溪人就酿造有广受欢迎的洞宾春酒。宋绍兴十七年（1147），歙县东、南、西、北"四乡"共有酒坊26处，当年缴纳的酒税是4935贯38文。元代元年，休宁人吴讷在他的《克复昱岭关寄友》诗中称誉道："沙溪春酒甜如蜜，醉

①《黄山市志》下册，黄山书社，2010年，第1790页。

卧花荫听鸟啼。”[①] 这就披露了一个难得的历史信息，我们由此可以推想，沙溪春酒自唐代一直流传到了元末，足足已有450多年的历史。清同治六年（1867），徽城唐益隆合记开始选用优质糯米酿制原缸米酒，至少销售于徽州境内的休宁、屯溪、绩溪等地。[②] 直至1949年之前，歙县酒业同业公会还有商号17家，其中地处歙县西乡的就有7家，即岩寺的建兴号，潜口的渔记号、怡记号和信大号，西溪南的公和号，琶村的福源号，姚村的德义号，这些都是见于文献记载的史实。[③]

那么，我们就此再看看有关歙县西乡的文献记载。南宋之初建炎年间（1127 ~ 1130），丰乐河畔岩寺镇就设有专门管理酒务、征收酒税的官方机构。元代统治者进入徽州为时不长，期间酒务机构只是延续不变。进入明代之后，官方在岩寺镇置立了税课局，后来又以税课司取而代之。清光绪十四年（1888），岩寺一带开设的酒坊多达26处。民国二十九年（1940）前后，潜口古村开设有3家酒坊。其中有一家叫“济记酒坊”，选取纯高粱酿作为原料，采用地窖发酵法和大曲法，酿制出三个品牌白酒，名为美绿、白雪、万年，运销歙县、屯溪，以及邻近的江西地区。[④]

休宁境内同样是酒坊星罗棋布，处处酒香飘荡。民国时期，休宁境内的各个城镇，乃至稍具规模的村落，像万安、榆村、渭桥、龙湾、溪口、陈霞、临溪……都有传统手工酿酒的糟坊。单看万安镇，就有6家酒坊相邻相望，共同为城乡民众奉献舌尖上的佳酿，其中程松茂、振昌祥两家的烧酒尤具声誉，闻名遐迩。[⑤]

回顾整个新安江流域的酿酒历史，影响最大的酒业品牌当数上游的徽州甲酒和下游的五茄皮酒。为着行文方便，我们先来说说徽州甲酒。

以前徽州的男人，十三四岁就要出门经商，家人往往都用糯米做上一缸米酒，上面黄泥封口，等待他们回乡之时，开缸煮酒为之洗尘。这样的米酒自属典型的“家酒”。据民间传说，后来因为自制米酒有了交易而流于市场，“家酒”也就演变成了“甲酒”，一是因为两者方音相近，转变名称自然方便；二是人们认为这种酒质确属上乘，堪当“甲酒”之美名。

---

①《歙县志》，黄山书社，2010年，第406页。
②《歙县志》，黄山书社，2010年，第406页。
③《黄山市徽州区志》，黄山书社，2012年，第289页。
④《黄山市徽州区志》，黄山书社，2012年，第289页。
⑤《休宁县志》，黄山书社，2012年，第436页。

徽州甲酒最早产于歙县、绩溪一带，自唐宋以来，工艺传承至今已有1000多年历史。甲酒投料生产之前，须将大米浸泡十余天，进行乳酸发酵；然后将浸泡过的大米蒸熟，冷却之后加放酒曲发酵；发酵后的酒醅（即未过滤的酒）装入陶制的酒坛，涂以黄泥封口，置于露天，经过三个月的自然发酵；然后藏于半埋式的地窖中。存放时间愈久，酒质愈加醇厚，酒香愈加浓郁。[①]

有意思的是，清代小说家李汝珍在《镜花缘》第96回的描写中，通过酒店粉牌的形式，列举了全国各地以及海外名酒55种，其中"徽州甲酒"赫然在目，名列第七。这说明什么？说明徽州甲酒当时在全国范围确实颇有名气。徽州甲酒何以能够出现在作家笔下？这应该与徽州商帮有关。李汝珍是直隶大兴（今属北京市）人，但是他平生大部分时间生活在江苏海州一带，当时那里属于淮北盐业重镇，活跃着众多的徽州商人。徽商给那里带去了徽菜，徽商也给那里带去了甲酒。

当然，徽州甲酒的流行不只是苏北一地，完全可能随着徽商的足迹而遍及大江南北，销售于国内广大地区。据王振忠《从民间文献看清代以来的徽州甲酒》一文考证，现存"驻汉徽州甲酒有限公司通信笺"，以及信笺上面所见的具体文字，确凿地证明了一个事实：当时绩溪人曾在湖北汉口设有"徽州甲酒有限公司"，而且生产和营销都具有一定的规模。[②] 既然有了专营公司，又具有一定规模，那么徽州甲酒在汉口的销售面向就不可能仅限于徽商群体，而是面向当时广大的江汉地区。

王振忠的文章还利用一些珍贵的民间文献，为我们展示了徽州甲酒广泛运用于徽州本土的生活场景。清嘉庆十年（1805）刊刻的《棠樾鲍氏宣忠堂支谱》记载着鲍氏宣忠堂的祭祀规矩，其中可以看见甲酒在祭祀活动中的用途：

> 一、古关胙物，鹅一只，留俟里田标记，本日换鸡六年回散；鱼六斤，肉十五斤，内送照应坟山程氏半斤；豆腐八斤，韭菜三斤，笋八斤，米粿三十斤，内送程氏两双；甲酒每人一壶，外送程氏一壶，折钱六文。
>
> 一、里田胙物：鹅一只，鱼六斤，肉二十四斤，里田用十二斤，内赏庄仆，每房半斤，余者回散；笋十六斤，里田用一半，仍一半回散；豆腐十六斤，里

① 《徽州文化大辞典》，中国科学技术大学出版社，2015年，第772页。
② 王振忠：《从民间文献看清代以来的徽州甲酒》，《新安》2013年第3辑，第4～10页。

田用一半，仍一半回散；韭菜十斤，里田用一半，仍一半回散；芹菜六斤，中伙用；腐干十块，炒芹菜用；米中伙，每人半斤；米粿三十斤，内赏庄仆，每房两双；甲酒每人一壶，回散，外给庄仆每房一壶，折钱十二文。

一、羊血酒、羊肚、羊肝、羊肺、饮福肉、羊血羹、甲酒九壶。祭毕，支长、主祭、司祠、管年、礼生、文会公散，不到者不候，亦不准代。①

在祭祀活动中，甲酒用作祭礼，祭祀完成之后，甲酒又被"回散"成为犒劳祭祀人员的饮品，或者作为协助人员的酬劳，上引资料中就有这种情况。下面我们从民国二十二年（1933）休宁《率口世忠祠从事录》中也可看到这一点：

祭祀后回船散胙，各设二席，每席蹄包、皮蛋、大广瓜、煎肉圆、海折皮、煎鱼、白鸡、酱油（二碟），甲酒多带，每席赏菜二碗、酒二壶与伶人，以便游船吹唱。②

甲酒可以作为酬劳的一种物品，也可以作为人情交往的一种礼品，这实际已与其他酒品的使用功能并无二致。据清后期《歙县虹梁村程氏德卿公匣规条》记载：

算账日，匣内开支足钱式千文与司银钱者，备办三牲、香烛、纸箔、酒，铺中堂，四司匣一同敬神盟誓，以示无私。各事既毕之后，三牲作三殽……添办蕨粉元一殽、荤菜一殽、□□一殽、海蜇一殽，计八殽，共二席，请四分正、副长八人、收贮老匣一人、司匣四人同散，每人三甲酒一壶。③

程氏所设公匣是宗族财物的储存管理机构，按其规条所定，每当办事算账事毕，设席酬劳相关人员，席上用酒标准便是"三甲酒"每人一壶。

另据晚清婺源木商编撰的《簰务杂要》记载："……算工食，便是其花红，任客出手算账，酒若办肴，五六味可也。若起舍，甲酒请主家及断头，略请几位，并接

① 王振忠：《从民间文献看清代以来的徽州甲酒》，《中国徽学》2017年第3～4期，第70页。
② 王振忠：《从民间文献看清代以来的徽州甲酒》，《中国徽学》2017年第3～4期，第71页。
③ 王振忠：《从民间文献看清代以来的徽州甲酒》，《中国徽学》2017年第3～4期，第72页。

本婺上下放客友，亦请渡舡上人一位。”[①]《簰务杂要》记叙的是徽州木商在江西赣江沿途放簰的一些事务。这里也讲到，用甲酒宴请主家、断头，以及本地放簰的师傅。

还有民国年间任园居士的日记，其中有段文字记载他与“本邑承审”寥某的交往与应酬。文中说：“下午四时左右，爆竹声喧，寥芝圃承审之宝眷由省至署矣……晚间曾来予室少坐，予并往贺之，赠以四元席一桌，五甲酒三十壶，交切糖两包，王烜炮四十个。”[②]从中可见，“五甲酒”充当了人情交往的媒介。

至此我们看到，徽州甲酒又有“三甲酒”“四甲酒”“五甲酒”等一些相关的名目。歙县环山人方西畴有一首《新安竹枝词》咏道：“烟村数里有人家，溪转峰回一径斜。结伴携钱沽夹酒，虹梁水口看昙花。”诗人自己有注释说：“洪梁堨，程氏祖居。夹酒，双料酒。”[③]夹酒就是甲酒，“双料酒”的说法反映出甲酒的制作特点。在这种酒水的生产过程中，可能要将头番酿造的酒子回笼加料，因有两次加料、两次发酵，所以称作“双料酒”。由此可以推想，三甲酒、四甲酒、五甲酒的制作工艺或许更为复杂。

近日，在微信群里见有歙县同乡徐玉基专为徽州甲酒撰写的一副对联，云：“事业已成功，六合春光千万里；人生须得意，一倾甲酒两三杯。”看来徽州甲酒至今仍然是徽州人的暖心酒和开心酒。

（二）

如果说茅台、五粮液是中国白酒的招牌，那么新安江人也有自己的招牌酒，新安江人的招牌酒除了“徽州甲酒”，还有“五加皮酒”。

五加皮，别名刺五加。中医以其干燥根皮入药，性温，味辛，有祛风湿、活血脉、补肝肾、强筋骨的功效。白五加皮酒是通过药材浸渍、蒸馏而成，色泽透明晶亮，香醇可口。无病饮之，可以舒筋活血、提神解乏、强身保健；有病服用，可以主治风寒湿痹、腰膝疼痛、筋骨拘挛等症。

建德生产五加皮酒的历史十分悠久。据说早在乾隆二十八年（1763）就有几家国药店都兼制药酒。[④]到清咸丰年间（1851 ~ 1861），宁波籍的汤以尧、汤汉臣、沈筱庭、沈象吾、沈树棠等人，在严州城合股开创了九德堂药店，创制了京方五加

① 王振忠：《从民间文献看清代以来的徽州甲酒》，《中国徽学》2017年第3～4期，第75页。

② 王振忠：《从民间文献看清代以来的徽州甲酒》，《中国徽学》2017年第3～4期，第72页。

③ 方西畴：《新安竹枝词》，《歙县志》下册，黄山书社，2010年，第1517页。

④ 柯秉铎、徐慕越：《严东关致中和五加皮酒今昔》，政协建德县文史资料委员会：《建德文史资料》第2辑，第34页。

皮药酒。同治元年（1862）徽州商人朱仰懋来到建德，发现梅城南门头已经聚集了九德堂、济成堂药店，以及孙春阳南货店，都在做着五加皮酒生意，于是果断选址严东关码头要冲，集资合股创办了“致中和”商号，致力于五加皮酒的制造和营销。紧随其后，梅城老牌商号胡亨茂觉得五加皮酒存在广阔的发展空间，于是也移足严东关开设分店，开始自制自销五加皮酒，主动参与同行竞争。至此，建德一县境内，酿制和销售五加皮药酒的商家，在梅城有九德堂、天德堂、天一堂、明德堂、济成堂、怡寿堂和孙春阳南货店、杨公和酒店，在严东关又有致中和、胡亨茂、三阳泰、同德和等诸多商家，真可谓群雄一时并起，气象何等壮观！在各路英雄的奋力打拼之中，建德五加皮酒迎来了迅猛发展的“黄金时期”。

处在“黄金时期”的建德五加皮酒，生产规模急剧扩大，产销数量日新月异。仅以致中和为例，据光绪二十三年（1897）该店自报的数字，每年产销五加皮白烧就是4000缸，① 今以每缸500斤计算的话，该店每年产销量便是1000吨。由此可以想见，当时如果能将梅城和东关的十几家的各种同类产品合并计算的话，建德五加皮酒的生产和销售该是多么宏大的规模！更为难能可贵的是，在那个“黄金岁月”当中，建德五加皮酒不只是以巨大的产销量令人瞩目；当时的事实是，建德五加皮酒的美誉度竟能与其产销量相携并进、比翼齐飞。

早在光绪二年（1876），严东关致中和五加皮酒就曾参加南洋劝业会，在新加坡南洋商品赛会上获金质奖章。民国四年（1915）二月，又获巴拿马太平洋万国博览会银质奖章。民国十八年（1929）秋，严东关五加皮酒参加西湖国际博览会，荣获优等奖章。此年，建德县外贸输出五加皮酒500吨。②

从《建德文史资料》中，可以看到不少史述性文章深入调查和详细记叙了当年五加皮酒业的发轫和发展情况，像毛永甫《九德堂的京方五加皮药酒》、③ 祝诚《胡亨茂商号》、④ 李新富《严东关致中和五加皮酒》、⑤ 柯秉铎、徐慕越《严东关致中和五

① 柯秉铎、徐慕越：《严东关致中和五加皮酒今昔》，政协建德县文史资料委员会：《建德文史资料》第2辑，第40页。

②《建德县志》（浙江人民出版社，1986年）记载：“当代建德五加皮酒仍然保持着自己的荣誉。1980年被评为轻纺工业优质产品、浙江省优质产品；1984年评为浙江省最佳日用消费品，获轻工部酒类质量大赛铜杯奖。”

③ 毛永甫：《九德堂的京方五加皮药酒》，政协建德县文史资料委员会：《建德文史资料》第12辑，第133页。

④ 祝诚：《胡亨茂商号》，政协建德县文史资料委员会：《建德文史资料》第9辑，第9～18页。

⑤ 李新富：《严东关致中和五加皮酒》，政协建德县文史资料委员会：《建德文史资料》第7辑，第161页。

加皮酒今昔》,[①] 以及祝诚补充改写的《严东关——致中和》。[②] 这些文献向我们展示了前人创业的辉煌历程，刷新了渐行渐远的文化记忆，也为当今社会发展和经济建设提供了弥足珍贵的历史借鉴和现实启迪。

不妨借助这些文献，回溯历史，穿越时空，重新体验一下建德五加皮酒创业发展的那些“峥嵘岁月”。

九德堂是个老牌子商号，店址居于梅城镇太平桥下首，坐西朝东，石库门面。该店资金雄厚、药材齐全、设备完善，是建德全境规模较大的国药店，凡一切丸、散、锭、膏、胶、丹、露均能加工自制，自主批发营销。该店所酿制的药酒有虎骨酒、木瓜酒、参桂酒、玫瑰蜜酒、五加皮药酒、养血愈风酒等，品种繁多，其中以“京方五加皮药酒”最负盛名。

据九德堂的老职工说，九德堂的五加皮药酒配方，可能是参照古代京城的《奇效良方》而来，所以定名为“京方五加皮药酒”。民间所谓《奇效良方》，实为明成化六年(1470)所刊董宿所辑《太医院经验奇效良方大全》的简称。五方剂是取五加皮、玉竹、海枫藤、青枫藤、党参、川芎、怀牛膝、威灵仙、白术、白芷、红花、菊花、陈皮、姜黄、木瓜、砂仁、木香、丁香、檀香、玉桂、肉豆蔻、豆蔻仁、独活、制川乌、草乌、栀子等 27 味药材，用白酒和冰糖酿制而成。按祖国医学常规，原方可予加减。据说，九德堂的五加皮药酒方子在增减之后，包含另加的千年健、羌活、甘松、山奈、桂枝在内，共有 30 多味药材。[③]

该店大堂内悬挂“道地药材，真不二价”横匾一幅，特别注重药材质量，讲究营销信誉，获得当地民众广泛好评。自从创建以来，由于经营有道，管理得法，货源充足，产销两旺。九德堂所产五加皮药酒，色泽浓厚透明，味道醇正平和，气味芳香宜人，好酒者们都称其有透瓶之感。因此，遐迩闻名，销路甚广，自杭州、桐庐、富阳，直至淳安、徽州一带，均有严州九德堂的京方五加皮酒出售。市售价格每个银币四瓶，每逢农历初一、十五均以九折优惠。据该店老职工王士荣回忆，民

① 柯秉铎、徐慕越:《严东关致中和五加皮酒今昔》,政协建德县文史资料委员会:《建德文史资料》第2辑,第34页。

② 柯秉铎、徐慕越原作,祝诚补充改写:《严东关——致中和》,政协建德县文史资料委员会:《建德文史资料》第9辑,第1～4页。

③ 毛永甫:《九德堂的京方五加皮药酒》,政协建德县文史资料委员会《建德文史资料》第12辑,第133页。

国十三年（1924），上海博物馆曾邀请九德堂五加皮酒参加国际评赛会。当时由王士荣亲手包装半斤量五加皮药酒2瓶付邮上海，后被评为优等奖。

在抗日战争中，严州九德堂业务有所下降。1942年5月23日梅城沦陷，九德堂迁往南乡马目、洪坑两地经营。7月间，日机轰炸梅城，西门街天德堂、正大街九德堂、巷口怡寿堂三家药店均被炸毁。抗战胜利后，九德堂从马目、洪坑迁回梅城，一度在南周庙上首、原天一堂地址恢复营业。

清代中叶，工商兼营的"胡益茂"创始于梅城太平桥下，随着业务发展和人事变更，中途曾经改号"胡广茂"，后来便有了"胡亨茂"。胡亨茂以南门为"总店"，太平桥称"老栈"，还有东关分店和马目分店，四处店门都挂"胡亨茂"横匾。胡亨茂拥有酒坊、砻坊、磨坊、糕饼坊、油坊，以及制烛的烛淘，经营粮、油、酒、糖、糕点及南北货，但是销售还是以酒为主，四店有三店都是售酒。酒类销售主要就是自家配制的胡亨茂瓶装红、白五加皮酒，自制的"千杯少"高粱白酒、桂花酒、杨梅酒及斗米酒，其中也以五加皮酒为自制自售的拳头产品。

当时销售同类酒品的商家已有不少，而且集中于梅城南门和严东关两处，彼此相邻，隔门相望。胡亨茂既然主动参与"九德堂""致中和"的激烈竞争，就不能不千方百计地提高产品质量，美化商号声誉，拓展销售市场，打造出能够安身立命的知名品牌。为了从根本上确保产品质量，胡亨茂选配原料十分精严。酿造白酒的原料专门选用大连牛庄的高粱。牛庄高粱色泽光亮，颗粒均匀，粒粒大似人丹，品质的确很好，并且还含有水果香味，制成酒后香气更为浓郁醉人。同时，胡亨茂又选购江西的优质糯米制成蜜酒，再将蜜酒兑入高粱白酒，然后加入适量蜂蜜，用以增添成品酒的甜度。在酿制高质量白酒的基础上，再聘请各有专长的药材师傅配制五加皮酒，尽管他们的配方大体都是五加皮、黄枝、当归等十几味药材，但是各个师傅对药材品种和数量的增减都各不相同，所以酿制出来的五加皮酒，终究会呈现出与众不同的某种特色。

同时，胡亨茂还善于利用主要产品的生产带动副产品的开发，在五加皮酒的配制中开发出斗米酒的新品。当时酒坊每用一石二斗糯米制成一大缸蜜酒，从中提取头道蜜酒用以配制五加皮酒。剩下那么多的酒酿怎么办？胡亨茂采取的办法是兑入适量清水，将酒酿加盖保温，若干天后酒米饭粒经过糖化完全变空，再用大火煮沸，冷却以后即成了斗米酒，盛入小坛，每坛20斤，封口保存，存放一段时间不会变质。

斗米酒含有淡淡清香，酒味甘美，夏天用作凉饮，天寒烫热供应。斗米酒价格便宜，二三个铜板可以买上一大碗，特别为船户水手和广大平民所喜爱，成为当地非常畅销的独特饮品。

胡亨茂所以要在东关设立分店，就跟致中和一样是看中了东关的码头市场和水路销售。江南气候一向潮湿多雨，水手们常年泡在江流之中，难免沾染水湿风寒，他们唯一可靠的经验，就是每天喝些酒水，祛除寒邪，预防风痹。一到傍晚，舟船靠岸，他们拖着劳累的身躯，迈着酸痛的双脚，最佳选择就是进入酒店，沽酒而饮。此时此刻，强筋活血的优质白酒“千杯少”、祛邪防痹的“五加皮”，以及物美价廉的“斗米酒”，都成为水手们最为惬意的享受。一碗五加皮酒，几片兰溪香肠，几块茶园豆干，或者再来一碟油炸花生米，水手们经过一番说笑嬉闹、纵情畅饮，身心得以调适，逐渐变得轻松舒缓，随后便心安理得地回到船上去休息。当地有人描述过酒店生意的盛况，说：“花生壳丢满一地又一地，学徒工扫了一次又扫一次。”这不算完，离去之时，有人不忘带上几瓶，回船以后自斟自饮，或者作为馈赠亲朋的礼品；有人合伙买上几十瓶去异地做个“小伙生意”，顺便赚上几个喝酒的零钱。当时胡亨茂瓶装五加皮酒每元四瓶，四瓶一扎，成扎供应，常年销往淳安、徽州和金华、兰溪等地。正是这样一喝、一带、一买，就为建德酒业打造出又一个工商名牌。

最后，从斗米酒滤出的那些酒糟，一般的人都不在意，但是任其浪费确实又很可惜，胡亨茂便设法制成饲料用来养猪。这样一来每年都有一大批肥猪先后出栏供应肉市，稳稳当当地又为糟坊增加了一笔可观的资金。

要论当时，带动胡亨茂插足严东关市场、开创五加皮酒业的是致中和酒坊。依照今天的说法，致中和称得上是建德五加皮酒业的龙头企业。致中和是由徽商朱仰懋与徐老秀、陈兰亭等人合资创立于清同治元年（1862）。致中和创立之时，梅城已有多家营销五加皮酒，朱仰懋们不争州城之南门，独选东关之渡口，显示出优秀企业家的睿智和眼光。

所谓严东关，即严州城之东关，古称东馆。这里背靠巍峨的乌龙山，面临富春江、新安江、兰溪江的“三叉口”，是水路航运的要道，历代曾设严州驿、富春驿。据《建德县志》：“富春驿在东南五里，前临江涯，即宋东馆税务旧基。洪武初改严州驿。九年，知府赵思敏改今名。”民国《建德县志》介绍说，东关“在城东四里，即东馆。统税局及监局均设于此，旧有盍簪亭，（宋）淳祐中知州李镛建。宋之税检所设此”。

既设严州驿、富春驿，又立税务馆、统税局、税检所。可见自古以来，严东关一直是浙皖水路之要冲，一个设关管制之重地。[①]

严东关实为三江交通之枢纽，东下富阳、杭州，南至金华、兰溪、衢州，西上淳安、歙县、屯溪，四通八达，车船来往，川流不息。又因官方设置有税检关务的专门机构，这里成为所有来往船只必须停泊的重要码头。每到日落黄昏之际，只见暮色苍茫之中，成百上千只桅杆高耸的货船，一艘艘争先恐后驶向码头。这时候，驿路上灯火通明，江流上帆影千重，场景甚为壮观。清人许正绶的诗句"灯光明驿路，帆影暗江流"，正是形象地描绘了严东关的繁忙与繁荣。

"致中和"就坐落在严东关大街北侧，店屋门面朝南，正好对着码头，出门几步过街就是通向码头的石砌台阶。一家酒店处在这样一个不可多得的市口，简直可以说是不想发财都难！"致中和"创业之初，只是临时租赁的一座屋舍。兴旺之后，包括厂房、栈坊、堆场，从大街一直向后延伸至长塘，四周筑以围墙，占地面积十几亩。

其实，创业者朱仰懋当初为产品命名、设计包装之时，就已经认准了自己的价值定位和事业目标。他早年肯定读过四书五经，是他从《中庸》"致中和，天地位焉，万物育焉"一句中，拈取"致中和"三字作为严东关五加皮酒的招牌。同时，配以万年红泥金纸印制瓶酒招贴，附志功能简要说明，瓶口用松香火漆封口，古色古香，独具风格。显然，"致中和"的命名和包装，赋予该项产品以传统经典的文化内涵，明显给人一种端庄高雅的印象。后来胡亨茂紧随而至，也在严东关设立分店；另外又有人以"新中和"之名开设五加皮酒坊。这些都从侧面反映出"致中和"的文化影响及其社会效应。但是对于"致中和"自身而言，选址、命名、包装，都还只是破题而已，真正打响一个品牌，打造骄人业绩，需要打好一套组合拳，完成一个系统的工程。

致中和生产品种，以红五加皮酒为主，兼产白五加皮酒、玫瑰烧酒、杨梅烧酒、粮食白酒、斗米酒等。创业之初，致中和就特地聘请绍兴酿酒师傅担任"头把作"，依照秘方，自配药材，自浸药酒，严格把控产品质量，制出的酒色泽鲜明，在橙红中透出金黄色的亮光，质地醇和可口、舒嗓润喉，落杯还有"酒油粘壁"现象，较

① 柯秉铎、徐慕越：《严东关致中和五加皮酒今昔》，政协建德县文史资料委员会：《建德文史资料》第2辑，第34页。

之其他各家又明显胜出一筹。后来继承者更不惜重金聘请经验丰富的赵广隆，继承并发展酿制五加皮酒的技术，坚持“酒药并重，精益求精”。选用五加皮、当归等二十几味药，确保五加皮酒“活血去湿、舒筋解乏、强肌健体”的保健功能，对沽而饮者大有补益，因此获得消费市场的广泛赞赏。

在致中和的质量工程建设中，酿酒原材料的精心选用是一大关键。正如当今一句广告词所说：“药材好，药才好。”致中和讲究用材地道，毫不含糊。做烧酒的高粱必定采自东北，配制蜜酒采用丹阳所产乌节糯米，酒曲必须采购福建古田的红曲。药酒当中的黄枝（即黄栀）是散瘀血的特效药，又是溶成橙黄色的主料，此药以龙泉产地为优，所以黄枝非龙泉不进。以五加皮为主的舒筋活血药料，当归、砂仁、玉竹、黄枝、地榆等药材20多种，全都由兰溪“同庆药行”进货，“同庆行的药材货色齐全，质量好”。甚至连配料“药渣头”也只能从桐庐“凝和堂”购进，“凝和堂”专制饮片，留下的药渣头是制白五加皮酒的好材料。最后，致中和连所用的酒缸都只选用宜兴缸，因为宜兴缸质量可靠，不会渗酒。

致中和酿制药酒的一些细节也颇有深意。比如，制作酒曲时，一次就做40担稻谷，以备一年之需。制作场面非常隆重，邀请本县大小酒坊的师傅40多人聚集现场一并开工，只按行规宴请一顿丰盛的酒饭。这既像是技艺切磋，又像是同行聚会，而其真正的用意在于公开宣示致中和的质量与信誉。再比如，为了确保五加皮酒的甜度，制作过程不仅加入蜂蜜，而且加入蜜酒。蜜酒的原料采用丹阳的乌节糯米。酿制方法是先用乌节糯米蒸熟，冷却下来拌入酒曲，这时加入烧酒搅拌，不再掺入任何水分。经过发酵，两个月后，压榨而成蜜酒，甜味特别醇厚。

还有，在配药制酒过程中，操作特别细致，每一副药材，要在第一缸酒中浸泡30天，又在第二缸酒中浸泡30天，还须在第三缸、第四缸中分别浸泡20天，然后再将前后四缸药酒来一个通兑，使之浓淡均匀，成为标准浓度的备用药酒，最终用以制作出合格的五加皮酒。

致中和的招牌价值万金，新安人家可谓妇孺皆知。致中和人为了维护自己的良好信誉，的确是付出了大量的心血和不懈的努力。

民国二十二年（1933），致中和人在回收旧瓶时，发现兰溪有几家酒店，冒充严东关五加皮酒，行销江山、常山一带。此事引起致中和管理者的高度重视，他立即委托律师到兰溪警察局申请，检查有关涉嫌酒店，结果发现有两家酒店的仓库还存放着仿冒致中和五加皮酒数千瓶。虽然那两家老板都已赔礼道歉，表示今后不再假冒，但是致中和的经理并未就此了结，他特聘法律顾问专程去南京实业部，花销了190元办理了注册手续。自此以后，致中和招贴上端标有左龙右凤的商标图案，便于消费者识别真伪。因为担心木刻版的图案容易被人仿造，他还不惜工本专门定制了锌版招贴。从此注重加强广告宣传，在兰溪戏院的幕布上，标贴上18个斗大的字："严东关致中和五加皮酒龙凤商标谨防假冒。"此外，定制100多块经销致中和五加皮酒的珐琅字牌，付予兰溪以上铁路、水路、公路沿线的店家订约代销。所有这些维权举措，在建德、兰溪，以及周边地区产生了广泛而积极的反响，致中和五加皮酒产销业务更加蒸蒸日上，日销多达三四千瓶，年销量高达千吨以上。

由于创始人的远见卓识和继承者的不懈进取，由于长期经营有方、用人务实得力、选料优中选优、制作精益求精，由于产品质量有口皆碑、社会信誉风靡遐迩，严东关致中和的五加皮酒畅销兰江、衢江、瓯江沿岸各地，广及江西、福建、安徽、广东数省，乃至远销东南亚地区各个国家，创造了新安江上工商界的"五加皮传奇"。

民国三十一年（1942），由于日寇窜扰抢掠和特大洪水的侵袭，致中和财物损失殆尽，只得暂停经营。民国三十四年（1945），抗战胜利，致中和的后人缅怀先人业绩，勉力集资开张。民国三十七年（1948），因为物价飞涨、捐税繁重，致中和难以支撑，终于歇业。

1958年，在新安江酒厂恢复生产，由原来致中和的老师傅赵广隆负责酿制。1980年，新安江酒厂改名"建德严东关五加皮酒厂"。1983年，五加皮酒产量为1060吨。1984年，严东关五加皮酒被评为轻工部优质产品、浙江省优质产品和最佳日用消费品。1990年，荣获国际西湖博览会银质奖。早在1986年，严东关五加皮酒就已恢复出口，重新现身南洋的新加坡、马来西亚和西欧的法国、西班牙的市场上，成为令人瞩目的中国名酒之一，为新中国赢得了良好的声誉。

第四章　新安饮食的文化呈现

传统的新安饮食都以家庭饮食为主，但是共同的环境与条件势必造就趋同的烹饪习俗，反转过来又会潜移默化地影响着各家各户；而各家各户之间的人际交往，也必然赋予家庭饮食以社会的礼俗形态，以及相应的文化色彩。新安饮食呈现的社会形态丰富多彩，文化内涵博大精深。

第一节　新安饮食与烹饪习俗

进入文明社会之后，烹饪成为饮食的前奏。在长年累月的家庭生活中，总是先有烹饪，而后才有饮食。考察新安人家日常烹饪的传统习俗，便可看到新安饮食文化一些最为基本的层面。

（一）

在新安人家的烹饪习俗中，淳安人的煮米羹算是比较独特的一例。每到大年三十，淳安汾口一带，家家户户都要煮上一大锅米羹。流传至今，乡村里的中年妇女几乎人人都会做米羹。基本的做法是，按照需要用量，选取优质大米，加入少量生姜、大蒜、干辣椒、茴香、桂皮、干橘皮等作料，清水浸泡一夜。第二天，将泡发的米料配以适量的水分，用小石磨磨成米浆。与此同时，需要一定分量的猪大肠，清洗干净，烧到八成熟，装入碗里备用。磨好米浆，烧好猪肠，便可以动手烧水煮米羹了。先在一锅沸水中投入一些蕨菜干、豆荚干，搭配一些豆腐片，加入大半熟的猪大肠，搅拌均匀，大火猛烧。然后一边不停搅拌，一边汆入米浆。搅好汆好，整锅烧开，滚它几滚，直到锅中混搭的米浆呈现糊状，这时可以尝尝咸淡，如果觉得口味合适，那么米羹就算煮好，全家老少可以趁热食用。

无独有偶，在徽州婺源的一些乡村，也有个比较独特的年俗叫“吃年汤”——

就是大年三十晚全家都吃猪头汤。这一天焚香祭祖之后，乡村人家都将预先备好的猪头放入锅内加汤炖煮，炖熟以后将猪头捞出，切成薄片上桌。然后再将调和好的面粉搅入猪头汤中，加些肉丁、冬笋，加些家常作料，煮成糊羹的样子，全家团坐，共同享用。

类似的年俗似乎还有不少。比如《徽州古村落——璜蔚志》就有这样的记载："用玉米粉、猪大肠、干瘪菜、笋干、香椿花、白豆腐、煎豆腐和佐料，煮成苞芦羹，味道特美，属璜蔚古村的传统名羹。每逢大年三十早上，各家各户煮一大锅，可以吃一段日子，长者可以吃至二月二。所以当地有句老话流传，说：'吃好羹，就春耕。'"①

关于这些独特习俗的来历，可能都有一些传说。比如淳安米羹，据说是海瑞担任淳安县令期间，常去农户家中访贫问苦，有的农户就用自制豆腐和挂在梁上风干的一节猪大肠，加上一些野菜，煮起一锅米羹，招待海瑞。后来为了纪念清官海瑞，当地百姓逢年过节必做米羹，成为习俗。其实无论传说如何，这些习俗都是新安人家传统饮食和烹饪方式的一种积淀、一个缩影。我们从中可以看出什么呢？民风的质朴，饮食的节俭。

十里不同风，五里不同俗。整个新安江流域，有深山老林，有丘陵山谷，还有湿地和平畈，在这样各不相同的小环境中，当地人的生产方式、经济条件和生活习惯也都有所不同。但是无论如何，勤俭持家自古以来就已成为新安人家共同的生活理念，也由此而形成新安人家普遍崇尚节俭的生活习俗。

清人方西畴《新安竹枝词》："归来不用买山钱，村有官厅户有田。祭祀能供墓能守，布衣蔬食过年年。"②方西畴是一位知名画家，家境相当不错，长期侨居扬州，老家岩寺一带是歙西名副其实的"丰乐"之区，"土壤沃野，家号富饶，习尚视诸乡较侈"，③说到自己"归来"以后的乡居生活，作者尚且做好了所谓"布衣蔬食过年年"的打算，至于新安江上广大乡村的普通农家，日常衣着的俭朴、饮食的简单也就可想而知了。

再看新编《许村志》的一段话："历史上，勤俭持家就是许村人一向秉承的生活理念。很多人家一日三餐的通行标准是一干两稀，即中午干饭，早晚稀饭；干活的

① 朱祝新：《徽州古村落——璜蔚志》，黄山学院徽州文化研究所、《璜蔚志》编纂组印行，2007年，第64页。

② 新编《歙县志》，黄山书社，2010年，第1517页。

③ 江登云：《歙风俗礼教考》，许承尧：《歙事闲谭》，黄山书社，2001年，第602页。

吃干饭，不干活的吃稀饭；男人吃干饭，女人吃稀饭。”[①]“菜蔬也是自产自给，罕有购买。有的人家甚至连炒菜放油也有严格的规定，放猪油的青菜是给男人吃的，女人是不能动筷的。”[②]当地人都知道，许村，古称昉溪。许氏宗谱有序言说：“徽属六邑，而称富庶，歙为最。歙之名乡，无虑数十，昉溪为最。昉溪在城北四十里，平畴沃壤不啻数千亩。四山环合如城，第宅鳞次栉比，皆右族许氏之居焉。”[③]旧时作为歙北有名的富庶之乡，村民的一日三餐竟也节俭如此，今天的人们谁能想象得到！

在建德、在淳安、在徽州，都有一些像许村、岩寺这样的丘陵之间的小平地、大田畈，因为水田较多，普遍以种植水稻为主，种植小麦为辅，兼及一些杂粮生产，所以这些地区有田有地的人家，常年主食都以大米为主——喜食籼米，不喜粳米——辅以麦面，兼食部分苞芦、番薯，零星搭配赤豆、荞麦、芦穄等。[④]平常日子，普遍都习惯于“一干两稀、以稀为主”。为了节省粮食，全天只有中午一餐做干饭，早餐和晚餐都喝稀饭。春耕秋收，大忙季节，农家的一日三餐基本是“两干一稀、干稀搭配”。

新安人家的早餐基本都是煮粥，比较殷实的家庭会将洗净的鸡蛋放在粥锅里面焐熟，认为这样的鸡蛋特别富有营养，可供当家的男人和体弱的老人食用。上山下地干活的男人，早餐需要吃些干饭，往往利用头天留下的冷饭，做成雪里蕻炒饭，或者鸡蛋米炒饭，这样也就无须另外炒菜。很多地方的晨炊，都有“煮粥捞饭”的习惯。主妇们一大早起来烧锅煮粥，酌量多放一些大米，煮到大半熟的时候，用一个笊篱捞出大部饭坯，然后将剩余的粥米熬成稀饭，另外利用饭甑将捞出的饭坯蒸熟成为干饭。饭甑是一个木制圆桶，底部有镂空的木槽，蒸制米饭时，先将一块蒸布铺在甑底，再将捞出的饭坯，或者淘过的潮米倒入，盖好甑盖，置于铁锅隔水蒸熟。“煮粥捞饭”是家庭主妇省米省事的一大窍门，既能让当天下田或者上山从事劳作的男人们吃上干饭，又能让自己和在家的老人、小孩正常吃饱稀饭。

午餐一般就是主妇们口头常说的“畚米做饭”，全家都吃干的，有的地方习惯用饭甑蒸制，有的地方则用铁锅大火焖饭。有的主妇为了省事，早上“煮粥捞饭”时

---

① 新编《许村志》第4编第1章《日常生活》，黄山书社，2016年。
② 新编《许村志》第4编第1章《日常生活》，黄山书社，2016年。
③ 叶鸣声、毛新红、滕祁源：《中国历史文化名城·歙县》，黄山书社，2007年，第227页。
④ 洪树林、洪苗：《徽风绩俗》，安徽人民出版社，2018年，第111页。

竟连中午的干饭也一并备全了，只需炒上几个稍微像样的大碗蔬菜就行。但是出门干活的人，为了省却往返时间，常常是带饭上山、带饭下地，或者让家人送饭上山、送饭下地。带饭也好，送饭也好，习惯上都用竹筒盛饭、盛菜、盛茶水，或者就用包袱包裹馍馍、面饼、苞芦粿。淳安有的地方流传着立夏吃冷饭粿汤的习俗，据说就是源于农家送饭送汤上山的经历。

晚餐大多是干稀兼备，比较随意，需要吃干的吃干，愿意喝稀的喝稀，或者先吃点干的，再喝点稀的也行——这就需要干稀搭配。说到干稀搭配的烹饪模式，新安人家有着丰富的生活经验。比如说，主妇在弄饭的时候，将日前备好的米粿或者年糕切成条条块块，投入稀饭锅中一并煮熟。全家人端碗盛饭的时候，便会根据各自不同的需要、不同的意愿，或者多盛年糕、米粿，这就属于偏干一型，或者不盛、少盛年糕米粿，这就属于偏稀一型。如此一来，全家人自行调配，非常方便。再比如，在照常煮好稀饭的同时，另外准备一两斤苞芦粉，烙成又薄又香的苞芦饼，或者包上雪里蕻做成苞芦粿。这样，干完活的男人们回家便能就着稀饭，嚼着饼，啃着粿，“水陆”并进，这可是非常惬意的生活享受。有人说得好：大男人们一旦双手捧着苞芦粿的时候，就像风水先生端着大罗盘一样表现得分外斯文。

新安人家有句老话，叫“菜蔬瓜果半年粮”。在某些时令菜蔬的出产旺季，既为了节俭，也图个简便，不少乡村农户都会依据蔬菜瓜果出园的具体情况，适时烹制一些菜饭、菜粥全家食用，这样就不必单做白米饭、白米粥，不必另做、另备下饭菜、下粥菜，还可以在长年惯用白米饭、白米粥的情况下恰当地换一换口味，可以说是一举多得，何乐而不为？比如，春天到来，竹笋随处可见，这时用籼米和糯米搭配起来，加入备好的笋片、肉片，或者另添适量的韭菜，混合起来做成一顿“鲜笋焖饭”，食用之时自会增添无限春意。比如，时至夏季，豆类纷纷应时上市，这时人们采用刀豆或者角豆混合大米，另外稍稍添加一些火腿丁，做成色彩可人的“鲜豆焖饭”，一家大小也都乐而食之。比如，进入秋收季节，许多人家挖了芋头，收了板栗，兴之所至，利用糯米混合籼米，另外配用少量肉片，做成“芋头焖饭”，或者“板栗焖饭”，这也是具有山野风味的上好食物。至于自家食用菜粥，烹制就更为简易，也还比较普遍。无论是煮米粥、煮豆粥、煮麦粥、煮番薯粥，只要添加一些水白菜或者萝卜丝之类常见菜蔬，混合一锅，煮熟就行；甚至连午餐所剩、尚可食用的荤素菜肴，也都不妨统统归入锅中，这也算是及时处理、充分利用，更重要的是避免了浪费。

板栗饭是新安人家特有的美食，主料便是糯米与板栗，加点五花肉则更佳。如果是七八个人食用，取糯米3斤，清水浸泡三四小时待用；取板栗2斤，剥去外壳，脱去衣膜，洗净待用。锅坐旺火上，放素油2两，烧至八成熟时，将半斤切成片的五花肉下锅，翻炒至肉片出油，即将板栗入锅，同时加入食盐和调料，放入适量清水，盖盖焖烧。待板栗六七成熟时，将糯米均匀铺于板栗之上，放入清水，以浸没糯米为度，撒上适量食盐，盖上锅盖，先以旺火急烧，米饭煮沸之后，改以文火焖烧。闻到饭香，掀开锅盖，撒上韭菜段，用锅铲将板栗米饭翻松、搅匀，再盖锅焖烧三五分钟，一锅玉白色、金黄色、翠绿色交相辉映的板栗饭就做成了。糯米绵软酥烂，口感极好，板栗营养丰富，咸中带甜，板栗饭确是集色、香、味于一体的理想主食。

居于小平地、大田畈的人家是幸运的、令人羡慕的。居于崇山峻岭间的人家，则属少田户，甚至是无田户。在他们的眼里，大米和面粉尤其是大米，那是“精细”之粮，甚为珍贵。所谓“深山穷民，仰给杂粮”，他们的日常主食便以苞芦为主，兼食部分粟米，赤豆，时而补充一些番薯、芦穄和荞麦。[①] 那么，他们的“一日三餐”是如何安排的呢？

山源田畈

① 方丽光:《方村志》第3章《氏族民生》,方村志编纂委员会编印,2012年,第91页。

我们先看歙县南乡武阳方村：

早饭（俗称天光）昔日以粥类、糊类为主。粥类有大米粥、粟米（小米）粥、粟夹掺、�角（赤豆）咸等，以菜粥为多。粟夹掺以小米为主，掺少量大米煮制，帮工者均以东家掺兑大米比例衡量其“舍”与“啬”，掺大米过少者常被责为“吃小米”。�角咸，先将赤豆（或绿豆）下锅炒半熟后兑水，放入大（小）米，有的则放一些薯干、豆角干，或者新鲜南瓜、山芋，无须下菜。第二餐再热一遍更有滋味。[①]

通常农户建房或者办丧事，早餐以荊角咸为多。菜粥，农家为节约用粮或免去炒菜而以瓜菜代之。糊类为苞芦糊、麦皮糊，先将水烧开，再将未曾提去面粉的麦粉慢慢撒在锅中，一手用筷子搅拌，熛得越透越好，尤其是锅巴很香很好吃。

“旧时午餐以粟夹掺为多，粟米饭、荊角（赤豆）饭、菜皮蒸饭次之。大米饭只能在时节时常用。”[②]午餐也常有粿类，苞芦粿、麦皮粿、黑粉粿，黑粉即提去头箩、二箩白面以后的三箩面粉。“面粉粿有菜粿、卷层馅、煎饼等，面粉掺兑一些蕨粉、荞麦粉做成的粿，更加好吃”。

“晚餐（俗称夜饭），旧时以面食为主，多为手工自擀的刀切细面、面带、面皮，也有将面粉调成糊，煮成泥鳅状糊，俗称泥鳅纇。”另外，就是常吃的苞芦糊、苞芦菜糊。[③]

与淳安毗邻的歙南街源璜蔚。新编《璜蔚志》载：“一般人家，早餐春夏季为玉米菜粿，秋冬季为米粥或玉米羹；中餐仍是早餐做好的玉米粿；晚餐多吃面条或米稀饭。”至于贫穷人家，“一日三餐，搭配毫无规律，根据粮食收获情况来凑合度日，玉米粥、玉米粿、山芋汤面、芋头面、萝卜饭、南瓜粥、蚕豆粥、红豆粥、豌豆粥，随意安排，除非招待来客，或者过节日时，才能吃上一顿大米饭，或是吃上一碗纯光面。一到冬季，缺粮少钱户往往只得到山中挖葛根、蕨根回家，捣烂洗粉，用来

① 方丽光：《方村志》第三章《氏族民生》，方村志编纂委员会编印，2012年，第91～92页。
② 方丽光：《方村志》第三章《氏族民生》，方村志编纂委员会编印，2012年，第91页。
③ 方丽光：《方村志》第三章《氏族民生》，方村志编纂委员会编印，2012年，第91～92页。

做粿或者做成菜羹充饥。”①

《璜蔚志》所载应该都是事实。在新安江流域，的确有一些刀耕火种的贫苦山民，“一日三餐”都难以维持。冬闲时节为节省口粮，只得三餐改作两餐，早晚两头都吃稀饭。民谣曰：“冬天日子不用愁，一天就喝两顿粥。”显然这是一种自嘲。“无米又无粮，大锅煮米汤。不喝肚子饿，喝了肚子胀。”显然这是一种无奈。

不过，比起这种严重缺粮的情况，新安人家更为多见的是缺米，尤其是大山深处的林农和茶农。旧时有些民谣特别讲到某些山村很难吃到大米的窘境，说：“竺岭田，真可怜，一粒米，吃三年。”“汪满田，实可怜，灯盏焖饭，指甲挑盐，茶盅里猪肉熬汤，官升里苞芦卖钱。”②乡间这类民谣的确善用夸张手法，而且多有诮薄取笑之意，但却从中真实地披露出一些山民生活的不良状况。

居于深山野林之中，因为少有山地播种小麦，更无农田种植稻谷，只能种些苞芦、收些苞芦。苞芦种子不必田、不择地，丢在哪里就能长在哪里。苞芦成为深山民众赖以糊口的主粮。他们将苞芦舂碎了就当米，磨细了就当粉，一年四季，一天三餐，吃稀的就拿苞芦粉煮成苞芦糊，吃干的就用苞芦米做成苞芦饭。

不过，新安人家尤其是山区农妇普遍都心灵手巧，她们总会变出各种花样，用苞芦之类杂粮为家人做出口感不同的食物。比如说苞芦粉，可以煮成单纯的白苞芦糊，也可以加些油盐加些菜，做成不同一般的多味的苞芦糊羹。用水糅合苞芦粉，搓成圆条，切成小段，用小白菜、小笋干煮熟，入口柔软，味美舒心。如果是开了油锅，将苞芦搓成橄榄球状，微微炸过，出锅控油，则成一道风味点心。她们更擅长的就是做苞芦粿。在她们手上，苞芦粿有各种各样的做法。有时，她们用热水把苞芦粉烫成面团，摘成小小的粿坯，拍成薄薄的粿皮，放在炭火上面烤，烤得两面金黄、香气四溢，然后抹上自制的辣椒酱或者豆腐乳，成为风情浓郁的一种面点。淳安三都梓桐人、歙县黄山汤口人，都很习惯这样的吃法。有时，她们又用大号铁锅即俗称“五桶锅”，将小半锅老南瓜或别的什么菜烧至半熟，再将苞芦粉用水调好，抓一把捏成团，贴在铁锅上半边沿，拍打成“粿鳖”，盖上锅盖又蒸又烤，这样既有主食又有菜肴，一锅两熟，烹制便利；还能用粿包着菜吃，食用随意。有时

① 朱祝新：《徽州古村落——璜蔚志》，黄山学院徽州文化研究所、《璜蔚志》编纂组印行，2007年，第39页。
② 新编《歙县志》，黄山书社，2010年，第981页。

她们又将嫩苞芦适量加水磨成粉浆，拌入辣椒粉末，以及酱料与盐，用水瓢舀进铁锅，一瓢一个，烙成苞芦面饼，颜色金黄可喜，口感香脆可餐。还可以如同做面粉粿一样，将苞芦粉用开水揉成面团做成粿皮，包入鲜菜馅，或者腌菜馅，稍微加点腌板油，拍成巴掌大的圆饼，用铁锅慢火烫熟。寒冷的冬季，山里人喜欢把苞芦粿放在供暖的火盆上，甚至搁在随身携带用以取暖的火熥上，慢慢烘焙得焦黄香脆、油光发亮，然后随时食用，他们自觉这样吃法更有滋味、更为自在。有些时节，她们还用白糖拌炒苞芦粉，或者精心做成苞芦糖糕等风味独特的甜点，为家庭生活增添不少情趣。遇到节日，或者招待来客，她们还会用苞芦粉拌加五香粉蒸大块鲜猪肉，这是山区农户敬客的一道地方好菜，其味香鲜，油而不腻。

总体说来，新安人家素来习惯吃米、习惯吃饭，乃至民间流行一种说法："吃张吃李，不如吃米；吃千吃万，不如吃饭。"但是事实上，每逢四时八节，新安人家的餐桌上从来不乏面食，而且品种还相当丰富。

最为常见的自然是汤面。汤面所用面条分为宽面和细面，通常是细面用得较多。无论宽面还是细面，原先都由家庭主妇动手和面擀制。烹制方式大致三种——连锅面、回锅面和碗头面。连锅面是按照食用人数计量下面，过汤煮熟，配以青菜或者干笋作为锅面菜肴。回锅面是先将面条入水煮过头遍，捞起放入一锅已经调好或荤或素的汤汁中复煮一遍，汤汁味道因此更浓，面条也会因此更加受味。碗头面是在碗头调好汤汁，面条也按碗头逐一煮制。如果是用几根水白菜作面汤底板的，人称阳春面；如果是用肉丝、干笋丝和豆腐干丝炒好作为浇头菜，盖在碗面上，那就称作盖浇面。

面条可以煮成汤面，也可以做成炒面。炒面也是新安人家比较偏爱的一道主食。做炒面和做菜饭一样，不同季节配用不同蔬菜，可以做成不同的口味。春季多用竹笋、蒜苗炒，夏季常用刀豆、角豆炒，秋季可用茭白、青菜炒，冬季喜用冬笋、冬菇炒。炒面配料除了蔬菜，一般都会配些肉丝，同时需要一定的油量，如果没有肉丝，或者放油太少，就会影响质量和口感。另外，炒面还要讲究颜色搭配，当然也还需要优质酱油。最后，重要的就是讲究火候。火候不到，炒面水潮，或者夹生；火候过头，炒面干硬，甚至焦煳。讲到炒面用火，人们总以徽式炒面"两面黄"作为经典——炒制成熟，面色金黄，又香又脆，非常可口。

作为主食的面食，面条之外，面食的做法和吃法还多着呢！比如，跟面条最为接近的是面皮，也就是北方的"面片儿"。面粉与水拌和，揉制成为面坯，擀成一张大面皮后，不再切成面条，而是切成或者摘成面片，投入沸水锅内煮熟，同时放些青菜、蕨菜或者笋丝之类作为配料，另加一些调料，便成了一锅有滋有味的面皮汤，汤多汤少，可以根据需要和口味适当调整。绩溪人称之“螺丝块”，富有乡土的气息；胡适取名为“蝴蝶面”，平添了几分美感——两个名字，各有千秋。

烹制面食最为简易速成的是面疙瘩。先在碗中将面粉和水调成糊状，再用一根筷子沿着碗口刮取面疙瘩，一次一条刮入锅中沸水。至于所需配料、调料如同面皮。面疙瘩入锅，大火烧开，滚个几滚，大功告成。这种疙瘩汤，有的地方叫“螺丝头”，多数地方叫“面鱼”。如今在一些特别场合，又有体现交谊、比较客气的名字，叫“情结”。

相对于面条、面皮和面鱼，更为讲究的面食是包袱、馄饨、饺子，更为饱腹耐饥的品种是包子和拓粿。包袱与馄饨有些相似处，一是面皮不大，一寸见方，内包馅料不多；二是不用蒸屉蒸制，都用汤锅煮熟，然后配汤食用。但是二者制作手工不同，成品形态各异。包袱包馅如同饺子，只是形态如同包袱。在歙县，包袱多见于南乡，俗称“深渡包袱”；馄饨多见于西乡，民间称为“点心”。制作馄饨时，一手拿竹签蘸些肉末，一手托面皮包裹肉末，顺手揉成一团就成。馄饨面薄馅小，入锅很快成熟。每碗馄饨数量有限，但是讲究汤汁味道。

发包

新安人家既很简便又很实用的包子是酒酿发包，即用面粉调入适量的酒酿，然后加水揉和，摘成大小适当的面坯，做成半球形的馒头状，盛入笼屉蒸熟即可。这种包子虽然没有馅料，但因造型优雅、包面松软，老少皆宜，所以很受欢迎，成为宴席上的一道点心，还经常作为节日“礼包”馈赠亲友。其他常见的还有肉包、菜包、豆沙包，这些包子的制作与外地无异。唯有绩溪人蒸制的水馅包，颇有特色：一是馅料包好之后，封口捏成皱褶，整个形如半月，明明就是饺子，当地偏偏叫包子。二是薄薄面皮不仅可以包鲜肉豆腐馅，还经常包南瓜馅和冬瓜馅。蒸熟之后透出的颜色确很别致，外县人戏称为“金饺”和“银饺”。

至于拓粿，其实就是一种面饼，揉好面团，擀成面皮，包好馅料，拓扁拓圆，放入热锅烙熟。拓粿可以作为日常用餐的主食，也可作为出门携带的干粮。拓粿用料不一，做法不同，适应各种不同需求。可以用面粉做，也可以用米粉做，还可以用苞芦粉做。可以包裹各种不同的馅料，以满足各种不同的口味，比如芝麻糖馅、赤豆沙馅、萝卜丝馅、雪里蕻馅，等等。也可以不包任何馅料，干脆拓成实心的粿饼。平日里做点实心粿饼，简单省事，存放方便。食用之时，或焙或烤，香脆耐嚼，抹上辣酱或者就汤拌菜，也都别有一番滋味。

新安人家常为应时节、祭神灵做包做粿。在绩溪庙子山一带，清明节这天，“家家和面粉，裹馅其中为包；或和秈糯米粉，裹馅其中为粿。蒸而食之，谓之蒸包、蒸粿”。[①]在徽州婺源，农家总在中元节做灰汁粿、油煎粿以食，晚饭则蒸菜、蒸肉献于祖先。

最后不能不提到的是糯米裹粽。一般都以为粽子是端午专为屈原所制，但在新安人家却不尽然，似乎流行更为广泛。刘汝骥《陶甓公牍》就载有绩溪农户的习俗，土地节前一天，“家家食糯米粽，多者裹米数斗”。[②]俗话说：“二月二，龙抬头。”农事日渐繁忙起来，农户多裹一些米粽，既为祭祀土地使用，忙时用餐方便，干活也好携带。这些粽子，除了二两米一个的家常食用之外，还要专门裹几个祭祀土地神的大粽子，多大呢？用老话讲就是一升米一个。另外，有的地方喜欢春节裹粽子，有的地方喜欢清明裹粽子，有的地方喜欢中秋裹粽子，似乎传统节日都会有人裹粽子，粽子在新安人家的饮食习俗中有着不容忽视的地位和影响。

（二）

不言而喻，烹饪习俗不只关乎主食，也还有关菜肴。清刘汝骥《陶甓公牍》谈论歙县食俗时说道：“肉食用猪，食牛羊者绝少，鳞族羽属亦不多得。寒素家风，以蔬豆为常用品，如新洲之萝卜，葛塘之白菜，问政山之笋皆绝美。市中所制豆腐，亦远胜他处，有毛豆腐者，乃江浙各属所未有。……富有者早起喜食盐茶蛋。”[③]他谈到荤类，也谈到素类，而以素类为主；他提到寒素家风，也提到富有人家，而以前者为主。我们从中得到的启示是，新安人家的食俗既具有一定的普遍性，即如吃肉主要靠养猪，日常菜肴蔬豆为主；同时具有一定的差异性，生活环境有差异，家

① 民国《绩溪庙子山王氏谱》卷9《宅里略二·风俗》。
② [清]刘汝骥：《陶甓公牍》卷12《法制科·绩溪风俗之习惯·岁时》，黄山书社，1997年。
③ [清]刘汝骥：《陶甓公牍》卷12《法制科·歙县风俗之习惯》，黄山书社，1997年。

境贫富有差异，因此不能一概而论。我们的考察就需要适当兼顾普遍性和差异性，这也是需要提请读者稍加注意的地方。

新安人家最为普遍的是养猪，无论种山还是种田，无论穷家还是富家，几乎没有农户不养猪。每到腊月，杀了年猪，除了保证年节用肉之外，就是贮备荤油、腌制腊肉。人们将板油切丁腌制，肥膘及花油及时熬成化油，以备来年烹饪用油之所需。猪头剖开洗净进行腌制，等到春笋出山时节，可以用来炖制新鲜苗笋。肉条和猪腿腌渍之后，来年用以烹制各种各样的菜肴。对于新安人家来说，腌火腿既是重要的食材，又是常用的配料和调料，像火腿蒸豆腐、火腿炒冬瓜、火腿炖甲鱼，都少不了腌火腿。

新安人家圈养或放养的猪，多吃绿色饲料和山地杂粮，经过土法腌制的火腿，漂、晒之后，颜色黄里透红，肉香味美，像“街源火腿”“蓝田火腿”等，诸多名品，畅销沪杭。特别是金华客商的长年购买，缔结了新安火腿与金华火腿的不解之缘。[①]每年腊月腌肉、腌火腿的同时，很多人家也会腌鸡、腌鸭、腌鱼。腌到一定的日期，便可经过清洗，一只一只地挂上竹竿，排列起来进行晾晒。开年以后遇到艳阳高照

刀板香

① 朱祝新：《徽州古村落——璜蔚志》，黄山学院徽州文化研究所、《璜蔚志》编纂组印行，2007年，第64页。

的好日子，我们得便走进乡村，走近一些农户屋舍，往往可以观赏到这种晾晒年节腌货的风土景致。

“养猪养羊为换钱，鸡蛋鸭蛋换油盐。平日吃菜靠菜园，干菜、腌菜吃半年。”①这是一些山乡日常生活的写照。前两句属于差异性反映，不同地区有着不同的情况，后两句则体现着普遍性，新安人家的日常食俗大体都是如此。

屋后菜地

在新安山水之间，家家户户或大或小都有自己种植的菜园，房前屋后或多或少都有那么几畦菜地，春夏秋冬，四季不断，种植各种蔬菜瓜豆，像萝卜、青菜、大白菜、菠菜、雪里蕻、莴苣、苋菜、刀豆、角豆、南瓜、冬瓜、黄瓜、辣椒、茄子、茭白、番茄、韭菜、大蒜、洋葱等，应有尽有。不过各家都会依据自己的喜好和习惯，种这种那，种啥吃啥。

新安人家日常的饮食，如前所述，有田有地的户头普遍都以白米饭、白米粥为主食，下饭菜和下粥菜则多有不同。早晚喝米粥，多用家备的腌咸菜、腌大蒜、腌辣椒、萝卜干、豆腐乳、咸豆豉等作为小菜；比较殷实的家庭，则另有炒鸡蛋、炒

① 方丽光：《方村志》第三章《氏族民生》，方村志编纂委员会编印，2012年，第91页。

黄豆、炒豆干、炒笋丝等；经济相对活络的人家，可能会不时地买些松花蛋、咸鸭蛋、五香菜、什锦菜之类用以佐餐。中午吃干饭，则需要炒菜、炖菜，或者蒸菜，食材既有野外采集、贮存备用的一些山珍，也有早就腌制和晒制的咸菜和干菜，最主要的当然就是四季应时的瓜豆菜蔬，最常见的就是青菜、萝卜、豆角、南瓜之类，这些都能当天取自房前屋后的庭院园圃。

当然食用菜蔬的习俗，各地多少略有差异，比如有的地方，“芋头、冬瓜可上席，山芋、南瓜不做菜。”山芋不同芋头，一般都不做菜，这好理解；但是不知什么缘故，相对冬瓜的资质，南瓜竟然如此不堪。不过各地习俗的普遍性还是更为突出一些。举一个小例子可以看出新安人家勤俭习惯。走进菜园，选食青菜，人们都有两种方式，起初总是剥着菜叶吃，每一棵青菜酌情剥取外层一两片菜叶，内层较嫩较小的菜叶留着继续生长，这样，一棵青菜可以一层一层地反复剥取，连续食用一个多月的菜叶。最后到了菜棵将要抽苔的时候，才用菜刀整棵切下，用作干菜或者腌菜。[①]

每年旺季，蔬菜富裕，瓜豆有余，除了满足日常食用之外，勤劳俭朴的家庭主妇就会适时制作一些干菜和咸菜，妥善贮藏起来，以备淡季之需。像白菜、角豆、刀豆之类，都很适合干制。休宁流口一带，习惯将冬瓜切条晒干做菜食用。一些山区农户还将老南瓜切成条状，串起来晒干，然后蒸熟再晒干，制成一种香甜津润的小吃，俗称南瓜枣。像青菜、芥菜、雪里蕻、辣椒、萝卜、黄瓜，都是人们喜欢腌制的品种。在歙县西乡，潜口的腌大蒜、陈村的腌雪菜、呈坎的腌竹笋、小容的腌辣椒，以前很有名气。“小雪腌菜，大雪腌肉”，这是新安人家腌制食品的经验之谈。到了小雪节气，腌制各种咸菜，品质最佳。至于荤腥之类的腌制，像猪肉、鸡肉、鸭肉、鱼肉及鸭蛋等，则须过了大雪节气才能够保证质量。

新安山水之间四季均有野菜生长，取之山野以为佐餐，也就成为新安人家的普遍习俗。仅民国《歙县志》所列境内野菜就达 30 多个品种，鸡母菜、山桑芽、山春笋、金簪菜、野荠菜、野蕨菜、马兰头、马齿苋、细米菜、山乳菜、阳春菜和仙姑菜等，[②]成为乡民日用菜蔬的一大补充，其中有许多品种都深受人们喜爱。

已故友人许宗元有文写道：“儿时常于春光中挑一种名为马兰头的野菜，母亲将

---

① 方丽光：《方村志》第三章《氏族民生》，方村志编纂委员会编印，2012年，第91页。

② 民国《歙县志》卷3《食货志·物产》。

它在沸水中快速捞起，其色青碧，再与豆腐干丁相拌，盛于青花白瓷盘，浇上金黄色的麻油，便成为色、香、味、养四美皆具的佳肴。野菜闻之虽清香，初食之，却有点苦味。母亲说：'你祖父最喜欢吃，还劝导别人也以它为长生菜。他说野菜、豆腐干营养都好，野菜先苦后甜，吃它就懂得做人。'"①

文中所谓"沸水中快速捞起"，指的是菜肴烹制中的"氽水"方式。新安人家做菜喜欢"氽水"，更喜欢"过油"。除了经过水发的原材料之外，一般菜肴都可以在油锅中短暂地"过"一遍，然后将油沥去。利用"氽水"或者"过油"处理，不仅可以保持菜肴的色泽和鲜嫩，除去菜肴的苦味、涩味和腥味，而且还能显著缩短菜肴的烹饪时间。

比"氽水""过油"更为讲究的是"勾芡""挂糊"与"上浆"。为了使烹制的菜肴保持原汁原味，避免因为加热而丧失其营养成分，新安人家烹制菜肴擅长用淀粉做芡。什么旺油包芡、明油亮芡，烹制的菜肴往往表现出"油重芡大"的特点。同时作为一种辅助性烹饪技法，"挂糊上浆"也得到相当广泛的运用。比如烹饪过程中，炸也好，煎也好，都会用到挂糊法，对于爆炒之类菜肴，一般都用上浆法。比如软炸石鸡腿，在制作蛋泡糊时，需要考虑主料本身的干湿度，恰当处理蛋清与淀粉的比例，以保证挂糊恰到好处，不致影响成品的味道和外观。②

部分山区，比如婺源，民众一向爱吃蒸菜，常年饮食以蒸菜为主。他们几乎家家备有小石磨和小石臼，将大米或者苞芦磨舂成生粉，用来蒸鸡、蒸鱼、蒸肉、蒸猪手。各种素菜，像白菜、苋菜、角豆、莴苣、萝卜、芋头、南瓜，包括各种野菜，他们也都习惯于蒸食。还有当地人所称"蒸杂碎"，将素菜与荤菜混合蒸制，比如将萝卜、芋头、冬笋、板栗混合猪肉一起蒸熟食用。这样蒸菜的吃法，在过去可能是为了省时省事，体现了俭省质朴的民生习俗，在当今则可视为符合科学的饮食方式，更加值得提倡和推广。

新安江两岸层峦叠嶂、林木遍野，新安人家伐木取薪极其方便。每年秋收之后，农事闲空下来，乡村民众就会陆续进山砍柴，一捆一捆，一担一担，蓄积起来，以备炊用。各种燃料，草质木质，软硬俱全。特别是那些山区农户，无论山前林间，取薪

---

① 许宗元：《野菜色·野菜味》，《满江红·关山月》，中国青年出版社，1997年，第216页。

② 邵之惠、洪璟、张脉贤：《徽菜》，安徽人民出版社，2005年，第14～15页。

备薪，极其便利。他们所备柴火，极其富足，经年有余。在他们的屋前屋后，剪断的树条，劈开的木材，码得整整齐齐，堆积起来犹如城墙一般——这也是山外人难以见到的景观。所以，新安人家生活一向简朴，凡事崇尚节俭，唯有长年烧柴不大在意。每年到了腊月，他们无不热衷于煮腊八粥、蒸米熬糖，为此总会耗费大量的柴火。

农家柴火墙

由于山野林木繁盛，家中柴火富足，新安人家还会选择一些合适的木材烧制干炭，运送外地换取钱粮。同时，家中也会贮备足够的干炭，到了寒冬季节可得烤火取暖之便，平日则能用来炖制各种菜肴和羹汤。“家常菜多以配制，家境较好或遇喜庆，也常买些豆腐、荤腥搭配。其中以炭火‘风炉’砂钵盛黄渍菜或臭腌菜炖豆腐，佐以辣椒粉，酸、辣、烫兼备，味美可口，食之全身发热，内外舒畅，口有余香，俗称‘吃滚锅’，则是当地最普通又令人百吃不厌的冬季家常菜”。①

民间一直有个“吃徽菜要能等”的说法，指的就是文火慢炖的一些菜肴。其实不只是徽菜如此，新安人家尤其是山区民众普遍喜欢而且擅长于炭火炖菜、炖汤。比如一个俗称“干锅炖”荤菜，即将砂锅里的肉块拌上酱油、料酒，加入姜片、蒜瓣，

① 程志文：《我所知道和调查的祁门环砂村及其民俗》，刘伯山：《重寻徽州》，广西师范大学出版社，2015年，第203页。

置于山区农户特制的火熥上面，经过几个小时低温慢炖，成品肉烂味醇、入口即化。[1]炭火炖制汤菜，更是山里人的拿手好戏，作为特有的烹饪习俗至今流传。许宗元曾有文章写道："二十年前，我因公到皖浙交界的深山区搞医疗调研。那里是笋乡，当地人不唯把那咸笋制得色、形、香、味四美皆具，还把它烹调得鲜美绝伦。其间主人以咸笋炖野鸡飨客，那一顿汤真教我'风味山乡入梦思'。二十年来，我在广州、梅州吃过粤菜，在济南、曲阜吃过鲁菜，在厦门、福州吃过闽菜，在成都、重庆吃过川菜，在乌鲁木齐、吐鲁番吃过清真菜……西菜的汤领略得更多，然而，我以为没有哪种菜系的汤能居那顿咸笋野鸡汤之右。"[2]

关于新安人家的饮食烹饪，还有两个比较突出的习惯值得一提：一个是习惯于家庭自制豆腐，一个是喜欢磨制辣椒糊，擅长做黄豆酱。从烹饪饮食的整个流程来看，这些属于"上游"习俗，直接影响着"下游"习俗。

豆腐是新安人家最为主要的菜肴之一，日常食用的"豆腐品种繁多，有水豆腐、老豆腐、煎豆腐、毛豆腐、臭豆腐、豆腐包、豆腐衣、豆腐乳，以及豆腐干。可以随时制作，也能随时用黄豆换取。"[3]一些地方还擅长腊豆腐和偿滋豆腐的制作，用以烹制年节菜肴，以为时令餐饮增味。

豆腐制作工艺由汉代刘安所发明，在新安江流域得到极为广泛的普及。不仅家家户户几乎都会磨豆浆做豆腐，许多山野人家还会就地取材，制作蒟蒻豆腐、柴叶豆腐、楂子豆腐和苦槠豆腐。蒟蒻，又称魔芋，做成豆腐就叫魔芋豆腐。柴叶豆腐，又称救命豆腐、观音豆腐、愁娘子豆腐，用的是野生的灌木柴叶。楂子豆腐和苦槠豆腐都是采用野生乔木的果实制作而成，均属绿色食品，可炒可炖，细滑圆润，绵香可口。

每当春夏之交，观音柴枝繁叶茂，清香喜人，采集柴叶，不宜过嫩，也不宜过老，过嫩影响豆腐数量，过老影响豆腐质量。制作柴叶豆腐，事先需要选用一些柴灰浸泡水中，稍待沉淀之后，用细纱布过滤，去掉灰渣，留下灰水备用。浸泡的柴灰，不能要松树柴灰，也不要纯草炉灰，以细杂木灰为宜，比如救命柴灰便很好。柴叶的加工，是将洗净沥干的柴叶置于盆中，冲入沸水，浸泡片刻，浸泡时不能加盖捂焖，以免破坏叶质色泽。浸泡之后，捞入过滤纱布，慢慢滤出叶汁；随后添加适量的凉水，

① 洪树林、洪苗：《徽风绩俗》，安徽人民出版社，2018年，第131页。
② 许宗元：《笋乡风景线》，《满江红·关山月》，中国青年出版社，1997年，第190页。
③ 方丽光：《方村志》第三章《氏族民生》，方村志编纂委员会编印，2012年，第91页。

用手轻轻揉搓纱袋，挤出更多的叶汁。这时可将事先备好的灰水，适量地兑入滤下的柴叶汁中，使用筷子搅拌均匀。静待片刻，就会发现，柴叶汁在灰碱的作用下逐渐凝成墨绿色的胶状物体。至此，只需用刀将整个胶体划分成豆腐块状，浸入清水，贮存待用，柴叶豆腐的制作工序便告完成。

采集楂子制作豆腐，一般都在霜降之后，因为只有成熟的楂子才能榨粉做豆腐。为了去除楂子的苦涩味，先用浓度合适的石灰水浸泡一二天，随后换作清水浸泡六七天。浸泡之后，或者碾压，或者杵捣，破除硬壳，取出果仁，磨成粉浆。粉浆舀入纱布滤袋，适量加水，挤压滤汁，去除粉渣。粉汁经过沉淀、脱水，成为块状淀粉，碾压粉碎，即可用以制作楂子豆腐。制作楂子豆腐，只要烧上一锅水，烧到半滚的时候，一边慢慢加入楂粉，一边用勺快速搅拌。水粉调到一定的浓稠程度，停止加粉，但需继续加热。等到锅中开始冒泡，便可停火，将粉浆舀进木制的豆腐框内，待其冷却凝固之后，再用豆腐刀片如同平常豆腐一样切成块块，贮备待用。

磨制辣椒糊，制作黄豆酱，都是新安人家独擅的生活技能。山里人普遍爱吃辣。“大凡山里人一是生活窘迫，缺少油盐，而辣品恰恰能够刺激味觉，让人食欲大开；另一方面山里气温相对较低，温度较大，多吃辣能驱寒祛湿。”①

山里人房前屋后、坡上坡下，种植的辣椒随处可见，青椒是吃不完的，红椒收获极多。先是一串串挂满了檐下，晾晒干了以后，磨成稍粗一些的辣椒片，磨成更细一些的辣椒粉，便于贮藏，用以做菜。家里的坛坛罐罐总装着厚厚的辣椒糊。辣椒糊的制法有两种，要么是将腌过的红椒直接磨成糊，要么是将辣椒粉兑入盐水腌制而成。日常佐餐需要，只要打开坛子，用勺舀出一碗，置于碗橱，随手可取。

新安人家素有制酱的手工技巧。每年农历四五月间，将黄豆粒或者蚕豆瓣置于铁锅中用大火煮烂，加入面粉搅拌均匀，摊开晾于圆形竹笾之中，上面覆盖一些黄荆苗条，静静待其发酵，长出一片黄霉，人们称为“酱黄”，然后盛入缸、钵之内，加配适量的盐水，放置庭院之中，任其昼晒夜露，经过若干时日，渐渐散发出悠悠的酱香，酱面酱汁泛出绛紫的颜色，这时的豆酱就算制作完成，随时可以用来做菜佐餐。当年休宁万安人胡兆祥经常看到母亲制作这样美味的豆酱，经常听到左邻右舍对母亲制酱手艺的夸赞，从中深受触动，得到启迪。于是在安庆北门外的南庄岭

① 沈伟富：《风俗漫谈》，天津古籍出版社，2008年，第104页。

开设一爿“四美”酱园，经过160多年的经营发展，成为一家名牌老店，生产的名优产品称胡玉美蚕豆辣酱。[①]

（三）

新安人家几无例外都由主妇主炊，她们是家庭烹饪的主体，因而在相当程度上，烹饪习俗是因她们的双手操劳而形成。

新安人家的主妇们恪守勤俭持家的祖训，她们相夫教子、缝补浣洗，还要浇园种菜、烧火做饭。由于一代又一代的家族传承，她们普遍都很擅长烹饪，都能娴熟地运用各种烹调技巧。无论是红烧还是清炖，无论是油焖还是粉蒸，无论是煎炸还是氽汤，她们都能烹制出品种丰富、味养俱佳的乡土菜肴。

几乎所有主炊的乡村妇女，都能赢得“会做人家”的好评。“懒惰媳妇望雨雪，好吃公婆望年节”，历来就是她们对自己的告诫。明末歙县知县傅岩说过：“富家虽拥赀，都从分厘积起。在外者苦挣，在家者勤俭，叫他（她）吃着，尚且惜费焉。”[②]月潭朱氏是个根底深厚的家族，但是朱家的主妇们相信：“富是做出来的，也是俭出来的。”她们勤也出名，俭也出名，旧时就有人挖苦说：“你们朱家人，三粒黄豆、一只辣椒能下一碗饭；盆中一点水晒热了，也能洗个面。”[③]富家如此，穷户更是如此。姑且说一个细节，恐怕至今还有很多新安江人都有印象。一些家庭主妇都曾告诉小孩，吃苞芦糊有个诀窍，只要勺子始终在饭碗中间挑着吃，吃到最后碗里干干净净，不会剩余一点苞芦糊楂，可以不用伸出舌头去舔碗，那样舔碗太难看。[④]

第二节 新安饮食与礼仪习俗

新安人家的人生习俗，包括诞生、婚嫁、寿诞、丧葬，以及其他生产活动中的人际人情关系，几乎都离不开饮食，也几乎都离不开礼仪、同时，饮食与礼仪之间，

① 胡建社：《从小作坊走上大世界的胡玉美》，《近代商人》，黄山书社，1996年，第44～49页。
② [明]傅岩：《歙纪》卷5《纪政绩·修备赘言》。
③ 朱世良：《徽州月潭朱氏》，安徽大学出版社，2013年，第230页。
④ 方任飞：《包芦羹，包芦粿》，《徽州情结》，新疆美术摄影出版社，2011年，第102页。

往往又相互依存，甚至于相互重叠，可谓你离不了我、我离不了你，你中有我、我中有你。而且新安人家的饮食也好、礼仪也好，都在长期的生产生活中逐渐形成了较为独特的社会习俗，这些饮食习俗和礼仪习俗又一并融入并充实了新安人家特有的习俗文化。

这里我们不想就饮食、礼仪、习俗、文化做出过多纯属理性的议论。为使读者能够对新安人家的饮食和礼仪有个较为直观的了解和感受，也为新安人家有关饮食与礼仪的生活习俗保留一些日渐淡化的历史记忆，我们尽量避开那些抽象的概念和思维，尽量再现一些比较具体直观的生活场景。

在正文展开之前，我们先看一个新安商人“讲生意”的宴饮场面。新安商人常常利用设宴吃饭的机会，巧妙地宣布员工去留的决定，俗称“讲生意”。“讲生意”的时间节点，通常是在春节前、端午节和中秋节。到了“讲生意”的时候，老板特意安排一场酒席，所有员工出席共同享用。公布员工去留的信息，凭借着酒席上的一条全鱼。酒席的菜肴即将上齐，老板便会亲自端上这条全鱼，当他把全鱼摆上桌面的时候，大家特别关注鱼头的朝向，因为鱼头朝向哪个员工，也就意味着那个员工即被解雇。心知肚明的当事人，也就随即起身离席，径直去账房算清工钱，卷起铺盖，另谋高就。如果这条全鱼摆上桌面之后，鱼头朝向老板自己的座位，那么所有的员工都会安下心来，继续享用宴席的酒肉饭菜，因为他们谁都明白，老板已经决定留用所有员工。①

一个人事变动的严肃决定，诉诸一个彬彬有礼的宴饮场面，不能不说这是一种苦心，也是一种智慧。由此我们看到一个事实，在新安人家的传统习俗之中，饮食承载着礼仪，礼仪彰显着文化。

（一）

人生由怀胎分娩始。在新安人家，婚后妇女怀上头胎，娘家人会特别热切地予以关注，早早就送来一些婴儿的衣物，随后便会隔三岔五地询问动静。到了临产之前的几天当中，有的地方娘家人会做了“鸡子糕”送进孕妇房间，甚至干脆摆在孕妇床头——民间历来习惯将母鸡下蛋与妇女生育联系起来，总是希望孕妇生产能像母鸡下蛋一样顺顺当当。有的地方娘家人会给亲家送来一些粽子，粽子里面裹有红枣，

---

① 沈伟富：《风俗漫谈》，天津古籍出版社，2008年，第160页。

"红"兆吉利,"枣"寓"早"意,红枣粽子也就俗称"催生粽"。建德人的催生粽子最有意思,有的已经完全煮熟,有的却是半生不熟,送到之后就让孕妇随意剥开几个,每个都咬上一口尝尝。孕妇每尝一个,娘家人都要问:"熟了没有?"如果回答说是"生的",娘家人就会高兴地说:"生的好,生的好。本来就是要生嘛。"如果回答说是"熟了",娘家人也会接连说道:"熟了就好,熟了就好。瓜熟就会落蒂(地)。"[①]

孕妇生产,添丁加口,对于婆家人来说当然更是事关重大,无论嘴上,还是手上,她们都不可能闲着。她们会精心关照孕妇的日常饮食,总是想方设法让孕妇吃好喝好,她们认为什么东西吃得有益,就会动手给孕妇弄些什么,比如红枣糯米粥啊,酒酿煮鸡蛋啊,老母鸡炖汤啊,那都是保留食谱,三天两头少不了。临近产期了,婆家还会特地制作一些面包米粿,择日拜祭社公社婆,同时分送亲友邻舍。所有这些活动形式,包括饮食习俗,新安人家都谓之"催生"。

婴儿一旦呱呱坠地,无论是男是女,只要大小平安,全家皆大欢喜。婴儿父亲第一时间要去丈母娘家"报生",而且各地报生几乎都会带上一只水酒壶,用以无声通报新生婴儿的性别。一般都用壶嘴朝前表示是男孩,朝后表示是女孩。也有一些地方,生了男孩,壶嘴插有柏树枝和天竺叶;生了女孩,酒壶嘴只是插个红纸卷。在绩溪,一般以茶壶盛酒则是男孩,以酒壶盛酒则是女孩。[②]在祁门,报生就看红鸭蛋,所送鸭蛋为双数是男孩,单数则为女孩。[③]凡此种种,只要女婿踏进家门之后,不用开口,丈母娘就能知道婴儿是男是女。这样双方也就避免了唐突和尴尬,一方询问更为得体,一方回复更为自如。知道生了男孩,丈母娘自会高兴地连声说道:"真好,真好!"一看生了女孩,同样也会表示欢喜,总说:"也好,也好。"

女婿报生除了酒壶,还会带着礼物,通常是一兜红鸡蛋,这是专为生育准备的特殊礼品,成为生育礼俗中一个重要标志。有的地方像婺源还要挑一担馍粿,绩溪还要挑一担圆圆,圆圆也是由籼米粉和糯米粉蒸制的粿。收到馍粿或圆圆的亲属,一般都要回赠鸡蛋和红糖。丈母娘回赠女婿,一般是一公一母两只鸡,以及鸡蛋、红糖和干苋菜等物。[④]丈母娘家只是回礼,不会紧跟去看产妇和小孩,丈母娘家看

① 沈伟富:《风俗漫谈》,天津古籍出版社,2008年,第2页。
② 《徽州民俗杂记》,黄山旅游杂志社编印,1988年,第15页。
③ 程成贵:《徽州文化古村六都》,安徽大学徽学研究中心编印,2000年,第178页。
④ 毕新丁:《婺源风俗通观》,中国文联出版社,1999年,第1页。

产妇，一般都在产妇坐月子的后半期，带上“开生”礼物，鸡蛋啦，红糖啦，红枣啦，面条啦，一应俱全。有句俗话说得俏皮：“前半月吃婆家，后半月吃娘家。”

看望产妇，看望小孩，当然不只是丈人丈母家人。凡是生产顺利、大小平安，家人都会给同族宗亲、左邻右舍报个喜讯，报喜的时候多送红鸡蛋，四个、八个、十二个，多少不等，必须双数。俗话说：“一双两双接接吃，三双四双要复璧。”所谓“复璧”就是回礼。至亲、好友、邻里，凡是往常有过礼尚往来的都会前来道贺，当然他们都会带着合适的礼品登门，其中绝对不会少了鸡蛋。俗话说得好：“看产妇，走亲戚，鸡蛋都是好东西。”接待这些亲戚宾朋，主人都会依照习俗，首先请吃两个红鸡蛋，然后上茶、煮面作为招待。有些人家还会口头邀约，等到给孩子“做三朝”“做满月”，以至“做周岁”，再请吃酒，以为答谢。

婴儿喂养备受关注。新生婴儿喂养之初，新安人家大多备有两样东西，一个是黄连，一个是甘草。打算给婴儿喂养母乳之前，须由家人帮忙，先喂一口黄连汤，再喂一口甘草水——这既有“先苦后甜”的人生寓意，又具有婴儿保健的效益。黄连、甘草都有清热解毒的功效，黄连还能燥湿泻火，甘草还能祛痰止咳，两者对于解除婴儿体内胎毒、奠定婴儿肠胃健康都有好处。① 同样，有的地方除了黄连和甘草之外，还让婴儿尝尝醋、尝尝盐，有的人家还从野外采来勾藤熬水炖汤喂养婴儿。此真可谓：人生之初，五味尝遍；父母养育，用心良苦！

为了满足分娩之后产妇的营养需求，同时也是为了保证产妇能有足够的母乳哺育婴儿，亲朋邻里前来道贺和看望的时候，一般都会带上母鸡、鸡蛋、红糖、红枣、猪肘、猪蹄、鲫鱼、糯米、苋菜等作为礼品。在新安江人的传统意识之中，所有这些食品不但营养丰富，而且具有催奶发乳的特殊功能。

到了婴儿出生第三天“做三朝”，到了婴儿满月之日“做满月”，到了婴儿出生一百天“做百日”，到了婴儿周岁之时“做周岁”——旧时婴儿成长不易，夭折较多，故而伴随婴儿成长过程，人们举行的民俗活动也多。这些活动涉及人际关系，也就涉及习俗礼仪。纵观所有这些民俗活动，无一不是饮食“搭台”，礼仪“唱戏”。你看所有这些活动，哪一次都少不了亲友的慰问与庆贺，又有哪一次少得了主人的宴

---

① 徽州一些地方，接生婆为婴儿擦洗头部的顺序是一眼二鼻三耳四口，擦洗口腔的时候，用筷子扎上棉花球，蘸上特意泡好的黄连水或者艾叶水，轻轻清洗上腭、下腭、上唇、下唇、舌头和牙床，民间也都习惯称之为“吃黄连”“吃艾叶”，寓意亦即“从小吃得苦，长大必成器”。沈伟富：《风俗漫谈》，天津古籍出版社，2008年，第4页。

请和答谢。做三朝，中午要开“汤饼会”，吃白虎粿。《徽歙竹枝词》云：“习知何物代汤饼，苏木染成鸡蛋红。”① 做满月要办宴席，大宴宾客，上席是外公、外婆、大舅、小舅；还要备鸡子、点心和红包，请师傅“剃胎毛”。② 做周岁是诞生仪礼最后一项，仪式活动也最为隆重，要燃烛烧香，做菜烧饭，祭拜祖宗，遍请送礼客人吃喜酒，观赏新生儿抓周活动。在人生旅途的这些初始里程和时间节点上，饮食文化与礼仪文化总是联袂登场、结伴而行。

人生之初已是如此，婚嫁礼仪更是讲究。男大当婚，女大当嫁。新安人家婚姻旧俗，讲究“三书六礼”“明媒正娶”，所谓“婚礼尚门阀、齐年齿，下达之后六礼必备，无论贫富，皆有其文”。③ 这“六礼”分别是纳彩、问名、纳吉、纳征、请期和亲迎。纳彩、问名实际就是议婚过程，纳吉、纳征实际就是订婚过程，请期、亲迎就是完婚过程。整套程序极其烦琐，这已为后世所遗弃。④ 再则如女方出嫁追索彩礼之举，亦属不可取之陋习。⑤

然而，婚姻确属人生大事，我们可以遗弃那些繁文缛节，遗弃旧时人们对财物的计较、对排场的炫耀，但却不能遗弃对人格的尊重、对人生的关照；前人择亲之谨慎，成婚之郑重，以及从中体现出来的那种极其深远的人生关切，真还值得当代社会——特别是青年人予以珍视和思考。这里我们不妨撷取其中若干片段，试对新安人家婚姻礼俗与新安饮食的亲密关系做一管窥。

在寿昌等地流行一种习俗，姑娘要出嫁，先吃百家饭。⑥ 姑娘的婚期一旦确定，

---

① 吴梅颠：《徽城竹枝词》，《新安》2015年第1辑，第21页。

② 毕新丁：《婺源风俗通观》，1999年，第2页。

③ [清]刘汝骥：《陶甓公牍》卷12《法制科·婺源风俗之习惯》，《官箴书集成》第10册，黄山书社，1997年，第582页。

④ 方才：《一方水土》：“择门第相当者，倩媒通意，允则媒氏以女庚来星家卜之，曰吉乃筮日通柬，谓之缠红。次将币簪饵帛，外兼馈白金，曰行聘。次请期馈羊酒果饵，曰送日。临娶，先期送奠礼，女家以祀外祖。娶之日，男不亲迎，专舁舆，鼓乐往导。女花冠盛服，绣帕蒙首，离席含泪登舆。进门先拜天地，双鬟执烛前引，偕进新房，行合卺礼。夕设盛馔，宴女之父兄毕，送婿入洞房。次晨，新妇谒祖及舅姑戚属，以序相间，曰拜堂。是日，舅姑飨妇，使小姑持爵，谓之待新人。三朝，外家具启，延婿偕至妇家，曰上门，亦曰回门。远道则择日柬邀。”中国文史出版社，2017年，第109页

⑤ 民国《绩溪庙子山王氏谱》卷9《宅里略二·风俗》：议婚后由女方开具礼单送男家商定，“礼单内分乾礼、非乾礼，乾礼谓之‘财礼银’，同(治)、光(绪)间，财礼银以六十四元为已多，后渐增加。光绪二十年后，增至八十四元。民国以来，有至一百二十元、(一百)四十元。非乾礼既系猪肉、鱼包、面饼、蛋等品。猪肉初仅六十四斤，现亦增至一百四十斤、(一百)六十斤。其余亦依次增加。议既定，即由媒人先送果子糕或加乾礼数元，至女宅下定，谓之‘担小定’，亦有不担小定即大定者。再逾时日，择定日期，男宅将财礼银并其他礼品，附以鞋样，送往女宅.谓之‘担鞋样’，亦谓之‘大定’。

⑥ 沈伟富：《风俗漫谈》，天津古籍出版社，2008年，第75～76页。

意味着她将离开父母离开家，离开生她养她的故乡，父母乡亲都会精心地以美食佳肴款待她，好让她带着亲情和乡情走向未来的新生活。“百家饭”首先从自家吃起，父母会为女儿安排一顿特别丰盛的饭菜，全家老少陪着姑娘共同享用。其间既有父母对女儿婚后为人处世的种种教导和叮咛，又有兄弟姐妹以及其他亲属的温情体贴与话别。毫无疑问,这是姑娘平生难得的一次思想熏陶与情感体验。在父母家里“吃请”之后，族亲和邻舍也都轮着“请吃”。他们会大致有先有后地送来各种做熟的饭食，供给即将出嫁的姑娘享用，借以表达他们送嫁的情意与诚挚的祝福。酒肉饭菜啦，红糖鸡蛋啦，鸡蛋面条啦，肉丝炒面啦，还有特意为姑娘包的粽子啦、做的米粿啦，可谓应有尽有。姑娘一时吃不过来，往往需要全家陪着吃——在姑娘即将出嫁之际，这些饮食都已不再是饮食，而是世间情谊的特殊导体，负载并传送着深厚的亲情与乡情。

人之常情，可想而知。出嫁的前一天，新娘对父母心生留恋，父母也多有不舍之情。为使特定日子里的特定心理得到慰藉，新安人家普遍都会在新娘出嫁的前一天，专为新娘安排一次特别的用餐。在建德，九姓渔民的姑娘出嫁之前，同样要好好地吃一顿娘家饭，那意思无非就是要让姑娘不忘爹娘的养育之恩。在黟县，父母专为女儿安排一桌特别的家宴，当地人称作“待囡宴”。根据女儿的意愿，家里邀请四个或者八个辈分相同、年龄相近的女孩，整天陪伴新娘坐在房间叙谈。母亲则亲自下厨，做上一桌女儿平日最喜欢吃的饭菜，任由几个“坐房囡”陪同新娘边吃边聊、说笑打闹。这是父母为女儿做的送嫁饭，也是女儿出嫁的辞行宴。虽然不无几分伤感，但却饱含浓浓亲情，无论伤感还是深情，全都无声地融入了姑娘们的欢声笑语之中，全都无形地寄托在父母的烹饪操作之中。在歙西，不叫“待囡”，而叫“待姑”，意思一样，但是形式相对比较隆重。有关的至亲好友都会前来道贺，同时兼为新娘出嫁送别。新娘父母置酒设宴，既为答谢亲友，也为女儿饯行。这种“待姑”家宴，不同一般酒席，大家聚集一堂，不大讲究场面的热闹，而是沉浸于温馨的氛围。男人们多聊人事情谊，女人们说话更多体贴，整个宴席上的共同话题，就是憧憬和祈愿新娘婚后的幸福生活。

在女方“待囡”“待姑”“吃百家饭”的时候，男方也正在为准备即将举行的迎亲和婚礼忙碌着，因为请了不少人手帮忙，家里进进出出已经显得非常热闹。在一个张灯结彩的晚上，恰与女方的“待囡”形成对应，男方已经布置妥当的新房里面，也会专门为新郎安排一桌酒席，新郎当然坐在上座，作陪的多为新郎平辈的至亲好友。吉时一到，燃放鞭炮，他们便在新房之内开始吃着喝着，无拘无束地说着笑着，兴头上来之后还猜拳行令，尽情取闹。这在当地就叫婚前的"暖房"，其实就是为新郎做一次婚前的心理"预热"。新房外面厅堂上也有酒席，那是宴请一直在帮衬料理婚事的亲友。他们也会不时地蹭进新房，跟新郎和陪郎们打趣说笑，显得特别爽朗和活跃。

到了吹吹打打花轿过门那一天，女利市人掀开轿门，就向新娘递敬三碗茶；男利市人便会高诵吉词："一碗清香茶，清清吉吉；二碗莲子茶，早生贵子；三碗蜜糖茶，甜甜蜜蜜。"三茶用毕，新娘出桥，扶携上堂。公婆端坐正堂交椅，新郎新娘并立堂前，先拜天地，再拜高堂，然后夫妻对拜。三拜之后，新郎新娘饮酒一杯，谓之"合卺"礼成。古人分一瓠为两瓢，称瓢为"卺"，新婚夫妇各执一瓢斟酒而饮，成为古代婚礼的一种仪式，后世礼俗多以"合卺"代指成婚。合卺之礼既成，亲友簇拥新人进入洞房。此时，大门内外鞭炮齐鸣，大厅上下喜筵开张，亲朋好友济济一堂，觥筹交错，热闹非凡。

新郎新娘进入洞房，早已安排好的主事人员，有的地方称为好命老倌、好命老孺，他们就开始撒帐了，撒天地帐，撒四方帐，撒楼房屋梁帐，撒得新人床上满是赤豆、红枣、花生、板栗。她们一边抛撒，一边唱颂，唱颂之词，大体属于利市一类、祝福一类，其中也有临场编排、即兴演唱之词。光绪年间（1875 ~ 1908），绩溪县仁里村程秉定新婚之夜，约请了程金梅为他的新房撒帐，当时程金梅编唱的撒帐词颇具特色，在此不惜笔墨，全篇照抄如下：

去年三月三，婆婆去拔笋，越拔路越远，拔到石磨岭。看见一姑娘，肩挑两水桶，不胖又不瘦，不长又不短，一脸好皮肤，不用擦脂粉，从头看到脚，实在好人品。一路回头来，心里想得紧。托人去做媒，一说就应允。六月二十四，日子拣得近。新人抬进门，粉丝炒腌笋，圆圆猪肉包，收汤烧焖粉，味道实在好，木耳带香簟。酒席吃散后，大家一谢请。新人行进房，爬上床去等，为了什么事？今夜要做秉定婶！①

① 洪树林、洪苗：《徽风绩俗》，安徽人民出版社，2018年，第56页。

看这一番言辞，既有生动的叙事，又有得体的赞颂；既有美人的发现和欣赏，又有美味的铺陈和夸耀。表达浅近明白，格调轻快风趣，堪称一件难得的民俗作品。

撒帐完成之后，新娘坐上床沿，新郎挑去她的红盖头，跟进新房的亲友就开始“吵新娘”“闹洞房”啦。他们先要新郎新娘再喝一个“交杯酒”，众人齐声嚷道：“东边酒也香，西边酒也甜，两杯合一杯，到老不相嫌。”喝过交杯酒，有些地方还要新郎新娘“吃三盘”：吃猪鼻子，吃猪尾巴，吃小肉包。这种带有戏谑味道的饮食方式，无非是为一对新人提供交谈的话题和开心的由头，实与其他种种“吵新娘”“闹洞房”的方式属于同类性质。新安人家“吵新娘”“闹洞房”的方式很多，各地也都大同小异，大体分为文吵、武闹两大类，只是都与饮食关系不大，这里不再赘述。

新娘出嫁第三天，岳家派子侄迎接女儿回家省亲，俗称“回门”。新郎陪伴新娘前往岳家，俗称“上门”。岳家安排四人在村口迎候，他们兼有宴上陪酒之责。新郎到岳家门首行跪拜礼，陪从人员呈上“到门帖”，岳家鸣放鞭炮，出门接待。新郎拜见岳家尊长，岳家小辈拜见姑爷。拜见礼毕，堂前设席，请新女婿一行用三套茶，吃肉丝面。

午间吉时，开回门宴。回门宴上不设新娘席，只设新郎席。新郎席位于主筵首位，主筵或为五席，或为七席，其他陪同与帮忙理事者，另于堂下设席招待。回门宴由女方操办，主筵由岳父“安席”，新郎和陪郎肃立主筵一旁“候席”。岳父郑重其事地走到筵前，稍稍整理一下餐具，轻轻掸拭一下椅帔，然后双手抬起摊开，示意新郎等人入席落座。

回门宴实为招待新女婿而设，所谓“女婿上门活祖宗”，又云“丈母娘见女婿，好比见皇帝”。所以回门筵的菜肴特别丰盛，富裕人家会摆鱼翅席、海参席，普通人家都摆鸡鱼席。俗传有九碗六、十碗八、九碗十二盘等多种规格。第一道菜是鸡，陪客者要将鸡头、鸡翅、鸡脚夹入一个小碟，敬让新郎，俗谓“敬彩头”。新女婿只是用筷头在小碟上面点到为止，不能真的夹起就吃，那样就会被人视为不懂规矩。因为整个宴席结束之时，还需将开席的鸡头与收席的全鱼，配合成为“有头有尾”。

酒席一开，酒为主题。陪客者会竭尽全力盛情劝酒，内兄弟也会上来为新姑爷殷勤斟酒，一些地方往往还以新女婿喝醉为乐。在这种特定场合，新女婿不免要喝干门前三杯，随后可视自己的酒量而定。如果确实不胜酒力，可以转让陪郎代饮。陪郎笃定要能饮酒，并且还须健谈善谑，席间谈天说地，竭力即兴发挥，转移陪客的注意，目的就是既要营造热闹气氛，又要避免饮酒过量。

回门日子仅仅一天，为让女儿能与娘亲多聚一些时间，回门宴上的上菜速度特意放慢。每当上到三碗、上到五碗、上到八碗的时候，新女婿都可起身辞席，但是陪客必定强行挽留。直到大家看见全鱼上桌，知道所备菜肴全部上齐，新女婿的陪郎只需稍稍挪动全鱼，好让鱼头对准堂下的大门。俗谚所谓“鱼头朝外，酒客走开”，于是新郎即可起身离席，向岳父岳母及在场亲友一一辞行。时已至此，岳家也就不再挽留，反倒主动敦促女儿，跟随女婿一道回去——依照旧时习俗，新娘婚后没有满月，不宜单独留宿娘家。离家出门之时，女儿在前，女婿在后。送行之际，岳父岳母不但会取出一些“回门包”，交付陪郎带回，馈赠男方亲友；而且还会特别关照女婿，带上早已备好的两只鸡，一只红毛公鸡，一只黄毛母鸡——这是回门活动圆满完成的特定标志，其中寓意显然包含两层：表面一层即“回门大吉”，更深一层是“嫁鸡随鸡”。

在这样的婚嫁过程中，礼尚往来——尤其是饮食活动极为频繁。对此，我们可以由下面一份账册的记录做进一步了解。这份账册是歙县芳坑人、著名茶商江耀华在光绪十六年（1890）闰二月所立，署称《来往便登》，所记婚嫁礼俗有关情况如下：

> 七月十三日，搬嫁妆奁：木器、锡器、衣服、铺盖……张宅来八人，四甲酒廿注，清酒一席。十四日，待姑女席五桌，鲜亥十斤，甲酒廿五注，酒包七斤。十五日夜，送亲酒三席，轿上下书菜六碗。又，女桌一席，三甲酒十三注，鲜亥十斤，加甲廿五注，共用鲞鱼七斤、蜇皮二斤，彩舆、喜封、米粉，每人四个，钱廿一，喜轿四角，官灯八角，大书四十封，一百四十，高灯四角，连贴三个，六十三，下书双角，参板二个，土人二，二百卌一，火把双角，手巾四人，十四，五下六，夜烟一角，共付钱四百九十文，共廿一角，每角米糖四个，付米粉八十四个，鸭子每角半个，点心，又，一只……集源：三月初七日，收亥一斤二两，一四四，钱一百四十六；初十，收亥一斤，一百，裁缝五碗菜，收三甲酒五碗，卌七；十五，收亥一斤六两，一百七十九；七月十四，收四甲酒七注半，一百五十，收又四甲酒廿五注，五百；八月十四，收四甲酒廿注，搬嫁，六百；廿五，收四甲酒十三碗，一百卌；八月卌，收亥三斤，送冠翁，三百九十；九月初六，收亥十二斤，六十五；九月十六，收亥

十两，九二七……同泰肉店……七月十四，收亥三斤，七十二，收甲酒廿五注，二百五十；十五，收三甲酒十三注，一百七十二……[①]

这份账册反复提及酒水，如清酒、甲酒、三甲酒、四甲酒；也反复提到酒席，如清酒一席、送亲酒三席、待姑女席五桌。另外，还记有“轿上下书菜六碗”与鲜亥、鲞鱼、蜇皮，以及米粉、米糖、鸭子、点心等，由一个具体真实的角度反映出饮食及饮食物品在婚嫁习俗中不可替代的作用和意义。

戎人成家有着大量习俗，活动环节都少不了饮食，其实劳动生产也有许多人际交往，同样存在许多饮食习俗。

中国传统社会，民分四等职业，士、农、工、商。新安人家历来以农为本，虽然也都以士为高，但却并不轻贱工商。尤其是在徽州，徽商的鼎盛，正是得益于观念的突破。“读书好，营商好，效好便好；创业难，守业难，知难不难”，徽人已将“士”“商”等观。至于工匠诸行，新安人家普遍认可“三百六十行，行行出状元”。比如淳安、建德，经商者不多，但匠人却不少。“邑人所业手工，若成衣、竹木、泥水、雕刻、铜铁诸业，皆甚发达”“大墅人能制箬帽，桃源凌家人能编草席，几为专业”。[②]

“家有万斗粮，不如一技长。”“卖田卖地，不卖手艺。”新安人家一些农户子弟，十二三岁即拜师学艺，砖、木、石、竹、棕、铁、银、裁缝、剃头、油漆、阉割，可谓行行齐备。拜师日子多在正月，父母物色并确定师傅，请人“搭桥”商定，择选吉日良辰，挑上拜师箩担，前往师傅家中拜师。箩担之内盛有拜师礼品，通常是四斤猪肉和四斤面粉，另加一个专备果子包。师傅也给回礼，通常就是红糕二包、猪肉四两。

拜师要请师傅吃“拜师酒”，出师要请师傅吃“谢师酒”。从拜师到出师，一般学艺期限，前后三年。三年期间，师傅只供饮食，不付工钱。既为学徒，自当吃苦耐劳、勤奋好学，还须恪守礼数、殷勤从师。正如俗谚所云：“师傅先吃饭，徒弟先放碗。师傅空手走，徒弟背斧头。”长年日常就餐，徒弟不得抽烟，不得饮酒，而要处处留意，适时为师傅斟酒、舀饭、递烟、端茶。徒弟吃饭夹菜，宜“细”（少）

① 王振忠：《从民间文献看清代以来的徽州甲酒》，《新安》2013年第3辑（总第7辑），第7页。
② 方才：《一方水土》，中国文史出版社，2017年，第112页。

忌“粗”（多），吃饭速度宜快忌慢，务必要在师傅放碗之前吃好。如果师傅已经放下碗筷，徒弟居然还没吃完，那就被人视为“失礼”。徒弟必须手脚勤快，上工之时，主动背负工具；休工之时，迅速收理工具。平日也要适当帮着师傅干点家务私活。

一日为师，终身为父。拜师之后，每年三个节，即春节、端午、中秋，徒弟要给师傅送礼，俗称“端时节”。正月更要上门给师傅拜年，就像家里小辈给长辈拜年一样。师傅过世，师娘尚在，节礼照旧。徒弟结婚，家有喜庆，要请师傅坐于上位，好生款待，以示恭敬有礼。

徒弟出师，手艺学成，也就成了工匠，替人上工，以艺立身。新安人家，民风淳朴，对待教书先生、工匠师傅和商店老板，历来都很尊重，招待特别客气。每当雇用工匠上门做事，东家就尽其所有，热情招待，就像善待上门客人一样。敬烟、上茶，糕点、瓜子糖果，如果家中有些水果、干果，也都会摆上八仙桌，请师傅享用。这就是新安人家“省嘴待客”的习惯。

雇佣工匠的早餐，大多食用干饭。有的地方采取“煮粥捞饭”的方式，既备了粥，又做有饭。一般都有四盘炒菜：炒鸡蛋、炒鲜菜、炒鲜瓜、炒黄豆，或者炒花生。工匠吃饭都由家里男人陪侍，妇女小孩都不上桌。等到工匠吃过之后，家里老小才开始吃粥，有的干脆撤到厨房灶头去吃。中午工匠用餐，一荤三素四大碗菜，另加一碗羹汤。晚餐的饭菜与中餐大体相同，另加冷盘酒菜，同时备有酒水。过去一般都用自家酿造的糯米酒酿，滤去酒糟，大碗上桌。工匠桌上吃饭，相对普通农夫似乎多点规矩，吃菜忌“粗”，不可贪多。比如吃肉，俗话说：“一块先生二块匠，三块四块打工匠，五块六块不像样。”

不过，一年四季，无论冬夏，家有木匠、砖匠上工做事，除了三餐饭菜之外，正上午与正下午，都要分别添加一次“点心”，近似于当今时行的“茶歇”，俗称“上饾”和“下饾”，或称“上昼”和“下昼”。也就是说，上工匠人的饮食不限“一天三餐”，而是“三加二”的模式。

筑屋建房必须雇请多行工匠，无论开工酒宴还是圆工酒宴，各种工匠都会聚集一堂，同时还有亲戚朋友参与其中。在这样比较特别的场合，东家除了做好饮食方面的一切准备，尽力保证大家吃好喝好之外，筵席座位的安排也事关礼仪，不可大意，务必要符合当地当时的习俗。

开工酒宴，又称开工福。依歙县旧俗，早待鸡子茶、肉丝面，晚设“九碗四”

或者“六碗六”宴席，讨个“九子十三孙”或“六六大顺”的彩头。木匠居于首席首座，其后依次为砖匠、石匠、铁匠、竹匠。诸匠之下，先是朋友，后是亲眷。

圆工酒宴，又称圆工福。依歙县旧俗，晚餐设上“八碗八”或“十碗十”宴席，讨的是“八卦吉象”或者“十全十美”的彩头。首席依次是木匠、石匠、竹匠，二席依次是砖匠、铁匠，其余座位方可酌情安排朋友、亲眷。①

总体看来，开宴入席的时候，一般都以木匠为首，其次为砖匠、石匠、铁匠、竹匠，但是也有些地方平常都习惯以石匠为首。这就讲个入乡随俗，不能强行一致。

新安人家对待工匠的热情态度与种种礼数，是在长期的社会交往和生产活动中自然形成的，这当中包含着他们对劳动与技术的尊重。如果再说透彻一点，新安人家在长期的生产生活中早已真切地体认到了一个人生的真谛：人与人之间，应当相互尊重。正因如此，他们对待工匠是这样，他们对待同行也是这样。

新安人家基本都以务农为业，每至农忙季节，往往需要相互换工，或者特地请人帮工，不管换工还是帮工，只要自家“请”了别人做事，他们就会像招待工匠一样安排饮食尽到礼数。举个例子，春耕春播春种，关系全年收成。每到开秧门的日子，农户请人帮工，往往杀鸡宰猪像办大事。平常的早餐，有谁会喝酒呢，但是开秧门的这天早上吃饭时，东家不仅在帮工面前摆上咸鸭蛋，②还会给他们每人盛上一大碗糯米酒。帮工中有一位年资较深、插秧较快的称作“秧头”，大家总是让他坐在八仙桌的“上横头”，总要让他开口喝上第一口酒，让他最先敲破桌上的咸鸭蛋。③这些规矩无疑是体现了农民对生产技术的推崇和对劳动能手的敬重，当然在更深的层面上也反映出农民对春季莳秧、秋季收获的极度敬畏。

（二）

按照礼俗，新安人家的人来客往常常要带礼包。礼包，俗称果子包，多为茶点食品。礼品档次高低、数量多少，既看各人习惯上“出手大小”，更要依据各种具体情况而定。每年三个重要的传统节日，小辈照例都给长辈送礼，俗称“端时节”。礼品多见鱼肉酒糕，盛在竹编的时节篮和木制的礼品盒中，上面覆盖一块新簇簇的

① 《歙县志》，黄山书社，2010年，第1121页。

② 有些地方开秧门早餐不用咸鸭子而用盐茶鸡子，民间传有俗话调侃说：“不吃鸡子苗要死，吃了鸡子壮谷子。”

③ 沈伟富：《风俗漫谈》，天津古籍出版社，2008年，第139页。

毛巾，毛巾上面放有一张红色纸条，红纸条上再压一根小小的柏树枝。未婚女婿上门做客相对更加讲究，按照常规须送“四色礼”，如果讲究意诚礼重则送饭箩礼担。

当今乡下时兴的“四色礼”是鱼、肉、烟、酒，不少的人还只是用四个红包包钱顶替，分别写上“鱼、肉、烟、酒”的字样。旧时新安人家不兴如此轻率，四色礼必须是实实在在的四样食物：鱼、肉、包、饼。鱼是两条，肉是两块，意为好事成双；包、饼适量，也得双数。饼寓“平”意，包寓“发”意，如果用糕代包，则寓“高”意。“四色礼”算是约定俗成的礼节规格，如果愿意提高一个档次，那就是“饭箩礼担”。“饭箩礼担”就是用一担饭箩挑送礼品。既用饭箩挑送，饭箩担里除了常规“四色礼”，额外还会添加一些礼物，大多也是食品，比如米酒、香油、食糖、鸡蛋、茶食……无论多少，都取双数装入饭箩。

“果子包”也好，“四色礼”也好，“饭箩礼担”也好，都是敬老礼尊之俗，而“三套茶”“请酒吃饭”则是主人待客还礼之俗。

大凡春节至亲来往、婚嫁招待宾客、尊长寿诞庆贺，以及贵客专程来访等，新安人家通常都在酒宴开席之前先行“三套茶”的高档礼俗。所谓“三套茶”，简单地说，是指以清茶、甜茶、鸡子茶为合成套餐的一种餐饮模式，多用于早上至午前的接待场合。具体地说，第一套所谓清茶，多用有盖有托的小瓷碗冲泡优质绿茶。客人一到，敬烟上茶，安排落座，招呼选用八仙桌上果盘所盛各种果子糕点，糕点盛于红漆果盒，果盒分成若干小格，分别盛放麻酥糖、寸金糖、云片糕、芙蓉糕，以及蜜枣、柿饼之类。因有果点佐茶，故又俗称“果子茶”。食用茶点之时，双方热情交谈，片刻之间，厨房就会送上第二套甜茶。所谓甜茶，实际是指莲子汤、桂圆汤、荔枝汤、枣栗汤、银耳汤之类，通常盛以小碗，配以汤匙。主人总是热情招呼：“趁热吃，别客气。”其后，便是第三套鸡子茶。鸡子茶有甜有咸，甜的俗称“鸡子滚水”，是将三个鸡蛋打进开水煮熟，然后加入砂糖。咸的就是早已煮好的五香盐茶鸡蛋。在一大碗五香盐茶鸡蛋摆上桌面的时候，主人都会为客人再次续茶，伸手给客人面前递上两个鸡蛋，并且随手就会敲破蛋壳剥开鸡蛋，殷勤地劝请客人饮茶吃鸡蛋。由此可知，“三套茶”其实是三道饮食。在此之后，主人就会送上一碗盖浇面，这就是正式的早餐了。徽州人一般都称这样的早餐为“鸡子茶面”。有些地方关联“三套茶”的早餐也还用酒，比如淳安汾口陆乡，取代“鸡子茶”的就是“鸡子酒”。主人送上一大盘鸡蛋的同时，便有各种下酒菜连同“利市酒”一并上桌，比如猪舌头、猪耳朵、炒猪肝、鱼肉、牛肉、羊肉、豆腐等，客人们可以在吃蛋的同时，酌量喝些酒、吃些菜，为后面的正式开筵做个“准备活动”。无论是吃完“鸡子面”，还是喝过“鸡子酒”，八仙桌照样又会摆上点心果盘，另外再加一些花生、瓜子。这个时候，所有的宾客就可以随意座谈、自由活动，主人家则忙着张罗午间的酒筵。

新安人家待客，多在家中设宴，俗称“请酒吃饭”。宴席菜肴的规格，各地约定俗成，都有不同层次。多以鸡、鱼、猪肉、豆腐、山珍为主，配以炒盘、汤羹以及花生、瓜子、水果等冷盘。下面抄录寿宴席面两例，均是八碗十二盘两点心的规格：

1. 清代康熙年间，西溪南吴氏某人七十大寿寿宴席面：

八碗：鸡炖栗、红烧肉、蹄膀、炸肉圆、醋鳜鱼、海参、银耳莲子汤（甜）、烧蛙干；

十二盘：火腿片、炒猪肝、炒腰花、炒鸡杂、花生、瓜子、皮蛋、海蜇、菱角、石榴、甘蔗段、荸荠；

两点心：冰糖、米糕。①

2. 清代咸丰年间，唐模汪氏某人六十大寿的寿宴席面：

八碗：鱼翅、海参、鸡煨栗、烧蛙干、蹄包、青螺汤、火笋、醋鳜鱼；

十二盘：花生子、瓜子、火腿、猪肝、腰花、鸡杂、皮蛋、海蜇、冰糖、菱角、石榴、猪舌；

在席诸位，先用点心、茶、三鲜面。②

凡是开桌设宴请酒吃饭，无不讲究八仙桌的礼节。八仙桌文化是新安饮食文化的一个重要单元。

首先是席位的安排。走进新安人家的大门，正面总能看见厅堂后边的假壁，上半部挂一幅中堂画和一副对联，下半部则紧靠着一条长形条案，案上陈列有瓶有镜，俗称“东平西静”。条案的前面总是摆着一张大型方桌，两边各有一把交椅。这张家家都有、人人皆知的大型方桌，就是八仙桌。

新安人家平时习惯称厅堂为堂前，堂前既是家庭成员集体活动的公共场所，也是家庭接待宾客的礼仪场所，自然也是饮食文化的演绎场所。在如此重要的场所之中，八仙桌无疑就是人际活动的枢纽、接待礼仪的模本和饮食文化的展台。

---

①《西溪南镇志》第18章《民俗·人生礼仪》，黄山市徽州区西溪南镇志编委会编印，2020年。

②《黄山市徽州区志》下册，黄山书社，2012年，第950页。

大凡一个正常家庭，不免有些人来客往，既有人来客往，也就少不了宴请招待。新安人家每逢男婚女嫁、生日寿诞、建房乔迁之类喜庆大事，总有亲朋好友闻讯或者应邀前来道贺庆祝，为了热情款待亲友宾客，以完答谢礼数，主人家总会不惜财力办好筵席。筵席规模根据实际情况而定，少则三五桌，通常十几桌，多则数十桌。无论规模大小，只要用上八仙桌，人们就会关注“上横头”的席位，就会讲究座次的安排，讲究安席的规矩。所谓“上横头”，指的是八仙桌上边的座位，那是全席座次安排的关键所在。稍不留意，失了规矩，轻则惹人笑话、致人不快，重则引发纠纷、产生恩怨。

凡用八仙桌设宴，通常八人为一桌，桌的四边各配一条长条板凳，俗称“四尺凳”。平时来客人数有限，只需安排一桌酒席，男客自有男人陪，女客自有女人陪。如果来客只有两位，那么依次坐于上横头，主人和家人坐于下横头，两边座位安排陪客人员，其中左边末位设一“酒位”，负有席上斟酒之责。如果来客有三位、四位，那么上横头、下横头都是客位，客人按照辈分高低、尊卑长幼依次入座，主人和陪客人员则分坐两边。

规模比较大的酒宴，自需较多的八仙桌，新安人家早已习惯以桌数论规模。婚嫁喜宴往往规模较大，自家八仙桌数不够，堂上堂下排不了，就得商借左邻右舍的桌子，就近选定几家厅堂做出安排。无论设在自家厅堂，还是设在邻家厅堂，宴席座次都会同样讲究，丝毫不能马虎。在这种较大规模的宴会上，凡是设宴的各个厅堂都须指定专人现场关照，方能确保座次不乱，秩序井然。

一般中等开间的堂前，如果天井不大，堂前可以摆上四桌。要论席位座次，这里且以坐南朝北的堂前为例。北面靠近假壁的两桌，东头一桌为首席，西头一桌为二席，两桌座次分别都与平日所设一桌相同，即上横头在桌的北边，下横头在桌的南边。南面靠近天井的两桌，东头一桌为三席，西头一桌为四席。三席的上横头在桌的东边，四席的上横头在桌的西边，两桌的下横头当然都在上横头的对面位置。

有的房屋有个老大天井，天井下方两头的过厢面积不小，这就可以在堂上四桌之外增加两桌，这样东头一桌算五席，西头一桌算六席。这两桌的座次要看情况做出两种安排。如果过厢有个门阙通向外院，那么这两桌的座次就可如同首席和二席，上横头在桌的北边，下横头在桌的南边。如果过厢虽大但却没有门阙，那么这两桌的座次分别等同三席和四席，东头一桌的上横头在东边，西头一桌的上横头在西边。

既然天井比较大，只要是天气晴朗，往往就在天井下添加一桌，不过这一桌通常用来安排邻居的眷属小孩，俗称“散席”，所以一般也就不太讲究座次。

各地习俗有所不同，安席也就有所差异。比如绩溪安席即如上述，[①] 下面可以看看淳安模式。[②]

安排一桌客席，基本规则：一是上下左右相对，二是逆时针为序。座位如下图所示：

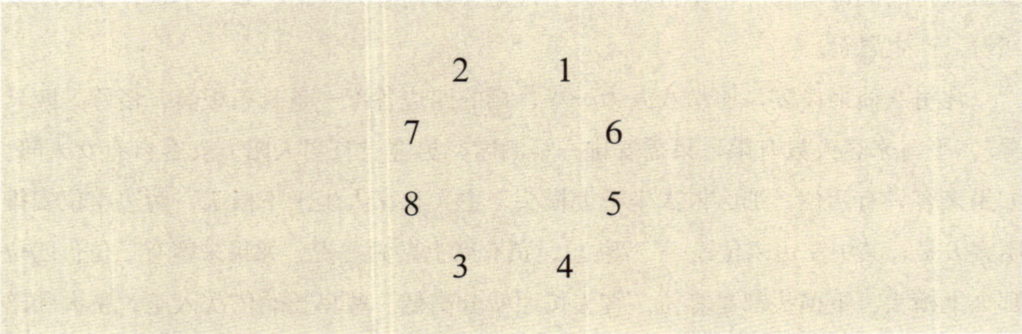

“一品席”二席座位与首席相反，三席座位与首席相同。如下图所示：

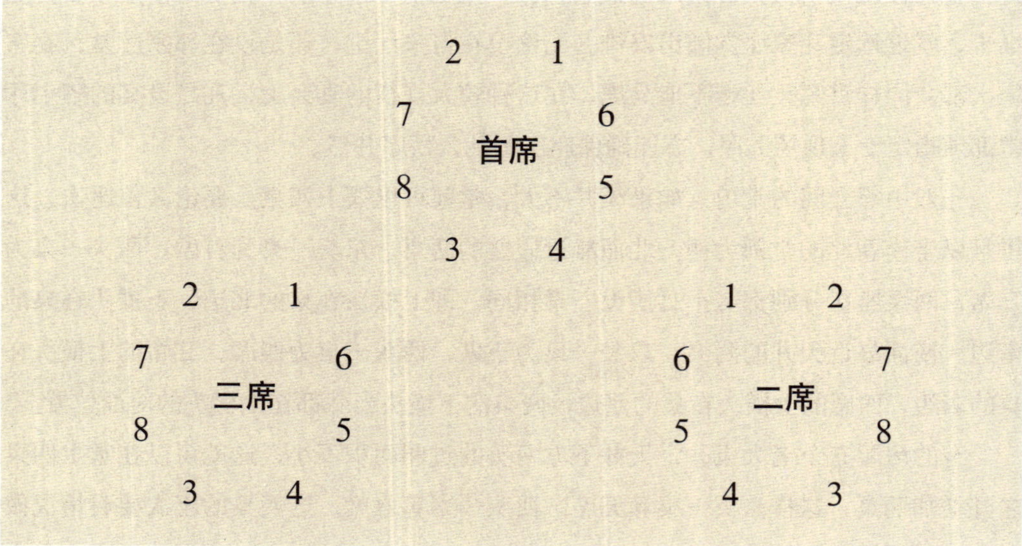

① 洪树林、洪苗：《徽风绩俗》，安徽人民出版社，2018年，第117～120页。
② 《淳安县文化志》第十编《非物质文化遗产》，浙江工商大学出版社，2016年。

“有田席”座位安排，如下图所示：

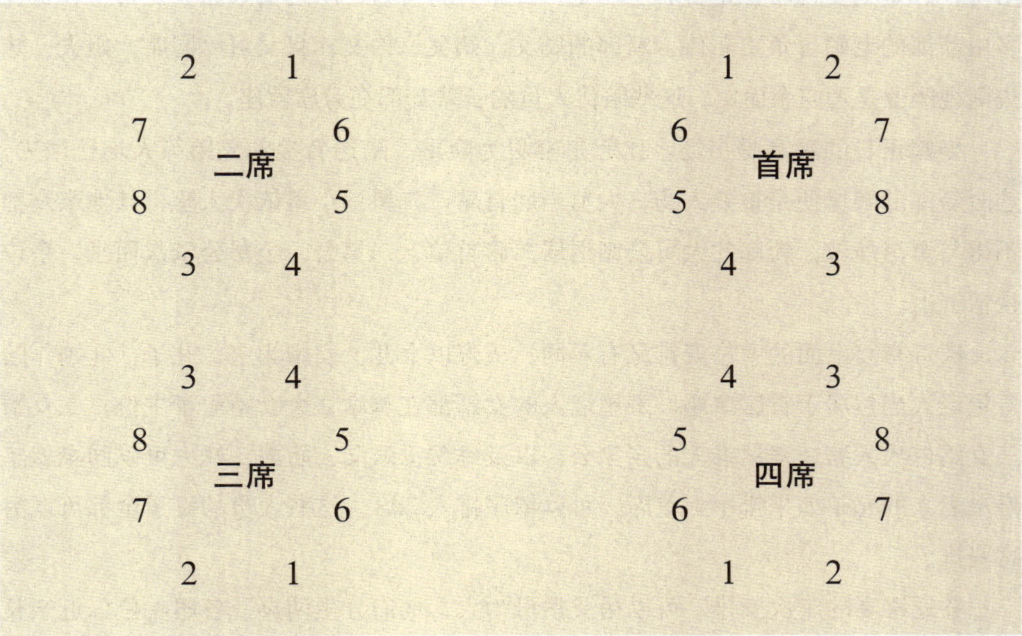

“有田席”座位安排的特点非常鲜明：二席既与首席相对，也与三席相对；三席既与二席相对，也与四席相对；四席既与三席相对，也与首席相对。换句话说吧，无论上下看，还是左右看，座次都是相对的。

规模更大的话，则有五桌的“梅花席”，即在有田席的中间加一桌作为首席，座次如同一桌客席；其余四桌座次如同“有田席”，两两相对。还有八仙庆寿席，虽然略显复杂，也有规律可循。[①]

确定了席位座次，只是有了礼仪模本，真正实现座次礼仪，还得逐一明确宾主各人身份，切实做到“对号入座”，才能杜绝越礼的现象，避免失礼的遗憾。

酒宴席上总的原则是按照男女、尊卑分别设席。通常要讲辈行，不能长幼不分，上下颠倒。但是这也不能简单理解和机械安排，还得特别注意两点，一是要看宴会的主题定位，比如婚宴和寿宴就有明显不同；二是要看宴会的时间安排，比如婚宴的午宴和晚宴也有显著区别。

---

①《淳安县文化志》第十编《非物质文化遗产》，浙江工商大学出版社，2016年。

娶媳成婚的正日午宴，正席是新娘桌，新娘坐首位，并由伴娘及新郎的姑、姨陪侍，婶嫚则要视席位是否有空而定。二席为新舅席，陪送新娘的妻兄弟坐在首位，多由新郎的老娘舅负责陪侍，新郎的姑父、姨父、伯父、叔父可以同席，姐夫、妹夫则视座位是否空余而定，这些陪侍人员的长辈却都在旁席就座。

娶媳正日的晚宴是主场，比起午宴更为隆重。陪送新娘的兄弟等人均已回去，这时新郎的娘舅便是重要人物，大舅当居首席，二舅、小舅依次入座，其他亲友都不得与舅舅争位。新郎的大舅公则退居二席首位，二舅公、小舅公依次而坐，余位视情补上。

庆寿喜宴上面的席位安排又有不同。庆寿以女儿、女婿为主，儿子、儿媳作陪。寿星老人当然居于首席单座，寿星老人的女婿都在首席，大女婿居于主位，二女婿、三女婿依次入席，寿星老人的亲家公，以及姑父、姨父、姐夫、妹夫可以同桌就座，寿星老人的兄弟如果排不上首席，可以依序排入二席。这些人员的妻子全都可以另席安排。

乔迁喜宴的座次安排，可以岳父岳母为大，他们分坐两桌，各居首位，近亲长辈可以同桌，其他亲友另席安排。主宾男女分席，夫妻对应入座，也是安排席位的一个基本原则。岳父既入主席首位，岳母则入女席首位。与此同理，在婚宴上，大舅父居首席首位，大舅母则居二席首位；在寿宴上，大女婿居首席首位，大女儿则居女席首位。

在各种酒宴之上，民间还有一个惯例，那就是：子可以顶父席，父不能替儿席。比如为岳父庆寿，女婿因故不能到席，女婿父亲不能代替，可由女婿的成年儿子顶替。比如外甥结婚，娘舅因故不能到席，可由成年儿子顶替，却不能由娘舅的父亲代替。[①]

后世民间以为“安席”就是安排酒筵席位的意思，其实古代所谓“安席”指的是宴会入座时给人敬酒的一种礼节。由此可见，在酒席上给人斟酒、敬酒，也都要依照座次、讲究顺序，不能因为随便失了礼数。按照排定的座次坐在“酒位”上的人员，原本负有斟酒之责，到了适当时候他会起身离席，按照排定的座位依次倒酒，倒好酒后回到本位落座，大家才会举杯饮酒。一般开席之始，都让上首先喝一口酒，先吃一口菜，然后大家一起饮酒、吃菜。宴席当中，无论是谁给人敬酒，也都必须

① 洪树林、洪苗：《徽风绩俗》，安徽人民出版社，2018年，第117～121页。

依照座次循序守礼，不可任意而为、不循礼序。宴席结束之时，一般情况都等上首起身之后，大家才会站起离席。

上面我们说了宴席上的礼仪，下面应该说说宴席上的饮食。宴席上的饮食历来少不了荤腥蔬果、糕点烟酒。而在后厨的烹饪过程中，主人家又该如何将各种备用的食材变作各种熟制的菜肴，并以冷盘和热炒、大菜和汤羹、点心和主食等各种可供食用的形态，组合成为一种既能依照次序先后上桌、又能最终完整陈列于宾客面前的饮食格局呢？新安人家的酒筵安排和饮食烹饪，几百年来，大体是遵循明代《永乐大典》所载的基本要求，其间当然也会因地制宜、顺时应变，而后在一定的范围之内渐趋于约定俗成，具有当地特有的礼仪规范。

在长期生活的经验积累中，新安人家为宴席饮食创设了各种组合形式，极大地丰富了民间的饮食文化，同时也演绎着民族的传统礼仪。像一品锅、六大盘、九碗六盘、十碗八盘、十碗细点四……[①] 无论是盘、碟、碗、锅，全都讲究荤与素、甜与咸、菜与点的搭配，既能有效调节人们的饮食口味，也都隐喻着大家共同的人生祈愿。

歙县境内分为东、南、西、北四乡，经济基础略有不同。不过笼统地说，民间筵席上的菜肴大致可以分为三个档次。最为起码的一档，通常称作“四碗四”，在四碗下饭菜上桌之外，伴有四盘下酒菜。稍高一档的就称“八碗八”，在八碗下饭菜上桌之前，先请宾客享用八盘下酒菜。档次更高的便是“八碗十二盘”，就是在八碗下饭菜上席之前，先有十二盘点心和下酒菜一块摆上。十二盘中通常都有四个冷盘，如花生、瓜子、海蜇、皮蛋；四个热炒，如炒三丝、炒猪肝、炒肚片、炒虾仁；四个果点，其中两盘是时令水果，两盘是传统糕点。这一档次的八碗大菜，有鸡，有鱼，有肉，还少不了海鲜。常见的八碗大菜，有芙蓉鱼翅、八宝蒸鸡、清炖蹄膀、火腿炖鳖、红焖牛肉、徽州肉圆、黄山焖蛋、干烧全鱼。

休宁县的民间筵席大致可以分为三档六类。一般档次，是“四碗”“六碗”“八碗”。中档筵席，有“四小盘、四大盘”“四冷、四炒、四大菜”。最高档次是“六冷、六炒、六大菜”，与歙县一样也有鱼翅席、海参席、燕窝席等，此档筵席往往还另外加有二至四样点心和果品。

绩溪县境虽然不大，但是民筵食俗却有地区差异。县城一带大致时兴两个档次，

① 新安人家的整套菜肴组合很少用上单数三、五、七，除了一和九两个大数，多用双数二、四、六、八、十。

一个是普通筵席“六大盘”，一个是高档筵席“八碗细点四”。六大盘菜肴的顺序是：清炖全鸡或红烧栗子鸡，炒粉丝，炒三鲜，红烧肉，虾米汤，红烧全鱼。六道大菜之外，通常都会加上一盘印有红“喜”字或红“寿”字的发包。“八碗细点四”有四盘点心、八个大菜。四盘点心通常是马打滚、肉油粿、月酥饺和麻糍。八个大菜依次是：红烧鸡、爆两冬、炖海参、红烧鱼翅、炒黄鱼肚、红烧肉、虾米羹、红烧鱼。

岭南民间筵席的档次也有两种规格：“九碗六”和“十碗八”。“九碗六”有六个冷盘，盛有卤猪肝、卤猪耳、小排骨、桂花肉、花生、瓜子，或者是用花生米、咸鸭蛋、皮蛋、香肠、虾片、海蜇丝，显得相对高档一些。其实这些冷盘往往会因季节的变化而调整，也会因为东家的条件和宾客的身份不同而变化。九碗大菜依次是清炖全鸡、炖猪蹄、炒三鲜、红烧肉、发包、焖粉、萝卜杂烩、虾米汤、红烧鱼。焖粉的做法是，先将米粉炒熟，加入肉丁、笋丁、豆腐干丁，然后焖熟即可。岭南的“十碗八”是在“九碗六”的基础上添加而成。添加一碗大菜，如红烧狮子头；添加两个冷盘，如酱小排、萝卜丝。此外，主人客气，往往还会增加一道点心如八宝饭，增加一道甜汤如银耳莲子羹。①

新安人家盛情待客，酒宴菜肴非常丰盛，如此丰盛的菜肴如何上席？上菜的顺序有些什么讲究，其间又体现出什么样的礼数？旧时一些富家大户，遇有特别身份的贵宾，往往会借着上菜顺序，突出席面上的某些珍奇菜肴，比如说第一道大菜上的是鱼翅，那么这一桌酒席就被称作“鱼翅席”；第一道大菜上的是燕窝，那么这一桌酒席就被称作“燕窝席”。不过，按照大多数人家的习惯，在徽州各地，尤其是注重徽菜的绩溪，大菜先后上桌有个基本的排序，重要的标志就是“上台鸡，下台鱼”。上桌头一道菜是鸡，寓意为“大吉大利”；最后一道菜是鱼，寓意就是“年年有余”。在淳安，在建德，家宴上菜的顺序或许有所不同，但是同样都注重饮食礼俗，注重人生祈愿。在建德，上菜也有约定俗成的基本顺序，“第一个菜是芹菜炒豆腐干，表示清清白白；第二个菜是肉圆，表示团团圆圆。其他的就按荤素搭配，炒煮交错，依次而上，但最后一个菜肯定是大块肉。”② 这大块肉放在最后的意思，也许是说：“吃大肉的好日子还在后头呢！”这就连同“清清白白”“团团圆圆”一起，在菜肴上桌

① 邵之惠、洪璟、张脉贤：《徽菜》，安徽人民出版社，2005年，第21～23页。
② 沈伟富：《风俗漫谈》，天津古籍出版社，2008年，第84页。

的次序与组合之中，不仅体现着主人待客的诚意和善意，同时还体现出饮食文化和礼仪文化的丰厚底蕴。

新安人家的酒席上面，很少见到行令助兴，倒是常见划拳，或是猜拳行酒。按照习俗，划拳都出右手，如果左手出拳，轻者是开玩笑，重者是不礼貌。准备出拳时，先戴一个帽，随即同时出拳。最简单的是双方同时喊一声“拳啊”，或者是“来啊”。比较流行的是喊“全福寿啊，福寿全啊”。“全”与“拳”谐音，意味着饮酒猜拳添福添寿。也有一些流传下来、感慨人生的喊法，像“人在江湖漂啊，哪有不挨刀啊”。另外，帽子喊法还要看双方关系，跟长辈划拳，头声要喊“一鼎敬上”；跟平辈划拳，可以喊声“哥俩好啊”；如果表示祝贺，则喊一声“一鼎恭喜”，如此等等。

各人出拳的指数从零到五，出指方式约定俗成，如果出一个，用大拇指；出二个则是大拇指和食指组合；出三个便是中指、无名指和小拇指组合；出四个就是除大拇指外伸直四指；要出五个则五指伸直张开；五指攥成拳头就表示出零。一不小心出错指法，当场就会被人笑话。

双方出拳同时，各人喊个数字，谁喊的数字正好是双方所出指数的和，谁就算赢，对方就得喝酒。喝酒的方式多种，其一是喝去自己的杯中酒，其二是喝掉另备的一杯酒。还有一种叫“抢三”，即在桌子中间专门摆有三根筷子，赢一次拿一根，输了送回去，拿完三根，对方喝酒。

划拳喊数，也是约定俗成，各地有所不同。常见的喊法，一有“一心敬”“一心桥”“一鼎恭喜”“单刀赴会”,二有“哥俩好”“两家好”“双桥路”“二嫂过关”,三有“三星高照”“三顾茅庐”“三元及第”,四有“四季发财”“四方来朝”,五有“五魁首”“五状元”,六有“六六顺”“六六大顺”,七有“七个巧”“七巧手”,八有“八仙过海”“八仙手”,九有“魁九”“九阳仙”,十的喊法有“十全十美”“全福寿”“满堂红”“全都有”“统统到”，零的喊法有“平拳一对”“元宝一对”等。[①]

划拳以助酒兴，气氛更显热闹，但是限于一些非正式场合或小型聚会，大型聚会即将结束之时，也有少数亲友意犹未尽而乘兴为之。真正庄重的宴席上通常不便划拳，否则被视为不雅。

最后，我们不能忘了新安人家餐桌上的一些饮食禁忌。

---

① 沈伟富：《风俗漫谈》，天津古籍出版社，2008年，第30～32页。

上了酒席，先喝酒，后吃饭，这很正常，但是不能吃饭之后又喝酒。民间以为“饭在酒上”即是“饭上”，意谓“犯上”，这叫大小不分、严重失礼。如果父母健在，则为“大不敬”。喝完酒、吃好饭，不要在席上高谈阔论、评是论非，更忌剔牙、抠鼻、掏耳朵，甚至无所顾忌地咳嗽、吐痰。如果有人想要提前离席，则须恭敬地与上首告辞，简单说明理由，跟全桌打声招呼“少陪了，请慢用”，并在起身之时用手按住板凳头，提醒自己的同位“您坐好”，随后再跟主人告辞。切忌负气离席、不辞而别，导致人人猜疑、满座不欢。

只要桌上有人未放碗筷，主人家不能提前收拾桌面。饭后只要客人没有走完，抹桌收拾就要注意方向，尽量抹向自己身边，切忌随手向外乱抹乱撣。

另外，沈伟富《风俗漫谈》、方才《一方水土》都还记载有筷子禁忌：“通检相关风俗事类志，禁忌一说，自古通行，尤其以语言禁忌最为普通。……而饮食禁忌中，尤以筷子禁忌最具中国传统风俗文化之特征。”“自古相沿的用筷十忌：一忌迷筷，即举筷不定；二忌翻筷，即用筷翻菜挑菜；三忌刺筷，即用筷当叉戳食；四忌拉筷，即用筷拉撕口中鱼肉；五忌哭筷，即用筷子捞取汤中食物；六忌剔筷，即把筷当作牙签挑剔牙缝；七忌吸筷，即用筷蘸取汤汁吮吸；八忌供筷，即将筷子直插碗中；九忌敲筷，即用筷子敲击饭碗饭桌；十忌指筷，即用筷子指点别人说话。”[①]注意这些举止，有利文明养成。

第三节　新安饮食与岁时习俗

在生生不息、千载相继的历史岁月中，新安江流域曾经迎来一次又一次的移民潮，渐渐形成既有全国普遍性又有地域特殊性的岁时习俗。由于山水风物的孕育和宗族文化的熏染，新安人家有着太多的时节、太多的祭祀、太多的神会、太多的习俗。正月初一是春节，十五是元宵节，二月二是土地节，三月有清明节，四月有立夏节，还有初八浴佛节，五月有端午节，六月有六月六、安苗节，七月十五是中元节，八

① 方才：《一方水土》，中国文史出版社，2017年，第113页。

月十五是中秋节，九月初九是重阳节，十月十五是下元节，十一月有冬至节，十二月初八是腊八节，二十四是小年夜，三十晚是除夕——显然这是一个并不完全的罗列。祭神之俗，那也是名目繁多，像影响广泛的祭神农、祭社神、祭土地、祭城隍、祭财神、祭灶神、祭汪公、祭二王等已是难以尽数，其他各地不同的祭山祭水祭先人，那更是不胜枚举。至于庙会，堪称新安人家民俗之盛，像花朝会、太子会、雷公会、保安会、赛花台、花灯会、滚瘟车、拍寒山、火把会、三元会、善会、祠堂会、呼猖会、五猖会、观音会、玉帝会、关王会，等等。如果我们顺着新安江水走上一趟，盛行各地的民间庙会令人目不暇接。比如建德：二月二李村祭祖抬台阁，二月初八劳村祭祖庙会，二月初十寿昌迎神赛会，三都二月半祭祀庙会，新叶三月三祭祖庙会，七月三十日大慈岩庙会，十月半乾潭村的"万乐节"，十月十八日安仁村的金秋节，还有像宋家的九月半，蒲田的十月二十八，定田和葛塘的十一月初五。①

所有这一切，都曾喧闹于山乡的日夜，激荡过民众的情怀。在《严陵旧事》一书中，我们便能读到与此"旧事"相关而记忆犹新、"其酒尚温"的文字，作者写道："瑶村人很重视民间的两个传统节日。一个是元宵节，做三日三夜戏，闹三个晚上的龙灯……（一个是）七月半，要进行三项活动……意要村民做好人、做好事……高唱三天三夜，以求禾苗大熟，六畜兴旺，百姓平安。"②"童年时代十分单纯，每年只盼两个节，重阳节和春节。桥西镇的重阳节热闹非凡，潘氏宗祠内连唱七天七夜大戏，不是徽帮就是婺帮，台上锣鼓喧天，喇叭嘹亮，台下人头攒动，其热闹场面不言而喻。"③

在如此热闹、如此普遍的时节庆典、民俗活动中，祭祀、娱乐与饮食可谓紧密结合的三大要素。祭祀也好，娱乐也好，哪一样都离不开饮食，甚至离不开饮食平台八仙桌。试看新叶三月三祭祖庙会的场面吧，宗祠里面"摆开十几张八仙桌，桌上供奉着各房供献的祭品，有象征丰收的五谷、瓜果，有象征吉祥的玉器，有烘托祥和气氛的花木等。供桌两旁的木桌上供奉着全猪全羊，猪羊的头上插着状元花，嘴里含着大红橘子。"④再看看绩溪的安苗节。每当村里最后一户插秧完毕，族

① 沈伟富：《风俗漫谈》，天津古籍出版社，2008年，第130～137页。
② 方鸿鼎：《我家在瑶村》，《严陵旧事》，中国文史出版社，2017年，第111页。
③ 方鸿鼎：《漫谈淳北重镇桥西》，《严陵旧事》，中国文史出版社，2017年，第120页。
④ 沈伟富：《风俗漫谈》，天津古籍出版社，2008年，第134页。

长出示“安苗贴”，定下“安苗日”，大家抬着“太尉老爷”巡游田畈，祈求风调雨顺、五谷丰登。这一天，家家蒸发糕、做米粿、磨豆腐，邀约外村亲友来家过节，共祈年熟，有谚曰：“种田种得哭，安苗享口福。”[①]《徽风绩俗》一书饶有兴趣地写道：每遇时节，绩溪岭南十三都人都要做包做粿。这些节日做粿用的粿皮，不是通常拓粿用的面粉，用的是籼米兑入糯米加水浸泡之后经水碓舂成的米粉。包的馅心有豆腐肉泥、老南瓜丝、豇豆角丁等，粿的馅心主要是素菜，像豇豆角丁、笋干丁、萝卜丁。有喝酒的亲友，则以酒佐餐。亲友吃后，主人还赠一小篮带回家。[②]此亦可谓：饮食盛于时节，乡情见于饮食。

（一）

岁时节日的形成与流行必须具备两个因素，一个是节日时间的确定，一个是民俗活动的开展。任何一个岁时节日，既要有确定的日期，又要有特定的活动。岁时节日的确定和流行，反映了自然规律对人生活动的影响和制约，民俗活动的传承和演进又体现出人类社会对自然规律的认识和适应。

民国《建德县志》关于岁时习俗有一段记载：“端午裹角黍，中午饮菖蒲雄黄酒。七月七陈瓜果于庭。中秋节月饼相馈。重阳作枣糕，以新栗裹角黍相饷，曰重阳粽，间有登高醵饮者。腊月二十四夜设糕粿祀灶神。”[③]叙及全年时节，仅就建德而言，这段文字也嫌过简。在此，我们拟就新安人家的岁时习俗，依照节令顺序，做一番全年的扫描，着重考察其中的饮食状况及其文化内涵。

岁时节令，周而复始，下面先以全年最为隆重的一顿晚餐——除夕年夜饭为例说起。

俗话说：“赶忙三十夜，清闲初一朝。”除夕这一天，千家万户都忙得欢。写春联，贴门神，挂红灯，男女穿戴一新。燃岁烛，放鞭炮，拜祖宗，骨肉欢聚一堂。喝米酒，吃年饭，发红包，辞旧迎新，阖家老少，其乐融融。

吃年夜饭正是整个年节的高潮，跟平常的一日三餐相比，特别富有仪式感和喜庆感。除夕的傍晚，首先要在堂前挂起祖容举行祭祖仪式，仪式完成才能开桌吃饭。这一顿年夜饭必定是全家的团圆饭，全家男女老少没有到齐，任何人都不会动筷，

① 洪树林、洪苗：《徽风绩俗》，安徽人民出版社，2018年，第200页。
② 洪树林、洪苗：《徽风绩俗》，安徽人民出版社，2018年，第113页。
③ 民国《建德县志》卷3《风俗·旧习》。

真正有人出门在外实在不能到家，主妇也会在合适的位置给他摆上一副碗筷，用以成全阖家团圆的意愿。这样一来，多数家庭都会在堂前拼起两张八仙桌，一家三代十来口人全都围桌用餐，无论平日怎么随意的家庭，此时也都特别注意长幼的座次。甚至不少家庭还将八仙桌的上座空着，意思是特意把上首席位留给祖宗。至于桌上的饭菜酒水，年夜饭当然是全年最丰盛的一次家宴，鸡鱼肉圆，萝卜青菜，豆腐豆角，清炖小炒，荤素搭配，应有尽有。因为没有外人，自家人随意享用，纵情交谈，所以聊得开心，吃得尽兴。

"春节日（旧历元旦），鸡初鸣，设香案，展拜讫，卑幼以次叩节。"[①] 建德的大年初一早餐，主妇不得下厨，得由主男备炊。这一习俗可能意在增添夫妇之间的一份和谐。其实初一早餐种种所需，基本上已经由主妇在三十晚上备妥。

节令每增习俗趣，饮食总逐岁时新。大年初一早晨，新安人家普遍习惯吃"三套茶"、吃盖浇面。三套茶、盖浇面，常年都是用以待客，唯有初一全家共享，其中自有不同寻常的幸福感。享用头套"清茶"时，一家大小从容闲适，谓之"清清吉吉，人人如意"。第二套"甜茶"，主料多有莲子、板栗、枣子和银耳之类，每人都用小碗盛上，甜汤入口，总会有人夸道"好甜"，此乃寓意"生活美满，甜甜蜜蜜"。第三套"鸡子茶"，每人两个五香茶叶蛋。五香茶叶蛋，俗称金元宝。按照习俗，连吃两个，意味着"财源滚滚，好事成双"。然后就是一碗盖浇面，俗称浇头面、朝头面，又称长寿面，意味是"吃了浇头面，百病不沾边"。浇头菜一般都用豆干丝、茶笋丝和精肉丝炒成，有的还添加一些黄花菜。

新年伊始，新安人家讲究走亲拜年。给长辈拜年的顺序各地多有不同。歙县西乡的习俗是"初一亲，初二邻，初三初四拜丈人。"休宁一些地方是"先舅后岳三姑妈，一一拜到亲友家"。绩溪的顺序大多是：一拜丈人丈母，二拜外公外婆，三拜舅父舅母，四拜姨父姨母，五拜伯父伯母，六拜姑父姑母……如果有两三家亲戚是同村，顺便一次拜过，俗礼不以为怪。如果走拜顺序过于随意，便会被人看作"不识数"——不识礼数，不懂规矩，轻则受到嘲笑，重则影响关系。

拜年所带礼品，通常都是"果子包"，包有各种甜品茶点。"寿昌一带的拜年礼品是蛋糕、京枣、桃酥、芙蓉糕、麻酥糖、连环糕、一口香等糕饼，用草纸包成上

① 方才：《一方水土》，中国文史出版社，2017年，第106页。

小下大的棱台形，一斤一包，取“又甜又高”之意。梅城一带的拜年礼物大多是白糖，也用相同的材料包成同样的形状，取“一年甜到头”之意。”①

亲友上门拜年，主人热情招待，果子盒、盖碗茶、元宝蛋，花生瓜子摆桌上。新女婿上门拜年，先放鞭炮后进门。岳家如果招待吃饭，常让女婿坐于上座，还将菜中鸡碗摆他座前，有的人家还特地把两只鸡腿搁在鸡肉上面。招待其他客人，通常一杯清茶，几色糕点，再上一碗糖汆年糕。送客出门之时，回送一个果子包。俗谓回礼利市，客人不能不要。

拜年一般都从初二开始，一直拜到正月十五元宵节。“元宵过罢，年罢节罢，士农工商，各干一行”。但是各地多有不同，一些地方拜到二月二“龙抬头”，寿昌人会拜到二月初十的庙会为止。新叶人则“拜年拜到三月三”，因为叶氏有三月三祭祖的传统。

既说“元宵过罢，年罢节罢”，那么元宵便是正月里一个重要节庆。因为正月十五是新年第一个满月夜，所以元宵节吃元宵是普天之下共同的习俗，取一个“天上月满，人间团圆”的吉兆。所食元宵，徽州人叫汤圆，建德人叫汤团，淳安人称粉团，方志称“当晚家家和粉团，以荐先祖”。②汤圆也好，汤团也好，一般都是甜馅，或者芝麻，或者豆沙。建德的汤团却有甜有咸，咸汤团是建德的特产，用肉丁、豆腐、咸菜做馅，别处确实很难见到。还有呢，天下元宵普遍都是圆圆的形状，建德人做的汤团却有其独到之处，即在包好馅料之后，随手在收口处捏出一个尖尖的小把子，这还真不知道是何创意、有何来历，诚待日后博识者考释。

到了清明节，要说清明粿。相传清明粿是由北方的青粳饭演变而来。青精饭是用杨桐细叶捣汁染成的米饭，色青而有光。道家所谓青粈饭。古代清明前一天寒食节冷食青精饭，是为纪念春秋时期的介子推。介子推为了逃避晋文公的赏赐，背着老母躲进山林，宁愿被火烧死也不肯回归仕途。出于懊悔与歉疚，晋文公下令全国禁火一天，意在彰显介子推的功德。寒食节的习俗传到江南，青粳饭演变成青团子。青团子是将嫩艾叶捣碎混入糯米粉做成，后来青团子里面包进了各种各样的馅料，于是成为新安人家的清明粿。

---

① 沈伟富：《风俗漫谈》，天津古籍出版社，2008年，第113页。

② 元宵节“当晚家家和粉团，以荐先祖。新妇之家行祭床礼，床坐五男二女，陈设糕汤，谓可以兆子嗣。”当据方志所载。方才：《一方水土》，中国文史出版社，2017年，第107页。

清明包

清明饺

新安人家有清明粿、清明包、清明饺，多用鲜嫩艾叶拌入肉糜、笋丁、豆腐、菠菜做馅。俗话说："清明吃了艾叶饺，一年四季百病消。"乡村农妇还喜欢采集新生马兰头做菜做粿，传说"清明吃一根，到老头不昏。清明吃一夹，到老眼不瞎。"还有山间民众就便取材，采些甜藤、牛蒡等野物拌入米粉做成甜粿，自己食用，也做祭品。

淳安人、建德人的清明粿也是花样繁多，用甜料包成的甜粿，用咸料包成的咸粿；用印模压制而成的圆粿，上面印有各式花纹，当地人叫"印板粿"；做成月牙形、包有肉馅菜馅的粿，当地人叫作"囡梳粿"；用纯糯米粉做成的叫白粿，混些艾蒿做成的是青粿；白粿加上一点青色、红色，或者青粿加上一点白色、红色，便叫花粿；"清明祭祖，当然少不了清明粿，而且花色越丰富越好。所以，对于建德人来说，清明节又是一个粿艺大赛的节日。"①

农历四月初八为浴佛节，又称佛诞节。旧时寺院举行法事，法事结束，布施参加法事的善男信女每人一碗佛饭，有干笋丝、豆干丝和腌干菜佐食，各人自取，不得剩余。此日佛饭就是颇有来历的乌米饭。明李时珍《本草纲目》载："乌米饭乃仙家服食之法，而今释（僧）人于是日以供佛。"②

"四月八，吃乌饭。"新安人家四月初八吃乌饭的习俗由来已久，流传广泛。民

① 沈伟富：《风俗漫谈》，天津古籍出版社，2008年，第118页。

② [明]李时珍：《本草纲目》卷25《谷四》。

国《建德县志》记载，四月八日，建德人造青粳饭相饷，谓之乌饭。相传释迦牟尼的弟子目莲僧送饭救母，“所携畠饭被饿鬼劫去，因改造乌饭相饷”，隐隐寓有孝意。畲客亦有乌饭，乃于三月三日取柴汁和米蒸之，相传其祖盘瓠喜吃此饭也。①

嘉庆《绩溪县志》载，四月初八，民间“造青粳饭，或以饷新嫁女，佐以鸡雏。”民国《丰南志》亦载，“四月之朔，凡新嫁女之家必采南烛叶染糯米，做青粳饭，以馈婿宅，分赠亲友，名乌饭节。”这一天，绩溪人不但自家食用乌米饭，还会蒸制乌米饭团供佛敬祖，馈赠亲友；如果家中有女儿新近出嫁，那么就会送碗乌米饭和两只小鸡，祈求佛力护佑，期盼“早生贵子”。

乌米饭是用乌饭树叶捣汁做成的米饭，颜色青黑，故称乌饭、乌米饭，又称青粳饭。乌饭树是一种山间野生的常绿灌木，每年春天开筒状的花，秋季结有球形浆果，成熟之后颜色紫黑，味道甘甜，为山民喜食的野果之一，笔者儿时放牧，也曾常常采食。② 不过做乌米饭用的不是秋季的果子，而是春夏之交的叶子。嫩叶有股清香味，老叶涩口不好吃。至今城镇上仍有店家制作乌饭麻糍和乌米饭团以应市，不过总还是四月初八这一天销量最好。店家的做法是，利用石臼将洗净的乌饭树叶捣烂，冷水浸泡一天，用纱布过滤去渣，留下叶汁，再将洗净的糯米浸入叶汁，大约一天半天时间，糯米就被染成紫黑色，捞出沥干，放入饭甑内蒸熟，便成了乌亮喷香的乌米饭。乌米麻糍的制作，只需将乌米饭在干净作板上均匀摊开，用一平板压实，然

晒乌米备炊

乌米饭

① 民国《建德县志》卷3《风俗·旧习》。

② [宋]罗愿《新安志》卷2《物产·木果》：“南烛丛生，春晚苗叶红赤，照耀山谷，道家用作粈饭，其色青，故又谓之青粳饭。”于“南烛”一词的解释中说：“据考证，我国古籍所载的‘南烛’指‘乌饭树’。”又有“乌饭树”一词的解释。上海辞书出版社，1980年，《辞海》缩印本，第136页、第75页。

后按照常见规格切成菱形即可。食用时，可在二块麻糍之间蘸些白糖，更觉香甜可口。乌饭米团又是一种吃法，先将糯米粉和水揉成粉团，摘成一个个小面团，做成石臼形，包入豆沙或者芝麻粉加白糖——如果做咸的，馅料一般用肉丁、笋丁拌和而成——再将包了馅料的团坯搓成圆球，滚上用乌饭汁浸泡过的糯米，入笼蒸熟即可食用。蒸熟的乌饭米团紫得发亮，盛入盘里，宛若晶莹剔透的宝石，惹人喜爱。米团入口，润糯绵软，风味甚佳，老少咸宜。

立夏尝新也是一个习俗。农历四月初有个节气叫立夏，标志着夏季的开始。新安乡村中有许多果蔬开始成熟，人们满怀尝新的兴致，有樱桃的尝樱桃，有青梅的尝青梅，没有樱桃、青梅，还可以采食野莓。嘉庆《绩溪县志》载曰："立夏日，切苋菜馅做饼，佐以青梅、朱樱祀祖荐新，谓之立夏荐三新。"歙县则多以新鲜蚕豆、新麦面筋、樱桃或青梅供神敬祖。

新安人家立夏早餐多吃鸡蛋，桂圆蛋、红枣蛋、莲子蛋、茶叶蛋，吃法很多。尤其是茶叶蛋，非常普遍，因为当年的新茶刚刚产出不久，新茶煮鸡蛋，特别清香，味道鲜美。在歙县，在淳安，"立夏日，农家大多做炒面为食，以应节气"。[①] 立夏这天的餐桌上，新安人家普遍可以尝到山笋、蚕豆和苋菜之类时新菜蔬。建德民间有句俗话说："清明不吃粿，老来没结果。立夏不吃笋，老来睡不醒。"立夏吃的笋是一种水竹笋，取自山野，味道清新可口，人们喜欢用笋丁加肉馅做包子、做粉粿，正值农忙季节可以做午餐。蚕豆又称佛豆，鲁迅在《社戏》一文中称之为罗汉豆。这种豆与麦同种同收，颗粒硕大，无论盐水煮食，还是淡水煮食，儿童都特别喜欢。苋菜有红色、青色和花色多种，原本属于普通的蔬菜，只是食用头番苋菜，往往都觉有点新鲜。

据民国《建德县志》记载，旧时还有一种特殊习俗，"商家市苋菜饷伙，虽价昂不计"。[②] 其中有何因由？大概是由于在新安方言中，苋菜的"苋"与商品折耗的"折"、生意蚀本的"蚀"都是谐音，因而深为商家所忌讳。于是不计价格高低，都要购来以供食用。这就似乎意味着，既已让人吃掉苋菜，便会避免折耗与亏本，生意也就可以如己所愿。

---

① 方才：《一方水土》，中国文史出版社，2017年，第107页。

② 民国《建德县志》卷3《风俗·旧习》。

较为特殊的习俗，淳安八都、九都一带，立夏吃冷饭粿汤，利用石臼将冷饭碾过，搓成饭团，置于汤锅，加菜煮熟，随即食用。寿昌、大慈岩一带还在立夏分吃“清明狗”。清明狗，其实是一种形状如狗的清明粿。清明时节做好之后，放在竹篮子里，挂在楼厅隔板下面任其风干，到了立夏之日放入锅中煮透，全家分而食之。据说，最初是因为有人把清明粿挂在梁上忘了食用，直到立夏这天，家中小孩出于好奇爬上梁头，发现篮子里的小狗取来玩耍，家人这才想起清明粿。于是重新煮了全家分享。①

农历五月初五是我国传统的端午节，又称端阳节，也是新安人家非常讲究的一个传统节日。到了端午节，新安人不仅家家插艾草、挂菖蒲、吊荷包、驱五毒，还会踊跃参加跳钟馗、舞草龙、赛龙舟等群体活动。端午饮食与日常不同的就是吃绿豆糕、发酵饼和咸鸭蛋，还要吃端午粽、喝端午酒。晚辈给长辈“端时节”也多送这类食品。旧时有谚语云：“吃了端午粽，棉衣箱里送。”“喝了端午酒，棉袄才送走。”意思是说，只有过了端午天气才会真的暖和起来。

不少新安江人相信，端午节的裹粽子和赛龙舟紧密相关，都是为了纪念战国时期的爱国诗人屈原。当年听说秦军攻陷了楚国郢都，屈原随即投水以身殉国，沿江民众闻讯急忙划着木舟水上寻救，同时抛掷粽子以免鱼蛟吞食屈原。不过也有不少人喜欢在春节前夕包粽子，春节前后气温寒冷，煮熟的粽子挂在竹竿上风干，一两个月不坏，就像春节打制的年糕一样食用方便。

北方的粽子多用苇叶包成，新安人家的粽子是用山涧箬竹叶子包成，有一股好闻的清香。形状就像是肥大的四角枕头一般，中间要用棕榈叶条捆扎两三道。有的粽子一个就用半斤糯米，遇到忙时外出干活，只要拿上一两个粽子就可以管饱。粽子所用主料当然都是糯米，包裹的内料则有多样，诸如腊肉粽、排骨粽、枣栗粽、豆沙粽、红豆粽、高粱粽等，可谓品种繁多。比较特别的是用草木灰滤水拌糯米而裹成的灰汁粽，因为黏性很强，吃起来特别地绵软可口，而且便于较长时间存放，所以深受山民青睐。

端午酒是泡了雄黄矿石的烧酒。雄黄石，又称鸡冠石。正如《白蛇传》传说白娘子喝了雄黄酒现了原形，又如《西游记》所说雄鸡正好降得蜈蚣，人们认为雄黄

① 沈伟富：《风俗漫谈》，天津古籍出版社，2008年，第121页。

酒具有破解蛇毒、虫毒的功用。端午正处气候回暖、五毒将兴的时节，因此为了驱毒保健，大人们午餐饮用雄黄酒，小孩子满脸涂抹雄黄水。

在端午，建德人还有吃“五黄”的习俗。所谓吃五黄，就是端午要吃五种“黄食”：黄鳝、黄鱼、黄瓜、咸蛋黄、雄黄酒。[①] 乡音“端午”即“端五”，食用五黄，驱除五毒——端午节的文化围绕一个“五”字做足了文章。

中秋节与清明、端午，并称年中三大节。秋季三个月，古历称三秋。八月十五日，俗称八月半，因值三秋之中，故又称中秋、仲秋。古人既称仲春二月十五为“花朝”，因称仲秋八月十五为“月夕”，前后遥相对应。古代游子春天出行，秋季当归，家家户户都希望在中秋这一天“人月同圆”，连同住在娘家的妇女也都应该回到夫家过节。如果确有家人在外无法回家过节，晚宴也得为他留着座位、摆上碗筷，以示全家团圆，中秋节，又俗称团圆节。

中秋节正值全年的收获季节，此日的饮食自然比平常更为丰富。建德人中秋喜欢吃粽子，这时候可以打些早熟的栗子用来裹粽，新鲜栗子裹入粽子，果香浓郁，吃过之后饶有余味。婺源人中秋节喜欢吃塘鱼，所谓“婺源人于中秋节之一日，必食塘鱼。塘鱼，系人家辟塘蓄养之鱼。相传塘鱼殆至中秋，脑髓始能充满，人家食之，格外能滋养。私塾学生，对于先生，有送节之礼仪，塘鱼亦为送节礼品之一种也”。[②] 不过在中秋饮食之中，最具标志性的还是月饼。中秋月饼既是美食，又是礼品，亲友之间馈赠月饼，相互祝贺家人团圆；晚辈给长辈“端时节”也必定有月饼。

中秋之夜，天高气爽，圆月当空，当此之时，全家人置酒赏月吃月饼，妇女设案拜月，“如唐人七夕之乞巧然，其次亦必陈老南瓜”。[③] “八月十五月正圆，西瓜月饼甜又甜。敬祈月神多保佑，平平安安又一年”。乡村民谣总能把乡民的人生意愿和盘托出。赏月的赏月，拜月的拜月，有佳酿美酒可饮，有月饼糖点可食，岂不是其乐融融。更有那些少年儿童在户外尽情玩乐，可以随意溜进人家园圃采摘瓜果，俗称“摸秋”，无人嗔怪。有童谣唱道：“圆月光，照当头。圆月饼，咬一口。祠堂背后老屋下，尔躲印藏去摸秋。嬉个够，乐个够，喜气福气摸一手。囡摸秋，团摸秋，

① 沈伟富：《风俗漫谈》，天津古籍出版社，2008年，第119页。
② 胡朴安：《中华全国风俗志》下篇卷5《安徽·婺源中秋风俗谈二》，上海科学技术出版社，2011年。
③ 民国《歙县志》卷1《舆地志·风土》。

摸得家家好兆头。”新婚之家，待育夫妇，则摸北瓜、摸芋头，以期得子之兆。吴梅颠有首《竹枝词》曰：“八月中秋偷北瓜，相逢不当贼来拿。芋头多子亦遭窃，佳贼原非饱自家。”[①]还有乡间童谣传唱那“摸秋”的趣味，说：“摸着冬瓜一身毛，摸着芝麻节节高。”中秋节真是一个特别安宁、祥和、甜蜜、愉悦的日子！

农历九月初九，日称重九，节称重阳。据传早在战国时期就已形成，唐代正式定为传统节日，文人学士携酒登高，赏菊赋诗，大诗人王维一首《九月九日忆山东兄弟》最富情致，传诵千古。

绩溪的重阳节普遍会蒸年糕、打麻糍，佩朱萸囊，饮菊花酒。岭北坦头一带，家家中午都吃芋头焖米粉粿，像胡适的老家上庄至今流传这一习俗。

淳安人也在重阳节用新黍米裹角黍，俗称重阳粽，馈赠亲友，寓有延年益寿之意。另外，也还制作枣糕以孝敬长辈，祝愿长辈健康高寿。

农历十二月，旧时称腊月；腊月初八日，古代称腊日，原是祭祖祭神的日子。佛教则传为释迦牟尼成道日，各大寺院都在此日举行诵经法会，并用香谷杂拌果实煮粥，用以供奉佛祖、分食僧众、布施信徒。宋人孟元老《东京梦华录·十二月》载：“初八日……诸大寺做浴佛会，并送七宝五味粥与门徒，谓之腊八粥。（京）都（中）人是日各家亦以果子杂料煮粥而食也。”[②]

传至民间，喝腊八粥，过腊八节，相沿成俗，包含着熬过寒冬、迎接新春的人文意味。“一九二九不出手，三九四九冰上走”。腊八日在冬至之后，所谓“腊八腊八，冻掉下巴”，在这种天寒地冻的时节，全家老小都能喝上热气腾腾的腊八粥，绝对就是一种惬意的享受。

清人富察敦崇在《燕京岁时记·腊八粥》详载北方腊八粥的制作材料，说：“腊八粥者，用黄米、白米、江米、小米、菱角米、栗子、红豇豆、去皮枣泥等，合水煮熟，外用染红桃仁、杏仁、瓜子、花生、榛穰、松子及白糖、红糖、琐琐葡萄以做点染。”[③]南方新安人家的腊八粥，有甜的，也有咸的，所用食材极为丰富：豆类有黑豆、黄豆、红豆、蚕豆，米类有糯米、大米、小米、玉米、薏米，菜类有白菜干、苋菜干、蕨菜干，豇豆干、南瓜干，另有新鲜的芋头、山芋，讲究一

① 《新安》2015年第1辑，第21页。
② [宋]孟元老：《东京梦华录》卷9《十二月》，《四库全书》本。
③ 富察敦崇：《燕京岁时记·腊八粥》，《辞海》缩印本，上海辞书出版社，1980年，第1517页。

点的会加有腊肉。甜粥除了豆类、米类，另外加有板栗、红枣、莲子、桂圆之类干果。吴梅颠《竹枝词》："腊月八日为腊八，家家煮粥色烂斑。杂投菜果和麻豆，大碗盛来最好看。"[①] 歙县西乡《丰南志》载："腊八，萃一年田园所入之米、豆、干菜，和以煮粥，互相馈遗。革去佛七宝五味之侈，而寓积蓄御冬之意，以鼓吹农作，蓄意良深。"[②]

腊八粥的煮制比较费工、费时、费柴。腊月初七的晚上家中主妇就开始忙碌，米料要洗要泡，干货要用水发，豆料需要精挑细选，果类也得剥壳去核。所有食材的准备都要赶在上半夜完成，临近夜半时分就得汇入一大铁锅，开始需用大火烧开，滚个几滚之后，改用小火慢煮，一直煮到第二天清晨。到了早餐时候，首先是用此粥供神祭祖，紧接着馈赠邻居亲友，然后全家上下尽情享用。新安人家的腊八粥普遍都用大锅煮制，全家老少往往接连吃上好几个早餐。如果吃了三四天还能有所剩余，那就被视为利好兆头，意味着家庭富裕、年年有余。

历来民谚有云："过了腊八就是年。"喝了腊八粥，又一个年节的大幕就已拉开。放眼看看，腊月二十四的小年在望，大年三十晚的除夕在望，新年新春的脚步声越来越近，新安人家不约而同地兴奋而忙碌起来，飘荡在乡村烟火中的年味也越来越浓。

（二）

新安人家历来生活俭朴、饮食简单，但是每逢岁时节令，他们总会想方设法，张罗各种饮食，烹制诸多美味，尽量满足全家老小一饱口福。他们总会早早做好准备，热情款待往来亲友，一切应酬也都约定俗成。他们总会遵循朱子家礼，供奉酒肴果品，虔诚祭祷祖宗神灵，祈盼得到先人福佑。特别是一年一度的春节，即将结束一年的辛苦操劳，又将迎来一年新的日子，这在人们的心目当中，积蓄了最为丰厚的记忆与体验，集聚了最为殷切的情感与期盼，因而也就显得异乎寻常。宋代王安石的《元日》诗脍炙人口："爆竹声中一岁除，春风送暖入屠苏。千门万户曈曈日，总把新桃换旧符。"为了辞旧迎新，欢度春节，一旦进入腊月，尤其过了腊八，新安人家就会忙得那个"不亦乐乎"，总觉得有好多好多事头要做，有好

① 《新安》2015年第1辑，第21页。

② 民国《丰南志》卷1《舆地志·风土》，黄山书社，2017年。

多好多年货要办。①

这里可以看一个现成的实例。绩溪人洪云卿一直在浙江兰溪做生意，抗战期间店坊被日本飞机炸毁之后，举家十八口只得回乡避难。这一年的春节，虽然经济条件不很如意，但是为了全家回乡团圆过个好年，也为年后亲友来往做好必要准备，他经过反复盘算，开具了一份年货清单，交付家人分头置办。现将他的这份年货清单抄录如下：

南瓜子10斤（自有7斤，购3斤），葵花子5斤（自有），花生20斤（自有），蜜枣、小红枣各10斤，板栗10斤，荔枝、桂圆各5斤，玫瑰酥20斤（包），山核桃50斤，白糖10斤，砂糖5斤，冰糖2斤，水果糖15斤，银鱼1斤，海蜇2斤，干贝1斤，虾仁、虾皮各1斤，绿笋10斤（已备），红绿丝各1斤，菜籽油20斤（已备），麻油5斤，火腿2只（已备），烧酒10斤，自酿水酒和黄酒各20斤。以上各项，由明寿腊月20前办齐。

自宰猪一头，鸡6只（自有4只，购2只），另买猪肝3个，猪肚1个，鲜草鱼10斤，鲜鲤鱼1条（1斤以上），牛肉10斤，牛肚一个，羊肉5斤。此亦由明寿年前办妥。

自做豆腐4榨，其中2榨油煎豆腐，半榨做豆腐干，半榨做水渍饼。请人熬清糖4锅，制作徽饭麻糖4箱，烤谷麻糖和谷花麻糖各2箱，麻片1箱，所剩清糖制作墩糖。自抽酱油1锅。以上各项，由惠卿和秀兰共同办理。

民国三十一年腊月丙寅日，云卿记。②

---

① 清代歙县传有一份无名氏《日用手册·年货俗套》，凡年货种类，包括食物记录如下："棒香、盘香、条香、籂香、红表、黄表、青表、绿表、黑表、白表、联纸、正炮、串炮、百子炮、天地炮、孩儿炮、祁门炮、绩溪炮、正三张、五张、流星、烟火、花炮、风筝、桃符牌、利市、门神、江西瓜子、汴梁瓜子、红枣、蜜枣、南枣、北枣、栗子、建莲、福建栗、宁国栗、徽州栗、荔枝、圆眼、锡箔、古式杭州箔、建纸、花笺、灯纸、锦纸、核桃、百子糕、蓼花生、潮糕、云片糕、云片锦糕、状元糕、金花巧饼、麻糖、白糖、片糖、冰糖、蔗糖、薄脆酥糖、冬瓜丁、乡元条、橙丁、乡元片、姜丝、水渣饼、橙饼、桂圆、一匚香、榧子、橄榄、柿花、寿字饼、老饼、沉香饼、酥油饼、桂花糕、五香糕、岩寺糕、火炙糕、夹砂糕、白片糕、蜜云枣蜜糖、麻片糖、凉糖、响糖、水晶糖、麻坦糖、砂糖点心、包子、索粉、索面、灯草、胡椒、酱油、鸡蛋、皮蛋、青油、菜油、麻油、豆油、猪油、海蜇、虾米、醉蟹、银鱼、猪首、腊蹄、鱼肚、海参、燕窝、肚肺肝肠、鹰爪虾、螺蛳干、灯笼、笋榖、苏锣、班鼓小钹、大锣、帖钹、参钹、箫笛、喇叭、拍板响、盏纱灯、珠灯、琉璃珉角、走马鼓儿。"

② 洪树林、洪苗：《徽风绩俗》，安徽人民出版社，2018年，第113～114页。

当时洪云卿经商破产回乡，家中尚有七亩水田，属于亦农亦商、小农小商之家，这类家庭在新安江流域相当普遍，因而他的这份年货清单也就具有一定的代表性。这份清单所列年货，有农产品、山产品、水产品，有各种糖、各种果、各种酒，既有需要购买的南北货，又有需要自备自制的多种物品，这都充分反映了当时当地年俗饮食的真实状况。

同时，从清单中还可以看出带有某种地域性的年俗传统。清单中除了相当有限的几件年货如海蜇、干贝、荔枝、桂圆等，需要由当地南北杂货铺购买，其他所有年货都是新安人家自产自销的食品。特别令人关注的是，清单所列的一些重要年事，像自宰肉猪、自酿酒水、自做豆腐、自制酱油，以及聘请手艺人熬糖加工麻糖麻片，这些并不限于绩溪、徽州，而是所有新安人家能做都会尽力去做的年节事务，完全属于新安人家源远流长的传统年俗。

参照上引洪云卿的年货清单显然可见，通常需要办理的年事可以分为三类：一类是依据计划采买置办年货，一类是屠宰家禽家畜以备烹饪所需，一类是自行加工制作乡土风味年俗食品。

办理第一类年事，酌情采买年货，对于城镇居民来说，可以不算什么，只需花钱就行；但是对于深山区的村民，尤其是散落在山坞里、山头上的那些居户来说，可是一件费时费力的事情。他们必须赶在腊月之初、落雪之前，拣着好天气，跑上许多路，去某个规模较大的传统村落，甚而远至大山之外的乡镇集市，用心选购物品，然后背负肩挑，翻山越岭，回到自己家中。比如，旧时歙县的潜口村，因为坐落于五百里黄山的南麓山口，成为山里山外交通往返的必经之地，因而也就成了黄山人采买生活用品和置办年货的重要市场。每年一到腊月，进入年货营销旺季，潜口市的大街小巷，处处热闹非凡，所有老店新铺，家家生意兴隆。距离较远的黄山人，头一天就得起早出门，匆匆赶到潜口，购得部分货物，往往要在市镇住宿一晚，次日继续补充采购，务必要将年货办齐，然后心安意得地满载而归。

第二类年事，难免于烟火气中带有血腥气，但是新安人家既然践行的是“五谷为养，五果为助，五畜为益，五菜为充”的饮食模式。事实上，新安人的日常饮食很少有鱼有肉，但是一旦进入腊月，“磨刀霍霍向牛羊”，宰鸡宰鸭家家忙，忙得特别开心，特别欢快。鸡啊鸭啊鹅啊，种种家禽平时养着只是取蛋，年节将至该宰都宰，三十晚做菜要用的，宰好洗净以后便挂在梁钩上晾着随时可取，其余的或多或少都腌制起来，以备开年之后设筵待客之需。羊肉、牛肉，不是家家都有，也不是家家所需，乡村里往往都能自行调剂，互通有无。鲜鱼是家家必备的，河边江边的人家自不用说，已经早早备齐备足；至于山区人家，不是个个都会捕鱼，更不是家家都能养鱼，怎么办？凡是需要购买鲜鱼的农户，按照习惯都在等着村里养有塘鱼的人家打水捉鱼。打水捉鱼就像腊月里的一场重头戏，年年都会在村前村后的鱼塘里及时上演。打水捉鱼就是先用水车车去满塘的水，然后从塘底泥水中把鱼捞起。到了这一天，下塘捉鱼的人，总得喝上几口御寒的烧酒，趁着兴奋劲儿，双脚在泥水里缓慢地挪来挪去，双手却伺机扑向活蹦乱跳的鲜鱼，一条一条的鲜鱼被他们捉进水桶，拎上塘坝；塘坝上下早已挤满了围观的村民，男女老少，大呼小叫，欢声笑语一片，显得分外热闹。

比打塘鱼更加热闹的是杀年猪，杀年猪在腊月年事活动中具有标志性意义。陆游《北园杂咏》云："林际已看春雉起，屋头还听岁猪鸣。"[①] 诗人听见屋头鸣叫的"岁猪"，可能是年终祭祀要用的牺牲，更有可能是人家过年宰杀的肉猪。俗话说："辛辛苦苦一头猪。"无论平常日子过得怎么样，进入腊月，望见年底，新安人家为了准备餐饮用肉和用油，甚至为了腌制年后需要的火腿，总要杀一头肉猪过年，俗话就叫"杀年猪"。洪家清单所谓"自宰猪一头"，说的正是这个"杀年猪"。

因为时间已近年边，宰杀年猪便很有讲究，似跟平时多有不同。首先是讲究日子，在乡村民众心目中，这个日子具有预兆意义。一般都挑属牛的丑日，或者属马的午日，忌讳属鼠的子日，子日不杀年猪。牛日、马日宰杀一头年猪，来年养猪就能像牛像马一样壮大；与此同理，鼠日杀头年猪，那就非常糟糕，明年的肉猪将会如同老鼠一般很难养大，这对农户来说，势必影响家庭生活。其次，杀猪师傅必须一刀见血，如果需要补刀才能杀死年猪，那就大不吉利——当然这种意外非常罕见。年猪杀倒，放血之后，师傅往往趁手端起接血木盆，用刀撩起一些猪血，泼洒在猪栏门和庭院的外墙上——据说这比过年贴副对联还更有神力，可以护佑全家四季平安。其三，师傅将整个年猪杀好洗净之后，分切肉块之前，首先会把猪头和猪尾巴割下，并把头尾拴到一起，借以象征一头整猪，交付东家妥善存放，留作过年祭祖祭神所需的祭品。

新安人家杀过年猪，总会邀请亲朋好友、左邻右舍欢聚一堂，热热闹闹地吃上

---

① 陆游：《北园杂咏》之七。

一顿“杀猪饭”。这是一种“开放式”“专题性”的家庭筵席，凡是不便留存的猪血、猪肝、猪肺、猪肠等都能烹制成菜。至于猪肉嘛，那还用说，东家总选最好的肋条做成排骨，最好的五花肉用来红烧。在新安人家的全年餐饮之中，恐怕就算这一顿亲友聚餐油水最重，单看那酒桌上的红烧肉，块头都比平时要大一倍！一到“杀年猪”，一吃“杀猪饭”，很容易让人想起梁山泊好汉大碗喝酒、大块吃肉的豪侠之气，也很自然地让人品尝到“真是过年”的人生滋味。

其实呢，吃过“杀猪饭”，新安人家还有大量的第三类年事要做，比如冻米、熬糖、切麻片啦，比如蒸糕、做粿、打麻糍啦，还有磨豆腐、煎油粿啦，酿米酒、抽酱油啦，还有炒苞芦、炒花生、炒豆子、炒瓜子等，总之人们一直要忙到三十晚。到了三十晚那天仍然还得忙，忙着弄好全家共享的菜酒团圆饭，忙着备好大年初一早上的鸡子栗枣茶。

从上述洪家清单还可以看到，做豆腐也是一件不可忽略的年事。按照新安人家的习惯看法，过年过节的菜肴不外乎三大类，一是荤菜，二是素菜，三是不荤不素的菜。不荤不素的菜，主要就是指豆腐。贫寒人家在日常生活中很难见到鱼肉，如要提高一点餐饮水准，首先想到的就是豆腐。“苦是苦，买块豆腐过端午”。这样的民谣便透露着相关的信息。至于年节的菜肴，虽然已经备了鱼、备了肉，豆腐却仍然断不可缺。因为有了豆腐，人们就可以变出不少花样，制作一些老少皆宜的美味佳肴。像洪家清单所说：“自做豆腐4榨，其中2榨油煎豆腐，半榨做豆腐干，半榨做水渍饼。”有了人们喜爱的豆腐之外，利用豆腐制作的油豆腐、豆腐干、水渍饼，都是年节餐饮中备受青睐的好菜。油豆腐比豆腐的滋味更佳，也更便于存放。豆腐干切成丝，跟肉丝、笋丝炒成浇头菜，大年初一的早餐面离不了这个头面角色。绩溪人习惯所称水渍饼，实际就是豆腐圆子，豆腐圆子历来是新安人家的家宴菜，更是大年三十晚的团圆饭笃定不可少的一道菜，难以想象，团团圆圆的年夜饭怎么可能少了圆子呢！

繁忙的年事，不仅是为过年准备丰盛的菜肴，也为最大限度地调节过年的主食，除了常年习惯的饭食之外，还能让全家人享用年糕、糍糕、寿桃粿这一类饶有风味、意蕴吉祥的食品。

所谓年糕，其实就是米糕。前人出门多用米糕作为干粮，民间祭祀常用米糕作为供品。不过新安人家总在寒冬腊月制作米糕，因为这个时候熟制的米糕易于存放，年前节后，人来客往，食用也好，馈赠也好，非常便当。正因如此，米糕的制作和食用逐渐演化为新安人家的重要年俗，所制所用的米糕也就自然而然地被人称作年糕。年糕年糕年年高！

新安人家如何制作年糕呢？作为一种传统的民间年俗，年糕的制作技艺属于群体传承。事实上，乡村里面制作年糕也实实在在属于一种群体活动。每年到了做年糕的时候，好多家邻居或者好多家亲戚相互约定同一个日子，相互帮衬，共同协作，一齐动手，好不热闹！

动手之前，家家都已选好黏性较强的晚稻，碾成精米，浸入清水，泡两天两夜，其间换过两次清水。经过浸泡，米粒发胖，便用手工石磨慢慢磨成水粉。随后准备好铺有滤布的木制榨圈，将水磨粉置于榨圈之中，用布包好，榨出水分。紧接着便用铁支刨刀现将粉饼刨碎成粉，置入大型蒸笼，大火蒸一刻多钟，然后腾出，利用石臼石杵舂个透实。石臼舂粉，最为费力，通常都由男人承担。舂过之后，制成大条，压扁，再用快刀切成小条，扁扁的，长长的，两头圆弧状，看那样子就会觉得很顺人意。已经成型的年糕，只需摊在大型竹笾上晾，晾得比较爽手了，即可收存备用。等到来年正月，无论是用糖氽甜食，还是菜炒年糕，无论自家享用，还是招待来客，都是富有乡土风味的时兴点心。

糍糕，多称麻糍。广为新安人家所喜爱，无论日常食用，还是馈赠亲友，都很称心。在淳安，每当秋收之后，八月十五就有村民打麻糍，有的地方是九月初九打麻糍，有的习惯在十月十四打麻糍，还有的正月十八也打麻糍。打麻糍虽然不是腊月过年的习俗，但是人们在腊月过年时打起麻糍来，情绪最为热烈，气氛最为欢乐。

打麻糍首先是取材，多数人选取黏性较好的晚稻，碾成精米，也有人选取山地粟米作为原料，还有人会用晚稻米掺兑糯米，甚至干脆纯用糯米，增强麻糍软糯的口感。选定原料之后，用水浸泡一至两天，上锅用饭甑或者笼屉蒸熟，然后投入大石臼中，进入最核心的一道工序——舂打米粉。

“要想麻糍打得好，臼上工夫不可少。”无论是用大木杵来舂，还是使用大木槌来打，这道工序都非常费力，需要几个男人轮换进行。所以每年一到打麻糍，可能就是几家凑到一起，邻里之间相互配合。蒸熟的米饭倒入石臼以后，第一个人利用杵棒轻轻试捣几下，好让米饭黏结成团，不再零星散落，然后开始一杵一杵用劲地舂，每一杵都要舂在厚厚的米饭当中，避免大杵直接舂到石臼上。第二个人站在石臼旁边，一手端个小水盆，一手拿个小棕刷，每当第一人舂过几杵之后，就用棕刷蘸水洒在石臼周边，避免米粉团四面沾粘。第三个人干吗？先是站在一边看着，当米粉团越舂越粘，逐渐粘成厚厚一个大团，杵棒难以舂到底部的时候，他便要伸手抓扯面团，用力向着四面拉抻，把圆团拉成厚饼，以便继续舂打。通常需要反复拉抻几次才行。最后便由第四个人收官，他会备好一块大面板，筛上薄薄一层熟米粉，一旦臼里面团舂打结束，马上抱起放到面板之上，趁着余热将面团向着四方尽力摊展开来，摊成大约一二厘米的厚度，并且用手沾水把整个大面饼推摸得平平整整。此后稍待片刻，即可按照当地时行的规格，或者自己喜欢的尺寸，用菜刀切成小块麻糍。更加讲究一点，就在面板上均匀撒好一层拌好的白糖芝麻粉，将舂打好的糯米团铺于芝麻粉上，拓至几分厚薄，再撒一层芝麻糖粉，然后用刀切成两寸见方的麻糍块，便可食用。这种绵软甜糯、散发香味的麻糍，实为老幼咸宜的民间节日食品。

打寿桃粿，也是一个热闹的群体活动。每年到了腊月下旬，一走近新安人家，往往就会听到一种"梆、梆、梆"的敲击声，顺着那响声走去，会看到一个热气腾腾的场面——一群女人围坐在一个特大的竹篮旁，手上握着一尺来长的印模，正在打着过年的寿桃粿呢。竹篮正中摆着一个木头墩子，每当她们将手中印模敲敲木墩，就有一个白花花的寿桃粿落在竹篮上。这些寿桃粿进入笼屉蒸熟了，又一只一只地点上胭脂红。白粿白生生，红点红艳艳，热气腾腾，香气诱人，实在可爱。

记得儿时拿到出笼的"寿桃"，就爱用手轻轻摩挲一阵，总觉得看着比吃着更有味道。仔细端详粿上那线条清晰的寿星模样，心里总会生出几分惊奇，一个面团怎么转眼就能变成这么精致的形象？到后来慢慢明白了，关键在于那"寿桃印"。俗称"寿桃印"，其实就是用乌桕或杨木制成的粿模。木模下端是适合手握的一节把柄，上端三四寸宽的面部深深雕刻出阴文图案，最具代表性的图案是寿桃、寿星。事实上，粿模的图案有各式各样，都是象征着吉祥，这些印模可供打寿桃时随意选用。

要做寿桃粿的时候，先将籼米粉和糯米粉掺和一起，揉成软硬适度的大面团，摘成一个个大小适当的粿坯，填入深深雕刻的木制印模，按照模面将粿坯捺实拍平，然后翻过模具轻轻一敲，面坯也就变为成型的寿桃脱模而出。

寿桃粿本是为祝寿所备、为寿宴所用，但因寓意吉祥、造型美观、贮存便当、食用灵活，因而深受人们喜爱。以致后来无论生儿育女、婚宴喜庆，还是年节馈赠，新安人家都会蒸制寿桃粿以示祝福。

忙过做年糕、打麻糍、蒸寿桃，又得忙着煎糖、切糖、做麻糖。新安人家，尤其是绩溪人，在年前准备过程中，特别讲究煎糖做糖，制作米糖麻糖。“不管有钱没钱，做箱米糖过年”，这首先是为孩子着想。老话就是这么说的：“大人望种田，小孩盼过年。”小孩盼过年，不只是盼着新鞋新衣裤，分明还期盼着那芝麻糖的香甜。何况在大人们的心目中其实也有着不可动摇的年俗信念：“做年糖，过大年，一年更比一年甜。”年前做糖切糖，做的是“过年糖”，既能增添家庭的甜蜜，又能图个新年的吉利，无论家庭境况如何，人们总会为之尽心尽力。

洪家清单就是一个显例，尽管经商破产，但是清单上面写着：“请人熬清糖4锅，制作徽饭麻糖4箱，烤谷麻糖和谷花麻糖各2箱，麻片1箱，所剩清糖制作墩糖。”洪家制作的徽饭麻糖、烤谷麻糖、谷花麻糖，属于同一系列中口感不同的几个品类，习惯上统称为麻糖。其实这些麻糖的制作原料中，芝麻只是辅料，主料都是“冻米”，所以人们又常常称作冻米糖。麻片不在冻米糖之列，因为它与冻米无关，只是纯用芝麻加入清糖制作而成。墩糖也是芝麻加清糖所制，但是又与麻片大不相同。麻片是以黄芝麻或者黑芝麻为主料，利用清糖黏合成为片状即成。墩糖又称矮墩糖，是以清糖为主料，制成又短又粗的圆柱体，表面再粘上一层黄芝麻而已。至于清糖，

交切片

俗称糖稀，就是饴糖，又称麦芽糖，是利用麦芽熬出的米糖、番薯糖、苞芦糖，或者高粱糖。既包含着食用糖的有效成分，又具有比较强的黏合功能，是新安人家制作冻米糖、麻酥糖，以及各种糕点、糖点必不可少的材料。

芝麻糖、炒谷糖、冻米糖、苞米糖、粟米糖，加工制作过程中，又是蒸，又是晒，又是熬，又是炒，又是拌，又是切等等，空气中满满地弥漫着诱人的香甜。这个时候，左邻右舍又开始忙着炒起了瓜子、花生、蚕豆子、苞芦粒等，香喷喷的热浪一阵接一阵腾起，混合着甜美的糖味向着四面八方飘逸，如此氛围着实令人陶醉！新安乡村醉人的年节，赶在鸟语花香的春光之前，早已兴冲冲地来到了人间。

第四节 新安饮食与祭祀习俗

祭祀是华夏礼典的一部分，更是儒家礼仪最重要的部分，《礼记 · 祭统》记载："凡治人之道，莫急于礼。礼有五经，莫重于祭。"[①] 祭祀的法则详细记载于儒家经典《周礼》《礼记》之中。《吕氏春秋 · 尊师》："敬祭之术，时节为务。"[②] 董仲舒《春秋繁露 · 四祭》说得更为明确："四祭者，因四时之所生，孰而祭其先祖父母也。故春曰祠，夏曰礿，秋曰尝，冬曰烝"。[③] 新安人家的祭祀仪式，是在传承华夏四时祭祀礼仪的基础上，普遍遵循《朱子家礼》而践行的具有地域特色的文化形式。比如歙县灵山方氏祠祭日期，族谱明文定于"春祭二月初五日，夏祭五月初五日，秋祭八月十五日，冬祭十一月冬至日"。[④]

（一）

古代举行祭祀的时间，一般都在相应的时节。在各种岁时习俗中，祭祀性节日占有重要地位。大部分传统节日都包含着祭祀性活动的成分。在新安江流域，从春节期间的祭祀祖先、二月初二的祭祀土地神、三月清明节的扫墓挂纸，到五月初

① 《礼记 · 祭统》，《礼记注疏》卷49，《四库全书》本。
② 张双棣等：《吕氏春秋译注》，吉林文史出版社，1987年，第102页。
③ 《汉语大词典》第5卷，汉语大词典出版社，1990年，第815页。
④ 黄山市徽州区呈坎镇灵山村志编委会：《灵山村志》第2章，黄山书社，2020年。

一五猖庙会祭祀五猖、五月初五端午节的祭祀屈原，再到腊月二十四小年祭祀灶神，祭祀性内容几乎渗透于各大传统节日中。

新安人家讲究“奉先追远”，不忘“木本水源”，在当地常年的祭祀活动中，最重要、最核心的总是祖先祭祀。在新安人家的家谱凡例中，祭祖和悼亡的日子，多见于清明、中元和冬至。休宁月潭朱氏，“隆重的大型祭祖活动是在每年的清明、中元、冬至三节举行。”[①] 尽管有人说：“家祠祭先，则以春秋二仲，有举于至日者，则僭矣。”[②] 但是冬至祭先的习俗，在新安人家却是普遍存在。绩溪上庄明经胡氏宗族规定：凡祭祀，春以春分日举行，冬以冬至日举行，高、曾、祖、祢用牲，旁亲用庶馐。一切仪节，谨遵《朱子家礼》。[③]《商山吴氏宗法规条》也明确规定：“祭祖日，取元宵、冬至二节。”[④] 建德人也有冬至上坟祭祀的习俗，跟清明扫墓一样。这个习俗源自山东孟子的故乡邹县。“据说孟子死于冬至日，乡人非常悲痛，于是废除了原来庆贺冬至的仪式，改为对亚圣的祭奠。”[⑤] 另外，有些家族祭祖时间形成自己的惯例，像威坪镇琴溪村王氏家庙自明成化、弘治年后，每年祭祀有四个时间，即清明、重阳、冬至、忌辰。[⑥]

新安人家的祖先祭祀，主要有家祭、墓祭、祠祭、庙祭四种形式。

先说家祭。家祭由各家自主安排。腊月二十四，俗称小年，有些家庭会悬挂祖宗容像于堂前，设置香案供品，迎接祖宗回家过年。也有人家大年三十晚祭祖，《西溪汪氏支谱》载：“除夕挂祖容，每案设香烛，供果子五盘，每宗杯箸一副，夜备酒馔请，封大门，用炮三响。”正月“十三夜，暖容，备酒馔请”“十八日收容，备三牲请（或馔亦可）”。[⑦] 绩溪人汪琴鹤《略谈徽州的祖容、祖像和祖坟》谈到：“各族祖容均由宗祠保管，逢年一展拜。每年除夕张挂遗容于族祠中堂，行封岁礼。此后朝夕荐享，瞻仰祭拜。每夜必焚香燃烛，谓之照容。正月十八朝，行礼谢出。支派

---

① 朱世良：《徽州月潭朱氏》，安徽大学出版社，2013年，第91页。

② 江绍莲：《橙阳散志》末卷载《歙风俗礼教考》，见许承尧：《歙事闲谭》，黄山书社，2001年，第609页。

③《上川明经胡氏宗谱》卷1《新定祠规二十四条》。

④《商山吴氏宗谱》卷1《商山吴氏宗法规条》。

⑤ 沈伟富：《风俗漫谈》，天津古籍出版社，2008年，第129页。

⑥ 原文：“威坪镇琴溪村王氏家庙在明成化弘治年间监察御史、韶州知府王宾的亲自操持下做到了六固定……四是有固定的祭祀时间：每岁清明、重阳、忌辰四祭。”此中既言四祭，行文仅列三个时间，所佚应是“冬至”。淳安县文化志编委会：《淳安县文化志》，浙江大学出版社，2016年，第5页。

⑦《西溪汪氏支谱》，转引自《程灵洗与徽州社会》，黄山书社，2014年，第188页。

与私家之祖容仿此礼仪。”[①] 也有一些人家，到了中元节，便于“中庭设位祀祖，祭品多为蔬菜”。[②] 另外，还有一种家祭形式，即“每逢祖宗生、忌日，设香烛纸箔，备酒饭馔请，不可失记（过百岁者衹请忌日）”。[③]

墓祭则定时祭于祖墓之前。对于新安人家来说，这是非常重要的祭祀活动。新安人家，尤其是徽州人，具有很强的护墓意识。《平阳汪氏宗谱》“家规”云：“坟墓先人兆焉，子孙命脉所由关也。荫树来脉以及山场界段，须加意照管。倘有派下不肖子孙，钻穴窃葬，盗伐荫木，皆以不孝论。或外姓暗侵非占，合族协力同攻，一有推诿徇情，即合族之蠡贼也，立绌其丁。”[④]

“远近祖墓，献岁有谒，清明有祭，霜降送寒衣。自唐宋以来，树者、封者可无失其故物，过墓思哀，人其省诸。”[⑤] 方西畴有首《新安竹枝词》云：“鼓吹喧阗拥不开，牲牷列架走舆台。问渠底事忙如许，唐宋坟头挂纸来。”[⑥] 墓祭一般每年三次，正月初三上坟拜年，清明扫墓挂钱，“十月间有上坟之祀，曰送寒衣，亦感霜露之意”。[⑦] 三次墓祭活动，以清明最为普遍、最为隆重，也最为动人。俗话说：“宁带儿孙挂钱，不带儿孙拜年。”所有新安人家，“是日设果祭祖扫墓，则以前三后七为期。”[⑧]

清人程且硕说：“清明节，新安最重此节。凡子孙虽至贫乏，亦必先半月前具牲醴、肃衣冠，相聚拜于始祖之墓，而后高、曾、考次第展拜，罔敢紊淆。坟茔自晋魏唐宋以来，历历可稽，非若他郡迁徙靡定，不数传而后裔相忘，松楸寂寞，麦饭无人，为可慨也。”[⑨] 民国许承尧《歙事闲谭》也说：“墓祭最重，曰挂钱，亦曰挂纸，举于清明，标识增封也。族祖则合族祭之，支祖则本支祭之。下及单丁小户，罔有不上墓者。故自汉、晋、唐、宋迄今，诸大族世代绵长，而祖墓历历咸在，无或迷失，执此故也。”[⑩]

① 汪琴鹤：《略谈徽州的祖容、祖像和祖坟》，杭州徽州学研究会：《徽学研究文集》，第285页。
② 方才：《一方水土》，中国文史出版社，2017年，第107页。
③《西溪汪氏支谱》，转引自《程灵洗与徽州社会》，黄山书社，2014年，第188页。
④ 祁门《平阳汪氏宗谱》卷1《家规》。
⑤《绩溪县志》卷1《方舆志·风俗》。
⑥ 方西畴：《新安竹枝词》，《歙县志》下册，黄山书社，2010年，第1518页。
⑦ 许承尧：《歙事闲谭》，黄山书社，2001年，第609页。
⑧ 方才：《一方水土》，中国文史出版社，2017年，第107页。
⑨ [清]程且硕：《春帆纪程》，许承尧：《歙事闲谭》，黄山书社，2001年，第258页。
⑩ 许承尧：《歙事闲谭》，黄山书社，2001年，第609页。

祠祭比起家祭和墓祭，具有更大的规模与影响。“奉先有千年之墓，会祭有万丁之祠”。① 旧时新安人家，多见聚族而居，一村一姓，姓各有祠，支派分别，复为支祠。一些历史久远、规模较大的乡村，祠堂林立，气势恢宏。“报本之礼，祠祀为大。为之寝庙以安之，立之祏主以依之，陈之笾豆以奉之，佐之钟鼓以飨之，登降拜跪，罔敢不虔，春雨秋霜，无有或怠，一世营之，百世守之，可云报也”。② 作为宗族制度的物化基础，祠堂成为人们报本祭祖的理想场所。“家崇宗祀，木主列于祠堂，值岁时吉凶大事，不论贵贱贫富，集众子孙，广备牲醴，得以展其孝敬”。③ 祁门善和程氏《窦山公家议》载曰：“正居祠堂，东、西二房不时致奠，每岁除夕、正旦，少长毕集，照次叙拜。各房为首者各备果酒，奠后相庆。”合族祠，“每岁正旦，合族为首者具酒饼致奠。奠毕，分少长叙拜，散饼”。④

各个宗族的祠祭基本都已形成比较稳定的制度。每年农历正月初一，休宁月潭朱氏各门各房子孙都会入宗祠举行团拜。⑤“祭礼尽遵文公《家礼》，各乡小异大同”。⑥ 一切祭品和服役报酬等经费，均在祠产中支付。三节的祭祖，均行“少牢礼”，祭品相当丰盛，以现宰的全猪全羊为主祭品，置于享堂檐口中间两根石柱边的“左猪右羊架”上。⑦ 威坪镇琴溪村王氏宗祠，长期以来的祠祭形成了“六固定”：一是固定的赡茔田、赡祠田，以租谷供禴祠蒸尝、油香之费；二是固定的守祠道人；三是有固定的祭器，包括瓷碗、瓷碟、瓷爵杯、瓷盆、酒壶、花瓶；四是有固定的祭祀时间；五是有固定的祭品，香炉前一桌，摆猪首羊首、猪胛羊胛，以及烛、花瓶、祝版、小香炉，像前两桌，各设五果五蔬、猪羊鱼鹅各一碟、大羹各一碗、玄酒各一爵、饭各一碗，以及烛、黄白纸；六是有固定的祭礼。“祭毕，止许掌祭、陪祭子孙宴饮，怠不与祭者，不许强分胙肉。宴饮之间，勿得喧哗醉舞，违者许宗长究治”。⑧

最后重点说说庙祭。庙祭的主持者往往都是当地的大姓望族。旧时一些望族大姓，还为始祖、始迁祖和显祖举办庙会、举行庙祭，形式更为隆重，影响更加广泛。

---

① 乾隆《绩溪县志》卷首《序》。
② 《潭渡黄氏族谱》卷6《潭渡黄氏享妣专祠记》。
③ 康熙《黟县志》卷4《箴佑论》。
④ 祁门善和程氏：《窦山公家议》卷3《祠祀议》。
⑤ 朱世良：《徽州月潭朱氏》，安徽大学出版社，2013年，第91页。
⑥ 许承尧：《歙事闲谭》，黄山书社，2001年，第609页。
⑦ 朱世良：《徽州月潭朱氏》，安徽大学出版社，2013年，第91页。
⑧ 淳安县文化志编委会：《淳安县文化志》，浙江大学出版社，2016年，第5～6页。

建德劳村二月初八庙会为纪念当地刘姓祖先刘珏，从祈雨庙里抬出刘珏的神像，绕街过巷，来到刘氏祠堂举行祭祀。方圆数十里的百姓前来朝拜，十分热闹。[①]建德新叶的三月初三庙会，也是以庙会之形而行祭祖之实，只是在祭祖活动完毕之后，抬上神像和牺牲游行，然后几家叶氏祠堂同时演戏。[②]淳安东源港、茶园镇一带正月初六、三月初三的庙会，旨在纪念东汉方储的诞辰和忌日，同样具有庙祭活动的性质。会期10天，日夜演戏，商贩云集，盛况空前。[③]

南朝名将程灵洗于“侯景之乱”时捍卫乡土，领新安太守，因为战功显赫，卒后赠镇西将军、开府仪同三司，谥以“忠壮”，配享武帝庙庭。明朝以来，一直享受地方官府春秋祭祀。[④]“世忠庙”就是祭祀程灵洗香火最盛的庙宇。程氏宗族聚居地祁门善和专门立有“世忠会”，用以祭祀这位程氏先灵。休宁率口程氏宗族于元夕前二日“制花灯娱神，凡五日，族人不下六千。出者多良士，归者多贞媛，不以富贵为丰啬，而以礼仪为盛衰”。[⑤]

唐代越国公汪华，生为“太平之主”，死为“靖民之神”，千年以来深受六州民众爱戴和敬仰，[⑥]又屡屡受到历代朝廷的褒奖嘉封，[⑦]春秋祭祀一直列于官府祀典。但是汪华庙会同样也彰显着汪氏后裔祭祖的形式特征。像杭州吴山汪王庙，始建于唐，“春秋致祭，载在祀典”。[⑧]而每年正月十八汪华生辰，凡是汪姓子孙均予参祭。绩溪登源汪华故里专门组织十二社，轮年主持汪华祭祀，“张灯演戏．陈设必备。罗四方珍馐，聚集祭筵，谓之赛‘花朝’。其素封之家宾朋满座，有素未谋面者”。[⑨]歙县的八侯庙祭祀汪华第八个儿子、人称“八郎君”；绩溪磡头七月二十五的太子会、淳安樟村乡十月半的九相公香会，祭祀汪华第九个儿子，其实都是汪华祭祀的扩展。

---

① 沈伟富：《风俗漫谈》，天津古籍出版社，2008年，第131页。

② 沈伟富：《风俗漫谈》，天津古籍出版社，2008年，第131页。

③ 方才：《一方水土》，中国文史出版社，2017年，第117～118页。

④ 万历《歙志》传卷4《勋烈上》，黄山书社，2014年。

⑤ 道光《徽州府志》卷2《舆地志·风俗》。

⑥ [宋]罗愿：《新安志》卷1《祠庙》有汪华传，并附《汪王庙考实》，文称汪华神为“新安之神”。萧建新等：《新安志整理与研究》，黄山书社，2008年，第36～45页。

⑦ 自唐以来，汪王神先后得到9位皇帝15次加封，16次诏令保护其墓祠和王庙。汪承兴：《大唐越国公汪华的历史功绩及其精神遗产》，《大唐越国公汪华文献》，新华出版社，2014年，第2页。

⑧《吴山汪王庙志略·公牍》，胡永吉：《被遗忘的杭州吴山汪王庙》，《黄山市汪华文化研究会成立大会纪念文集》，科学文化艺术出版社，2008年，第41页。

⑨ 嘉庆《绩溪县志》卷1《风俗》。

祭祖仪式

还有，新安江人为唐朝忠烈张巡、许远所立的忠烈庙、双忠庙，“既是对战神等英雄的信仰与崇拜，也是张姓和许姓的祖先神灵崇拜”，这与程灵洗、汪华的祭祀一样，反映了地方民众信仰上的多重性和复杂性。在绩溪，旨在纪念张巡、许远的大年会、保安会，虽是各个乡村轮流主办，但是因为许远是许氏祖先，所以“涧州许氏宗祠追远堂对兴办此会尤为重视，办会的规模、影响居本村三大庙会之首”。[①]在歙县，唐模忠烈庙的祭祀，无疑也带有唐模许氏祭祖的意义。

庙祭相对于祠祭，不只是场所的变动、规模的扩大，更关键的是突破了宗族性，体现出开放性和社会性，祭祀已由宗族习俗扩展为社会习俗。何况新安人家的庙会祭祀，范畴非常广阔，功能非常强大，除了祖先祭祀，还有会社祭祀、宗教祭祀、农事祭祀、时节祭祀等。

会社祭祀，如关帝祭祀。关帝庙遍布乡村，为了祭祀“义薄云天”的关公大帝，民间结有很多会社，关帝会、英义会、崇义会、正义会、叙义会、友善会和复关会等，不一而足。

① 涧州人士：《磡头志》中卷，安徽大学徽学研究中心印行，2002年，第360页。

宗教祭祀，如淳安银塘庄石鼓里二月十九为观音菩萨生日而办的庙会，建德大慈岩七月三十日为地藏王诞日而设的庙会，还有各大寺庙四月八日主办的“浴佛节”庙会。

农事祭祀，莫重于先农坛祭神农。神农氏乃华夏农耕鼻祖，自古立在官方祀典，向来都由官府主祭。民间则似更加务近务实，更为热心于社神的春祈秋报。稍大的村落都有社屋，至今徽州呈坎还遗存一座宋代建筑叫长春大社，匾额上书“春祈秋报”四个大字。社祭要备社猪、社酒、社馒头，祭后分社肉、喝社酒、吃社馒头，还能享用丰盛的菜肴，每次活动都能尽欢而散。“各地均有社祭，以祀土谷诸神……父老中时有饮至杯盘狼藉扶醉而归者”。①

《通俗编 · 神鬼》：“今凡社神，俱呼土地。”② 在民间，除了社屋供奉的土地神，还有土地庙、土地堂也都供有土地菩萨，因为“土有神灵司大化，地无私愿载群生”，能够“保地方之清泰，佑黎庶以平安”，③ 所以同样享受民间烟火祭祀。“二月二日，比户迎福德之神，曰接土地。”④ 农户在堂前设香案，置五祀件，瓶插天竺和柏枝，陈列三荤三素为祭品，三荤即是鸡、鱼、肉，三素惯用朝糕、寿桃、粽子。土地神祭礼自正月十五开始，至二月初二达到高潮，俗传这一天是土地老爷的生日。有民谣传唱道：“二月二，接土地，保佑佗（大人），保佑细（小孩），保佑今岁年成好，保佑爹爹好生意。”⑤

在祁门六都，各家轮流提供祭品，全村父老于二月初二齐集社坛，祭祀土地，祭毕会饮，极欢而散。在歙县沙溪，此日热闹不亚于春节，“里中会次大小百计，是日爆竹之声过于元旦”。⑥ 吴梅颠《徽城竹枝词》吟唱道：“徽州土地老儿肥，朔望开荤受祷祈。接祝生辰二月二，炒香麻豆换新衣。”⑦

建德人祭祀土地神多在土地庙。用只特制的木盆，盆里放一把菜刀，并置祭品四件：一只猪头挂上猪尾巴，用以象征一头整猪；一只公鸡留着三根尾羽，用以象

① 方才：《一方水土》，中国文史出版社，2017年，第107页。
②《辞海》缩印本，上海辞书出版社，1980年，第511页。
③ 引自舒松钰：《古黟钩沉录》，安徽大学徽学研究中心印行，2002年，第187页。
④ 许承尧：《歙事闲谭》，黄山书社，2001年，第609页。
⑤ 洪树林、洪苗：《徽风绩俗》，安徽人民出版社，2018年，第190页。
⑥ 乾隆《沙溪集略》卷2《岁时》。
⑦《新安》2015年第1辑，第21页。

征一只活鸡；一只活鲫鱼用白酒灌醉，以免乱蹦乱跳；最后就是一大块豆腐。将这些祭品置于土地神面前，焚香敬拜之后，再放一通鞭炮，祭礼告成。①

歙西潜口一带有“炒草虫”祭土地的习俗。人们拿将稻草节比作害虫，将冻米、蚕豆比作虫蛹，以油煎蛋比作虫窠，将这些东西混在一起用火炒黄，意在炒灭一切草虫，祈盼五谷丰登。拜祭礼毕，即将“炒虫”撒在案前，顺口念道：“坛里虫，罐里虫，田里虫，地里虫，统统都炒杀，留下一位马面王菩萨。”②

新安人家的时节祭祀可以祭灶为例。灶神祭祀相传为商周时代五祀之一，起初为夏祭，汉班固《白虎通·五祀》：“夏祭灶，火之主，人所以自养也。”③后改为腊祭。民既以食为天，供奉祭祀灶神也就不难理解。新安人家敬称灶神为“灶司菩萨”“灶司老爷”，小年夜有“谢灶”“送灶”之祭，大年后有“接灶”“安灶”之祀，久已相沿成俗。

祭祀灶神，“先期粉米，范以模型，蒸而献之，名二十四粿。平常称寿桃，农人贮至次年春季，用以饷耕，取其便也”。④祭祀灶神，需要饴糖和米粿。除了常年所见的有馅的米粿和无馅的寿桃，有些地方还要专门做一种灶粿。先做一个径长尺把的灶王粿置于笼屉中央，外围环绕两圈小灶粿。大中小三种规格的米粿，分别称作粿娘、粿子、粿孙。灶粿蒸熟以后，用盘子盛放灶台上面，上齐其他祭品，比如油煎豆腐，或者生、熟鸡蛋，并在灶头点起红烛，酾酒焚香，行礼祭拜。祭拜之后，揭下龛里陈旧的灶神图像，把一块饴糖粘贴在灶神嘴上，投入炉灶自然焚烧。俗传当天后半夜灶神就会上天述职，供祭之后的灶神嘴甜，上天净讲好话，不说坏话。祭灶所用专制的灶粿，因为没有馅心，便于保存，日后食用，只需切成薄片，加些菜蔬合煮成汤，近似汤汁年糕，清爽可口；也可切成块块，铺在去皮的老南瓜块上，盖上锅盖，中火焖熟，做成南瓜焖灶粿。

民间传有一种说法，谢灶要迟不宜早，因为天庭上的年筵是定期准时开席，灶司老爷去迟了倒还省事。接灶却是宜早不宜迟，“灶神爷不在，黄鼠狼作怪”，灶神菩萨早早接到早早安宁。接灶之前，先要贴上新的对联和灶神图像，再用笼屉新蒸

---

① 沈伟富：《风俗漫谈》，天津古籍出版社，2008年，第111页。
② 汪大道：《徽州文化古村潜口》，安徽大学徽学研究中心2000年编印，第30页。
③ [汉]班固：《白虎通德论》卷2《五祀》。
④ 民国《歙县志》卷1《舆地志·风土》。

一二屉灶粿，点起红烛，祭拜成礼，祈求灶神老爷保佑长年灶火不断，全家老少饮食平安。

新安人家的灶台通常是大中小多个炉灶相并，后面一排烟口相连，烟囱分层砌成，一并贴墙转至户外。最高一层设一神龛，龛内贴着灶神图像；两侧贴有一副对联，上联是“上天言善事”，下联是“下界保平安”；龛顶贴的横幅是“大吉大利”。

新安江、富春江上的九姓渔民，虽然长年生活在水上，但是同样也要生火为炊，所以他们也会记得灶王爷的生日。每到农历腊月二十四，他们都在灶前供上鱼肉、豆腐，祈求灶王爷保佑饮食充裕、家人平安。他们甚至相信灶王爷也能管到水中的鱼虾，专门找条黑鱼祭灶，祭毕再将黑鱼放生，密切关注黑鱼水中去向，认为循着黑鱼去向，捕捞必定大有收获。[①]

以上所述仅属新安祭祀之大类，其他种种迎神赛会还有很多。比如，淳安城正月十二的“贺齐出巡”，东庙、西庙两座神像绕城巡视，复位之后，酬神演戏，10天告止；[②] 寿昌城二月初十城隍庙、宣灵庙、关岳庙并演戏剧，沿街爆竹声震耳，希望博得神欢，说是可以多得财利。[③] 正月十五日元宵节，歙县橙阳“奉社稷神出游，以汪越国副之，凡村内供奉诸神像从焉。各具彩旗舆马，环村而行，曰游神，所以驱疫疠也”。[④]

总之，新安人家既有山越文化的渊源，又有中原文化的融入，还有宗教迷信的渗透，民间祭祀长年不断，迎神赛会名目繁多，文化内涵极其复杂。“本祈报之文，寓教养之法，栖神于坛，春秋祀之”。[⑤] 以文化传统而论，这是主流所在；而荒诞不经之淫祀陋习，也时有泛滥之势。历代文献对此多有评议，如万历《歙志》曰：“以御田祖，载在周诗。重农盛典，何可忽也？乡之有社，祭先啬，祝丰年，此农事耳，大都以社稷为主。其次则程忠壮、汪忠烈，是皆生为本乡英杰，殁为本乡神明。又次则关公，海内皆祀之，邑中亦多为之祠。至张（巡）、许（远）二帝与周翊应侯，诸凡敕赐庙额，列之祀典，宜也。今则淫祀蔓衍，各乡赛神，诚为可笑。”[⑥]

---

① 沈伟富：《风俗漫谈》，天津古籍出版社，2008年，第154～155页。
② 方才：《一方水土》，中国文史出版社，2017年，第118页。
③ 沈伟富：《风俗漫谈》，天津古籍出版社，2008年，第133页。
④ 乾隆《橙阳散志》卷7《风俗志·游烛》。
⑤ 乾隆《橙阳散志》卷10《艺文志上·重建慈化西社记碑》。
⑥ 万历《歙志》卷5《风土》，黄山书社，2014年。

（二）

新安人家的种种祭祀习俗何以产生、形成，又何以能够如此广泛流传？这里无须再做过于“宏而远”的研究，因为早有民俗专家的皇皇论著问世；这里仅作一些“浅而近”的解说，意在争取读者对民间习俗历史性和合理性的理解和同情。

新安人家的祭祀习俗，源于万物有灵的信仰，源于灵魂不灭的观念，源于宗族伦理的自觉和敬祖怀亲的情感，也源于历史、政治、文化以及宗教学说的深远影响。为什么要“春祈秋报”祭祀土地？因为土地有神灵，主管谷物的生长，土地祭祀事关耕种收成。为什么年里年外要“谢灶”“接灶”？因为灶司菩萨主管着全家饮食，祭灶就是祈求烟火不断、岁岁平安。为什么祭祀张巡、许远，祭祀汪华、程灵洗？因为他们生前是保障江淮、捍卫新安的英雄，死后必定成为护佑一方、护佑太平的神灵。为什么特别虔诚地祭祀祖先？祖先恩惠家族、泽被后裔，祖先祭祀既能寄托敬祖孝亲、感恩怀念之幽情，又能收取聚宗睦族、激励子孙之功效，岂有不竭力而为之理！至于某些民众的宗教信仰，甚至迷信活动，那都取决于当时人的认识水准和思维方式，但是有一点与其他所有祭祀活动几无区别，那就是：事神以致福，谄鬼以免灾。

话说到底，民间一切祭祀活动其实都是人们借以沟通现实世界与虚拟世界的一种方式；活动的表面指向虽然是虚无的神灵，活动的实际归宿其实都在现实的人生。正是民间祭祀的这种内在的实质，决定了新安人家祭祀活动普遍具有一大特征，那就是庄重的仪式感和世俗的人情化的高度统一。我们看新安人家的祭祀，既能将虚拟对象神圣化，赋予祭祀仪式以庄重感，又能保持诉求上的平民性，体现操作上的人情化。关于对象的神圣化、仪式的庄重感和诉求的平民性，这里姑且不做分析，下面拟就操作的人情化特征，考察一下祭祀活动中的饮食习俗。因为我们发现，新安人家的祭祀活动处处离不开饮食，其中的饮食习俗又处处体现出人情化倾向。

新安人家的祭祖活动和迎神赛会都非常隆重，事前准备必须完成大量的具体事务。如族内公议，筹集费用，确定人选，安排场地，备齐祭品器具，落实戏班剧目，决定善后事宜。歙县瞻淇村汪氏正月庙祀，据《光绪丙午年（1906）新正月汪怀德立王祖会供各物登记簿册》[①]记载，正式庙会是十三至十八日仅六天时间，但是从初五启动，到二十五完成，前后整整20天，其中事务之繁杂可想而知。如此繁杂的

① 汪柏树：《歙县瞻淇王祖祭》，《纪念越国公汪华文集》，黄山市汪华文化研究会编印，2011年，第90～106页。

事务需要有关人员逐件操办，没有餐饮安排确乎不近人情，期间必定都有基本的保障。

民国十三年（1924）二月初一，歙县瞻淇汪氏与凤凰汪氏共同标祀祖墓，汪怀德有“王祖会”事务总簿记载如下：

> 二月初一标祀，先到东乡吴清山三十三世徹公、三十六世道献公墓，初到礼生八人，凤凰三人，下次头二人，主祭一人。一律吃茶，鸡子一盘，麻酥一盘，吃毕上祭。祭后以上人等冬笋肉丝盖面，其余轿夫吹手及一切办事人亦均有面，惟不用冬笋肉丝耳。面罢渡河而入北乡云岚山汪王墓，礼生凤凰下次头主祭人到，亦一律吃茶，鸡子一盘，麻酥一盘，肉包一盘，均每人四只，而后食面。面毕入祭，祭毕散菜十品而归。礼生，各送胙肉乙斤，主祭，送胙肉乙斤。①

民国二十六年（1937）九月瞻淇“张王会”祭祀张巡、许远，也有“琥珓二公”合管的收支簿一份记载：

> 九月十三日到孝女祠接张、许二帝暨胡大帅，坐于敦睦堂。祭拜毕，各吃酒面一次。十五日祭拜毕，各友又吃酒面一次。十六日祭拜毕，各友送二帝暨胡大帅于郑坑双烈庙，回转又吃酒面一次。晚间散菜十品一棹（桌）半人。粉干、猪肉、面包、山粉、笋片、芋头、腐衣、杂烩、蛋糕、鲜鱼。②

两段文字同样记载了活动人员的餐饮安排。他们的餐饮有两种，一种是祭祀完成之前的劳务用餐，相当于今日的“工作餐”，“一律”云云便是强调饮食规矩及标准；另一种则是祭祀完成之后的“散福”用餐，所谓“散福”是将祭祀供奉的菜和肉分送祭祀者享用。

祭祀祖宗神灵为何要供奉菜、供奉肉、供奉各种食品呢？这里就涉及祭祀的情感内涵，涉及孝敬之心和世俗人情了。《茗洲吴氏家典》“俗节”载：“节祭非古也。朱子云：‘今人时节随俗燕饮，各以其物，祖考生存之日，盖尝用之。今子孙不废，

---

① 汪柏树：《歙县瞻淇王祖祭》，《纪念越国公汪华文集》，黄山市汪华文化研究会编印，2011年，第98～99页。
② 汪柏树：《歙县瞻淇王祖祭》，《纪念越国公汪华文集》，黄山市汪华文化研究会编印，2011年，第101页。

而能恝然于祖考乎？’届节，设时物，焚香烛于应告神主前……主人斟酒跪告曰：‘节届某某，物因时异，谨以奠告。’”[①] 又载：“《少仪》曰：‘未尝，不食新。是以新谷既升，必荐于庙。’夙兴，陈时物，焚香烛于应告神主前……主人斟酒跪告曰：‘新谷初登，敢献尝之。’”[②] 人们节日燕饮，每每想到祖先，不能无动于衷，必以燕饮之物供奉祖先；谷物新获，祖先没有品尝，作为子孙不忍先食，必以时令新物进献祖庙。己之所好，必荐于祖；己之所享，必献于神。如此由己及祖、由人及神，实乃人情之常规。

既要表示诚敬之心，所献祭品务必精洁。《窦山公家议·词祀议》卷中云：“祭祀乃是大事，必精洁，必诚敬，否则祖宗不歆。如苟且应以故事，当事者从公声罚，毋得徇情缄默，且祖宗之灵无所不鉴，可不致慎？”[③] 心不诚敬，物不精洁，马虎了事，徒有形式，祖宗必然不会高兴、不会享用——这也都是以世人之情揣度神灵之意。

恭敬虔诚的祭祀，祭器、祭具、祭物、祭品，还有祭乐，一应俱全。这里是清道光年间（1821 ~ 1850）绩溪《仁里程氏敬爱堂世守谱》记载的一份祠祭的物品清单：

> ……配享祠祭（春分、冬至二祭同）：奠帛（大对方十二刀，每龛四刀），大周箔（一万张足），大建纸（剔破两千张足），大官香三炷，柄香一把，红烛四对（每对重四两，中堂香案一，寝室龛前各一），大双响十二个，祭文一封，祝版一套，猪、羊各一口（并花猪，用雄羊，不满十四斤，罚钱五钱），祭菜三席（每席十二品：海参、鱼肚、银鱼、大尾、鲜鸡、鲜鱼、猪肉、肉丸、肚肺、蛋糕、肉包、嶂笋），三馔一副（肉一方，鸡、鱼全身），甲酒十六壶，果子每席五碟，酒、茶、汤、饭、箸，每席各十，点心（每席三品：蒸卷、花包、寿桃），礼壶三把，酒注一个（并瓢□），爵樽九只，酹樽一只，大五事四副，毛血二盘，茅沙盘一副，铜盆、面架、丝巾各一，拜垫二十个，毡条五条，桌围六个，托盘四个，吹手四名（每名工食钱三钱，并往吴家坑、道院二处墓祭在内，至祭冬至，吹手四名，每名钱□分）。[④]

---

① [清]吴翟：《茗洲吴氏家典》，合肥工业大学出版社，2017年，第38页。

② [清]吴翟：《茗洲吴氏家典》，合肥工业大学出版社，2017年，第38页。

③ 《窦山公家议》卷3《词祀议》。

④ 道光绩溪《仁里程氏敬爱堂世守谱》卷3《祭例》，转引自王振忠：《从民间文献看清代以来的徽州甲酒》，《新安》2013年第3辑（总第7辑），第5～6页。

清单所列除了仪式所需器物，核心部分实际还是祭祀食品。猪羊各一、三馔一副、祭菜三席、甲酒十六壶、果子每席五碟、点心每席三品，俨然一场盛大宴会。

新安人家祭祖程序系遵朱熹《家礼》，在降神、参神、辞神的过程中，读祝文和“三献礼”即初献礼、亚献礼、终献礼当然是例行程序，而进酒、进馔、侑食、献茶则是必不可少的重要环节。尤可注意的是，传统祭祀仪式中的祭文，结束之处毫无例外都用了一个祈使性短语："尚飨！”郑玄注《仪礼·士虞礼》曰："尚，庶几也。"①“尚飨”也作“尚享”，表示希望祖宗神灵享用祭品的意思。

在祁门的善和，清明坟墓祭祀之物，包括鲜明五色粿、精洁细和菜、鸭蛋、生猪肉、腊肉、油煎鱼、肥鸡和好酒，以及大申文纸、火纸、印丝像生、石烛、纸钱、官香等。子孙齐集墓前之后，主祭便要宣读祭祀祝文。明代善和清明节的祝文内容如下："维大明年岁次月朔祭日，嗣孙程□程□程□程□程□五大房人等，敢昭告于六世祖考佐一府君之墓曰：岁序流易，时维清明，瞻扫封茔，不胜永慕。谨以酒粿佳肴敬神奠献，尚飨！”②

既然怀抱谨请祖宗神灵享用的意愿，各家各族祭祖礼仪所供祭品，尽管尚无统一规定，但是毫无疑问，主祭各方都会遵从祖宗乐享的原则，依据现实人情揣度，就像筹备节庆盛筵一样，尽量办得周全，办得丰盛。

休宁月潭朱氏，“祭品有一鲜（新鲜全鸡、全鱼）、二海（海参、鱼翅、鱼肚、干贝）、三腊（火腿、香肠等腊制品）、四素（新鲜瓜菜、豆腐），还有水果、点心。其中大多是采购的干、鲜货，也有管护祠堂者自种、自养、自制的食品，有的自制食品具有鲜明特色。如祠堂厨房在清明自制细小肉丁与豆腐干丁为馅的大苎叶粿，皆求高质量；在冬至自制肉丁、鸡汁葛粉大圆子，风味独特，尤为可口；中元制品与清明、冬至又不相同，全是素食，也自制素芝麻白糖油粿和椒盐芝麻面脆”。③中元祭品全用素食的习俗，是受佛教盂兰盆会影响的结果。民国《歙县志》："中元节，家具素馔并面制各品享先。间有延僧追荐者，概取义于古盂兰盆会耳。"④

歙县汪氏庙祀期间，庙内铺设特别讲究灯火设置和神前供奉，神前供奉主要有：

---

①《仪礼注疏》卷13《士虞礼》，《四库全书》本。
②《窦山公家议》卷3《祠祀议》。
③ 朱世良：《徽州月潭朱氏》，安徽大学出版社，2013年，第91～92页。
④ 民国《歙县志》卷1《舆地志·风土》。

香案上三事件乙对，立台乙对。神前席面三十六碗三十六盘计七十二色，水果九盘，蜜饯九盘，荤九盘，糖饯包果九盘。献果乙个，礼壶乙把，玉杯两只，席屏香匙筷一副，献菜一架，玉杯箸一副，角杯一只。另有古铜九鼎、金钟、玉磬、元镜、如意，锡五事件一副。[①]

关于"神前席面三十六碗"，屡见汪氏庙会活动账簿记载，似已成为汪氏庙祭祭品的基本规格。民国十三年(1924)正月立汪怀德管王祖会事务总簿具体记载如下：

献菜三十六碗各家阄定列后：

鲍鱼（定金）、蛏干（定金）、屯鸟（定金）、银鱼（定金）、蕨包（定金）、野鸭（定金）、海参（元嫂）、黄雀（士茂）、鳊鱼（承观）、大爪（承观）、鸳鸯（承观）、烧馒（士茂）、鱼翅（灶铣）、蹄膀（灶铣）、鸽子（承荣）、鲈鱼（承荣）、鸭（宝荣嫂）、火肉（□化嫂）、玉燕（印若）、鹅（印中）、鹿筋（纯九）、米花（承恒）、春饼（承恒）、蛋卷（承恒）、鲜鸡（灶林）、鹅子（盛川）、脚鱼（思溥）、冬笋（灶春）、鸭舌（润之）、淡菜（嘉乐）、蛤干（汇泉）、干贝（存厚堂）、鱿鱼（社贵）、米肚（静山堂）、糟蟹（静山堂）、野鸡（社贵）。三十六盘，每盘两色，计七十二色。除海味荤味外，糖饯、蜜饯、水果，统归公办。[②]

上述菜名后面的括号内为献菜人名。民国三十三年（1944）元月立汪怀德管王祖会事务总簿同样记载了"神前献菜三十六碗"，其中有三十五碗菜名完全相同，只有一碗"鸭舌"换成了"青螺"。

祠祭、庙祭一向讲究祭品规格，规模最为惊人的是绩溪十四都西坑的"赛琼碗"，除了清茶、美酒、糕点、三牲之外，摆祭的菜肴将近300碗！祭祖活动如此铺张，费用当然相当可观。以歙县许氏为例，"北门许氏宗族的春秋二祭，即用猪胙五十余口，鸡百只，鱼百尾，枣栗时果各百斤，蜡烛百斤，焚帛百端，其他时鲜蔬菜、佳肴美酒之类不计其数""至于其他节日如诞日、忌日和中元等，祭祀的费用也不在少数。"[③] 此外，大型祠祭、庙祭一般都还请戏班演戏，又是一大款项支出。根据民

① 汪柏树：《歙县瞻淇王祖祭》，《纪念越国公汪华文集》，黄山市汪华文化研究会编印，2011年，第94页。
② 汪柏树：《歙县瞻淇王祖祭》，《纪念越国公汪华文集》，黄山市汪华文化研究会编印，2011年，第96～97页。
③ 卞利：《徽州民俗》，安徽人民出版社，2005年，第236页。

国十三年（1924）瞻淇正月庙祀簿册记载，“新采庆戏班，十三日开演……演至十八日为止，议戏十三本，计大洋壹百卅元”。[①]

所有神祭，无非人情；形为娱神，实为娱人。民间的祠祭庙会，看来是很铺张，但却不能算是浪费。要说演戏确实花钱可观，那又如何估价乡村的狂欢？至于那么丰盛的祭品，首先用以供奉祖先神灵，表示子孙的孝敬；然后用以散福于人，表示祖宗的赏赐，这不是也很合情合理吗？

散福颁胙，作为华夏礼制自古而然，新安人家自不例外。“十月朔日，祭于墓，大族并向祠致祭，颁胙于同姓”。[②]颁胙大多在祠堂进行。比如，蜀源曹氏颁胙形式，按照额定标准设置酒宴15桌，每桌果盒一个，内盛枣、栗、核桃三品。荤菜十道：煎骨三两，白肉二两五钱，煎鱼二两五钱，鸡猪杂二两五钱，猪首肉三两，猪蹄肉三两，滑肉七两，鲜鸡四两，鲜鱼三两，粉肠一道。汤汁四道：笋汤一道，内肉皮丝一两；鲜鱼汤一道，内鱼五两；羊血汤一道，内用奚子花一片，重四两；花椒汤一道，内用猪肝三片。肉包、馒头各一道：包子一双，重十二两，每只肉馅一两；馒头一双，重十二两。晚米饭一道。腊酒秉烛尽欢。[③]

一般祠祭之后，祠堂普遍都给每个男丁发放蒸糕、面包、馒头，或者粿饼，说是吃了可以邀福消灾。各个宗族各家祠堂，颁胙规矩各有不同，只是普遍都对年长者表示优待——这也是祭祀习俗人情化的一个重要表现。休宁月潭朱氏，“宗祠每次祭祖，主祭人羊头1只、猪肉1斤、羊肉4两（16两秤）、丁饼2个；礼生每人猪肉1斤、丁饼2个；参祭支丁每人丁饼2个。为敬老尊亲，凡60岁至69岁支丁，每人猪肉2斤、羊肉4两、丁饼2个；70岁至79岁，每人猪肉4斤、羊肉4两、丁饼2个；80岁至89岁，每人猪肉8斤、羊肉4两、丁饼2个；90岁至99岁，每人猪肉16斤、羊肉4两、丁饼2个；100岁和100岁以上，每人猪1只、羊肉4两、丁饼2个。”另外，“凡是在宗祠里供奉有自己先人牌位的人家，以及宗祠、支祠管年人家，在祭祖前，每个牌位、每个管年人家，都分发祠堂自制的食品：清明苎叶粿、中元油粿、冬至圆子，每份均是一斤（4个）。各个支祠祭后，也都给参祭者分发丁饼。如四教堂每人红糖丁饼2个，承志堂与树德堂每人白糖丁饼2个，宝

① 汪柏树：《歙县瞻淇王祖祭》，《纪念越国公汪华文集》，黄山市汪华文化研究会编印，2011年，第96页。
② 方才：《一方水土》，中国文史出版社，2017年，第108页。
③ 胡景明：《蜀源村志》第10编第3章第3节，待刊稿。

善堂每人香米豆沙丁饼2个。”[1] 至今还有不少老辈人，每当谈起早年领受丁饼的场景，总会勾起一些动情的记忆。

第五节 新安饮食与民间传说

在漫长的历史岁月中，源远流长的新安饮食文化，悄然无痕地渗透于大量的民间传说之中。而日益丰富的民间传说，又以生动形象的叙事方式，彰显出新安饮食的灿烂文化。

此处所谓的民间传说，既不是真实人物的历史传记，也不是历史事件的真实记录。而是新安民众的艺术创作，是新安民众关于新安饮食的集体性记忆，是描述和解说新安饮食的传奇性叙事。这些传说故事的根源基本都在民间，本质上属于民间创作的民间文学，虽然其中某些故事呈现着某种历史的形态，诸如某时、某地、某人、某事似乎均有交代，但是它们与历史撰述还是有着本质的区别，甚至与人文掌故也都不可等量齐观。

然而，我们不能因此而忽略了这些传说故事的文化内涵和认识价值。我们不能不承认，历史有历史的价值，文学有文学的价值，民间传说自然也有民间传说的价值。凡是来自民间的文学创作，无不包含着广大民众的认知和理解、评价和情感。他们的认知和理解可能因时因地而出现某种程度上的差异，但是他们的评价和情感则断然不会存在违心与虚假的成分。

在新安饮食的民间传说中，新安人家的土产、特产，以及种种饮食物品始终处于核心位置，成为此类民间故事中的“传说核”。围绕着大量民间传说的这种“核”，可以隐约地觉察到新安民众生活上的简朴和创业中的艰辛，可以透彻地感受到他们情感世界中的喜怒哀乐和褒贬爱憎。听到和读到这些传奇故事，我们总会为他们创造生活、创造文明的勤劳和智慧而惊叹，为他们由衷流露、形于言表的自豪和骄傲而倍感振奋。品味这些幽默而浅近的文字，能体会到他们怀念亡亲、礼拜先贤的人文情怀，理解他

---

① 朱世良：《徽州月潭朱氏》，安徽大学出版社，2013年，第94页。

们遭遇困难和灾祸时内心祈盼救助的苦衷与意愿，触摸到他们敬畏自然、亲和万物的山水伦理和生态观念。综合而论之，流传至今的这些民间故事，实在是一份宝贵的文化遗产，值得今人与后人慎重对待、认真探讨，进而积极地予以传承。

本节就对新安江流域的民间传说进行精心选择，逐一改编，适当整理，借以展示新安人家饮食生活某些特定的文化侧面，并且由此而深入新安民众热爱人生、亲和万物、乐观向善的精神世界。

1．虔诚叩拜的子陵鱼①

严子陵不仕，隐居钓台，古风可嘉，名扬天下，历代前来拜谒者无法计数。其中特别虔诚的拜谒者，竟是一种小似银针的水族鱼类。每年到了农历五月，它们成群结队而至，频频叩拜不止，一直拜到磕破鼻子，出血见红方肯罢休。年年如此，代代如此，至今不渝。世人深感其诚，凡见这种鼻有红点的银针鱼，一律尊称为“子陵鱼”。

2．竹叶鱼助陈硕真②

马目山濒临新安江，地势相当险要。陈硕真退兵马目固守待援，很快军中断炊。陈硕真遍巡山间，发现溪中游鱼无数，于是命人捕鱼充饥，谁知打捞到的都是一片片竹叶。陈硕真为之大怒，挥剑劈向溪边翠竹，吼道：“自古有言，得道多助。我陈硕真除暴安良，为民兴兵，今日为何却不助我？”话音未落，只见竹叶纷纷落水，随即跃起，变成活鱼。陈硕真转而大喜，招呼士卒捕捞、烹饪，遍饷军中将士。全军士气大振，夜半下山冲阵，一举成功突围。从此，马目山中多有青色溪鱼，形体酷似竹叶，当地父老呼为“竹叶鱼”。

3．方腊鱼与方腊寨③

新安江的上游有座齐云山，山上有个险峻去处“方腊寨”。传说当年方腊起义

① 据浙江人民出版社1986年出版的《建德县志》所载故事改编。

② 据浙江人民出版社1986年出版的《建德县志》所载故事改编。

③ 据安徽人民出版社2005年出版的邵之惠、洪璟、张脉贤《徽菜》第225～226页《方腊鱼》和中国科学技术大学出版社2015年出版的《徽州文化大辞典》第390页《方腊鱼的传说》改编。

军曾在徽州境内与宋朝官兵大战一场，但因寡不敌众，逐渐退至齐云山上，立寨拒守于独耸峰。独耸峰坡陡路狭，易守难攻。山下官兵气势汹汹，仗着人多势众，竟将齐云山团团围住，断水断粮，企图逼迫义军投降。对峙多日，寨中军粮不继，野菜不足充饥，怎么办呢？危难之际，方腊巡查发现，独耸峰后有一岩洞，洞中有一水塘，塘中游鱼成群。方腊灵机一动，计上心来，当即命令士兵下水捞鱼，并把鲜鱼东一条西一条地丢落路口、抛至山下。官兵见此情景，心中好生疑惑，以为山上粮不少、水不乏，围困之策宣告失败。是啊，果真缺粮，怎么可能弃鱼不食？既有这么多的鲜鱼，山上肯定不会断水。官兵将领发现军心浮动，担心拖延日久，陷入被动，于是解围而去。

方腊捕鱼退兵的故事广为流传。新安人家为了纪念这位义军领袖，创制了一道宴席佳肴“方腊鱼”。为了体现方腊鱼的体型气派，选料为具有一定体量的新鲜鳜鱼。鱼头鱼尾采用红烧方式，烧好摆在长形盘子的两端。鱼的中段用油锅炸成金黄色，配番茄酱，清汤烧就，置于头尾之间，合成完整造型，并在盘子周边镶配炸制大虾12只，这就推出一道有形有味又有意思的大菜。

4. 黄旗鱼的前生[①]

方腊起义，兵败被擒，慷慨赴死。军中旗手小蓝等百名壮士誓死不降，他们高举着黄色军旗，昂首来到新安江边，集体投水以殉大义。说来也怪，壮士们奋身蹈水之际，江水却迅速为之避让，只见蓝色的江面上豁然闪开一条白色的大道。百名壮士列队行进，循着大道渐行渐远，不知所终。为时不久，北宋灭亡。人们发现，新安江中出现了一种新的鱼类，浑身黑色，唯有背上的鳍呈黄色，就像倒插的一面黄旗。于是人们很快传开，都说这类江鱼就是当年那些殉义壮士的后裔，名为“黄旗鱼”。从那以后，渔民凡遇“黄旗鱼”，心中不免凄然，谁也不忍捕，更不忍食。

5. 古城岩下君鱼桥[②]

元朝末年，朱元璋率众起义，转战南北。一次战斗失利，退兵休宁，行至万安

① 据浙江人民出版社1986年出版的《建德县志》所载故事改编。
② 据安徽人民出版社2005年出版的《徽州文化大辞典》第398页《君鱼搭桥渡元璋》改编。

古城岩下，前有江水阻隔，后有元兵追击，情况十分危急。朱元璋仰天长叹：“今事急矣，谁能救我？”忽闻前后队伍一阵骚动，许多士兵发现古城岩上的宝塔正在向着江面微微倾斜，顺着塔尖方向放眼望去，整个江面黑影蒙蒙，不计其数的刺巴鱼从上游、从下游聚合到队伍前方，转眼之间形成一条厚厚实实的横江浮桥。朱元璋大喜望外，高呼：“上苍有眼，神灵佑我！”急忙率领士兵车骑渡过浮桥，马不停蹄，扬长而去。等到元兵追到江边，刺巴鱼群早已散尽，无影无踪。后来朱元璋当上皇帝，拥有大明江山，为了报答新安江上救困的刺巴，特赐“君鱼”之名，谕示地方官府，从此不得捕捉、不得烹杀。

6. 徽州臭鳜鱼传奇[①]

徽州臭鳜鱼是徽菜一道招牌菜，它是何人所创制？创制于何时？至今无人知晓，但有一个故事广为流传，一直为人津津乐道。

故事说的是一个姓苗的知府，嗜鱼成癖，不时派衙役去各个码头选购鲜鱼。一个炎热的夏日，衙役王小二被派去数十里外一个码头选购新鲜鳜鱼。聪明伶俐的王小二去时倒还轻快，回头路上担着鱼桶，翻山越岭，又热又累，为了减轻负担，他一次次将桶里的水往外倒，等到水桶几乎倒干之际，他却发现情况不妙——鱼死了，怎么办？不得已，他把死鱼全都剖肚剔肠，撒上一层咸盐，把“路菜筒”里咸菜一股脑儿盖在上面。回到府城，他不敢回衙门复命，径直来到胞兄王老大的小菜馆，寻求应差的办法。

王老大反复翻看桶里的腌鱼，琢磨一番，决定烹制成熟。他使出浑身解数，乒乒乓乓，忙个一通，姜、蒜、椒，酱、油、醋，外加火腿、笋干，应有尽有，全部都上，一时之间，小菜馆里传出的气味，似臭非臭，似香非香，叫人不由得想起熟悉的“臭豆腐”，但又明显不是“臭豆腐”的味道——总之，其味虽臭，却很诱人。这时候，王老大屏着呼吸，皱着眉头，正在尝试一块出锅的臭鳜鱼，王小二满脸阴沉地对面凝望着王老大。只见王老大咂巴咂巴几下，突然扬眉一笑：“好！好！太好啦！”王小二忙问：“还能吃吗？不难吃吗？”王老大拍着手说：“哈呀！这种鱼啊，闻起来臭，吃起来香，真是奇妙！我敢说，这道菜，不是什么人都能做得好的，也

---

① 据安徽人民出版社2005年出版的邵之惠、洪璟、张脉贤《徽菜》第229页《王小二与徽州臭鳜鱼》改编。

不是什么人都能吃得到的。”兄弟俩顿时来了个“阴转晴”，兴奋不已，马上挂出一块牌子，上书一行大字“徽菜新品七鲜鳜鱼应市”。转眼间，小菜馆吸引了众多顾客，纷纷争着品尝新制鳜鱼。一会儿，那个苗知府闻风而至，王小二连忙据实禀报，战战兢兢站在一边，静候发落。谁知苗知府一屁股坐下，连要两条臭鳜鱼，头也不抬，一口气吃个精光。他好像忘了惩罚王小二，只是指着他说："你给我记着，明天送几条臭鳜鱼过去！"

风味独特的“臭鳜鱼”从此就时行起来，历经百年，盛誉不衰。

7. 两合一鲜鱼咬羊①

这是前清时期的一个故事。当时有个农民养了七八只羊，一天赶着羊群来到练江渡口，正巧渡口有船无人，于是他便把羊群赶上小船，自己拔起竹竿把船撑向对岸。撑着，撑着，船头突然“泼剌剌”地跃起两条大鱼，引起船上一片混乱，只听“扑通”一声，一只公羊落入水中，这使整个羊群更加惊恐。主人顾不得落水的公羊，竭力聚拢船上的羊群，拼命撑船驶向对岸。可怜那落水的公羊，根本不习水性，只是绝望地在江面上扑腾了一阵，随后便有气无力地漂浮在水面。见此情形，一群江鱼蜂拥而至，争先恐后地啄食起羊肉来。争着啄着，啄着争着，它们撑饱了肚子，也累得晕头转向。正在这时，有个渔夫划着小船经过，发现这一群鱼在水面乱窜，渔船到来也不知避让，他便手脚麻利地撒下渔网。收网之后他很奇怪，这些鲜鱼静静地躺在船舱，根本不像平常那样乱蹦乱跳。他逮起一条半大的鱼来，掂掂分量，觉得明显超重。他心生疑惑，立即拿刀剖开鱼肚，发现结结实实地满肚子尽是新鲜羊肉。他顿时明白了。两刻钟前，他已听人传言，上游渡口有羊落水，莫不是羊肉喂了鱼肚？回到家中，渔夫先将鲜鱼杀好洗净，再把羊肉重新填好，加入佐料，然后封口，入锅烹制。你猜结果怎么样？鱼肉不腥，羊肉不膻，鱼羊两鲜，美味罕见。这一消息不胫而走，人们纷纷仿效，用羊肉烧鱼，取名“鱼咬羊”。美食家们也都点头称是："理所当然，理所当然啊。‘鲜’字不正是左边一个‘鱼’、右边一个‘羊’，合而为‘鲜’嘛！"

① 据安徽人民出版社2005年出版的邵之惠、洪璟、张脉贤《徽菜》第230页《徽州鱼咬羊的来历》改编。

8. 鳊鱼骗黄鱼①

东海黄鱼素慕新安江山水胜境，不远千里溯源来寻。一日来到七里泷，却见水中怪石嶙峋，不免觉得心慌胆寒，恰巧遇见有鳊鱼自上游而下，便上前问道："新安胜境到了吗？"鳊鱼故作惊讶，说道："啊呀，你这大头鱼也想游历新安江？上面是一滩接一滩，一滩高十丈。你看我吧，上去一趟，头就变得这么小，身就变得这么扁！""为什么呀？""因为滩上石头多呀，硬是把我挤成这样啊！"黄鱼一听，掉头就跑，从此不敢问津新安江。

9. 商辂故里粽肉香②

淳安历史上官最大、功最高、名最响的人物是明代的"三元宰相"商辂。相传商辂在京多年，没有机会回乡，心中乡思深切。一天，几个大臣偶尔无事，各自夸说家乡风物。有人问到宰相，商辂灵机一动，随口说道："淳安毛竹，天下奇物。何奇之有？合抱之粗。"惊得大臣们面面相觑。很快传到皇上耳里，皇上亦觉好奇，遂命商辂返乡，取其竹子来观。商辂奉命回到淳安，日日走亲访友，天天考察民情，从未见他去过竹林，急得随从人员日夜不安。到了期限，商辂带着家乡的箬竹叶和粽香肉返回朝廷。皇上问道："卿家奇竹何在？"商辂奉上箬叶说："奇竹太大，搬运不便，为免劳民伤财，现以竹叶为凭。"皇上见其竹叶二三尺长，心知肚明，故作惊讶："竹叶既大如此，其竹果然非凡！"商辂当即献上粽香肉，说："此竹非凡之处，一是特大，二是特香，谓予不信，请皇上品尝。"皇上知是宰相爱物，于是欣然受之。从此朝野之士尽知新安人家竹大粽香，非同寻常。

10. 棠樾鲍氏如意鸡③

如意鸡原名"路菜鸡"。新安山区竹林成海，新安人家善用毛竹制成茶筒、菜筒，外出干活携带方便。出门出路的人都用竹筒带饭带菜，俗称"路菜筒"。徽商鲍漱芳外出经商之始，母亲精心做了一种烤鸡，装在两只"路菜筒"里，供他途中食用。

---

① 据浙江人民出版社1986年出版的《建德县志》所载故事改编。

② 据《千岛湖美食》第7页《千岛乡情宴》改编。

③ 据安徽人民出版社2005年出版的邵之惠、洪璟、张脉贤《徽菜》第226～227页《鲍氏如意鸡与义字牌坊》和中国科学技术大学出版社2015年出版的《徽州文化大辞典》第394页《如意鸡的传说》改编。

鲍漱芳一路省吃俭用，靠着两只路菜筒，一直吃到扬州。每当打开路菜筒，总觉香气袭人，不仅让人解馋疗饥，还能感受到家庭的温馨而无形中消解了几分孤独。

鲍淑芳营商多年，成为江南大贾。那一年，乾隆南巡，鲍淑芳曾在扬州府宅接驾，安排徽厨徽菜宴请皇帝，并且烹制一道自己最钟情的“路菜鸡”。乾隆饶有兴趣地享用了徽宴，特别赞赏那道徽式烤鸡：“朕还从未吃过这样色、香、味俱佳的烤鸡，这样的佳肴该有个绝佳的名目才是。”鲍淑芳连忙禀道：“原有土名‘路菜鸡’，恳请皇上赐以佳名。”乾隆欣然道：“卿既经营有方、生财有道，愿卿生意兴隆、诸事如意——就名‘如意鸡’吧。”鲍淑芳急忙叩头谢恩。

这时只见乾隆摆一摆手，“不急不急。朕拟准予爱卿故里再建一座‘义’字牌坊，不知真‘如’爱卿之‘意’否？”鲍淑芳大喜望外，伏地拜谢久久不起。你想啊，鲍氏老家棠樾，已有“忠”字牌坊、“孝”字牌坊、“节”字牌坊，如能增建一座“义”字牌坊，岂不是功德圆满、彪炳千秋！于是乾隆明示，要他捐输白银若干，修筑河堤若干，补充军饷若干。鲍淑芳一应承诺。不多时，一座“鲍淑芳父子义行坊”矗立在歙县棠樾牌坊群中，坊额“乐善好施”四个大字格外显眼。

就棠樾鲍氏家族而言，鲍淑芳留给后人的不只是“乐善好施”的儒商传统，还有一道传统佳肴，那就是“如意鸡”。每逢时节团聚，鲍氏家宴总少不了这道“如意鸡”，一是缅怀先人的恩泽，二是不忘皇家的恩典。

11. 严州干菜鸭的故事①

相传某朝皇帝出巡南下，途经严州，眼见秀丽的波光塔影、绿水青山，久久不肯离去，太监只好要求随从的府台兴炊备膳。府台大人看看江边，只有一家夫妻小店，当即吩咐店主，尽力弄些山珍野味，以应钦差。谁道实在不巧，当时店内并无什么山珍野味，店主愁得抓耳挠腮、无计可施。这时听得妻子一拍手说：“嘿！有什么好愁的，前天老舅不是送了两只鸭子么，还在后边柴棚养着呢。”于是催促丈夫紧赶慢赶杀好了鸭子，只见她不慌不忙抓了大把干菜塞进了鸭肚子，然后烧起大火开始烹制。不大的工夫，两大盆黑里透红、浓香四溢的干菜鸭送到前堂。闻着那异常诱人的香味，不等府台的吹嘘与巴结，皇帝便动手尝了尝面前的“野味”。嗯，不错，

---

① 据浙江人民出版社1986年出版的《建德县志》所载《严州干菜鸭故事》改编。

真不错，油而不腻，酥嫩可口，难得的美味！一番赞赏之后，皇帝欣然垂询“野味”何名，店妇瞥眼看看府台，仿着官腔应答道：“此乃严州干菜鸭。”从此，干菜鸭传为严州特色名肴。

12. 独特绩溪一品锅[①]

在绩溪岭北、歙县东乡一带，长期以来有个“吃锅”的食俗。所谓“吃锅”，就是全桌人围着一只大火锅饮酒吃饭，在这只大火锅里层层叠叠地码着各种菜肴，荤素俱全。

相传这种独特的火锅，由明代毕锵的夫人余氏创制。毕锵先后任南京户部尚书、工部尚书、吏部尚书和北京户部尚书，人称“四部尚书”。他的夫人被敕封为一品诰命夫人。一天，皇上驾临毕府，临时决定留在府中用膳。用膳之时，皇上发现一道火锅非常特别，端详一番，细细品尝，连连叫好。询问之后知是府中诰命夫人亲手烹制，于是欣然称道：“此真可谓是‘一品火锅’啊，难得世间有如此美味！”“一品火锅”很快就由徽商带回绩溪，成为民间家筵菜，人称“绩溪一品锅”。到了民国时期，绩溪上庄人胡适留学美国，常用这种“绩溪一品锅”招待朋友，许多中美人士对此印象特别深刻。久而久之，人们都称之为“胡适一品锅”。

关于“一品锅”的来历还有一种说法。传说乾隆皇帝是汉人后裔，为了寻找曾祖坟墓，他曾带着贴身保镖微服出行，经由池州进入徽州。那天正行山间，天色已晚，只得走进一家农舍，恳请留下用餐歇息。农家夫妇眼见二人彬彬有礼，于是礼让坐下，马上安排晚餐。那时中秋刚过，家里倒还有些备用的菜肴，什么鲜萝卜、干豆角、红烧肉、豆腐包，农妇手脚麻利地整了一锅，烧好端到桌上，招呼客人趁热吃饭。农夫站在一旁，看着饥肠辘辘的客人，津津有味地吃着，不大一会工夫，就把一锅菜吃了个底朝天。填饱了肚子，乾隆心存感激，诚恳地称赞道：“真是一顿绝佳的晚宴啊。不知这锅佳肴有何美名？”一旁的农妇抢着答道：“乡下土菜一锅熟，哪来个什么美名。”乾隆想了想，说：“‘一锅熟’称名不雅，有负这一锅美味，朕给取名‘徽州一品锅’，二位父老意下如何？”一对农家夫妇如听戏文，面面相觑，不知所措。

---

① 据安徽人民出版社2005年出版的邵之惠、洪璟、张脉贤《徽菜》第238～239页《乾隆赐名一品锅》和中国科学技术大学出版社2015年出版的《徽州文化大辞典》第746页《一品锅》改编。

此时只见保镖掏出一锭银子摆上桌面，从容说道："这是皇上美意，二位谢恩便是。"此事一经传开，民间争相仿制"一品锅"，成为筵席上的一道主菜。

13. 宋齐丘与观音豆腐[①]

方鸿鼎《严陵旧事》记有一个宋齐丘与救命柴叶豆腐的故事。故事说的是，唐代末年有个名叫宋齐丘的穷秀才在蔗山闭门苦读，不时下山取粮，敷衍度日。有一次天降倾盆大雨，几天几夜连续不断，致使他无法下山取粮供炊，他只能站在门口，仰天祈祷，盼望雨霁天晴。他饿着肚子，站着站着，渐渐体力不支，终于倒地不起。幸好那天观音菩萨云游路过，发现一名小生倒在老松树下，不省人事，知是饥饿所致，于是顺手从旁边的柴叶枝上扯下几把嫩叶，点化成为一块碧绿娇嫩的豆腐，还热气腾腾、清香四溢，慢慢扶起小生，给他一口一口喂下。不一会儿，宋齐丘缓过神来，睁开眼睛，发现观音驾云远去的背影，知是菩萨慈悲，救了自己一命。此时已经云开雨霁，山野分外清新。宋齐丘仔细察看身旁的柴叶枝子，似乎忆起意识模糊之际吃过的绿色食物。于是带着好奇的心理，采摘了一篮柴叶，自在灶头反复尝试，居然制作出一种清新美味的绿色豆腐，为了感恩菩萨的临危救助，当即取名为"观音豆腐"。随着斗转星移、寒来暑往，"观音豆腐"在浙西、皖南的山乡广泛流传。每当春夏之交青黄不接，农家往往用以接济粮食，成为度荒疗饥的三大野菜之一。不仅如此，再到后来，"观音豆腐"成为农家喜爱的一道美味佳肴，走上端午节的家筵。

14. 乌饭麻糍的传说[②]

据传，乌饭麻糍源于佛家目莲救母的故事。目莲的母亲为人刻薄，作恶多端，死后坠入地狱的饿鬼道中。目莲出于孝心，担心母亲挨饿，设法给她送饭。但是每次送去的白米饭，总被那些饿鬼抢个精光。怎么办呢，目莲想了一个法子，采用乌饭树的叶汁将饭染成黑色，饿鬼们见了黑色的米饭，以为是肮脏之物，也就不再抢夺，目莲母亲这才免于饥饿。后来，目莲招来四方诸神，搭救了母亲。旧时农历四月初八浴佛节，寺庙都向善男信女布施乌饭麻糍，传至民间，成了四月初八吃乌饭麻糍

---

① 据方鸿鼎《严陵旧事》第209～210页《宋齐丘与救命柴豆腐》改编。

② 据《建德文史资料》第4辑第82～84页程秉荣《梅城的乌饭麻糍》改编。

的习俗。

另有一种传说，吃乌米饭的习俗源于战国时期孙膑的故事。孙膑与庞涓同为鬼谷子的弟子，但却因为庞涓的忌妒，被刖去了双膝。庞涓不仅忌妒孙膑，还想骗取孙膑的兵书。看管孙膑的狱卒识破了庞涓的阴谋，悄悄告诉孙膑，要他把写好的兵书烧毁，并且设法装疯，以免遭到更加阴毒的算计。按照两人商定的计策，狱卒利用乌饭汁做了乌米饭，事先丢在旁边的猪栏里面。然后急急忙忙地报告庞涓，说孙膑已经疯了。庞涓来到现场一看，孙膑正在大口大口地吞吃着乌黑的“猪粪”。庞涓真以为孙膑成了废人，于是放松了对他的迫害。后来正如史书记载的那样，齐国田忌派人救出了孙膑。孙膑在马陵道一战中，射死了庞涓。

15. 清明青粿祭女皇①

唐朝文佳皇帝陈硕真，淳安梓桐源田村人，从小无父无母，只好跟妹妹一起在一个官吏家当佣人。那年清明节，青黄不接，闹起饥荒，老百姓挖野菜啃树皮，但是东家却照常用玉米、高粱做饲料喂猪。陈硕真暗地里让乡亲们采些野菜来喂猪，把玉米、高粱都替换下来，帮他们度过饥荒。后来东家发现她的作为，将她捆绑起来毒打一顿，然后打入水牢，准备活埋。乡亲们闻讯，义愤填膺，决定一起去救陈硕真。结果他们不但救出陈硕真，而且打开东家的粮仓，分掉了东家的粮食。随后这一场风潮发展成为一场农民起义，起义民众推举陈硕真为文佳皇帝。起义失败后，陈硕真遇害。但是每到清明节，乡亲们都会给陈硕真祭上青粿，相沿成俗。

16. 苎叶粿与朱升父子②

新安人家的清明粿多用艾叶汁、艾叶粉掺入糯米粉制成，但是休宁人喜欢苎叶磨粉兑入糯米粉制作清明粿，这里面有什么故事吗？有。休宁学者朱升，因为谋划有功，曾被朱元璋授任侍讲学士、翰林学士；又因不愿久居仕途，他便早早辞官归隐。但是他的儿子朱同后来却在明惠帝手下做官。明成祖夺取帝位之后，逮捕惠帝手下的官员。据说，成祖亲自审讯朱同，说过这样一句话：“如果竹子能够结果，朕

① 据《浙江省非物质文化遗产调查表·民间手工技艺·农畜产品加工》编号09-092-0127-024-026《青粿》改编。
② 据搜狐焦点 > 黄山论坛 > 黄山生活 > 徽州苎叶粿改编。

便免你一死。”这一消息传到休宁，家乡父老无不忧虑至极，谁都知道，竹子哪会结果？这不成心要置朱同于死地吗？情急之下，乡中有位智者提出，可用苎叶做成米粿，火速送往京城，祈盼公子不死。“苎”者“竹”也，“粿”者“果”也，两字都属谐音相近。然而不幸的是，等到苎叶粿送进京城，朱同已被处死。休宁父老为此伤心不已，家家做起苎叶粿，用以祭奠朱同的亡灵，寄托他们的哀思。从那以后，每到清明节，休宁人，徽州人，做苎叶粿，做艾叶粿，相沿成俗，表达他们对已故亲人的缅怀之情。

17. 乾隆赐印石头粿[①]

在小城屯溪，在古城歙县，人们走上街头，便可见到一种熟食摊子。摊主架起一只又大又扁的铁锅，浅平的锅底总烙着一只只圆饼，饼上总压着又厚又圆的石头。每当铁锅下面的炭火熊熊燃烧起来，石头下面的烙饼便会幽幽地发出嗞嗞的声响，浓郁诱人的油麦香味便会在街头悠然地飘散开来。这就是著名的徽州石头粿。

扬州有名的点心“徽州粿”，其实就是歙县的“石头粿”。制作“石头粿”的馅，要将肥肉切丁熬成半油状态，再将炒熟磨碎的黄豆拌入其中，然后加入适量精盐即可。焙烤“石头粿”，下面是文火烧烤铁锅，上面是滚烫的石头平压，油果在石头和锅铁之间嗞嗞作响，香味扑鼻。当初歙县人怀抱发财的梦想前往扬州的时候，盘缠中都少不了这种“石头粿”。“石头粿”不馊不干不凉，旅途之中即取即食。果真发财之后，徽商们又都割舍不了思乡怀旧之情，于是便把“石头粿”当作心爱的美食一直流传下来，并且改名“徽州粿”。

传说乾隆皇帝在扬州徽服出行，有感于徽商对朝廷的慷慨捐资，特意在街口小店买了“徽州粿”品尝，连连称赞：“好香！好吃！”随后掏出一枚“福”字小印章送给店主。店主感到小印章精致可爱，便用它在每个“徽州粿”上加盖一个“福”字。从此居然福星高照，“徽州粿”畅销全城，供不应求。

这种传说无法考证，但也并非空穴来风。“徽州粿”作为一种大众美食，能够扎根扬州、久盛不衰的事实，除了表明“徽州粿”确实风味独特之外，还足以说明徽商成就与徽州饮食的关系，足以反映扬州市井对徽州饮食的接纳和追捧。

---

① 据安徽人民出版社2005年出版的邵之惠、洪璟、张脉贤《徽菜》第224页《乾隆赐印石头粿》改编。

18. 淳安米羹与朱熹[①]

淳安县西北四十里的马凹里，即今姜家镇上郭村之西南，有座著名的瀛山书院。南宋时期，朱熹先后两次应詹仪之邀请，至瀛山书院讲学。朱熹讲学有教无类、诲人不倦，当地不少平民子弟从师受业。那一年不巧，开春之始，即遇干旱，夏粮歉收，不少人家外出逃荒，以致一些学子也惶恐不安，无心问学。为了应对饥荒，安定学子情绪，朱夫子白天带着大家漫山遍野地寻取野菜，掺杂储存有限的苞芦粉，煮成大锅野菜羹，师生共同食用，勉强糊口度日。夜晚则聚集所有弟子，济济一堂，秉烛攻读。弟子们眼见朱夫子正襟危坐，精神振作，丝毫没有忧患神情，无不深受激励，个个潜心研学。如此坚持数月之久，终于度过饥荒。第二年春粮有成，夏粮丰收。待到秋季考试，不少平民子弟考上了秀才，甚至考上了举人。当地民众欢欣鼓舞，感激不尽。为了纪念朱夫子的恩德，秉承朱夫子的精神，当年三十晚，当地学子相约，都在家中煮上大锅野菜米羹。如此连续三五年、七八年，米羹成为一种年俗传播开来。随着制作原料的逐渐改变，米羹逐渐成为人们日常的一种传统饮食。

19. 神奇美味毛豆腐[②]

在徽州，毛豆腐的传说很多，其中流传最广的一种说法是与朱元璋有关。当年朱元璋率军经过徽州地界，山路崎岖，人困马乏，饥饿难当，派人四下寻找食物。他的一个随从官走进一座破败的豆腐坊，发现灶头背后有个老大的木框，盛着一板豆腐，已经长有一层颜色发黄的绒毛。“啊呀，这不是豆腐吗，可惜可惜！”刚想转身离开，却又转念一想：“豆腐长了毛还能不能吃呢？不管它，烤熟再说。”他竟动手点火烧起了炉灶，随手挑了几片长毛的豆腐放进锅里烧烤。随着炉火上的锅底慢慢变热，锅里的豆腐逐渐散发出奇特的香味，那香味越来越浓郁，居然吸引了附近一群士兵，争先恐后地挤进豆腐坊，都想看看锅里究竟是什么美味。这时，随从官伸手从锅里拣起一块烧烤的豆腐，递给挤在前面的一位士兵，示意他尝尝这种豆腐的滋味。谁知这个士兵性子太急，只是鼻子闻见了香，嘴里却没吃出个味，豆腐早就吞下了肚。随从官又递过一块，大声呵道：“饿鬼！告诉我，什么味道？”士兵这

① 据《浙江省非物质文化遗产调查表·民间手工技艺·农畜产品加工》编号09–092–0127–214–019《米羹》改编。

② 据安徽人民出版社2005年出版的邵之惠、洪璟、张脉贤《徽菜》第223页《朱元璋与徽州毛豆腐》和中国科学技术大学出版社2015年出版的《徽州文化大辞典》第748～749页《毛豆腐》改编。

才变得十分小心，慢慢咀嚼一通，连声叫喊："太好吃，太好吃，太好吃……" 随从官连忙指定两名士兵，来了个"三下五除二"，把木框里面的豆腐全部烧烤一通，找了个大竹篮，送到朱元璋面前。饥肠辘辘的朱元璋，接二连三地吃了几块，然后问道："哪来的豆腐？是什么豆腐？这么香，这么鲜。"随从官便"如此这般"地回禀一番，朱元璋听完哈哈大笑，仰头说道："本帅不枉徽州之行，险些错过此等美食！"

20. 宰相智售苦益菜[①]

苦益菜，也叫苦菜、苦叶菜，学名叫败酱，即败酱科白花败酱。这种败酱广泛生长于新安山水之间，属多年生草本植物，所开白花揉碎之后，有种陈败豆酱的气味，故名败酱。其茎其叶可以四季采食，新安人家称它为四季菜，号称山中不老菜、江南第一野菜。淳安人称败酱为益菜，又因"益"与"一"谐音，于是诡称"状元菜"。这有什么来由吗？请听下面这段传说。

明朝成化年间的一天，宰相商辂早朝过后乘轿回府，发现路旁坐着一个瘦巴巴的老头在叫卖干菜，身前摆着两个竹筐子，当时虽然人来人往，却无一人光顾老头菜摊。商辂看着有些心动，不由停下轿子，走近看看两个竹筐，认出筐子装的是败酱，便问："这菜卖个什么价格？"交谈之间，商辂听出熟悉的乡音，发现老人竟是淳安同乡。商辂心想，老翁远离故乡，来到京城卖菜，真是大不容易，决定帮他一把。他悄悄嘱咐老人，明天大声叫卖，就说"此菜名叫益菜，吃了大为有益，有病治病，无病健体"，至于价格不妨提高百倍。老人心中疑惑，但却频频点头，表示愿意一试。

第二天，商辂谎称有病，告假不上早朝，许多官员听说这位三朝元老在家养病，纷纷前来探望。商辂告诉他们，自己只是偶感风寒，肠胃不适，早年家乡有种益菜，一吃就好。可是现在离家万里，实在无可奈何。官员们听了，以为老宰相是因乡愁过甚而致病，有的猜测老宰相似有退职还乡之意。于是七嘴八舌，殷勤劝慰。忽然有个官员兴奋起来，说他来时路上，还真听到有人叫卖益菜，不妨买来试试，果真就是相爷所说的疗疾之物，岂不是大好之事？一听此言，官员们争先恐后地派人上街购买益菜，陆陆续续地送到相府。当天夜里，商辂却叫家人把益菜送回老人手中，好在第二天继续叫卖。老人知是宰相暗中相助，心中感激不已。卖了几天之后，觉

① 据方鸿鼎《严陵旧事》第213～214页《宰相叫卖苦益菜》改编。

得收获已够丰厚，老人决定起程回乡。临行那天早晨，他找到相府门前，叩头表示感谢。老人回到淳安之后，益菜的故事迅速传开。

事实上，商辂说败酱能够疗疾，可谓益菜，并非毫无道理。败酱含有丰富的维生素，适当食用自然有利健康。据后来的《本草正义》记载，作为一种草药，败酱能够“清热散结，利水消肿，破瘀排脓”，并对肠痛、下痢、目赤肿痛等症都有一定疗效。

21. 谁知铺盖卷里有火腿①

明朝末年，遂安七都有个王象乾，从小立志向学，父亲决定送他去沙护庵读书。临行之前，父母细心地为他准备好铺盖行李之后，又想让他带上一只猪肋胛（火腿）贴补伙食。为了携带方便，他父亲将那只火腿包裹得严严实实，顺手塞进铺盖卷里，一并用绳子捆扎起来。儿子去了半个来月，一天写信回家，信中说了什么呢？说到读书，也说到伙食，他说：“我在庵堂读书，什么都好，就是没菜吃不下饭。”庵中伙食不好，父母早已想到，不是特意带了火腿去吗，儿子为何只字未提呢？父亲百思不得其解，决定亲自去庵堂看看。到了庵堂，这才发现，儿子的铺盖根本就没有打开，原封不动地搁在床头。怎么回事？听儿子说，他每天夜里读书通宵，感觉累了，只是趴在桌上打个瞌睡罢了，所谓“篝灯达旦，倦则隐几假寐而已”。父亲听了之后，既觉欣慰，又觉心疼，竟是哭笑不得，无话可说。王象乾早年读书，刻苦如此，诚可为后人励志，故而县志载其轶事。

22. 煨芋夜读的传说②

嘉靖《淳安县志 · 风俗》载：“淳俗多种蹲鸱，一名芋，其大者为芋魁。乡民课子夜读，每以煨芋魁为度，芋魁熟大约漏下二鼓矣。盖小儿意在所属，则精神振厉不倦于勤，啖之可以疗饥，犹熊丸劝读之一助也。”淳安乡民晚上督促孩子读书，常常用火灰煨烤芋头为时间限度，待到硕大芋头煨熟，时间也就到了二更天了。这样，小孩知道读书之后有芋头吃，精神比较振作，勤读不知疲倦，何况吃了芋头真的可

① 据《淳安县文化志 · 概述》第3页载录嘉靖《淳安县志 · 风俗》素材改编。
② 据《淳安县文化志 · 概述》第3页载录嘉靖《淳安县志 · 风俗》素材改编。

以免馀夜间饥饿。这就像古代贤母用熊丸劝读一样，对教育子女大有帮助。熊丸劝读是个典故。据《新唐书 · 柳仲郢传》记载，柳仲郢为唐代名臣，幼年好学，他的母亲曾用熊胆汁水制作丸粒，让他夜间咀咽，助他“苦志提神”。

23. 冬瓜饺与新安名医汪昂[①]

冬瓜饺创始于清朝康熙年间，是新安人家流传数百年的风味点心。

据说康熙甲子年的大暑天气，新安医家汪昂从山中采药归来，坐在镇海桥头德茂点心店里歇脚，望见对门菜摊的几个冬瓜，随口说道：“此瓜肉厚色白，疏松多汁，正是暑天做点心的好材料啊。”店主听他说到点心，赶忙凑个近乎。于是汪昂接着侃起医道药经来，他说，冬瓜是宝，夏天食用，能清上焦肺叶蕴热，去痰湿、止咳嗽；可除下焦大肠积热，清水肿、利小便。如果用冬瓜做饺应市，清香爽口，清热除暑，岂不强似肉包添腻？店主听着听着，不断点头。虽然不懂什么上焦、下焦，但是冬瓜做饺，适宜消暑，他听得明白。况且冬瓜做饺，成本不高，何不乐而一试？不过几天，古城老街就有了第一笼冬瓜饺面市应客。德茂店一试成功，生意非常红火，随即便是诸家同行步其后尘，也都卖起冬瓜饺来。

寒来暑往，斗转星移。到了清末民初，老街冬瓜饺由街头小吃走向了徽菜宴席。在此就得说到名厨程关亭。当年他在司门前（今上马路9号）开一片点心店，擅做眉毛酥、荷叶包、枣泥糯、云鲜卷一类细点，既做门市，也做筵席。为了让冬瓜饺走上宴席，这位名厨确是下了一番功夫。首先，他在冬瓜馅的配料上做了改进。本来冬瓜馅中用盐，多则不鲜，少则乏味。他就斟酌，使用开洋，仍觉不足。便又添加成熟的火腿丁佐鲜，味道臻于正中，只是香郁不够。于是再用水发冬菇丁加上米葱提升香味，他才感到满意。其次，他注重饺皮制作的面粉质量，专门购进无锡厂家的精白面粉做料，再采用葛粉做垫，增加饺皮柔韧度，保证饺皮薄而不裂。最后他强调制作要手工精巧，火候要把握精准。每只弦月饺子都要玲珑小巧、玉色晶莹，一经咬开香溢满口，白皙的冬瓜馅中有米黄色、殷红色、翠绿色、湛黑色，堪称是形、色、香、味俱佳的精品。无论上了何等宴席，都会备受宾客青睐。

---

① 据安徽人民出版社2005年出版的邵之惠、洪璟、张脉贤《徽菜》第230页《医家汪昂与冬瓜饺》改编。

24. 胡适命名蝴蝶面[①]

时任北京大学校长的胡适，每次来到南京，总是找到绩溪老乡陪同，专去绩溪菜馆就餐，品尝绩溪老家的风味。像秦淮河的老正兴，新街口的大罗天，夫子庙的全兴康，南京的徽菜馆很多很火热，老板伙计也大多是绩溪人。

胡适走进这些店堂，每当听到乡音问候“胡先生好”，他就觉得非常开心。落座之后，便有一壶家乡的好茶“金山时雨”送到面前，就会有人陪着闲话绩溪古今，浓浓的茶香、浓浓的谈兴，洋溢着浓浓的乡情，每每让胡适忘却了身在异地他乡。

不到一个时辰，只听白案师傅道一声“请”，面前便摆着一碗热腾腾的“蝴蝶面”。胡适一边津津有味地品尝着汤面，一边又想起这个“蝴蝶面”名堂的来历，脸上不禁浮现出惬意的微笑。那是不久之前，胡适来“大罗天”店吃面，他问老板高子光：“这种汤面在绩溪岭南叫什么？”老板回答说：“绩溪县城叫‘面皮汤’，十三都、十四都都叫‘螺丝块’。”在场的伙计笑着插话说：“胡先生是个大博士，请问‘螺丝块’三个字怎么写啊？”胡适听了哈哈大笑，摇摇头说：“这可把我难住了，我也不会写啊！”说完想了一想，认真地对老板说：“你说的那种名字，外地人都不懂，不妨改个名字，就叫‘蝴蝶面’如何？你看汤里的面皮倒像是不停翻飞的蝴蝶。”在场的人齐声叫好，都说这个名字漂亮、好听！打那以后，“蝴蝶面”替代了“螺丝块”，从绩溪徽厨、从南京徽馆“飘飞”起来，传得远近知名。

25. 徽州拓粿与徽州太苦[②]

胡适待在美国期间，为了慰藉思乡之情，常与友人聊起徽州故里，从徽州的家族聊到徽州礼仪，从徽州的节庆聊到徽州饮食，上下千年，无所不及。照说嘛，胡适知识渊博，擅长演讲，生性随和，乐交朋友，算是健谈的人啦，但是凡人都有弱点，健谈的胡适却讲不好国语，说话往往被人笑为“不脱土”。你看，有一次，胡适兴致勃勃地在讲“徽州拓粿”，一位友人就听岔了，以为他在说什么“徽州太苦”。胡适当时就不快活，以为人家故意挖苦他，弄得大家都很扫兴。事后，胡适反复琢磨，觉得“徽州拓粿”与“徽州太苦”还真有关系。不是有民谣说：“前世不修，生在徽州。

① 据安徽人民出版社2005年出版的邵之惠、洪璟、张脉贤《徽菜》第239～240页《胡适起名蝴蝶面》改编。
② 据安徽人民出版社2005年出版的邵之惠、洪璟、张脉贤《徽菜》第235页《胡适反思徽州太苦》改编。

十二三岁，往外一丢。”如果不是徽州太苦，徽州人怎么一代又一代地背着“盘缠粿”，外出“谋生意”，成了“徽骆驼”？当然，后来的徽商是成功了，徽州也繁荣了，但是徽州子弟不能忘记自己的历史，不能忘记创业的艰难。那一年，胡适返乡，途经上海，大嘉福酒菜馆的徽州同乡有心要为他设宴洗尘，但却被他婉言谢绝。他说：“感谢乡亲们的美意，但是酒席就不必摆了。今天索性就做两个拓粿吃吃吧，好让我们都牢记创业的艰辛，保持徽骆驼的精神。”他的几句话博得一个满堂彩。

26. 恩爱夫妻金丝枣[①]

新安人家的金丝琥珀蜜枣广销海内外。金丝琥珀蜜枣的问世倒还有段传奇。相传300年前，歙县南乡白杨小阜坑有一对恩爱夫妻，小日子过得相当甜美。后来丈夫外出做生意，可是人在苏州，心在徽州，三天两头给家里写信。那一天写信的时候，他很想问问妻子的身孕如何，但是因为妻子并不识字，有了家信得请别人读给她听。于是他想了一想，变个法子问道：“家中枣子长得如何？什么日子能够成熟？”妻子听人读这两句，心中一动：是啊，年年枣熟时节，都是丈夫率先上山扑枣。于是她上山精心挑拣一些早熟的大个青枣，洗净打包寄往苏州。很快她就接到丈夫来信，说：“新枣虽好，可惜不甜。”妻子心想，丈夫往年吃到新枣都很开心，如今还真是心里虑家，胃口不同。为让丈夫开心，她急忙又挑一些好枣，特地用蜜糖煮了焙干，很快寄出。谁知这次丈夫回信却问道：“此是何种枣？外甜内不甜。”妻子琢磨良久，决心想个办法，做出一种甜枣，务必要使丈夫满意。这天夜里，她先用小刀环绕精选的青枣切开许多条缝，然后放入糖汁锅中煮过，最后焙干打包，寄往苏州。这一回，丈夫惊奇地发现，这的确是好吃无比的枣子，不由得在信中赞叹说：“我从未见过也从未吃过这样的枣子，真不知道你是怎么做出来的。”由此这位丈夫突然有了一个大胆的想法，他决定返乡，与妻子一道专门生产这种蜜枣生意。妻子得知丈夫这一决定，简直喜出望外，马上动手准备起来。不久，夫妇二人果真如法炮制，生产出人们从未见过从未吃过的蜜枣，这就是金丝琥珀蜜枣。

---

① 据安徽人民出版社2005年出版的邵之惠、洪璟、张脉贤《徽菜》第97～98页《金丝琥珀蜜枣》改编。

27. 炒茶炒出茶叶蛋[①]

以前每到采茶季节，白天上山采茶，晚上在家炒茶，村姑农妇的劳动就是一个不折不扣的“白加黑”，异常辛苦。那是立夏前一天的夜里，有位勤劳持家的农家媳妇，照常炒茶炒到三更之后，实在困乏至极，懵懵懂懂地倒床而睡，无意之中将一大把茶叶留有锅中。次日早晨，一觉醒来，想起立夏到了，要给家人煮几个鸡蛋，于是便舀了一瓢水往大锅里一倒，抓了几个鸡蛋放入锅内，随手撒了一些盐巴，盖上锅盖就烧火煮了起来。等到锅里煮开之后，浓郁的芳香飘满屋子，她这才想起昨夜锅里还留有茶叶。出乎意料的是，这次新茶煮熟的鸡蛋，不仅色泽亮丽，而且清香袭人，全家人都感到惊喜。此事一经传开，盐茶鸡蛋广受青睐，不但立夏之日普遍煮食，而且逢年过节、迎宾待客，盐茶鸡蛋成了必不可少的一种美味。

28. 松萝茶传奇[②]

相传400年前，休宁县松萝山的半山腰有座庙宇，庙宇外的篱笆边有两只破损的大水缸，昼晒夜露，天长日久，缸里积水浑浊泛绿，表面还飘浮着枯枝败叶。一年早春，有位银须飘飘的长者踏青到此，站在两只大缸边上端详良久，随后找到守庙的老僧，表示希望买下两只大缸，讲定次日携60两白银来取。长者去后，老僧心想，既然如此值钱，怎能搁在庙外过夜，万一走漏消息，被人盗走岂不坏事？于是当晚趁着月色，清理缸内所有杂物，随后倒去缸中污水，并将缸底擦拭得干干净净，然后想尽办法把两只大缸移进庙中。第二天一大早，那长者果然带着八九个人，扛着木杠，挑着水桶，前来交易。当他看见两只大缸已被冲洗干净时，却连连顿足道：“糟了！糟了！两只空缸，我不要了！”老僧大惊失色，问道：“这是何故？”长者说：“我所看中的是缸里的水与物，所以决定重金赎买。现在只是两只破缸，买了又有何用！”说得老僧目瞪口呆，懊恼不已。长者顺口问道：“那缸里的水和物都去哪里了？”老僧指着路下一片坡地说：“都在那片地里头，我顺手用土盖了盖。”看着老僧沮丧的样子，长者换了舒缓的口气说：“也好，也好，明年春天，这片山地一定会长出上好的茶树，长成一片上好的茶园。”果然不假，第二年春节过后不久，庙前路下的

---

① 沈伟富：《风俗漫谈》，天津古籍出版社，2008年，第121页。

② 据中国科学技术大学出版社2015年出版的《徽州文化大辞典》第399页“徽州文学”部《松萝茶的传说》改编。

坡地早有星星点点的绿芽破土而出，转眼长成一簇一簇的茶树幼苗，当年就成了当地最为出色的一片茶园。园里的茶叶青翠欲滴，一经焙制则芳香四溢。从此世间有了松萝茶，松萝茶名扬四海、享誉中外。

29. 鸠坑茶与万岁岭①

元至正十八年（1358）三月，朱元璋率领义军驻扎谷雨岭。谷雨岭在哪里？就在淳安鸠坑与歙县璜蔚交界处。这里层峦叠嶂，易守难攻；云雾缭绕，十分隐蔽。朱元璋驻军于此，意欲何为？采纳朱升的建议，他要在此整顿队伍，训练士兵，养精蓄锐，等待战机。

谷雨岭上有三大山岩，打天岩、打铁岩、牧马岩，高耸入云，形势险峻。当时朱元璋就近三岩筑起三座营寨，每日于岩前列阵练兵。时值三月，春雨连绵，每日操练完毕，将士衣衫潮湿，分不清雨水汗水，极易感受风寒。尤其是军中不少北方人，难以适应南方的多雨天气，加之山林之中地湿风冷交相逼人，不多日后，一些将士相继感染风寒，普遍觉得浑身乏力。朱元璋深感忧虑，反复与人商议，是去是留，终难决断。

正当朱元璋一筹莫展之际，当地一位老者携杖来到营前，自称手中偏方，可助义军祛除湿邪、抵御风寒。朱元璋闻之大喜，恭请老者入帐上座。老者教人挖取山上的茅草根、葛藤条，下山购来当地的鸠坑茶，生火，烧水，投入生姜、大蒜，将茅草根、葛藤条一并剁碎放入锅中，水滚半个时辰之后，放入大把鸠坑茶叶，继续熬过片刻即可。当天军中大锅全都烧水熬茶，将士们纷纷试饮茶汤。结果怎么样？都说一碗茶汤下肚，身上顿时冒汗，似乎有股热浪在体内翻滚，五脏六腑都觉得寒气渐散、暖气回转。不几日，军中湿邪尽除，风寒痊愈。再后来，凭着天时、地利、人和，朱元璋率领义军，愈战愈勇，最终大破元兵，建立明朝。朱元璋当上皇帝之后，谷雨岭被封为“万岁岭”，鸠坑茶也闻名天下。

30. 御笔蠲免紫霞茶②

紫霞莲心茶最早产于元朝。传说元朝末年，朱元璋辗转各地，来到歙县潜口紫

---

① 据《钱江晚报》2018年8月8日“新安文化特别报道”的华炜《鸠坑一叶》一文改编。

② 录自汪大白：《潜口——人文村落风雅家园》，合肥工业大学出版社，2013年，第40页。

霞山庄时正值春夏之交。那天，朱元璋面对着紫荆盛开的山道，独坐凝思，心觉迷茫。这时山庄道人给他奉上一杯香茶，茶绿汤清，芳气扑鼻，朱元璋双手接过，一饮而尽，顿感气顺神怡，豁然开朗，不禁连声称赞："好茶，好茶！"遂与道人谈论终日毫无倦意。后来朱元璋经过多年打拼，终于赢得天下，建立大明王朝。据说，朱元璋终其一生没有忘记，徽州有一位智者，有一座名山。那位智者就是韬略过人的朱升，他的九字建言"高筑墙，广积粮，缓称王"，实为朱元璋指明了成功之路。那座名山就是潜口紫霞山，紫霞香茶曾经一扫他心头的阴霾，紫荆山道曾经给他神秘的暗示和激励。朱元璋颁布诏书，诰封潜口紫霞山与南京紫金山结为皇亲姐妹山。与此同时，朱元璋还亲笔批示，永远蠲免徽州的三样贡品，包括潜口紫霞茶在内，以示施恩于朱升故里，施惠于紫霞山人。在道光《徽州府志》中我们还真的看到，明代"户部奏各处土产应供"时有注："徽州莲心茶、马蹄鳖、清水鳗鲤，太祖洒翰蠲免，曰使朱升乡里世世沾皇恩也。"

新安饮食有关的民间故事、民间传说还有很多很多，这里不可能尽数演绎。流传至今的这些传说故事，创作的主要意图显然在于标榜新安饮食的价值，提升新安饮食的地位，美化新安饮食的声誉，从中充分表达出创作主体的自得之情、满足之感与张扬之意。

在逐个浏览这些传说故事的时候，总能感觉到一阵阵浓郁的乡土气息和山野气息扑面而来。对此，相信读者都能充分理解，因为这些故事的"传说核"原本就是乡土之物，这些故事的创作者原本就是山野之人。

然而，或许也有读者会隐隐产生一些心理上的困惑，因为在这些故事的演绎之中，往往闪现出一些并非本乡本土的特殊身影，例如观音菩萨、目莲僧，例如乾隆皇帝、朱元璋，还有那些虽然属于本土但却已经超乎民间的人物，就像方腊、陈硕真，商辂、严子陵，朱熹、胡适之，他们究竟与新安人家的饮食文化又有多大关联？既然传说的饮食本体其实都属民间的创造，那么这些传说又为何诉诸世外神灵、诉诸英雄人物，是否存在某种高攀名人，甚至高攀帝王的嫌疑？对此，我们似有必要做点剖析。

民间文学的集体创作不乏艺术的想象，同时也不乏主观的附会，但是却天赋一种平民本色，本能地拒绝曲意攀缘的庸俗倾向。上文所述传说故事，有的附会于神灵，有的附会于名人，有的甚至附会于帝王，这些都是明摆着的事实，也是民间文学常见的现象。然而，只要我们用心琢磨一下便不难发现，故事中的这些神灵、名人、帝王，已经不是平常意义上的神灵、名人、帝王，他们都是已经人格化的神灵，都是已经世俗化的名人，都是已经乡土化的帝王，创作者和传播者善于利用假借和依托的手段，将他们自己所需要的这些角色随手招来，任意派遣，驱使这些角色紧紧围绕着故事业已确定的“传说核”，忠实服从于故事创作的根本意图，以其言行举止、所作所为，实现饮食活动的戏剧性和故事性，从而达到历史形态、文学样式与生活实质的有机融合。这是民间故事创作艺术的独特表现，蕴含着化腐朽为神奇的艺术真谛，值得我们特别关注与珍重。

余 论

自古人生，贵在闻道。子曰："朝闻道，夕死可矣。"①道在何处？可以在白衣苍狗、流水落花，可以在汗牛充栋之著述、粉身碎骨之英烈，等等。然而，一粥一饭亦有道，道在烹饪饮食中。烹饪关乎饮食，饮食关乎民生，民生关乎国运，"烹饪之道"岂可小觑！老子曰："治大国若烹小鲜。"②由此我们似可领悟烹饪之道的又一层意蕴："烹小鲜若治大国。"——果真如此，"烹饪之道"不亦伟哉！

稍稍留意一下中国历史，可知我们的先哲先贤早就把饮食烹饪与国家治理钩挂在一起，他们的烹饪理论从一开始就体现着我们民族的政治智慧，渗透于我们民族的社会心理。

战国时期的《吕氏春秋·本味篇》保留着我国上古时代极其珍贵的烹饪史料，被今人公认为中国烹饪理论的奠基之作。其实当年吕不韦主编《吕氏春秋》的目的，是为了总揽先秦诸子百家之说，打造一套完整适用的治国安邦之策，《本味篇》的原旨正是以烹饪之道比喻执政之道。

据史家所传，三千五百年前，商汤因为重用了擅长烹饪的伊尹，其王道即大行于天下；伊尹则以烹饪之道辅佐商汤，自己也因此而大建其功。这一历史事件的影响至深至广，历来的文献多有记载与评说。《墨子·尚贤》曰："汤举伊尹于庖厨之中，授之政，其谋得。"③《史记·殷本纪》载："（伊尹）负鼎俎，以滋味说汤，致于王道。"④这实在是一个饶有趣味的话题。

---

①《论语·里仁》，杨伯峻：《论语译注》，中华书局，1980年，第37页。

② 老子《道德经》第60章，余培德：《生命的大智慧》，河北人民出版社，1988年，第116页。

③《墨子》卷2《尚贤·上》，《四库全书》本。

④ [汉]司马迁：《史记》卷3《殷本纪》，《史记》上册，天津古籍出版社，1995年，第72页。

一

孔子说："饮食男女，人之大欲存焉。"[①] 所谓"大欲"即普遍的欲望。告子也说："食色，性也。"[②] 所谓"性"指的是与生俱来的天性。他们一个着眼人类"饮食"的普遍性，一个着眼人类"饮食"的先天性，虽然视角各异、说法不同，但是同样都肯定了人类"饮食"的合理性。然而，"大欲"并非意味着饮食可以纵欲，人之天"性"也不可能不受客观世界的制约。这就是说，他们承认饮食合理性的同时，其实也已设定了合理性的饮食。如果是超乎合理性的饮食，或者是饮食者的纵欲而为，则都可能走向人生的反面。历史上最有影响的典型事例就是殷纣王的"象箸玉杯""酒池肉林"。据《韩非子·喻老》记载："昔者纣为象箸而箕子怖，以为象箸必不加于土铏，必将犀玉之杯；象箸玉杯必不羹菽藿，则必旄、象、豹胎；旄、象、豹胎必不衣短褐而食于茅屋之下，则锦衣九重，广室高台。'吾畏其卒，故怖其始。'"[③] 正如箕子所料，殷纣王的奢侈生活存在一个演变的逻辑，按照这个逻辑，"象箸玉杯"就是演变的开始。演变的结果却又超出箕子的预料，并不只是"锦衣九重，广室高台"而已。据《史记·殷本纪》载："(帝纣）好酒淫乐，嬖于妇人……大最乐戏于沙丘，以酒为池，县（悬）肉为林，使男女裸相逐其间，为长夜之饮。"[④] 因为殷纣王纵欲无度，淫乱不止，微子、比干等人力谏不听，反而变本加厉，肆意杀戮，暴虐天下，最终的结局是人心背离而殷商灭亡。历史给后人留下了极其深刻的教训。后赵苻洪劝谏赵武帝石季龙时，便集中征引了尧与纣的故事作为对比，他说："臣闻圣主之驭天下也，土阶三尺，茅茨不翦，食不累味，刑措而不用；亡君之驭海内也，倾宫琼榭，象箸玉杯，截胫剖心，脯贤刳孕，故其亡也忽焉。"[⑤] 在此，"食不累味"和"象箸玉杯"均已不是独立的饮食问题，而是深切关联着"圣主"与"亡君"的社会政治与历史成败。

几千年来，作为政治成败的关联因素，"食不累味""食不二味""食不兼肉""食

---

①《礼记·礼运》,《礼记注疏》卷21,《四库全书》本。

②《孟子·告子章句上》，兰州大学中文系《孟子》译注小组：《孟子译注》下册，中华书局，1960年，第255页。

③《韩非子》校注组：《韩非子校注》，江苏人民出版社，1982年，第223页。

④［汉］司马迁：《史记》卷3《殷本纪》,《史记》上册，天津古籍出版社，1995年，第78页。

⑤《晋书》卷107《石季龙载记上》，中华书局，1996年，第2780页。

不重味”“食不重肉”“食不兼味”的记载不绝于史。春秋鲁左丘明《左传 · 哀公元年》：“昔阖庐食不二味，居不重席，室不崇坛。”《尹文子 · 大道上》：“昔晋国苦奢，文公以俭矫之，乃衣不重帛，食不兼肉。”《史记 · 吴太伯世家》：“越王勾践食不重味，衣不重彩，吊死问疾，且欲有所用其众。”[①]《史记 · 管晏列传》：“（晏婴）既相齐，食不重肉，妾不衣帛。”[②] 在史学家们看来，阖庐能够打败楚国，文公能够称霸春秋，勾践能够复仇败吴，晏婴能够辅佐三朝于史称贤，都与饮食从俭的生活作风密切相关。

历史似乎从未忽略饮食与人生、与功业、与政治、与社会的内在关联。如何理解这种内在的关联？我们可以由理学家朱子的言论得到启示。有人问：饮食之间，孰为天理，孰为人欲？《朱子语类》曰：“饮食者，天理也；要求美，人欲也。”[③] 正常的饮食属于“天理”，超常饮食而求美味则属“人欲”。恪守“天理”而克制“人欲”，恐怕就是朱子所要揭示的历史教训和伦理准则。

能够领会历史警示的不只是社会精英和政治贤良——换句话说，真正懂得“成俭败奢”这一历史真谛的是谁？应该就是亲历沧桑的人民大众。就像新安人家，他们普遍熟知“历览前贤国与家，成由勤俭破由奢”的唐诗名句，[④] 世代践行勤俭为持家之本的宗族古训，[⑤] 他们的衣食俭省向为世人所公认。歙县义城朱氏《祖训十二则》强调：“脱粟饭只要饱，粗布衣只要暖。彼膏粱至味，亦不过属餍而已；锦绣甚华，亦不过适体而已。究而论之，可口与彰身，不无美恶之异；充饥与御寒，要未有美恶之殊也。假使日食万钱，则一餐之费足供人数月粮；假使坐拥重裘，则一体之需足备人千衲袄。而且衣食愈丰，愈觉弱不能胜者，大都奢侈之过。”[⑥] 新安所有家族几乎无一例外都以节衣缩食、崇俭杜奢训诫子孙。“布衣蔬食，于身心家世殊觉有益。人家子弟不可悦华美之服，嗜甘脆之味，恐养成骄态，为害匪细。夫怙侈灭义，奢丽敝化，周书娓娓申戒，读之凛然。”“至于日食饔飧有常，蔬食菜羹易给，无事不得宴饮。”“以俭示后，子孙可法，有益于家；以俭率人，敝俗可挽，有益于国。”[⑦]

---

① [汉]司马迁：《史记》卷31《吴太伯世家》，《史记》中册，天津古籍出版社，1995年，第1317页。

② [汉]司马迁：《史记》卷62《管晏列传》，《史记》中册，天津古籍出版社，1995年，第2038页。

③《朱子语类》卷13，《四库全书》本。

④ [唐]李商隐：《咏史》，刘学锴、余恕诚：《李商隐诗歌集解》，中华书局，1988年，第347页。

⑤ 朱熹说过：读书起家之本，勤俭持家之本，和顺齐家之本，循理保家之本。

⑥ 夏晓慧：《明清徽州宗族的尚俭之俗》，《寻根》2016年第2期，第128页。

⑦《徽州名人家训》，中国科学技术大学出版社，2018年，第85、20、70页。

翻开新安人家的族谱家乘，诸如此类的训导箴规比比皆是。

二

众所周知，孔子曾经说过“食不厌精，脍不厌细”，[①] 这是否与新安人家的俭朴家风相互抵触，甚至是对后者的根本否定呢？当然不是。“食不厌精，脍不厌细”之“厌”，义为“嫌弃”，而非“满足”。如果是食不“满足”于精，脍不“满足”于细，那么他的饮食也就必然走向奢侈，结果又与夏桀、[②] 商纣之流有何区别？而“厌”作“嫌弃”讲，那么食不嫌精，脍不嫌细，这便属于人之常情，也才符合孔子的本意。而且我们相信，要让“食不厌精，脍不厌细”的孔子，共享新安人家的粗茶淡饭，他也笃定乐而无怨，这从他对颜回的极度赞赏足以得到证明：“贤哉，回也！一箪食，一瓢饮，在陋巷，人不堪其忧，回也不改其乐。贤哉，回也！”[③] 由此，我们不能不由衷地敬佩古代圣贤安贫乐道的精神境界。

时至当代，“食不厌精，脍不厌细”又将具备何种新的意义，给予我们何种新的启迪？当代社会相对于传统社会，确实发生了翻天覆地的变化，人民大众已经成为国家的主人，“剥我身上帛，夺我口中粟”[④] 的剥削制度已经不复存在，“百姓饿死”“何不食肉糜”[⑤] 的腐朽政治早已成为历史；随着科技的快速发展，生产力的不断进步，中华民族为着实现“两个一百年”的奋斗目标，正是立足于全面小康社会的建设事业，我们相信，孔子所说的“食不厌精，脍不厌细”，完全可以理直气壮地成为中国烹饪工艺改革的宣言，强力推动人民大众饮食生活的大幅改善，强力促进中国餐饮行业水准的显著提升，进而对中华民族饮食文化的变革与创新，产生莫大的激励和深远的影响。

---

①《论语·乡党》，杨伯峻：《论语译注》，中华书局，1980年，第102页。
②[晋]皇甫谧：《帝王世纪》：“（夏桀为）肉山脯林，以酒为池，使可运舟，一鼓而牛饮者三千人。”
③《论语·雍也》，杨伯峻：《论语译注》，中华书局，1980年，第59页。
④[唐]白居易：《杜陵叟》，朱东润：《中国历代文学作品选》中编第1册，上海古籍出版社，1980年，第195页。
⑤[唐]房玄龄等：《晋书》卷4：“及天下荒乱，百姓饿死，晋惠帝曰‘何不食肉糜？’”中华书局，2016年。

放眼当代世界，顺应于全球经济一体化的历史潮流，经受着世界科技大发展的时代狂飙，整个人类的饮食文化都在发生空前而深刻的变革。然而，服务于中华民族的全面振兴，中国烹饪、中国餐饮，乃至中国饮食文化需要自觉完成一场前所未有的变革，需要借助社会科学和自然科学的长足发展实现前所未有的创新。

改革开放数十年来，我国餐馆市场出现五大转变：一是家庭餐饮消费向社会商品消费转变，二是国营企业计划供应型向多种体制市场经营型转变，三是餐饮结构和消费目的由低级向高级转变，四是单一的地方饮食向多元的世界饮食交融转变，五是垄断型中国饮食向竞争型中外饮食转变。紧紧追随旅游事业的迅猛发展，包括新安饮食在内的中国烹饪、中国餐饮也日新月异，呈现出前所未有的活跃程度和兴旺景象。比如，城市里的餐馆酒店林立日趋豪华，乡村中的“农家乐”和“土菜馆”也都遍地开花。另外，诸如“熟品”销售、“快餐”供应、“外卖”服务等业已相继问世，这些都给人们的饮食生活带来未曾有过的快捷与便利。但是正如众多有识之士所指出的，无论目前的发展成就如何辉煌炫目，中国餐饮其实还存在一个根本性问题没有解决，那就是如何实现餐饮现代化、烹饪工业化的问题；与此相关的是，中国餐饮行业还存在一个机械化生产、连锁化经营、现代化管理的系统问题有待突破。为了解决这一根本问题，实现餐饮产业的系统突破，目前至少有二项最为重要的基础建设亟待加强，其一就是餐饮专业的现代教育，其二就是餐饮专业的科学研究。人是社会生产力中最核心最能动的要素，在中国餐饮的变革创新中，同样是人的因素第一。中国传统的烹饪工艺总是师傅带徒、口传手授，从业人员的培养规模和培养层次存在明显的局限，很难适应餐饮产业的人才需求。没有相当规模的专业人才培养，没有相当数量的专业人才投入，餐饮的现代化、烹饪的工业化又能从何谈起？而“烹饪”一词最早在《易经》出现之初，就被先贤们看作变化之学和创新之学，如今的烹饪则又“包含着烹饪生产、产品流通、饮食消费的全过程”，更是“一个完整的科学概念和知识体系”。[①] 对于这样一个烹饪科学体系，如同对于其他科学体系一样，需要大批具备专业水平和研究能力的人才，通力合作进行扎实的基础研究、应用研究和开发研究，唯有如此，实现中国烹饪和中国餐饮的整体创新才有成功的可能。

---

① 张世尧：《加强学术理论研究，为中国烹饪迈入21世纪作贡献》，《中国烹饪走向新世纪》，经济日报出版社，1995年，第2页。

三

当然，变革不是割断历史，创新不能拒绝传承。“不忘本来，才能开辟未来；善于继承，才能更好创新”，这也是当代社会的共识。

中华民族的饮食文化源远流长、博大精深，炎黄子孙在数千年的生活实践中积累了极其丰富、极其宝贵的烹饪经验。《黄帝内经》所主张的“五谷为养，五果为助，五畜为益，五菜为充”的饮食结构，奠定了中国饮食的科学基础；中国烹饪所坚持的“调和五味”“阴阳相济”“膳食平衡”“药食同源”等理念和原则，是对人类饮食文化的重要贡献；中国菜系所体现的以“味”为核心、以“养”为目的、美味享受与营养健身有机结合的文化精髓，在世界餐饮文化中可谓是独领风骚。至于近代，正如孙中山所言：“我中国近代文明进化，事事皆落人后，惟饮食一道之进步，至今尚为文明各国所不及。中国所发明之食物，固大盛于欧美，而中国烹调法之精良，又非欧美所可并驾。”①

正是本着总结历史、开创未来的文化宗旨，改革开放以来，中国饮食烹饪已经做出了很大的努力，《中国烹饪史》《中国烹饪发展史》《中国烹饪辞典》《中国烹饪百科全书》《中华饮食文库》，以及大量的专题专著相继问世。此类撰述的大量出版，意在总结中国饮食的历史经验，发掘中国饮食的深厚底蕴，揭示饮食文化的现代价值，探索人类饮食的演进规律，寻求饮食革新的科学途径。所有这一切无不宣示着当代中国饮食文化“再出发”的宏大志愿。

珍重历史遗产，致敬文化传统，当代的新安饮食同样也在回顾、总结、发掘、探索的基础上开始了自己新的征程。在新安江的上游，享有历史盛誉的徽菜，作为新安饮食的传统品牌率先崛起。在徽州文化不断升温、徽学研究不断深入的浪潮中，徽菜及徽菜文化的保护和开发，得到地方政府的高度重视，得到社会大众的广泛关注。安徽省政府组织编纂的《徽州文化全书》，着意安排徽菜作为专题专著公开出版。省政府制定的《徽州文化生态保护区总体规划》明确将徽菜的保护和发展纳入其中。2008 年，徽菜已被列入安徽省首批非物质文化遗产保护名录。2013 年，成

① 孙中山：《建国方略》第1章，中国社会科学院近代史研究所：《孙中山全集》，中华书局，2011年。

功创建的徽州糕饼博物馆。市政府于 2016 年又启动“中国徽菜博物馆”的建设工程，并且很快于 2018 年竣工，正式面向海内外开放。两个以饮食文化为主题的博物馆在国内率先建立，犹如竖起两座重要的里程碑，在新安饮食文化继往开来的历史进程中，具有特定的标志性意义。

徽州糕饼博物馆集徽州糕饼历史展示、制作工艺展演、顾客参与体验、产品展示展销为一体，作为文化与旅游深度融合而又契合市场转型需求的新型业态，旨在演绎徽州糕点与徽州文化的内在关系，以促进特色美食的文明传承，进而引导相关食品产业的健康发展。

徽州糕饼博物馆

中国徽菜博物馆设立徽菜文化展示区、徽菜美食体验区、徽菜产品售卖区、徽州民俗饮食文化体验区，以及徽菜烹饪培训基地等五大功能区。徽菜文化展示区主要分为悠久历史、独特风味、名肴与名人、徽菜名馆名厨、徽味实时体验、徽州宴席文化等六大板块，通过大型投影、数字媒体、文物陈列、情境展现、文化演示等艺术方式，综合运用传统理念与现代技术，真切体现徽菜文化厚重的历史感和鲜明的现代感。在这里，参观者除了可以充分了解徽菜的历史渊源和发展历程，还可以在体验区现场体验徽菜的制作技艺，在售卖区购买各式徽菜带回家品尝。来自全国各地的烹饪大师可以在徽菜烹饪培训中心聚集一堂，切磋、交流和传授徽菜烹饪技

中国徽菜博物馆

艺，积极促进徽菜的推广和创新。中国徽菜博物馆的创建，旨在利用“展示＋体验”的博物馆平台、“线上＋线下”的互联网模式，通过深度文化开发与传统品牌创新，重塑餐饮文化产业的品牌形象，借以整合国内徽菜体系产业链，进而实现徽菜产业的集团化发展。

休宁美食节

对于徽菜的开发和振兴而言，同样具有普遍意义的是休宁、屯溪、歙县和绩溪等地举办的特色美食节。2018 年、2019 年，休宁连续举办特色美食文化节，21 个乡镇和诸多企业同时参加。“销量翘楚”蓝田毛豆腐、白际山芋干、汪村苞芦松、板桥泉水鱼、徽州臭鳜鱼等持续走俏，而石人粽子、榆村粉丝、五城茶干、松萝茶叶等特色产品也是人气十足，近百种特色美食和旅游伴手礼集中亮相，吸引众多游客驻足品尝、选购。活动安排有厨艺比拼环节，21 个乡镇代表队的民间“厨神”大显身手，在炒、炸、蒸、炖、煮中展示“休宁味道”。

影响更大的是绩溪美食节。2006 年，经过全国烹饪协会的专家考评，徽州故里黄山市荣获“中国徽菜之乡”称号。[①]此前一年，“中国徽菜之乡”的称号已经花落绩溪，[②]绩溪还名居全国五大“厨师之乡”之列。作为徽菜重要的发祥地，绩溪每两年举行一届“徽菜之乡美食文化节”，至今已经连续举办了七届，[③]2020 年的第八届美食文化节显然因为疫情影响而暂停。绩溪美食文化节坚持以国家历史文化名城为平台，以徽商经济文化为背景，以徽菜美食烹饪为主角，以产业创新发展为指向，形式灵活多样，内容丰富多彩。期间有乡镇民俗民宴展、酒店宴席美食展、乡村美食小吃展、全国风味小吃展，有名特优农产品展销、非遗传承技艺展演，有徽菜标准菜谱推介、八大菜系绩溪火腿烹饪技艺展示、“金徽厨”全省全国烹饪大赛等。期间，最为震撼的是祭汪公“赛琼碗”民俗文化展示，多至千品的菜肴、壮似牯牛的会猪，以及粗如断柱的巨烛，给人印象极其深刻。期间，最为可喜的是通过美食、文化、经贸和旅游的联合推介，全县赢得数十个项目、近百亿元投资的签约，以及开工和投产。期间，最为重要的当然是，极大地提高了徽菜之乡的知名度、美誉度，激发起从业人员的积极性和创造性，切实推动了徽菜产业的振兴与发展。

绩溪美食节

① http://www.sina.com.cn中安在线——《新安晚报》2006年10月18日发布。
②《安徽日报》2005年8月19日。
③ 2005年第一届，2007年第二届，2009年第三届，2011年第四届，2013第五届，2016年第六届，2018年第七届。

四

在新安江的中下游，新安饮食的变革和创新更是风生水起。淳安、建德所属的杭州市，连续举办以“美食创新、绿色健康、科学消费”为主题的第一届（2000 年）、第二届（2001 年）、第三届（2002 年）中国美食节，声势空前，影响广远。2019 年，第二十届中国美食节、首届中国国际美食博览会在杭州举办。期间，围绕着“传承与创新”的话题，集合时下流行的快闪店、创意美食表演秀、系列美食榜单评选、品牌美食真人秀等多种形式活动，成就了一场立体化、多角度的全新美食盛会。作为此届美食节、美博会最有“杭州味道”的特色展区，“杭帮菜”美食文化概念快闪店集融和整合包括淳安、建德在内的大杭州 13 个区县市的美食文化、美食概念、美食体验、美食互动等诸多内容，设置了“传·味道”“品·匠心”“寻·杭州”“创·味来”四大特色主题区，让“致敬传承，拥抱创新”的杭帮菜美食文化大概念真正落地人心。按照当日媒体的说法：“杭帮菜从良渚文化时期的‘饭稻羹鱼’起步，历经隋唐的悄然兴起、南宋的登峰造极、明清的文化渗透，迄今已有大约 5000 年的历史积淀。历经千载积淀，今天的杭帮菜在传承经典的基础上，融入更多创新多元的元素，迎来了百花齐放的璀璨新时代。”①

在杭州中国美食节的创新主题驱动之下，第四届全国淡水鱼烹饪技术比赛于 2007 年在千岛湖镇举行。2008 年，在庆祝淳安建县 1800 周年、千岛湖形成 50 周年和改革开放 30 周年庆祝活动中，淳安县人民政府主办了盛大的“千岛湖秀水街国际美食节”。在此之后，各种主题美食节活动在淳安境内各个乡镇如火如荼地广泛开展起来。

相对于杭州举办的中国美食节、中国徽菜博物馆举办的徽菜美食节，以及绩溪、休宁等地举办的各种美食节，淳安县所举办的乡镇系列美食节堪称独具风采，主要特征有二：一是各乡各镇自主举办，群众参与程度更高，美食文化更聚人气、更接地气；二是一个乡镇一个主题，各地传统物产的优势更为凸显，美食文化活动的特

① 丁敏、朱晶晶：《第二十届中国（杭州）美食节、首届中国（杭州）国际美食博览会落幕》，杭州网–《杭州日报》2019年9月24日10:06发布。

色更为鲜明。像千岛湖镇的“水蜜桃节”“枇杷节”，开展水蜜桃评比、枇杷王评比、产销大户评比、果园采摘游，以及特色小吃一条街活动；威坪镇的“无核柿节”，开展柿王争霸、柿王竞拍等活动；姜家镇的狮城庙会，开展农家菜烹饪大赛、进士羹和豆制品展示等活动；大墅镇举办的“竹笋节”，主要开展烹饪大赛、竹王争霸、竹园寻宝等活动；枫树岭镇举办的“菊花节”，开展菊花采摘、农家菜厨艺大比拼、钓鱼比赛、农产品展示等活动；浪川乡的美食节举办过杀年猪、猪头祭英魂、花猪基地授牌仪式等活动；界首乡举办的“柑橘节”，开展柑橘采摘、柑橘评比，以及采摘游、烹饪赛等活动；安阳乡举办的“葡萄节”，开展葡萄采摘体验、葡萄酒酿制体验、葡萄评选等活动；富文乡举办的“农家乐节”，开展农家乐菜肴比赛、美食农家乐体验等活动；里商乡举办的“采茶节”，开展采茶制茶、茶艺表演、茶王比赛、茶王拍卖、采里商茶、吃农家饭等活动；左口乡举办的“杨梅节”“农家美食节”，开展杨梅采摘体验、农家菜烹饪比赛、农家小吃体验等活动；鸠坑乡举办的“品茶节”，开展制茶比赛、茶艺表演、茶事体验等活动；宋村乡举办的“溪水文化节”，开展石斑鱼烹饪大赛、美食展等活动；瑶山乡举办的“山核桃文化节”“秀珍菇文化节”，开展山核桃王评选、品尝秀珍美味、农特产品展、旅游产品展、风土人情展等活动。[①] 所有这些乡镇美食节，辅以登山体验、漂流大赛、民俗活动、摄影比赛、书法采风、文创写生、协作论坛、文艺演出、篝火晚会等形式，办得生动活泼、有声有色，为发掘地方资源、弘扬传统优势、致力饮食文化创新，奠定了坚实可靠的社会基础，提供了大量珍贵的文化启迪。

与淳安联袂开拓、并驾进取的建德，同样在传承与创新的时代主题上做出了骄人的业绩。建德餐饮行业协会自 2014 年成立之日起，即坚持“绿色养生，食美建德”的思想理念，深入挖掘地方特色美食资源，努力提升人民大众的餐饮水平，全面促进对外交流合作，实现了餐饮企业的迅猛发展。近些年来，建德干菜鸭、寿昌蒸仔粿、桐庐柴火鸡、分水棍子鱼、九姓鱼头王、莲子土鸡煲等严州六县传统名菜东山再起重现江湖；建德豆腐包被评为“杭州新名点”，建德辣鱼头和国太豆腐被评为“浙江名菜”，里叶莲子鸡和九姓渔民宴荣获全国省籍地域经典名菜名宴之称誉。[②] 特别

---

① 淳安县文化志编委会：《淳安县文化志》第1编“群众文化”第2节《乡镇节庆》，浙江大学出版社，2016年，第66～71页。

② 王拥军：《严州菜谱》，浙江古籍出版社，2019年，第241页。

是随着白莲、茶叶、西红花、铁皮石斛、建德果蔬等养生基地的形成，餐饮界又研发出很多特色餐饮，成功创制出“建德十大养生菜”，连续四年成功举办了美食养生节。[①]如今，建德饮食不仅拥有“中国名菜”“中国名宴”“中国餐饮名店”，而且拥有“浙江烹饪大师”“中国烹饪大师”，以及“改革开放40年浙江餐饮行业卓越企业家”，终于使“中国养生美食名城”实至名归。[②]

五

总而言之，当代的新安饮食正以不甘人后、奋勇争先的飒爽英姿跻身于中国饮食变革和创新的伟大实践中。新安饮食变革和创新的实践，体现着一定的思想理念，遵循着基本的运作规则，主要是以下三个方面。

一是扎根当地民众，坚守饮食本位，弘扬资源优势，强化风味特色。通览古往今来，无论何时何地，饮食总以民众为主体，以人生为本位。一旦脱离了民众、淡忘了人生，世界必然出现颠倒，饮食变得毫无意义。千百年来，新安江以独特而又丰富的物产资源，哺育了世世代代的新安儿女。一部历时千年的新安饮食发展史，就是一部不断弘扬资源优势、不断强化风味特色的创新史。新安饮食在长期的发展演进中，凝聚和积淀了无数前人的探索经验和创造智慧，这是今人引以为自豪、足以为自信的非常珍贵的历史文化遗产，也是新安饮食弘扬优良传统、继续变革前行、强化风味特色的坚实基础和新的起点。

二是坚持思想解放，扩大对外交流，把握历史机遇，融入时代新潮。这是新安饮食中徽菜发展的历史留给今人的宝贵经验，也是当代世界烹饪发展形势提供的启示。回顾数百年前，土生土长、自给自足的新安饮食追随徽州商帮走出大山，闯荡四方，处处兼容并包，一路与时俱进，终于打造出新安饮食的著名品牌“徽菜”，被天下认可为八大菜系之一。当今全球性的文化交流空前广泛，全国各地、世界各国

① 黄水：《建德：请叫我“中国养生美食名城”》，2017年12月25日16:20浙江新闻客户端。

② 宋胜清：《我市餐饮行业协会换届工作会议暨第二届会员大会召开》，中共建德市委、建德市人民政府《中国建德》网2019年7月10日发布。

的饮食烹饪正如百花齐放、百舸争流，新安饮食面临前所未有的机遇和挑战，既需要保持坚忍不拔的文化定力，以免随波逐流而迷失了自我，又需要凭借高度敏感的时代触角，全面拓开文化视野，潜心借鉴而转益多师，以增添自身创新发展的生机和活力。

三是注重养生保健，创造新式生活，坚持科学领先，发展新兴产业。淳安“十大养生菜”、建德“十大特色养生菜”的创制，归根结底，它们都是为着顺应广大民众普遍的养生诉求而问世。至于“中国养生美食名城”的创建活动的真正意义，乃是标志着新安饮食正在跨入一个自觉养生的新时代。尤其是在科学技术日新月异的今天，科学烹饪、科学饮食、科学养生已经成为时代潮流。新安饮食如同整个中国饮食，面临变革发展的一个关键点，就是比以往任何时候都更注重于科学。养生饮食不再单凭个人生活经验，越来越多地借助于食品营养的科学分析和科学实验。餐饮行业也将不再完全依赖人工操作，而会越来越多地利用人工智能进行科学开发和科技生产，传统烹饪工艺的模糊性、随意性也将逐渐为标准化、规范化所取代。网络化、信息化也必将为餐饮行业添上强劲的翅膀，使之在餐饮现代化、烹饪工业化的跑道上腾空而起，飞向远方。

孙中山先生有言：“烹调之术本于文明而生。”“中国烹调之妙，亦是表明进化之深也。”[①] 为此，我们真诚期待，新安饮食将以中国烹饪之道为道，以中华民族之梦为梦，追随当代“日日新、月月新”的科学技术与人类文明，走向世界烹饪创新的最前沿。愿我们“舌尖上的中国梦”早日实现！

---

① 孙中山：《建国方略》第1章，中国社会科学院近代史研究所：《孙中山全集》，中华书局，2011年。

参考文献

德·恩格斯：《劳动在从猿到人转变过程中的作用》，人民出版社，1949 年。

法·费尔南·布罗代尔著，唐家龙等译：《菲利普二世时代的地中海和地中海世界》，商务印书馆，1996 年。

袁珂：《中国神话传说词典》，上海辞书出版社，1985 年。

《尚书》，东方出版社，2018 年。

《礼记注疏》，《四库全书》本。

《管子》，浙江大学出版社，2017 年。

杨伯峻：《论语译注》，中华书局，1980 年。

《墨子》，《四库全书》本。

兰州大学中文系孟子译注小组：《孟子译注》，中华书局，1960 年。

《荀子》，中华书局，2015 年。

《韩非子》校注组：《韩非子校注》，江苏人民出版社，1982 年。

程夔初：《战国策集注》，上海古籍出版社，2013 年。

张双棣等：《吕氏春秋译注》，吉林文史出版社，1987 年。

袁珂：《山海经校注》，上海古籍出版社，1980 年。

《黄帝内经》，人民卫生出版社，2012 年。

司马迁：《史记》，天津古籍出版社，1995 年。

班固：《汉书》，中华书局，1962 年。

高诱：《淮南鸿烈解》，《四库全书》本。

张华：《博物志》，重庆出版社，2007 年。

陈寿：《三国志》，中华书局，1982 年。

齐治平校注：《拾遗记校注》，中华书局，1981 年。

范晔：《后汉书》，中华书局，2000 年。

贾思勰：《齐民要术》，《四库全书》本。

梁萧统：《文选》，中华书局，1977 年。
姚思廉：《陈书》，中华书局，1972 年。
房玄龄等：《晋书》，中华书局，1996 年。
封演：《封氏闻见记》，中华书局，2005 年。
韦绚：《刘宾客嘉话录》，《四库全书》本。
李昉：《太平御览》，中华书局，1960 年。
《旧唐书》，《四库全书》本。
沈括：《梦溪笔谈》，上海古籍出版社，2015 年。
高承：《事物纪原》，《四库全书》本。
孟元老：《东京梦华录》，《四库全书》本。
伊永文：《东京梦华录笺注》，中华书局，2007 年。
罗愿：《新安志》，萧建新等《新安志整理与研究》，黄山书社，2008 年。
孙奕：《履斋示儿编》，中华书局，2014 年。
朱熹：《四书章句集注》，《四库全书》本。
朱熹：《朱子语类》，《四库全书》本。
朱熹：《晦庵集》，《四库全书》本。
张杲：《医说》，《四库全书》本。
周密：《武林旧事》，《四库全书》本。
吴自牧：《梦粱录》，浙江人民出版社，1984 年。
胡三省注：《资治通鉴》，中华书局，1956 年。
刘基：《郁离子》，傅正谷：《郁离子评注》，天津古籍出版社，1987 年。
李时珍：《本草纲目》，《四库全书》本。
宋应星：《天工开物》，人民出版社，2015 年。
谢肇淛：《五杂俎》，上海书店出版社，2001 年。
徐光启：《农政全书》，上海古籍出版社，2020 年。
傅岩：《歙纪》，黄山书社，2007 年。
李渔：《笠翁文集》，光明日报出版社，1994 年。
周亮工：《闽小记》，福建人民出版社，1985 年。
吴翟：《茗洲吴氏家典》，合肥工业大学出版社，2017 年。

曹庭栋：《老老恒言》，人民卫生出版社，2006。

袁枚：《随园食单》，天津人民出版社，2017 年。

王鸣盛：《十七史商榷》，上海古籍出版社，2016 年。

陈立：《白虎通疏证》，中华书局，1994 年。

徐珂：《清稗类钞》，中华书局，1984 年。

刘汝骥：《陶甓公牍》，黄山书社，1997 年。

富察敦崇：《燕京岁时记》，北京出版社，1961 年。

嘉靖《淳安县志》，中华书局，1965 年。

万历《严州府志》，书目文献出版社，1990 年。

万历《续修严州府志》，书目文献出版社，1991 年。

万历《歙志》，黄山书社，2014 年。

万历抄本影印《遂安志》，成文出版社，1983 年。

康熙《徽州府志》，黄山书社，2010 年。

道光《休宁县志》，江苏古籍出版社，1998 年。

道光《徽州府志》，黄山书社，2019 年。

光绪《续纂淳安县志》，成文出版社影印出版。

民国《建德县志》，金华集成堂，1919 年。

民国《遂安县志》，成文出版社，1930 年。

民国《丰南志》，黄山书社，2017 年。

《建德县志》，浙江人民出版社，1986 年。

《淳安县志》，汉语大词典出版社，1990 年。

《黄山市志》，黄山书社，2010 年。

《黄山市徽州区志》，黄山书社，2012 年。

新编《歙县志》，黄山书社，2010 年。

新编《休宁县志》，黄山书社，2012 年。

《淳安县文化志》，浙江大学出版社，2016 年。

涧州人士：《磡头志》，安徽大学徽学研究中心印行，2002 年。

朱祀新：《徽州古村落——璜蔚志》，黄山学院徽州文化研究所、《璜蔚志》编纂组印行，2007 年。

方丽光：《方村志》，方村志编纂委员会编印，2012年。
朱世良：《徽州月潭朱氏》，安徽大学出版社，2013年。
许骥：《许村志》，黄山书社，2016年。
胡景明：《蜀源村志》，安徽人民出版社，2020年。
程成贵：《徽州文化古村六都》，安徽大学徽学研究中心编印，2000年。
汪大道：《徽州文化古村潜口》，安徽大学徽学研究中心编印，2000年。
汪大白：《潜口——人文村落风雅家园》，合肥工业大学出版社，2013年。
政协淳安县文史资料委员会：《淳安文史资料》第2～7辑。
政协建德县文史资料委员会：《建德文史资料》第1～15辑。
屯安东、余敏辉：《徽州上下两千年》，黄山书社，2013年。
李国梁：《屯溪土墩墓发掘报告》，安徽人民出版社，2006年。
许承尧：《歙事闲谭》，黄山书社，2001年。
傅衣凌：《明清时代商人及商业资本》，人民出版社，1956年。
张海鹏、王廷元：《徽商研究》，安徽人民出版社，1995年。
陈学文：《徽商与徽学》，方志出版社，2003年。
《徽州文化大辞典》，中国科学技术大学出版社，2015年。
《徽州文化十讲》，安徽大学出版社，2015年。
《徽学研究文集》，杭州徽州学研究会2000年编印。
卞利：《徽州民俗》，安徽人民出版社，2005年。
刘伯山：《重寻徽州》，广西师范大学出版社，2015年。
方任飞：《徽州情结》，新疆美术摄影出版社，2011年。
洪树林、洪苗：《徽风绩俗》，安徽人民出版社，2018年。
程尚远：《绩溪乡情民俗》，团结出版社，2018年。
叶鸣声、毛新红、滕祁源：《中国历史文化名城·歙县》，黄山书社，2007年。
邵宝振校注：《沙溪集略》，安徽师范大学出版社，2018年。
杨永生、汪大白：《徽州名人家训》，中国科学技术大学出版社，2018年。
胡朴安：《中华全国风俗志·安徽卷》，上海科学技术出版社，2011年。
舒松钰：《古黟钩沉录》，安徽大学徽学研究中心印行，2002年。
舒育玲：《古黟风物辑存》，黄山书社，2016年。

方才：《一方水土》，中国文史出版社，2017年。

方鸿鼎：《严陵旧事》，中国文史出版社，2017年。

沈伟富：《风俗漫谈》，天津古籍出版社，2008年。

徐传亢：《千岛湖概览》，政协淳安县文史资料委员会编印，1993年。

中国烹饪协会：《中国烹饪走向新世纪》，经济日报出版社，1995年。

邵之惠、洪璟、张脉贤：《徽菜》，安徽人民出版社，2005年。

邵之惠：《名人故里绩溪·徽菜卷》，人民日报出版社，2007年。

淳安县餐饮行业协会：《千岛湖美食》，2013年。

徐龙发：《千岛湖百鱼百味》，浙江人民出版社，2016年。

徐龙发：《舌尖上的千岛湖·美食争宴》，淳安县商务局、千岛湖餐饮行业协会印行，2015年。

王拥军：《严州菜谱》，浙江古籍出版社，2019年。

郑建新：《近代徽州茶业兴衰录》，北京时代华文书局出版社，2018年。

胡武林：《徽州茶经》，当代中国出版社，2003年。

三恒堂：《鸠坑茶》，西泠印社出版社，2013年。

中国国际广播电台国内新闻部：《中国名产聚珍》，河南科学技术出版社，1982年。

郭裕新、单公华：《中国枣》，上海科学技术出版社，2010年。

余培德：《生命的大智慧》，河北人民出版社，1988年。

唐德刚：《胡适口述自传》，华东师范大学出版社，1993年。

汪承兴等：《大唐越国公汪华颂歌》，新华出版社，2009年。

汪承兴等：《大唐越国公汪华文献》，新华出版社，2014年。

《黄山市汪华文化研究会成立大会纪念文集》，科学文化艺术出版社，2008年。

《纪念越国公汪华文集》，黄山市汪华文化研究会编印，2011年。

许宗元：《满江红·关山月》，中国青年出版社，1997年。